ŒUVRES
DE
WALTER SCOTT,

TRADUITES

PAR M. LOUIS VIVIEN,

AVEC TOUTES LES NOTES, PRÉFACES, INTRODUCTIONS ET MODIFICATIONS
AJOUTÉES PAR L'AUTEUR A LA DERNIÈRE ÉDITION D'ÉDIMBOURG ;

ET

DE NOUVELLES NOTES HISTORIQUES ET LITTÉRAIRES PAR LE TRADUCTEUR.

TROISIÈME ÉDITION.

Tome Vingt-et-unième.

LES FIANCÉS.

PARIS :

Chez LEFÈVRE, Éditeur, rue de l'Éperon, 6.

POURRAT FRÈRES, Éditeurs, | DAUVIN et FONTAINE, Libraires,
Rue des Petits-Augustins, 5. | Passage des Panoramas, 35.

1840.

ŒUVRES

DE

WALTER SCOTT.

TOME XXI.

IMPRIMERIE DE BEAULÉ, RUE FRANÇOIS MIRON, 8.

OEUVRES
DE
WALTER SCOTT

TRADUITES

PAR M. LOUIS VIVIEN,

AVEC TOUTES LES NOTES, PRÉFACES, INTRODUCTIONS ET MODIFICATIONS AJOUTÉES PAR L'AUTEUR
A LA DERNIÈRE ÉDITION D'ÉDIMBOURG ;
ET DE NOUVELLES NOTES HISTORIQUES ET LITTÉRAIRES PAR LE TRADUCTEUR.

TROISIÈME ÉDITION.

TOME VINGT-ET-UNIÈME.

LES FIANCÉS.

Paris,

Chez LEFÈVRE, Éditeur, rue de l'Éperon, 6 ;
DAUVIN et FONTAINE, Libraires, passage des Panoramas, 35 ;
POURRAT FRÈRES, Éditeurs, rue des Petits-Augustins, 5.

1840.

INTRODUCTION
AUX FIANCÉS.

LE titre de *Récits des Croisés* donné à la série de romans qui va suivre [1] a été adopté plutôt d'après l'avis d'un petit nombre d'amis, que la mort a rendus maintenant encore moins nombreux, que par suite du propre choix de l'auteur lui-même. Non qu'il ne vît assez l'intérêt que pouvait exciter le nom seul des Croisades; mais il sentait en même temps que par sa nature cet intérêt serait peut-être plus facile à créer qu'à satisfaire, et que la mention d'un sujet si magnifique pourrait induire chaque lecteur à ébaucher en imagination une esquisse si vaste et si grandiose qu'il ne serait peut-être pas au pouvoir de l'auteur d'en remplir les contours, et qu'ainsi il se trouverait dans les cas du nain apportant avec lui la toise qui doit servir à mesurer sa propre stature, et par là, dit Sterne, se montrant « nain de plus d'une façon. »

On pourrait établir, si ce fait valait la peine d'être examiné, que l'éditeur et l'auteur, quelle que soit d'ailleurs en général leur communauté d'intérêts, cessent de s'accorder en ce qui concerne le titre d'un livre; et c'est un secret du romancier, si cela peut s'appeler un secret digne d'être su, qu'un titre *saisissant*, comme on dit, réponde aussi bien que possible aux vues du libraire, puisque souvent il y va pour lui de couvrir ses risques, et même assez souvent de vendre toute une édition avant que le public l'ait bien vue. Mais l'auteur doit chercher une renommée plus durable, et souhaiter que l'on porte au moins de son œuvre un jugement favorable quand on en coupe les feuillets. C'est ainsi que nombre des meilleurs

---

[1] Cette série s'est bornée, outre l'ouvrage actuel, à la composition dont Richard est le héros, et à laquelle l'auteur a donné le titre du *Talisman*. (L. V.)

romanciers se sont attachés à donner à leurs ouvrages des titres qui ne permissent pas au lecteur de rien conjecturer sur le contenu avant d'avoir été mis à même par la lecture du livre même de s'en former une opinion.

Tout ceci n'a pas empêché l'adoption du titre de *Récits des Croisés*, et la publication ayant eu lieu en 1825, année si féconde en projets, elle fut précédée d'une Introduction conforme au goût du jour [1].

L'idée et le plan du premier *Récit* de la série furent influencés par le désir d'éviter ce qu'on pouvait en général attendre du titre, plus qu'ils n'ont eu pour objet de satisfaire à quelques unes de ces espérances, et par là de désappointer les autres. L'histoire fut donc moins un épisode appartenant aux croisades, qu'un incident résultant des mœurs singulières introduites et répandues au loin par ces expéditions mémorables. La confusion jetée au sein des familles ne fut pas le moindre des maux amenés par la prépondérance extraordinaire de cette superstition. Ce n'était pas chose bien rare pour un croisé, au retour de ses longs pèlerinages et de ses guerres lointaines, de trouver sa famille augmentée de quelque jeune rejeton dont l'épouse délaissée ne pouvait rendre raison d'une manière très satisfaisante; d'autres fois même la couche nuptiale était occupée, et la dame châtelaine, au lieu de se réserver aux soins qu'exige un vieil époux, avait préféré devenir la dame d'amour d'un jeune. Nombreuses sont les histoires de ce genre racontées dans les différentes parties de l'Europe; et le chevalier ou le baron, suivant son humeur, ou se montrait débonnairement satisfait des explications que lui donnait sa dame sur une matière douteuse, ou mettait tout à feu et à sang pour venger son honneur, lequel, après tout, n'avait été exposé que parce que l'époux avait abandonné ses dieux pénates pour aller chercher des aventures en Palestine.

Une tradition écossaise, citée quelque part, je crois, dans le *Border Minstrelsy* [2], attribue au clan de Twedie, famille

---

[1] Celle qui vient ci-après. (L. V.)

[2] *Chants du Border* (ou de la Frontière); recueil de ballades nationales recueillies sur la frontière anglo-écossaise, et publié par Walter Scott avec de riches et curieux commentaires. (L. V.)

autrefois puissante et belliqueuse, une origine qui n'aurait pas mal convenu à un héros des temps antiques. Un baron (déjà vieux, nous pouvons le supposer) avait épousé une jeune et jolie personne, et peu de mois après leur union l'avait laissée seule avec sa quenouille dans sa vieille tour, au milieu des montagnes du comté de Peebles, non loin des sources de la Tweed. Il revint au bout de sept ou huit ans, espace de temps assez ordinaire pour un pèlerinage en Palestine, et trouva en arrivant que sa famille n'avait pas été condamnée en son absence à une solitude complète, la dame ayant été distraite dans son isolement par la venue d'un étranger (dont elle pouvait mieux que personne expliquer la présence) qui se pendait aux pans de sa robe et l'appelait maman, qui était tel, en un mot, que le baron eût été heureux de le nommer son fils, n'était-ce qu'il lui était impossible de faire cadrer, conformément à la doctrine des jurisconsultes, l'âge du petit survenu avec son propre départ pour la Palestine. Il demanda donc à sa femme la solution de ce problème. La dame, après des flots de larmes mis en réserve pour l'occasion, raconta à l'honnête homme que se promenant seule un jour sur les bords de la rivière, en cet endroit peu éloignée de sa source, une forme humaine s'était élevée d'un tournant profond, connu encore aujourd'hui et nommé Tweed-Pool; que cette apparition avait daigné l'informer qu'il était le génie tutélaire de la rivière, et que bon gré malgré il était devenu le père du robuste rejeton dont la vue avait si fort étonné son époux. Cette histoire, quelque bien appropriée qu'elle pût être aux temps du paganisme, aurait trouvé pleine créance près de fort peu des contemporains du baron; mais la femme était jeune et belle, l'époux vieux et assez faible d'esprit, outre que la famille de la jeune châtelaine (les Frasers, à ce que l'on croit) était puissante et belliqueuse, et que le baron en avait assez des combats de la guerre sainte. Il en résulta donc qu'il crut ou parut croire l'histoire, et qu'il se montra satisfait de l'enfant dont sa femme et la Tweed l'avaient généreusement gratifié. La seule circonstance qui ait perpétué l'incident est que le jeune homme en garda le nom de Tweed ou Tweedie. Le baron, cependant, ne put, comme dit la vieille chanson écossaise, « tenir le berceau en branle, » et la Tweed pensa sans doute qu'un fils naturel était une progéniture suffisante pour un honnête amant presbytérien. Le baron montra si peu de fiel à ce sujet, qu'après avoir élevé de son vivant le jeune Tweed comme son héritier il le reconnut comme tel en mourant, et que le fils du dieu de la rivière devint la souche des Drummelzier et d'autres nobles familles, d'où sont sortis, pour employer les expressions du Berger de l'Ettrick, « maint brave guerrier et maint haut fait. »

L'histoire du noble Moringer est un peu du même genre. — Cette histoire se trouve dans un recueil de chansons populaires d'Allemagne intitulé *Sœmmlung deutschen volkslieder*, Berlin, 1807, et publié par MM. Busching et Von der Hagen. La chanson est supposée extraite d'une chronique manuscrite de Nicolas Thomann, chapelain de Saint-Léonard de Wiessenhorn, et datée de 1533. La ballade, qui est populaire en Allemagne, doit, à en juger par la forme du style, avoir été composée dans le XVe siècle. Le baron de Moringer, puissant baron de Germanie, sur le point de partir pour un pèlerinage à la terre de Saint-Thomas, pays dont on nous laisse ignorer la situation, se décida à remettre la garde de son château, de ses domaines et de sa dame, au vassal qui s'engagerait à veiller sur eux jusqu'à ce que les sept années du pèlerinage fussent accomplies. Son chambellan, homme âgé et circonspect, refuse le dépôt, faisant observer que sept jours, et non pas sept années, seraient le plus long terme pour lequel il s'engagerait à garantir la fidélité de quelque femme que ce fût. Plus confiant, l'écuyer du noble Moringer accepte le dépôt refusé par le chambellan, et le baron part pour son pèlerinage. Maintenant les sept ans sont écoulés, à l'exception d'un seul jour et d'une nuit, et le noble pèlerin, toujours en terre étrangère, a une vision pendant son sommeil :

« Dans un verger dormait le noble Moringer, quand une vision qui avait revêtu forme corporelle s'offrit à ses sens assoupis, et qu'une voix murmura à son oreille : Il est temps de t'éveiller, sire chevalier; — ta dame et ton héritage passent à un autre maître.

» Ta tour voit flotter une autre bannière, tes coursiers obéissent à d'autres rênes, tes valeureux vassaux se courbent sous la volonté d'un autre ; et ta dame, la dame de ton amour, si fidèle autrefois et si sincère, cette nuit, dans la salle de tes pères, s'unit à l'héritier de Marstetten. »

Moringer se réveille en sursaut, et adresse à son patron saint Thomas la prière de le sauver de la honte qui le menace, et à laquelle l'a exposé sa dévotion pour le patron qu'il invoque. Saint Thomas doit avoir senti la justesse du reproche, car il opère un miracle. Moringer retombe dans l'oubli du sommeil, et quand il se réveille il se trouve dans un endroit de ses domaines qui lui était bien connu : à sa droite le château de ses pères, et à sa gauche le moulin, bâti, selon l'usage, à peu de distance du château.

« Il s'appuie sur son bourdon de pèlerin et se dirige vers le moulin ; — tellement changés étaient ses nobles traits que personne ne reconnut son maître. Le baron dit au meunier : Mon bon ami, par charité, dites à un pauvre pèlerin qui traverse votre pays quelles nouvelles il y a ici.

» Le meunier lui répondit : Je ne sais guère de nouvelles, sauf que la dame du pays a fait choix d'un autre époux. Le sien est mort en terre lointaine, tel est le bruit commun, et sa mort attriste nos âmes, car c'était un digne seigneur.

» Je tiens de lui le petit moulin qui me fait vivre indépendant ; — Dieu accorde le repos au baron dans sa tombe, il fut toujours bon pour moi ! Et quand viendra la Saint-Martin, et que les meuniers recevront leurs droits de mouture, le prêtre qui prie pour Moringer aura chape et étole. »

Le baron se rend à la porte du château ; elle est fermée, pour éviter l'introduction des importuns, et à l'intérieur le manoir retentit des préparatifs du mariage de la dame. Le pèlerin prie le portier de le laisser entrer ; il l'en conjure au nom de ses propres souffrances et pour l'amour du défunt Moringer. Par les ordres de la dame le portier le laisse entrer.

« Alors Moringer traverse la salle ; son pas était triste et lent. Il s'assied le cœur gonflé, et nul de ceux qui sont là ne paraît reconnaître le seigneur du lieu. Il s'assied sur un banc des plus bas, oppressé de douleur et de honte; il ne resta pas long-temps ainsi, mais jamais instants ne lui parurent aussi long

» Le jour est maintenant à sa fin, et le festin est terminé; voici venir l'heure du soir et le moment approche où les nouvelles mariées se retirent à la chambre nuptiale. — Depuis long-temps, dit alors un des convives de la noce, c'est dans notre château une coutume toujours suivie que nul étranger n'y reçoit asile avant d'avoir fait entendre une chanson. »

Ainsi interpellé, le baron déguisé chanta les tristes paroles de cette ballade :

« Froid est le chant du vieillard glacé par l'âge (telles furent
» les paroles du pèlerin); ni riches présents ni brillants habits
» ne peuvent délier sa langue appesantie. Jadis je m'assis à
» une table aussi riche que la tienne, brillant fiancé, et près
» de moi une aussi belle épouse, avec tous ses charmes, était
» à moi aussi.

» Mais le temps a sillonné mon visage, et ma chevelure
» s'est argentée; et ma belle épouse a délaissé ce front ridé et
» cette barbe blanchie pour une chevelure brune et les fraîches
» couleurs de la jeunesse. Autrefois riche, maintenant pauvre
» pèlerin, je parcours le dernier terme de la vie, et je mêle à
» votre gaieté de nouveaux époux le lay du vieillard glacé. »

Émue des douloureux souvenirs que lui rappelle la chanson du pèlerin, la dame envoie à celui-ci une coupe remplie de vin. Le pèlerin rend le gobelet après l'avoir vidé et y avoir laissé tomber son anneau nuptial, et demande à la dame de faire raison à son hôte vénérable.

« L'anneau a frappé les yeux de la dame; elle le prend, l'examine de près, et alors vous auriez pu l'entendre s'écrier : Le baron de Moringer est ici ! — et alors vous auriez pu la voir s'élancer de son siége, en même temps qu'un torrent de larmes s'échappe de ses yeux : mais était-ce des larmes de joie ? c'est ce que les dames pourraient nous dire.

» Elle remercie hautement le Ciel et tous les saints de ce que Moringer lui a été rendu avant l'heure de minuit; elle jure et proteste hautement que jamais épouse n'avait comme elle gardé sa foi, et n'avait été si cruellement éprouvée.

» Oui, je réclame ici, dit-elle, la louange due aux matrones
» fidèles, qui gardent avec autant de constance et de fermeté,
» la foi engagée; car comptez comme vous voudrez, pourvu
» que vous comptiez juste, sept fois douze mois plus un jour
» seront écoulés quand l'horloge sonnera minuit. »

« Mastetten se leva alors, tira sa large épée, s'agenouilla devant Moringer, et jeta l'arme à terre. — « Mon serment et
» ma foi de chevalier ont été violés (ce furent ses paroles);
» prenez donc, monseigneur, l'épée de votre vassal, et prenez
» aussi sa tête. »

» Le noble Moringer sourit, et dit alors à voix haute : « Il
» recueille la sagesse, celui-là qui court le monde durant sept
» ans et un jour. Ma fille a maintenant quinze ans, la re-
» nommée la dit douce et belle; je vous la donne pour l'épouse
» que vous perdez, et je la nomme mon héritière. »

» Le jeune époux aura une jeune épouse, et le vieux aura
» la vieille, dont la foi fut gardée avec une ponctualité si
» rigoureuse. Mais béni soit l'obligeant portier qui m'a ouvert
» la porte de mon château, car si j'étais venu demain je serais
» arrivé un jour trop tard. »

On trouve encore, dans le champ si riche des romances allemandes, une autre version de cette histoire, dont M. Tieck (si remarquable par ses travaux en ce genre) a fait le sujet d'un de ses drames romantiques. Il est inutile, toutefois, de le rapporter en détail, l'auteur du présent ouvrage s'étant principalement appuyé dans l'ébauche de sa narration sur la version conservée dans le château de Haighhall, jadis manoir de la famille de Bradshaigh, et maintenant possédé par les comtes de Balcarras, leurs descendants par les femmes. L'histoire ressemble fort à celle du noble Moringer, sauf qu'il ne s'y trouve pas de miracle de saint Thomas de nature à choquer la croyance d'un bon protestant. J'ai été autorisé par mes nobles amis lord et lady Haighhall à livrer à l'impression l'extrait suivant de la généalogie de la famille :

| Sir William Bradshaghe, second fils de sir John, fut soldat et grand voyageur, et il épousa : | Mabell, fille et unique héritière de Hugh Noris de Haghe et Blackrode, et eut de ce mariage... |

IN. 8, l. II.

De cette Mabell la tradition a conservé une histoire d'une vérité non contestée, à savoir, qu'en l'absence de sir William Bradshaghe (qui avait été dix ans dans les guerres) elle épousa un chevalier du pays de Galles. Sir William, à son retour des guerres, vint parmi les pauvres et en habit de pèlerin au château de Haghe. Quand elle le vit et qu'elle reconnut qu'il ressemblait à son premier mari, elle se mit à pleurer, sur quoi le chevalier la maltraita. Sir William fut alors se faire reconnaître de ses vassaux, et pendant ce temps le chevalier s'enfuit ; mais sir William le rattrapa près de Newton Park et le tua. Ladite dame Mabell reçut de son confesseur pour pénitence de se rendre une fois par semaine, tant qu'elle vivrait, pieds et jambes nus, du château à une croix près de Wigan, qu'on nomme aujourd'hui la Croix de Mabb. Sa tombe est dans l'église de Wigan, et vous y pouvez voir leurs portraits.

A. D. 1315.

Il y avait autour de Haighhall de nombreux vestiges tant des pénitences catholiques de lady Mabell que de sa triste histoire ; on se souvient encore d'avoir vu toute cette histoire représentée sur les vitraux d'une fenêtre de la grand'salle, où malheureusement elle n'a pas été conservée. La Croix de Mab existe toujours. Une vieille construction délabrée passe pour avoir été la place même où la pénitence de lady Mabell la condamnait à se rendre de Haighhall, pieds et jambes nus, pour y accomplir ses dévotions. Cette relique, à laquelle se rattache une si curieuse anecdocte, est aujourd'hui malheureusement tombée en ruines. Le temps et le pinceau du badigeonneur, dit M. Roby, ont entièrement effacé de la tombe la double effigie du chevalier et de la dame. Ces particularités sont consignées dans les *Traditions du comté de Lancastre* de M. Roby[1], auxquelles nous renvoyons le lecteur pour de plus amples détails.

---

[1] *Traditions of Lancashire*, très élégant ouvrage. Deux vol., 1829, par J. Roby, M. R. S. I. (W. S.)

Il ne paraît pas que sir William Bradshaigh ait conservé une inflexible rancune à la trop pressée lady Mabell, bien qu'il se soit certainement montré moins endurant que les autres barons écossais et allemands, héros des histoires précédentes. La tradition, que l'auteur connut dès sa première jeunesse, lui fut racontée par feu lady Balcarras. Il en fut tellement frappé, que, prodigue de son trésor de légendes, il l'inséra sous forme de note dans *Waverley* [1], le premier de ses délits de romancier. S'il avait alors connu comme aujourd'hui la valeur d'une telle histoire, il est probable qu'en tant que dirigé dans l'inimitable recette pour la confection d'un poëme épique conservée dans le *Guardian*, il l'aurait tenue en réserve pour quelque future opportunité.

Comme l'histoire, toutefois, n'avait pas été complétement racontée et qu'elle était des plus intéressantes; comme en outre elle était suffisamment liée aux croisades, les guerres entre les Gallois et les seigneurs normands des Marches furent choisies comme une époque où on pouvait prendre toute liberté avec la stricte vérité de l'histoire sans affronter aucun fait bien connu qui rendît la narration improbable. Peut-être, cependant, la période qui justifie la vraisemblance de notre récit se trouvera-t-elle mieux représentée, avec ses guerres et ses meurtres, dans le passage suivant sur les guerres de Gryffyth Ap Edwin:

« Ce prince, de concert avec Algar comte de Chester, qui avait été banni d'Angleterre comme traître sous le règne d'Édouard-le Confesseur, entra dans le comté d'Hereford et mit tout ce pays fertile à feu et à sang, pour venger la mort de son frère Rhees, dont la tête avait été portée à Edouard par suite d'un ordre envoyé par ce prince à raison des déprédations que Rhees avait commises contre les Anglais des frontières. Pour arrêter ces ravages, le comte d'Hereford, neveu d'Édouard, s'avança contre Gryffyth et Algar avec une armée composée non pas seulement d'Anglais, mais de mercenaires normands et français qu'il entretenait à son service. Il rencontra les deux

---

[1] *Voy.* le ch. IV de *Waverley.*

chefs près d'Hereford et leur offrit la bataille, que le roi gallois, qui déjà avait gagné cinq batailles rangées et n'avait jamais combattu sans être vainqueur, accepta avec joie. Le comte avait ordonné à ses troupes anglaises de combattre à cheval, à l'imitation des Normands et contre leur usage habituel; mais les Gallois faisant une charge furieuse et désespérée, ce seigneur lui-même et la cavalerie étrangère qu'il commandait furent pris d'une telle frayeur qu'ils s'enfuirent honteusement sans combattre; ce que voyant les Anglais, ils tournèrent aussi le dos à l'ennemi. Celui-ci, après avoir tué ou blessé tous ceux qu'il put atteindre dans leur fuite, entra en triomphe dans Hereford, pilla et incendia la ville, en rasa les murailles, égorgea un certain nombre d'habitants, en amena un beaucoup plus grand nombre captifs, et (pour employer les expressions de la Chronique Galloise) ne laissa dans la ville que du sang et des cendres. Après cet exploit ils retournèrent immédiatement au pays de Galles, sans nul doute pour mettre en sûreté leurs prisonniers et le riche butin qu'ils avaient fait. Sur ce, le roi d'Angleterre ordonna au comte Harold de rassembler une grande armée de toutes les parties du royaume, et de Gloucester, où ces forces s'étaient réunies, le comte s'avança vers les domaines de Gryffyth dans le North Wales. Il exécuta les ordres du roi, et pénétra dans ce pays sans rencontrer de résistance de la part des Gallois, Gryffyth et Algar étant retournés dans le South Wales. Nous ne savons pas bien quelles furent leurs raisons pour cette conduite, ni pourquoi Harold ne poursuivit pas son avantage contre eux; mais il paraît qu'en ce moment-là il crut plus prudent de traiter avec eux que de les soumettre par la force, car il sortit du North Wales et s'occupa à relever les murs d'Hereford, tandis qu'on entamait avec Gryffyth des négociations qui bientôt après amenèrent la réintégration d'Algar, et une paix avec ce prince assez peu honorable pour l'Angleterre, car on n'obtint de lui aucune satisfaction pour le mal qu'il avait fait durant la guerre, ni aucunes soumissions envers Édouard. Il faut sans doute qu'Harold ait eu quelques motifs particuliers et impérieux pour conclure un pareil traité. Dès l'année suivante, le roi gallois, nous ne savons par suite de quelle querelle, fit une nouvelle incursion en Angleterre, et tua l'évêque d'Hereford, le sheriff du comté, et nombre d'autres Anglais, tant ecclésiastiques que laïques. Édouard reçut de Harold et de Leofrick comte de Mercie le conseil de faire encore la paix avec lui. Le roi gallois la rompit de nouveau; et rien ne put arrêter ces incursions barbares jusqu'à l'an 1063, qu'Édouard, de la patience et des dispositions pacifiques duquel on avait si fort abusé, donna commission à Harold de réunir toutes les forces du royaume et de porter la guerre dans le propre pays d'Algar jusqu'à ce qu'il l'eût subjugué ou anéanti. Harold agit avec tant de vigueur et de célérité qu'il fut sur le point de surprendre le prince gallois dans son palais; mais prévenu du danger qui le menaçait au moment même de l'arrivée des forces anglaises, et ne voyant pas d'autre voie de salut, Algar se jeta, avec un petit nombre des officiers de sa maison, dans un de ses navires qui précisément mettait à la voile, et gagna la pleine mer. » (LITTLETON, *History of England*, vol. II, p. 338.)

On verra que dans ses traits généraux ce passage ressemble aux événements fictifs du roman.

INTRODUCTION

MISE EN TÊTE DE LA PREMIÈRE ÉDITION.

MINUTE

DE LA SÉANCE D'UNE ASSEMBLÉE GÉNÉRALE D'ACTIONNAIRES

AYANT DESSEIN DE FORMER UNE SOCIÉTÉ EN COMMANDITE, A L'EFFET DE COMPOSER ET DE PUBLIER LA CLASSE D'OUVRAGES DÉSIGNÉS SOUS LE NOM DE

WAWERLEY NOVELS [1]

tenue à la taverne de Waterloo, Regent's Bridge, à Édimbourg, le 1ᵉʳ juin 1825.

Le lecteur doit avoir remarqué que les différentes versions des délibérations de cette assemblée ont été données au public avec encore plus d'inexactitude que de coutume. La cause n'en est pas à la délicatesse intempestive qu'auraient eue les correspondants de la presse de ne pas revendiquer leur privilége de présence universelle partout où quelques personnes sont réunies, et de ne pas livrer à l'impression ce qui de temps à autre peut s'y passer de plus secret. Mais en cette occasion on avait eu recours à des moyens inhabituels et tout-à-fait arbitraires pour empêcher les journalistes d'user d'un droit que leur accordent généralement la plupart des assemblées, tant politiques que commerciales. Notre correspondant, il est vrai, fut assez hardi pour se cacher sous le bureau du secrétaire, où il ne fut découvert que presque au moment où l'assemblée était sur le point de se séparer. Nous sommes fâchés d'avoir à dire qu'il souffrit personnellement beaucoup des pieds et des poings des honorables membres, et que deux ou trois pages importantes de son cahier de notes furent arrachées, ce qui fait que son rapport se termine brusquement. Nous ne pouvons considérer cette conduite que comme tout particulièrement illibérale de la part d'hommes qui on eux-mêmes une sorte de relation avec la presse; et ils doivent se re garder comme heureux que le correspondant maltraité n'ait cherché à se venger que par l'aigreur dont il a assaisonné son compte-rendu de leur séance.

(Gazette d'Édimbourg.)

---

[1] Ou *Romans par l'Auteur de Wawerley*. (L. V.)

INTRODUCTION.

Une réunion de différentes personnes intéressées dans les publications célèbres intitulées *Waverley Novels* ayant été convoquée par avertissement public, divers personnages éminents en littérature se rendirent à cette assemblée. Et comme en premier lieu il avait été entendu que chacun serait désigné par le nom qui lui est attribué dans lesdites publications, l'*Eidolon*, ou image de l'auteur, fut unanimement appelé au fauteuil, et Jonathan Oldbuck, esq. de Monkbarns, fut requis de remplir les fonctions de secrétaire.

Le président s'adressa alors à l'assemblée dans les termes suivants :

MESSIEURS,

Je n'ai guère besoin de vous remémorer que nous avons un intérêt commun dans la précieuse propriété qui s'est accumulée par suite de nos labeurs réunis. Tandis que le public se livrait à des suppositions oiseuses, et attribuait tantôt à l'un tantôt à l'autre la masse immense d'ouvrages variés qu'ont accumulés les travaux de plusieurs, vous, messieurs, vous n'ignorez pas que chacune des personnes présentes à cette nombreuse assemblée a eu sa part des honneurs et des profits de notre commun succès. Et je ne m'explique même pas comment des gens clairvoyants pouvaient supposer qu'une si énorme masse de bon sens et de *non-sens*, de plaisant et de sérieux, de comique et de pathétique, de bon, de mauvais et de médiocre, le tout montant à des vingtaines de volumes, que cette énorme quantité, dis-je, fût l'œuvre d'une seule main, quand nous connaissons la doctrine si bien exposée par l'immortel Adam Smith au sujet de la division du travail. Ceux qui s'étaient formé une opinion si étrange n'étaient-ils donc pas assez instruits pour savoir qu'il faut vingt couples de mains pour fabriquer une chose aussi insignifiante que l'est une épingle, — que vingt couples de chiens sont nécessaires pour tuer un animal aussi peu redoutable que l'est un renard ?....

— Halte-là ! interrompit un robuste campagnard ; j'ai chez

moi une levrette qui mettrait en pièces le meilleur renard de Pomoragrains avant que vous eussiez eu le temps de dire *dumpling*.

— Quelle est cette personne? dit le président avec quelque chaleur, à ce qu'il nous parut.

— Un fils de Dandy Dinmont, répondit le campagnard sans se déconcerter. Pardieu, vous pouvez vous le rappeler, je crois! — c'est une des meilleures plumes de votre aile, m'est avis. Et, voyez-vous, je suis en possession de la ferme, et je puis peut-être bien être quelque chose de plus, et avoir des actions dans votre commerce de livres.

— Bien, bien! repartit le président; silence, je te prie, silence. — Messieurs, au moment où j'ai été ainsi interrompu, j'allais en venir à l'objet de cette réunion, qui est, comme la plupart de vous le savent déjà, de discuter une proposition déposée sur votre bureau, et que j'ai eu moi-même l'honneur de suggérer lors de notre dernière assemblée, à savoir, de nous adresser au parlement pour en obtenir un acte qui nous autorise à nous former en corporation, et qui nous donne *persona standi in judicio*, avec plein pouvoir de poursuivre et de traduire en justice dans des formes déterminées quiconque empiétera sur notre privilége exclusif. Dans une lettre que j'ai reçue de l'ingénieux M. Dousterswivel....

— Je m'oppose à ce qu'on mentionne le nom de cet homme, s'écria Oldbuck avec chaleur; c'est un pur chevalier d'industrie.

— Fi, monsieur Oldbuck! reprit le président; n'appliquez pas de pareilles expressions à l'ingénieux inventeur patenté de la grande machine construite à Groningue, où on met du chanvre écru à un bout, et qui vous rend des chemises à jabot de l'autre, sans l'aide de sérançoir, de métier, de navette ni de tisserand, de ciseaux, d'aiguilles ni de couturières. Il vient de la compléter par l'addition d'une nouvelle pièce de mécanique qui fait l'office de blanchisseuse; seulement, quand on en a fait l'essai devant Son Honneur le bourgmestre, elle avait l'inconvénient de chauffer au rouge les fers à repasser : excepté cela, l'expérience fut complétement satisfaisante. Il deviendra riche comme un juif.

— Hé bien, reprit M. Oldbuck, si le maraud....

— Maraud est une expression tout-à-fait malséante, monsieur Oldbuck, repartit le président, et je dois vous rappeler à l'ordre. M. Dousterswivel est seulement un génie excentrique.

— A peu près comme en grec, murmura M. Oldbuck; et il reprit en élevant la voix : Hé bien, si ce génie excentrique a assez de besogne à brûler le linge des Hollandais, que diable a-t-il affaire ici?

— Hé bien, il pense qu'au moyen d'un petit mécanisme, et en y appliquant la vapeur, on pourrait s'épargner une partie du travail de la composition de ces romans.

Cette ouverture souleva un murmure de désapprobation, et on entendit chuchotter : Nous y voilà ! — c'est nous enlever le pain de la bouche ! — on pourrait tout aussi bien faire un curé à la vapeur ! Et ce ne fut qu'après des appels répétés à l'ordre que le président put reprendre son discours.

— A l'ordre ! — à l'ordre ! — soutenez le président, je vous prie. Silence ! silence ! Écoutez le président.

— Messieurs, reprit-il enfin, il faut dire d'abord que cette opération mécanique ne peut s'appliquer qu'à ces parties de la narration qui sont maintenant composées de lieux communs, tels que les propos d'amour du héros, le portrait de l'héroïne, les observations morales de tout genre, et la distribution de bonheur à la fin du roman. M. Dousterswivel m'a envoyé quelques dessins qui montrent qu'en plaçant dans une sorte de châssis pareil à celui du sage de Laputa les mots et les phrases techniques employées en ces occasions-là, et en les variant par des procédés mécaniques tels que ceux par lesquels les tisserands changent leurs patrons de linge damassé, nombre de nouvelles et heureuses combinaisons ne peuvent manquer de se présenter, tandis que l'auteur, fatigué de pomper la substance de sa cervelle, trouvera un agréable délassement à faire usage de ses doigts.

— Ce que j'en dis est pour m'instruire, monsieur le président, dit le rév. M. Lawrence Templeton ; mais je suis porté à croire que la récente publication de *Walladmor* est l'ouvrage de Dousterswivel et de sa machine à vapeur ¹.

— Fi donc, monsieur Templeton ! répliqua le président ; il y a de bonnes choses dans Walladmor, je vous assure, et il n'a manqué à l'écrivain que d'avoir un peu connu le pays où il a placé la scène.

— Ou d'avoir eu, comme certains d'entre nous, l'esprit de placer la scène dans un pays assez éloigné pour que personne ne puisse le contredire, fit observer M. Oldbuck.

— Oh, quant à cela, dit le président, faites attention que la chose était confectionnée pour le marché allemand, où l'on n'est pas meilleur juge des mœurs galloises que du *crw* gallois ².

— Fasse le Ciel qu'on ne trouve pas le même défaut dans notre prochaine pacotille, dit le Dr Dryasdust en désignant du doigt quelques volumes déposés sur le bureau. Je crains que les mœurs dépeintes dans *les Fiancés* n'obtiennent difficilement l'approbation du Cymmerodion ; j'aurais voulu qu'on eût jeté les yeux sur l'ouvrage de Llhuyd, — qu'on eût consulté Powel, — qu'on eût cité l'Histoire de Lewis, notamment les dissertations préliminaires, afin de donner un poids convenable à l'ouvrage.

— Du poids ! exclama le capitaine Clutterbuck ; sur mon âme ! il est déjà assez lourd, docteur.

— Parlez au fauteuil ³, dit le président d'un ton assez sec.

— Hé bien donc, continua le capitaine Clutterbuck, je parle au fauteuil, et je dis que *les Fiancés* sont assez lourds pour briser le fauteuil de Jean de Gand, et le Cador-Edris lui-même. Je dois ajouter, toutefois, que dans mon humble opinion *le Talisman* a une allure plus légère ⁴.

---

¹ Un roman de l'Auteur de Waverley ayant été attendu vers ce temps au grand bazar de la littérature, la foire de Leipsick, un ingénieux Allemand, ne voyant paraître rien de tel, eut la bonté d'y suppléer par un ouvrage en trois volumes intitulé *Walladmor*, en tête duquel il inscrivit en toutes lettres le nom de baptême et le surnom. Cet ouvrage est assez équitablement caractérisé par la remarque de Lawrence Templeton. (W. S.)

² L'ale des anciens Bretons est appelé *crw* dans leur idiome natal. (W. S.)

³ Métonymie empruntée au langage parlementaire, où le président est fréquemment désigné par le siège qu'il occupe. (L. V.)

⁴ C'était une opinion universellement partagée par les amis de l'auteur. (W. S.)

— Ce n'est pas à moi à parler, dit le digne ministre des *Eaux de Saint-Ronan*; mais pourtant je dois dire qu'ayant été si long-temps occupé du siége de Ptolémaïs, mon livre aurait au moins dû être mis au jour, tout modeste qu'il soit, avant aucun autre sur un sujet analogue.

— Votre siége, ministre! dit M. Oldbuck d'un ton de souverain mépris; parlerez-vous en ma présence de votre chétive prose, moi dont le grand poëme historique en vingt chants, avec des notes en proportion, a été ajourné *ad græcas kalendas?*

Le président, qui paraissait beaucoup souffrir durant cette discussion, reprit alors la parole avec dignité et résolution.— Messieurs, dit-il, ce genre de discussion est hautement irrégulier. Une question vous est soumise, et c'est sur cette question, messieurs, que je dois concentrer votre attention. Les questions de priorité, en fait de publication, sont toujours, permettez-moi de vous le rappeler, messieurs, laissées à la décision du comité de critique, dont les déterminations sur ces sortes de sujets sont sans appel. Je déclare que je quitterai le fauteuil si des matières étrangères à l'objet qui nous a réunis sont de nouveau introduites dans la discussion. Et maintenant, messieurs, que nous voici rentrés dans une délibération régulière, je désirerais que quelqu'un parlât sur la question de savoir si nous ne devons pas, associés comme nous le sommes pour un commerce d'ouvrages d'imagination en prose et en vers, nous faire incorporer par un acte du parlement? Que dites-vous de la proposition, messieurs? *Vis unita fortior* est un adage aussi vrai qu'ancien.

— *Societas mater discordiarum* est un dicton qui n'est ni moins ancien ni moins véritable, dit Oldbuck, qui semblait décidé, en cette occasion, à ne se montrer satisfait d'aucune proposition émanée du fauteuil.

— Allons, Monkbarns, reprit le président de sa voix la plus insinuante, vous avez étudié à fond les institutions monastiques, et vous savez qu'il faut une réunion de talents pour faire quelque chose de respectable et qui obtienne un ascendant mérité sur l'esprit du siècle. *Tres faciunt collegium*,— il faut trois moines pour faire un couvent.

— Et neuf tailleurs pour faire un homme, repartit Oldbuck, dont l'opposition ne s'adoucissait pas le moins du monde ; cette citation-là vient aussi à propos que l'autre.

— Allons, allons, reprit le président, vous savez ce que le prince d'Orange disait à M. Seymour : Sans association, nous n'avons aucune consistance.

— Je crois, repliqua Oldbuck, qu'il eût été bienséant de ne laisser en cette occasion rien paraître du vieux levain, bien que vous soyez l'auteur d'un roman jacobite. Je ne connais plus le prince d'Orange après 1688 ; mais j'ai beaucoup ouï parler de l'immortel Guillaume III.

— Et autant que je m'en souvienne, dit M. Templeton à l'oreille d'Oldbuck, ce fut Seymour qui fit la remarque au prince, et non le prince à Seymour. Mais c'est un échantillon de l'exactitude de notre ami, le pauvre homme ! il se fie trop à sa mémoire depuis quelques années. — Il faiblit beaucoup, monsieur, — il baisse.

— Il est tout-à-fait bas, dit M. Oldbuck. Mais que pouvez-vous attendre d'un homme trop prévenu en faveur de ses compositions jetées à la hâte et qui n'ont qu'un éclat superficiel, pour réclamer l'assistance d'hommes érudits et de talents solides ?

— Pas de chuchotements, — pas de cabales, — pas de conversations particulières, messieurs, dit l'infortuné président, — qui nous rappela l'idée d'un conducteur de bestiaux highlandais occupé à rassembler et à maintenir dans le droit chemin son bétail toujours disposé à s'écarter de la route. — Je n'ai pas encore entendu élever, continua-t-il, une seule objection raisonnable contre la proposition de solliciter du parlement l'acte dont voici le projet sur le bureau. Vous devez savoir que les extrêmes de la société inculte et de la société civilisée sont, à l'époque où nous vivons, sur le point de se rapprocher. Au temps des patriarches, un homme est son propre tisserand, son propre tailleur, son propre boucher, son propre cordonnier, et ainsi de suite ; et dans le siècle des compagnies en commandite, comme on peut appeler celui-ci, on peut dire, en un sens, que chaque individu exerce la même pluralité des métiers. Par le fait, un homme qui a trempé largement dans ces spéculations peut combiner ses dépenses avec l'augmentation de son revenu, précisément comme l'ingénieuse machine hydraulique qui élève d'autant plus d'eau qu'elle en dépense davantage. Un homme dans cette situation achète son pain à sa propre Compagnie de Boulangerie, son lait et son fromage à sa Compagnie de Laiterie; il se fait faire un habit neuf pour faire bénéficier sa Compagnie d'Habillements, éclaire sa maison pour faire prospérer sa Compagnie du Gaz, et boit une bouteille de vin de plus pour faire gagner d'autant la Compagnie Générale d'Importation du Vin, dont lui-même est actionnaire. Toute action qui autrement ne serait qu'une folie est, pour une telle personne, assaisonnée de l'odeur du gain, *odor lucri*, et d'accord avec la prudence. Le prix de l'article consommé serait-il même extravagant, et la qualité médiocre, celui qui d'une façon est sa propre pratique n'est trompé que pour son propre bénéfice. Il y a plus: si la Compagnie des Funérailles se réunit à la Faculté de Médecine, comme le proposait feu le facétieux D^r G***, sous la raison Mort et Docteur, l'actionnaire aura pu ainsi trouver moyen d'assurer à ses héritiers une jolie part des frais de sa dernière maladie et de ceux de son enterrement. Bref, les compagnies en commandite sont la mode du siècle, et un acte d'incorporation sera, je le pense, particulièrement utile pour ramener l'association que j'ai l'honneur de présider à un esprit de subordination éminemment nécessaire au succès dans toute entreprise où l'on réclame une réunion de savoir, de talents et de travail. C'est à regret que je déclare qu'indépendamment de certains différends survenus entre vous, moi-même depuis quelque temps n'ai pas été traité avec la déférence que les circonstances me donnaient droit d'attendre de vous.

— *Hinc illæ lacrimæ*, murmura M. Oldbuck.

— Au surplus, continua le président, je vois que d'autres membres sont impatients d'émettre leur opinion, et je ne veux obstruer le chemin à personne. Je prierai donc un des assistants — ma place sur ce fauteuil m'interdisant d'en faire moi-même la motion — de réclamer la formation d'un comité pour la révision du projet de bill déposé sur le bureau, projet qui a été dûment communiqué aux intéressés, et pour prendre telles mesures qui seront nécessaires afin de le soumettre à la chambre au commencement de la prochaine session.

Il y eut un instant de murmures dans l'assemblée; enfin M. Oldbuck se leva de nouveau. — Il semble, monsieur, dit-il, s'adressant au président, que personne ici présent ne soit disposé à faire la motion que vous indiquez. Je suis fâché que quelqu'un de plus habile que moi ne prenne pas sur lui de faire ressortir les raisons contraires, et que ce soit sur moi que retombe, comme nous disons en Écosse, la charge d'attacher le grelot au cou du chat; expression au sujet de laquelle Pitscottie rapporte une bonne plaisanterie du grand comte d'Angus....

Ici quelqu'un souffla à l'oreille de l'orateur : Prenez garde à Pitscottie! — et M. Oldbuck, paraissant mettre l'avis à profit, poursuivit :

— Mais ce n'est pas non plus ce dont il s'agit. — Hé bien, messieurs, pour couper court, je crois inutile d'entrer dans les arguments généraux qui ont été produits aujourd'hui je puis dire *ex cathedrá*; non plus que je ne veux accuser notre digne président de chercher à obtenir sur nous, *per ambages* et sous couleur d'un acte du parlement, une autorité despotique incompatible avec notre liberté. Mais ce que je dirai, c'est que les temps sont tellement changés là-haut, qu'au lieu que l'an dernier vous auriez obtenu l'acte d'incorporation d'une société en commandite pour tamiser des cendres, cette année vous n'en obtiendriez pas un pour ramasser des perles. Ainsi donc, à quoi bon perdre le temps de l'assemblée en s'enquérant si nous devons ou non aller frapper à une porte que nous savons devoir être fermée et verrouillée, non seulement pour nous, mais pour toutes les compagnies pour le feu ou l'air, la terre ou l'eau, que dans ces derniers temps nous avons toutes vues succomber ?

Une rumeur générale, qui semblait être d'approbation, s'éleva au sein de l'assemblée, et çà et là on put distinguer ces mots : Inutile d'y penser, — c'est de l'argent perdu, — le comité n'admettra pas, — etc., etc., etc. Mais au-dessus du tumulte s'élevait la voix de deux personnes placées à des angles différents de la salle, et dont le timbre clair et élevé se répondait alternativement comme les coups que frappent tour à tour les deux figures de l'horloge de Saint-Dunstan ; et quoique le président, en grande agitation, s'efforçât de leur imposer silence, le seul effet de ses interruptions était de couper leurs mots en syllabes, à peu près ainsi :

PREMIÈRE VOIX.

Le lord chan....

SECONDE VOIX.

Lord Lau....

LE PRÉSIDENT (*d'une voix forte*).
Scandalum magnatum !

PREMIÈRE VOIX.

Le lord chance....

SECONDE VOIX.

Lord Lauder....

LE PRÉSIDENT (*encore plus fort*).
Infraction de priviléges !....

PREMIÈRE VOIX.

Le lord chancelier.....

SECONDE VOIX.

Lord Lauderdale.....

LE PRÉSIDENT (*du plus haut diapason de sa voix*).
Appelé devant la chambre !

LES DEUX VOIX ENSEMBLE.

Ne consentiront jamais à un tel bill.

Un assentiment général parut suivre cette dernière proposition, qui fut soutenue de toute la force que pouvaient lui donner les voix réunies de l'assemblée entière, outre celles des deux interlocuteurs.

Plusieurs des personnes présentes semblèrent regarder comme vidée l'affaire qui les avait réunies ; elles commençaient à prendre leurs chapeaux et leurs cannes et elles se disposaient à partir, quand le président, qui s'était rejeté en arrière dans son fauteuil d'un air évidemment mortifié et mécontent, se redressa sur son siége et commanda l'attention. Tout le monde s'arrêta, bien que quelques uns levassent les épaules, comme forcés de subir l'influence de ce qu'on appelle un *fâcheux*[1]. Mais la teneur de son discours ne tarda pas à exciter une anxieuse attention.

— Je m'aperçois, messieurs, leur dit-il, que vous êtes comme les jeunes oiseaux, à qui il tarde de quitter le nid maternel ; — mais tâchez que vos ailes soient assez fortes pour vous soutenir, car, pour ma part, je suis las de porter sur les miennes une pareille troupe d'oisillons ingrats. Mais ce sont des paroles perdues. — Je n'emploierai pas plus long-temps de si faibles ministres ; — je vous congédierai, — je vous laisserai retomber dans le néant, — je vous abandonnerai, vous et tout l'assortiment usé du métier, — vos cavernes et vos châteaux, — vos antiques modernisés et vos modernes habillés à l'antique, — vos confusions des temps, des mœurs et des circonstances, — tout votre matériel, comme disent les comédiens de leurs décorations et de leurs costumes ; — je laisserai tout l'assortiment de vos expédients usés aux niais qui voudront encore essayer de les remettre en œuvre. Je maintiendrai moi-même ma propre renommée sans appeler à mon aide des assistants boiteux tels que vous, assistants que j'ai employés

« Pour mon plaisir plutôt que par besoin. »

Je poserai mes fondations sur un meilleur terrain que des sables mouvants ; — j'emploierai à mon édifice de meilleurs matériaux que du carton peint : en un mot, j'écrirai l'HISTOIRE !

Il y eut un moment de tumulte occasionné par la surprise, et au milieu duquel notre correspondant distingua ces mots : Du diable si vous en faites rien ! — Vous, mon cher monsieur? *vous?* — Le bonhomme oublie qu'il n'a pas existé plus grand menteur que lui depuis sir John Mandeville.

— Il n'en sera pas plus mauvais historien pour cela, fit

[1] *Bore.*

observer Oldbuck ; car l'histoire, vous le savez, est à moitié fiction.

— Quant à cette moitié-là, j'en réponds, reprit le premier interlocuteur ; mais pour la petite mesure de vérité qui est nécessaire, après tout, — le Seigneur nous soit en aide ! Geoffrey de Monmouth serait un lord Clarendon auprès de lui.

Comme la confusion commençait à diminuer, on vit plus d'un membre de l'assemblée porter la main à son front d'un air significatif tandis que le capitaine Clutterbuck fredonnait :

« Vous êtes, papa,
Par trop téméraire,
D'aller sans lisière
Sur votre dada.
Si dans votre prouesse
Vous vous rompez le cou,
Malgré votre sagesse
On vous croira fou. »

— Le monde et vous, messieurs, vous penserez ce qu'il vous plaira, dit le président en élevant la voix ; mais j'ai dessein d'écrire le livre le plus merveilleux que le monde ait jamais lu, — un livre où chaque incident sera incroyable, et pourtant rigoureusement vrai, — un ouvrage rappelant à la génération actuelle un souvenir de choses dont les oreilles lui ont tinté, et qui sera lu par nos enfants avec une admiration approchant de l'incrédulité. Telle sera la VIE DE NAPOLÉON BONAPARTE, PAR L'AUTEUR DE WAVERLEY.

Au milieu du mouvement de surprise et de l'exclamation générale qui suivirent cette annonce, M. Oldbuch laissa tomber sa tabatière ; et le *râpé d'Écosse*, qui se répandit en conséquence, eut sur les organes olfactifs de notre correspondant, blotti comme il était sous le bureau du secrétaire, un effet qui amena sa découverte et le fit expulser de la manière brutale et illibérale que nous avons mentionnée, avec menaces de plus grands dommages pour son nez, ses oreilles et autres parties de son corps, surtout de la part du capitaine Clutterbuck. Sans se laisser effrayer par ces menaces, qu'à la vérité les personnes de sa profession sont habituées à braver, notre jeune homme continua de rôder aux environs de la porte de la taverne ; mais tout ce qu'il a pu nous apprendre de plus, c'est que l'assemblée s'était séparée un quart d'heure environ après son expulsion, « dans un admirable désordre. »

RÉCITS DES CROISÉS.

PREMIER RECIT.
LES FIANCÉS.

CHAPITRE PREMIER.

> Or, en ce temps-là il y eut de chaudes guerres sur les Marches du pays de Galles.
> LEWIS (*Histoire*).

Les chroniques d'où cette histoire est tirée nous assurent que de toute la longue période durant laquelle les princes gallois maintinrent leur indépendance, l'année 1187 fut particulièrement remarquée comme favorable à la paix entre eux et leurs belliqueux voisins les *lords marchers* [1], qui habitaient ces formidables châteaux situés sur les frontières des anciens Bretons, et dont le voyageur contemple les ruines avec étonnement. Ce fut à cette époque que Baldwin, archevêque de Canterbury, accompagné du savant Giraldus de Barry, depuis évêque de Saint-David, prêcha la croisade de ville en ville, de château en château, fit retentir d'un appel aux armes pour la délivrance du Saint-Sépulcre les vallées les plus retirées de sa Cambrie natale, et tout en s'élevant avec force contre les dissensions féodales et les guerres des chrétiens entre eux, offrit à l'esprit martial du siècle un but général d'ambition et un théâtre d'aventures où la faveur du Ciel devait être, aussi bien que la renommée terrestre, la récompense des champions victorieux.

Les *chieftains* bretons, néanmoins, parmi les milliers de guerriers qu'un appel si bien fait pour remuer les esprits poussait loin de leur pays natal à une expédition périlleuse, avaient peut-être la meilleure excuse pour se dispenser d'y répondre. A l'habileté supérieure des chevaliers anglo-normands, constamment occupés d'incursions sur la frontière

---

[1] Lords des *Marches* ou frontières. (L. V.)

galloise, dont ils démembraient fréquemment des portions considérables qu'ils couvraient de châteaux forts, s'assurant ainsi la possession de ce qu'ils avaient conquis, ces Bretons n'avaient à opposer que de terribles irruptions qui servaient leur vengeance sans compenser leurs pertes : semblables aux vagues de la marée descendante qui roulent bruyamment sur la plage et la balaient avec fureur, mais qui à chaque retraite n'en perdent pas moins un peu de terrain.

L'union des princes gallois aurait pu opposer une permanente et forte barrière à l'empiétement des étrangers ; mais malheureusement ils n'étaient pas plus d'accord entre eux qu'avec les Normands, et ils étaient sans cesse occupés les uns contre les autres de guerres particulières dont l'ennemi commun avait seul l'avantage.

L'appel à la croisade promettait du moins quelque chose de nouveau à un peuple dont un caractère ardent était le trait dominant ; aussi fut-il accepté par nombre de chefs, sans songer à ce qui devait en résulter pour le pays qu'ils laissaient sans défense. Même les ennemis les plus renommés des races saxonne et normande déposèrent leur haine contre les envahisseurs de leur pays, pour s'enrôler sous les bannières de la Croisade.

Au nombre de ces derniers on comptait Gwenwyn (ou plus exactement Gwenwynwen, quoique nous conservions le nom abrégé), prince breton qui exerçait encore une souveraineté précaire sur les parties du Powys-Land que n'avaient pas subjuguées les Mortimer, les Guarine, les Latimer, les Fitz-Alan et autres nobles normands, qui, sous divers prétextes, et parfois dédaignant d'en chercher d'autre que la supériorité même de leurs forces, avaient envahi et s'étaient approprié des portions étendues de cette principauté jadis vaste et indépendante, et qui était échue en partage à Mervyn, le plus jeune fils de Roderick Mawr, lorsque à la mort de ce dernier le Wales[1] fut malheureusement divisé en trois parts. L'indomptable résolution et la férocité opiniâtre de Gwenwyn, descendant de ce prince, l'avaient long-temps rendu cher aux *Tall Men*[2] ou Champions du Wales ; et plus d'une fois il fut en état, grâce au nombre de ceux qu'attirait sa réputation et qui venaient servir sous lui, plus que par la seule force de sa principauté démembrée, de répondre aux envahissements des Anglais par les incursions les plus dévastatrices.

Cependant Gwenwyn lui-même semblait alors avoir oublié sa haine profonde contre ses dangereux voisins. La Torche de Pengwern (tel était le surnom qu'avaient valu à Gwenwyn ses fréquentes irruptions dans la province de Shrewsbury, où il portait le fer et la flamme) semblait

---

[1] Pays de Galles, dont les habitants, que nous appelons Gallois, conservent en anglais leur vieux nom patronymique de Welches (*Welhs*). (L. V.)

[2] Littéralement aux Hommes Grands ou aux Géants. (L. V.)

CHAPITRE I.

maintenant brûler aussi paisiblement que le flambeau d'une chambre de dame ; le Loup de Plinlimmon, autre surnom dont les bardes avaient gratifié Gwenwyn, sommeillait alors aussi paisiblement que le chien du berger au foyer domestique.

Mais ce n'était pas seulement l'éloquence de Baldwyn ou de Girald qui avait ainsi dompté un esprit si farouche et si impatient du repos. Il est vrai que leurs exhortations avaient plus fait à cet égard que les soldats de Gwenwyn ne l'auraient cru possible. L'archevêque avait amené le chef breton à rompre le pain et à prendre le divertissement de la chasse avec le plus proche, et jusque là le plus déterminé de ses ennemis, le vieux guerrier normand sir Raymond Bérenger. Quelquefois battu, quelquefois victorieux, mais jamais dompté, Bérenger, en dépit des attaques réitérées de Gwenwyn, s'était maintenu dans son château de Garde-Douloureuse, sur les frontières du Wales ; place que la nature et l'art avaient également fortifiée, et dont le prince gallois n'avait pu s'emparer ni par force ni par ruse, obligé ainsi de laisser sur ses derrières une forte garnison, qui souvent entravait ses incursions en rendant sa retraite précaire.

Aussi Gwenwyn de Powis-Land avait-il juré cent fois la mort de Bérenger et la démolition de son château ; mais l'adroite politique du vieux Raymond, sa longue expérience de toutes les ruses de la guerre, et les secours qu'il recevait de ses compatriotes, l'avaient mis en état de braver les efforts de son impétueux voisin. Si donc il était dans toute l'Angleterre un homme que Gwenwyn détestât plus qu'aucun autre, c'était Raymond Bérenger ; et cependant le vertueux archevêque Baldwyn avait obtenu du prince gallois qu'il se réunît à Bérenger comme ami et allié dans la cause de la Croix. Il l'invita même aux fêtes d'automne de son palais du Wales ; et le vieux chevalier festoya et chassa durant une semaine et plus en toute honorable courtoisie sur les domaines de son ennemi héréditaire.

Pour reconnaître cette hospitalité, Raymond invita le prince de Powis à venir, avec une suite à son choix, mais limitée, passer les prochaines fêtes de Noël à Garde-Douloureuse, place que quelques antiquaires ont voulu identifier avec le château de Colune, sur la rivière du même nom ; quoique le laps de temps, et quelques difficultés géographiques, jettent du doute sur cette conjecture ingénieuse.

Au moment où le prince gallois franchit le pont-levis, son fidèle barde le vit frissonner d'une émotion involontaire ; et Cadwallon avait trop d'expérience de la vie, il connaissait trop bien aussi le caractère de son maître, pour douter qu'en ce moment il n'éprouvât une forte tentation, séduit par l'opportunité apparente, de s'emparer, même au prix de la foi violée, du château fort qui avait été si long-temps le but de tous ses désirs.

Redoutant que la lutte qu'il voyait s'élever entre la conscience et l'ambition de son maître ne se terminât pas d'une manière favorable à son honneur, le barde arrêta son attention en lui disant à voix basse et dans leur idiome natal : Les dents qui mordent le mieux sont celles qu'on ne voit pas ; — et Gwenwyn, regardant autour de lui, s'aperçut que, bien qu'il ne se montrât dans l'avant-cour que des pages et des écuyers sans armes, les tours et les créneaux environnants étaient cependant garnis d'archers et d'hommes d'armes.

On se rendit au banquet, où pour la première fois Gwenwyn vit Eveline Bérengère, fille unique du châtelain normand, héritière de ses domaines et des richesses qu'on lui supposait. Eveline n'avait que seize ans, et c'était la plus belle des damoiselles de la frontière galloise. Plus d'une lance avait déjà été rompue en l'honneur de ses charmes ; et le vaillant Hugo de Lacy, connétable de Chester, un des guerriers les plus redoutés de l'époque, avait mis aux pieds d'Eveline le prix qu'avait remporté sa prouesse chevaleresque dans un tournoi tenu près de cette ancienne cité. Gwenwyn regardait ces triomphes comme autant de recommandations de plus en faveur d'Eveline ; sa beauté était incontestable, elle devait avoir en héritage la forteresse qu'il souhaitait tant posséder, et il commença alors à penser qu'il pourrait être possible d'obtenir cette forteresse tant désirée par des moyens plus doux que ceux qu'il avait coutume de mettre en usage.

D'un autre côté, la haine qui existait entre les Bretons et leurs conquérants saxons et normands ; ses longues querelles à peine assoupies avec Raymond Bérenger ; un souvenir vague que les alliances entre Gallois et Anglais avaient rarement été heureuses ; la conscience intime que la mesure qu'il méditait serait mal vue de ses vassaux, et semblerait un abandon des principes invariables sur lesquels il s'était conduit jusque là, toutes ces considérations l'empêchèrent de faire connaître ses vœux à Raymond et à sa fille. L'idée d'un refus ne s'offrit pas un seul moment à lui ; il était convaincu qu'il n'avait qu'à parler, et que la fille d'un châtelain normand qui n'était en première ligne ni de rang ni de puissance parmi les nobles des frontières, serait nécessairement ravie et honorée d'une proposition qui alliait sa famille à celle du souverain de cent montagnes.

Il y avait, à la vérité, une autre difficulté qui en des temps plus récents eût été d'un grand poids : — Gwenwyn était déjà marié. Mais Brengwain ne lui avait pas donné d'enfant ; les souverains (et le prince gallois se rangeait parmi les souverains) se marient pour obtenir de la postérité, et il n'était pas probable que le pape se montrât scrupuleux quand il serait question d'obliger un prince qui avait pris la croix avec un zèle si empressé, quoique par le fait ses pensées se fussent tournées vers Garde-Douloureuse beaucoup plus que vers Jérusalem. Si, en attendant, Raymond Bérenger ne se montrait pas (et cela paraissait probable) assez accommodant pour permettre qu'Eveline occupât temporairement le rang de concubine, ce que les usages du Wales permettaient à Gwenwyn d'offrir comme arrangement provisoire, il n'aurait à attendre que quelques mois, temps suffisant pour solliciter son divorce de la cour de Rome par l'intermédiaire de l'évêque de Saint-David ou de quelque autre.

L'esprit occupé de ces pensées, Gwenwyn prolongea sa résidence au château de Berenger depuis Noël jusqu'au jour des Rois, et y endura la présence des chevaliers normands qui fréquentaient la salle des banquets de Raymond, bien que se regardant, en vertu de leur rang de chevaliers, comme les égaux des plus puissants souverains, ils tinssent peu compte de la longue généalogie du prince gallois, qui n'était à leurs yeux que le chef d'un pays demi-barbare; tandis que de son côté il ne voyait guère en eux que des voleurs privilégiés, et que c'était avec une peine extrême qu'il réprimait sa haine toujours près d'éclater quand il les voyait se livrer à leurs exercices de chevalerie, dont l'usage habituel faisait d'eux des ennemis si redoutables à son pays. Enfin le terme des fêtes arriva; écuyers et chevaliers prirent congé de Raymond, et le château reprit l'aspect d'une forteresse des frontières solitaire et bien défendue.

Cependant le prince de Powis-Land, tout en se livrant à l'exercice de la chasse sur ses propres montagnes et dans ses vallées, sentait que même l'abondance du gibier, aussi bien que le plaisir de ne plus avoir à supporter la société de la noblesse normande, qui affectait de le traiter en égal, ne pouvaient le rendre complétement heureux tant que la charmante Eveline ne viendrait pas sur son palefroi blanc se mêler à ses chasses. Bref, il n'hésita pas plus long-temps, et il prit pour confident son chapelain, homme capable et judicieux, dont la communication de son patron flatta l'amour-propre, et qui en outre vit dans le plan proposé quelques avantages pour lui et son ordre. Par son conseil, les démarches pour le divorce de Gwenwyn furent suivies sous des auspices favorables, et l'infortunée Brengwain fut reléguée dans un cloître, séjour que peut-être elle trouva moins triste que la retraite où elle avait mené une vie solitaire et négligée depuis que Gwenwyn avait désespéré que sa couche fût rendue féconde. Le père Einion travailla aussi les chefs et les anciens du pays, leur représentant l'avantage que dans les guerres futures ils étaient certains de retirer de la possession de Garde-Douloureuse, place qui depuis plus d'un siècle couvrait et protégeait une étendue considérable de pays, rendait leurs excursions difficiles et leurs retraites périlleuses, et, en un mot, les empêchait de pousser leurs expéditions jusqu'aux portes de Shrewsbury. Quant à l'union avec la fille saxonne, la chaîne qui en résulterait ne serait pas (à ce que le bon père donnait à entendre) plus indissoluble ni plus difficile à rompre que celle qui avait uni Gwenwyn à Brengwain sa première épouse.

Ces arguments, mêlés à d'autres adaptés aux vues particulières et aux désirs de chacun, eurent un tel succès, qu'au bout de quelques semaines le chapelain fut en état de rapporter à son noble patron que le mariage qu'il se proposait ne rencontrerait pas d'opposition de la part des anciens et des nobles de ses domaines. Un bracelet d'or du poids de six onces fut la récompense immédiate de l'adresse dont le prêtre avait fait preuve dans cette négociation, et Gwenwyn le chargea de mettre par écrit cette proposition qu'il ne doutait pas devoir jeter dans une extase de joie le château de Garde-Douloureuse, nonobstant son nom mélancolique. Ce ne fut pas sans peine que le chapelain obtint de son patron qu'il ne dirait rien dans cette lettre de son plan de concubinage temporaire, qu'il jugea sagement qu'Eveline et son père pourraient bien regarder comme un affront. Il représenta l'affaire du divorce comme presque entièrement arrangée, et termina sa lettre par une application morale, où se trouvait mainte allusion à Vasthi, à Esther et à Assuérus.

Après avoir expédié cette lettre par un messager prompt et fidèle, le prince breton ouvrit en toute solennité les fêtes de Pâques que l'on avait atteintes durant le cours de ces doubles négociations *intérieures* et *extérieures*.

Afin de se concilier l'esprit de ses sujets et de ses vassaux, Gwenwyn, aux approches de la fête, les avait invités en grand nombre à un festin princier donné à Castell Coch ou le Château Rouge, ainsi qu'on nommait alors la place plus connue depuis sous le nom de Powis Castle, et devenu en un temps plus rapproché de nous la résidence princière du duc de Beaufort. La magnificence architecturale de cette noble résidence date d'une époque de beaucoup postérieure au siècle de Gwenwyn; au temps dont nous parlons, le palais de ce dernier était un bâtiment long, bas, et construit en pierre rouge, ce qui lui avait valu son nom de Castell Coch. Un fossé et une palissade, joints à une situation qui commandait le pays environnant, en étaient alors les principales défenses.

CHAPITRE II.

> Sous les tentes de Madoc le clairon résonne, et les sons aigus s'en font entendre au loin. Chaque montagne, chaque vallée en a retenti; mais qui répond à l'appel guerrier? Toi, fille de l'impérieuse Nécessité, Paix énervante et monotone! La vallée cède à ton influence, et reconnaît ton triste empire.
> *Poëme gallois.*

Les anciens princes bretons déployaient habituellement dans leurs festins toute la grossière magnificence, toute la profusion illimitée de l'hospitalité des montagnes, et Gwenwyn, en cette occasion, était jaloux d'acheter la popularité, même par une profusion inhabituelle; car il sentait que l'alliance qu'il méditait pourrait être tolérée, mais non approuvée, de ses sujets et de ses soldats.

L'incident suivant, insignifiant en lui-même, confirma ses appréhensions. Passant un soir, presque à la nuit fermée, près de la fenêtre ouverte d'un corps-de-garde occupé d'ordinaire par un petit nombre de ses soldats les plus renommés, qui se relevaient à tour de rôle pour la garde de son palais, il entendit Morgan, homme remarqué pour sa force, son courage et sa férocité, dire à celui de ses camarades avec lequel il était assis près du feu : Gwenwyn est devenu prêtre ou femme! Quand a-t-on vu, avant ces derniers mois, qu'un de ses soldats fût obligé de ronger les os d'aussi près qu'il me faut ronger le morceau que je tiens à la main [1] ?

— Attends un peu qu'il ait épousé la Normande, repartit son camarade; et le butin que nous ferons alors sur le paysan saxon sera si mince, qu'il pourra bien se faire que nous soyons charmés, comme les chiens affamés, d'avaler même les os.

Gwenwyn n'en écouta pas plus; mais c'en était assez pour alarmer son orgueil comme soldat et ses craintes comme prince. Il savait que les gens qu'il gouvernait étaient tout à la fois inconstants de caractère,

---

[1] Une tradition des Highlands rapporte qu'un Macdonald des Isles, qui avait laissé sa claymore au fourreau pendant quelques mois après son mariage avec une femme d'une grande beauté, fut poussé à une soudaine et furieuse expédition sur les côtes voisines, en entendant des soldats de sa garde tenir entre eux des propos semblables à ceux-ci. (W. S.)

impatients d'un long repos, et pleins de haine contre leurs voisins ; et il redoutait presque les conséquences de l'inactivité à laquelle une longue trève pouvait les réduire. Le risque en était couru, toutefois ; et se surpasser lui-même en splendeur et en libéralité lui parut le meilleur moyen de raffermir les affections chancelantes de ses sujets.

Un Normand aurait méprisé la magnificence barbare d'un festin se composant de vaches et de moutons rôtis entiers, ainsi que de chèvres et de daims cuits dans la peau même des animaux ; car les Normands, en fait de nourriture, se piquaient de préférer la qualité à la quantité, et recherchant la délicatesse des mets plutôt que la profusion, ils tournaient en ridicule le goût plus grossier des Bretons, bien que dans leurs banquets ceux-ci fussent beaucoup plus modérés que ne l'étaient les Saxons. Des flots de *crw* et d'hydromel, où les convives étaient noyés comme dans un déluge, n'auraient pas compensé non plus, dans l'opinion de ces derniers, l'absence de la liqueur plus raffinée et plus coûteuse qu'ils avaient appris à aimer dans les contrées méridionales de l'Europe. Le lait préparé de diverses manières était un autre aliment du festin breton qui n'aurait pas eu davantage leur approbation, bien que ce fût un aliment qui, dans les occasions ordinaires, suppléait fréquemment au manque de tout autre parmi les anciens habitants, dont le pays était riche en troupeaux de moutons et de gros bétail, mais pauvre en produits agricoles.

La table était dressée dans une longue salle basse, construite en poutres à peine équarries et revêtues de lattes ; un grand feu était allumé à chaque bout de la salle, et la fumée, ne pouvant se frayer une issue par les cheminées mal construites, tournoyait en épais nuages au-dessus de la tête des convives, qui, pour en éviter les vapeurs suffocantes, étaient assis sur des siéges très bas [1]. La physionomie et l'extérieur de l'assemblée avaient quelque chose de sauvage, et, même à cette heure consacrée au plaisir, de presque effrayant. Le prince lui-même avait la stature gigantesque et la férocité de regard convenables pour commander à un peuple indiscipliné, dont le plus grand bonheur était sur les champs de bataille ; et les longues moustaches qu'il portait, ainsi que la plupart de ses champions, ajoutaient à la dignité formidable de son aspect. De même que la plupart des assistants, Gwenwyn était vêtu d'une simple tunique de toile blanche, reste du costume que les Romains avaient introduit dans les provinces bretonnes ; et il était distingué par l'*eudorchawg*, chaîne d'anneaux d'or tors dont les tribus

---

[1] Les maisons galloises, de même que celles des autres tribus galliques de l'Irlande et des Highlands d'Écosse, étaient très imparfaitement munies de cheminées. De là, dans l'*Histoire de la famille Gwydir*, l'expression frappante d'un chieftain gallois, qui, au moment où la maison était assaillie par ses ennemis qui y avaient mis le feu, exhortait ses amis à y tenir bon et à la défendre, disant qu'il avait vu autant de fumée dans la salle les jours de Noël. (W. S.)

celtes décoraient toujours leurs chefs. Il est vrai que le collier, ressemblant par sa forme à ces espèces d'anneaux que les enfants font avec des joncs, était commun aux *chieftains* de rang inférieur, nombre d'entre eux le portant par droit de naissance, ou l'ayant gagné par leurs exploits militaires ; mais un cercle d'or ceignait la tête de Gwenwyn et se mêlait à sa chevelure, — car il était un des trois princes du Wales qui prétendaient au droit de porter le diadème ; et les bracelets de même métal qu'il portait aux bras et au-dessus de la cheville étaient particuliers au prince de Powys comme souverain indépendant. Deux écuyers, qui donnaient toute leur attention à son service, étaient debout derrière lui ; et à ses pieds était assis un page dont les fonctions étaient de lui tenir les pieds chauds en les lui enveloppant dans son manteau. Le même droit de souveraineté qui assignait à Gwenwyn sa petite couronne d'or lui donnait titre au service du *foot-bearer* [1], ainsi qu'on nommait le page étendu sur la natte, et qui avait pour fonction, comme nous venons de le dire, de réchauffer les pieds du prince entre ses genoux et dans son sein [2].

Nonobstant le caractère militant des convives, et le danger provenant des querelles qui les divisaient, peu d'entre eux portaient d'autre armure défensive que le léger bouclier de peau de chèvre suspendu au dossier de chaque siége. Mais, d'un autre côté, ils étaient bien pourvus d'armes offensives ; car le glaive à lame large, acérée, courte et à deux tranchants, était un autre legs qu'ils tenaient des Romains. Beaucoup y ajoutaient un coutelas en bois dur ou un poignard pareil ; et il y avait là, en outre, une grande quantité de javelines, de dards, d'arcs et de flèches, de piques, de hallebardes, de haches danoises, de crochets gallois et de masses d'armes, de sorte que si quelque conflit s'élevait durant le banquet et qu'on en vînt aux coups, il ne manquerait pas d'armes à cet effet.

Au surplus, quoiqu'il ne régnât guère d'ordre à ce festin, et que les convives ne se montrassent nullement astreints à ces règles plus strictes du savoir-vivre qu'imposaient les lois de la chevalerie, la présence de

---

[1] Littéralement *porte-pied*.

[2] Sur l'office et les fonctions de ce *valet de pieds*, dans l'acception littérale du mot, voyez Madoc. Les notes de M. Southey nous apprennent que « le *foot-bearer* doit tenir les pieds du roi dans son giron depuis le moment où il se met à table jusqu'à celui où il va se livrer au repos, et qu'il doit les tenir chauds avec un linge ; et que durant tout ce temps il doit veiller à ce qu'aucun mal n'arrive au roi. Il doit manger du même plat que le roi ; il doit porter le premier flambeau devant le roi. » Telles sont les instructions données pour cette partie du cérémonial royal dans les lois de Howel Dha. On peut ajouter que c'est probablement cette coutume celte qui sert de fondement à un de ces contes absurdes et incroyables propagés à l'époque de la révolution française pour exciter les paysans contre leurs seigneurs. On prétendait que certains seigneurs revendiquaient comme un de leurs droits féodaux celui de tuer et d'éventrer un paysan, afin de se mettre les pieds dans le corps expirant pour se préserver du froid. (W. S.)

douze bardes éminents promettait d'être, pour le banquet de Pâques de Gwenwyn, une source des plaisirs les plus haut prisés, à un degré que les fiers Normands eux-mêmes n'auraient pu atteindre. Ceux-ci, il est vrai, avaient leurs ménestrels, race d'hommes élevés pour la profession de la poésie, du chant et de la musique ; mais bien que ces arts fussent grandement honorés, que de riches récompenses fussent souvent le prix de ceux qui s'y adonnaient, lorsqu'ils arrivaient à y exceller, et qu'ils fussent alors traités avec distinction, l'ordre des ménestrels, en tant que ménestrels seulement, était tenu en mince estime, attendu qu'il se composait principalement d'hommes vicieux, de vagabonds dissolus, qui avaient embrassé cette carrière pour échapper à la nécessité du travail et avoir les moyens de mener une vie errante et dissipée. Telle a été de tout temps la censure jetée sur la profession de ceux qui se consacrent à l'amusement public, parmi lesquels les hommes qui se distinguent par des talents supérieurs s'élèvent parfois à une place éminente dans le cercle social, tandis que ceux, en beaucoup plus grand nombre, qui ne dépassent pas la médiocrité, sont rejetés au plus bas de l'échelle. Mais telle n'était pas la situation de l'ordre des bardes du Wales, qui, succédant à la dignité des druides, sous lesquels ils avaient autrefois formé une association subordonnée, avaient de nombreuses immunités, étaient tenus en très haute estime et traités avec une extrême déférence, et exerçaient une grande influence sur leurs compatriotes. Leur pouvoir sur l'esprit public rivalisait avec celui des prêtres eux-mêmes, avec lesquels ils avaient en effet quelque ressemblance ; car jamais ils ne portaient les armes, leur initiation dans l'ordre était accompagnée de cérémonies secrètes et mystiques, et on rendait hommage à leur *awen*, ou flux d'inspiration poétique, comme s'il eût été marqué au sceau d'un caractère divin. Ainsi entourés de pouvoir et d'importance, les bardes étaient assez disposés à exercer leurs priviléges, et parfois même leur manière d'être sentait le caprice.

Telle était peut-être en ce moment l'humeur de Cadwallon, chef des bardes de Gwenwyn, et que comme tel on s'attendait à voir épancher ses flots d'harmonie sous les lambris de la salle des festins de son prince. Mais ni l'attente impatiente des chefs et des champions assemblés, — ni le profond silence qui succéda tout-à-coup au tumulte dont la salle était remplie, quand celui qui portait sa harpe plaça avec respect l'instrument devant son supérieur, — ni les ordres ni les prières du prince lui-même, — ne purent tirer de Cadwallon autre chose qu'un court prélude plusieurs fois interrompu, dont les notes s'arrangeaient en un air indiciblement lugubre, puis s'éteignaient dans le silence. Le prince fronça le sourcil en regardant le barde ; mais celui-ci était trop profondément absorbé par de sombres pensées pour songer à présenter aucune excuse, ou même pour remarquer le mécontentement de son maître. Sa main tira de nouveau quelques notes étranges de l'instru-

CHAPITRE II.

ment; ses regards se levèrent vers le ciel, et il parut sur le point de faire entendre des chants tels que ceux par lesquels ce maître consommé dans son art avait coutume de ravir ses auditeurs. Mais l'effort fut stérile; — il déclara que la puissance de sa main droite était paralysée, et repoussa la harpe loin de lui.

Un murmure parcourut l'assemblée, et Gwenwyn lut dans l'air des convives que le silence inhabituel de Cadwallon en cette occasion solennelle était reçu par eux comme un mauvais présage. Il se hâta d'appeler un jeune barde nommé Caradoc de Menwigent, dont la renommée naissante semblait devoir lutter bientôt avec la réputation depuis long-temps établie de Cadwallon, et il lui ordonna de chanter quelque chose qui fût digne des applaudissements de son souverain et de la reconnaissance de l'assemblée. Le jeune homme avait de l'ambition et entendait l'art du courtisan. Il commença un poëme où, sous un nom supposé, il traça d'Eveline Bérengère un portrait si poétique que Gwenwyn était dans le ravissement; et en même temps que tous ceux qui avaient vu la beauté chantée par le barde reconnaissaient tout d'abord la ressemblance du portrait, les yeux du prince annonçaient à la fois et sa passion pour le sujet du poëme et son admiration pour le poëte. Les figures de la poésie celtique, si éminemment empreintes de toutes les richesses de l'imagination, suffisaient à peine à l'enthousiasme du barde, dont les accents prenaient un plus haut essor à mesure qu'il s'apercevait des impressions qu'il faisait naître. L'éloge du prince se mêlait à celui de la beauté normande; « et de même qu'un lion, disait le poëte, ne peut être conduit que par la main d'une jeune fille chaste et belle, de même un chef ne peut reconnaître l'empire que de la femme la plus vertueuse, la plus séduisante de son sexe. Qui s'informe, à l'aspect éblouissant du soleil de midi, en quelle partie du monde il est né? qui demandera, à la vue de charmes tels que les siens, en quelle contrée ils ont pris naissance? »

Enthousiastes en plaisir comme en guerre, et doués d'une imagination qui répondait aisément aux appels de leurs poëtes, les chefs gallois éclatèrent en acclamations et en applaudissements unanimes; et le chant du barde fit plus pour populariser l'alliance que projetait le prince que n'avaient fait tous les arguments plus graves de son précurseur dans le même sujet, le chapelain de Gwenwyn.

Ce dernier lui-même, dans un transport de plaisir, arracha les bracelets d'or qu'il portait pour en faire don au barde dont le chant avait produit un effet si désirable; et portant les yeux vers le silencieux et sombre Cadwallon : — La harpe qui se tait, dit-il, ne fut jamais garnie de cordes d'or.

— Prince, répondit le barde, dont la fierté était pour le moins égale à celle de Gwenwyn lui-même, vous détournez le sens du proverbe de Taliessin ; — c'est la harpe qui flatte qui ne manqua jamais de cordes d'or.

Gwenwyn, tournant vers lui un visage sévère, allait répliquer avec colère, quand la soudaine apparition de Jorworth, le messager qu'il avait envoyé vers Raymond Bérenger, prévint son dessein. Cet envoyé entra dans la salle les jambes nues, à l'exception de sandales de peau de chèvre, ayant sur l'épaule un manteau pareil, et à la main une courte javeline. La poussière qui couvrait ses vêtements et la sueur qui coulait de son front montraient avec quel zèle et quelle hâte il s'était acquitté de sa mission. — Quelle nouvelles de Garde-Douloureuse, Jorworth ap Jevan? lui demanda Gwenwyn avec empressement.

— Je les porte dans mon sein, répondit le fils de Jevan; — et d'un air de grand respect il remit au prince une missive enveloppée d'un fil de soie et dont le sceau portait l'empreinte d'un cygne, ancien emblème de la maison de Bérenger. Ne sachant ni lire ni écrire, Gwenwyn, avec une précipitation impatiente, remit la lettre à Cadwallon, qui lui servait habituellement de secrétaire quand le chapelain n'était pas là, ce qui se trouvait être le cas. — Je ne lis pas le latin, dit Cadwallon d'un ton bref, après avoir jeté les yeux sur la lettre. Mal advienne au Normand qui écrit au prince de Powys en une autre langue que celle de la Bretagne! et heureux était le temps où cette noble langue était seule parlée de Tintadgel à Cairleoil!

Gwenwyn ne lui répondit que par un regard courroucé.

— Où est le père Einion? demanda le prince impatient.

— Il est à l'église, répondit un des suivants, car c'est la fête de saint.....

— Serait-ce la Saint-David, interrompit Gwenwyn, et aurait-il le ciboire entre les mains, il faut qu'il se rende ici à l'instant même!

Un des principaux *henchmen* [1] sortit promptement et courut demander le chapelain, pendant que Gwenwyn, les yeux constamment fixés sur la lettre où était contenu le secret de sa destinée, avait un tel air d'impatience et d'anxiété, que Caradoc, exalté par son premier succès, tira quelques notes de sa harpe, pour détourner, s'il était possible, les sombres pensées que l'attente semblait éveiller dans l'esprit de son patron. Un prélude léger et animé, exécuté par une main qui semblait hésiter, comme si la voix soumise d'un inférieur eût craint d'interrompre les méditations du maître, servit d'introduction à une ou deux stances applicables au sujet.

« Et qu'importe, ô lettre, dit-il, apostrophant l'épître posée sur la table devant son maître, qu'importe que tu parles la langue de l'étranger? Le coucou n'a-t-il pas la voix rude, et ne nous parle-t-il pas, cependant, de bourgeons verdoyants et de fleurs qui s'épanouissent? Qu'importe que ton langange soit celui du prêtre revêtu de l'étole;

---

[1] Nous renverrons le lecteur, pour l'explication de ce terme, à une note d'un des premiers chapitres d'*Ivanhoë*. (L. V.)

n'est-ce pas le même qui unit à l'autel les cœurs et les mains ? Et qu'importe que tu tardes à livrer tes trésors ? tout plaisir n'est-il pas plus doux quand il est rehaussé par l'attente ? Que serait la chasse, si le daim tombait à nos pieds au moment même où il sort du couvert ? — et quel prix y aurait-il à l'amour de la jeune vierge, si nous n'avions pas à surmonter en elle une sage retenue avant d'y atteindre ? »

Le chant du barde fut interrompu ici par l'entrée du prêtre, qui, empressé d'obéir à l'appel impatient de son maître, n'avait même pas pris le temps de se dépouiller de l'étole qu'il portait pendant le service divin ; et beaucoup parmi les anciens regardèrent comme n'étant pas de bon augure qu'un prêtre parût en habits sacerdotaux dans une semblée livrée aux plaisirs d'un festin, et au milieu de chants profanes.

Le prêtre ouvrit la lettre du baron normand, et frappé de surprise en voyant ce qu'elle contenait il leva les yeux en silence.

— Lisez ! s'écria l'impétueux Gwenwyn.

— Si vous le trouvez bon, répliqua le prudent chapelain, une compagnie moins nombreuse sera un auditoire plus convenable.

— Lisez haut ! répéta le prince d'un ton encore plus élevé; de tous ceux qui sont assis ici il n'en est aucun qui ne respecte l'honneur de son prince et qui ne mérite sa confiance. Lisez haut, vous dis-je ! et, par saint David ! si Raymond le Normand a osé.....

Il s'arrêta court ; et se penchant en arrière sur son siége, il prit une attitude de profonde attention. Mais il était aisé de remplir la lacune que la prudence avait laissée dans son exclamation.

Ce fut d'une voix basse et mal assurée que le chapelain lut ce qui suit :

« Raymond Bérenger, noble chevalier normand, sénéchal
» de Garde-Douloureuse, à Gwenwyn prince de Powys (que
» la paix soit entre eux !) souhaite joie et santé.

» Votre lettre, demandant la main de notre fille Eveline Bérengère,
» nous a été remise sans accident par votre serviteur Jorworth ap
» Jevan, et nous vous remercions cordialement des bons souhaits qui y
» sont contenus pour nous et les nôtres. Mais considérant en nous-
» même la différence de sang et de lignage, ainsi que les difficultés et
» les causes de mésintelligence qui se sont souvent élevées en de tels cas,
» nous tenons pour plus convenable de donner notre fille à quelqu'un
» de notre propre nation ; et cela, non par aucun motif qui vous soit
» défavorable, mais pour votre bien et le nôtre, et pour celui de nos vas-
» saux respectifs, lesquels seront d'autant plus à l'abri de tout risque
» de querelle entre nous, que nous n'essaierons pas de resserrer plus
» qu'il ne convient les liens de notre intimité. Les moutons et les chè-
» vres paissent tranquillement ensemble sur les mêmes pâtures, mais

» ils ne mêlent ni leur sang ni leur race. De plus, notre fille Eveline a
» été recherchée en mariage par un noble et puissant lord des Mar-
» ches, Hugo de Lacy, le connétable de Chester, recherche des plus
» honorables, à laquelle nous avons fait une réponse favorable. Il est
» donc impossible qu'en ceci nous vous accordions la faveur que vous
» demandez. En toute autre chose, néanmoins, vous nous trouverez
» toujours disposé à vous être agréable ; de quoi nous prenons à té-
» moin Dieu, Notre Dame, et sainte Marie Magdelaine de Quatford, à
» la garde desquels nous vous recommandons cordialement.

» Ecrit par notre ordre, à notre château de Garde-Douloureuse dans
» les Marches du Wales, par un révérend prêtre, le père Aldrovand,
» moine noir du monastère de Wenlock; et nous y avons appendu notre
» sceau, la veille de la fête du bienheureux martyr saint Alphegius, à
» qui honneur et gloire ! »

La voix du père Einion lui manquait presque, et la lettre lui tremblait dans les mains, quand il arriva à la fin de cette épître ; car il savait
qu'une plus légère insulte que ne le serait aux yeux de Gwenwyn le
moindre des mots qu'elle contenait, n'aurait pu manquer de mettre
dans la plus violente agitation jusqu'à la dernière goutte de son sang
breton : c'est ce qui en effet ne manqua pas d'arriver. Le prince avait
graduellement quitté l'attitude de repos dans laquelle il s'était préparé à
écouter l'épître; quand la lecture en fut terminée il se dressa sur ses
pieds comme un lion bondissant, par un mouvement si brusque, que le
foot-bearer, repoussé du pied, fut rouler à quelque distance sur le plancher. — Prêtre, s'écria-t-il, as-tu lu fidèlement cette missive maudite?
car si tu as ajouté ou retranché un seul mot, une seule lettre, je te ferai
si bien traiter les yeux que tu ne liras plus une ligne de ta vie !

Le prêtre répondit en tremblant, car il savait fort bien que le caractère sacerdotal n'était pas toujours respecté parmi les irascibles Gallois.
— Par le serment de mon ordre, puissant prince, dit-il, j'ai lu mot
pour mot, lettre pour lettre.

Il y eut un moment de silence, pendant lequel la fureur de Gwenwyn
à cet affront inattendu, qui lui était fait en présence de tous ses *uckel-
wyr*[1], semblait trop forte pour lui permettre d'articuler une parole ; ce silence fut rompu par quelques notes sorties de la harpe jusque là muette
de Cadwallon. Le prince porta d'abord les yeux autour de lui d'un air
mécontent de l'interruption, car lui-même allait enfin prendre la parole ;
mais quand il vit le barde penché sur sa harpe d'un air d'inspiration,
et tirant de l'instrument, avec une habileté sans rivale, les sons les plus
étranges et les plus sublimes que son art pût produire, il écouta au lieu

[1] C'est-à-dire Nobles Chefs, littéralement hommes de haute stature, *Tall Men.* (W. S.,

CHAPITRE II. 39

de parler. Ce ne fut plus sur le prince, mais bien sur Cadwallon, que parut se concentrer l'attention de l'assemblée entière ; tous les regards se tournèrent vers lui, toutes les oreilles s'ouvrirent dans une attente qui ne permettait plus de respirer : on eût dit que ses accords étaient la réponse d'un oracle.

« Point d'alliance avec l'étrangère ! — ainsi éclata le chant du poëte. — Vortigern prit pour épouse une étrangère ; de là vinrent les premiers malheurs qui pesèrent sur la Bretagne, et le glaive levé sur ses nobles, et la foudre sur son palais. Pas d'alliance avec la Saxonne esclave ! — Le libre et noble cerf ne recherche pas pour compagne la génisse qui a courbé le cou sous le joug. Pas d'alliance avec le Normand avide !.... le noble limier ne va pas chercher la sienne dans la troupe des loups rapaces. Quand a-t-on ouï dire que le Cymry, le descendant de Brutus, le véritable enfant du beau sol de la Bretagne, a été pillé, opprimé, dépouillé des droits de sa naissance, insulté jusque dans ses retraites les plus éloignées ? — quand a-t-on ouï dire cela, si ce n'est depuis qu'il a tendu la main à l'étranger en signe d'amitié, et pressé sur son sein la fille du Saxon ? Lequel des deux est redouté — du lit mis à sec d'un ruisseau d'été, ou du ravin que se creuse l'impétueux torrent auquel l'hiver donne naissance ? — Une jeune fille franchit en souriant l'étroit ruisseau que l'été dessèche, mais un hardi coursier et son cavalier craignent d'affronter le cours du torrent gonflé par l'hiver. Hommes de Mathravel et de Powys, soyez le torrent d'hiver qu'on redoute ! — Gwenwyn, fils de Cyverliok, puisse ton panache être le sommet de ses vagues ! »

Toutes les pensées de paix, pensées qui par elles-mêmes étaient étrangères au cœur du belliqueux Breton, s'effacèrent devant le chant de Cadwallon comme la poussière se dissipe devant le tourbillon, et d'une acclamation unanime l'assemblée se déclara pour une guerre immédiate. Le prince ne parla point ; mais promenant autour de lui un regard plein de fierté, il étendit le bras comme s'il eût excité ses guerriers à l'attaque

Si le prêtre l'eût osé, il aurait pu rappeler à Gwenwyn que la croix dont il portait sur l'épaule le signe vénéré avait consacré son bras à la Guerre Sainte, et lui interdisait de s'engager dans une lutte civile. Mais la tâche était trop dangereuse pour le courage du père Einion, et il s'esquiva de la salle pour aller se renfermer dans la solitude de son cloître. Caradoc, dont le court moment de succès était passé, se retira aussi, l'air humilié et abattu, et non sans lancer un regard d'indignation à son rival triomphant, qui avait si judicieusement réservé son art pour chanter la guerre, thème toujours mieux reçu qu'aucun autre de son auditoire.

Les chefs reprirent leurs places, non plus pour continuer le festin, mais pour convenir entre eux, avec la spontanéité habituelle à ces guerriers toujours prompts dans leurs mouvements, à quel endroit ils devaient assembler leurs forces, qui comprenaient, en ces sortes d'occasions, presque tout ce qui dans le pays était en état de porter les armes, — car, sauf les prêtres et les bardes, tous étaient soldats; — et pour régler l'ordre de leur descente sur les frontières vouées à leur vengeance, et où ils se proposaient de montrer par un ravage universel combien ils ressentaient l'insulte faite à leur prince par le rejet de sa demande.

CHAPITRE III.

> Les grains du sable qui doit mesurer ma vie sont comptés ; c'est ici que je dois demeurer, ici que ma vie doit finir.
>
> *Henri VI*, acte Ier, sc. 4.

Quand Raymond Bérenger envoya sa réponse au prince de Powis, ce ne fut pas sans en prévoir le résultat, quoiqu'il n'en ressentît aucune crainte. Il expédia des messages aux divers dépendants qui tenaient leurs fiefs à titre de *cornage*, et les avertit d'être sur le qui-vive, afin qu'il eût immédiatement connaissance de l'approche de l'ennemi. On sait que ses vassaux occupaient les nombreuses tours qui, comme autant de nids de faucons, avaient été bâties sur les points les plus propres à la défense des frontières, et qu'ils devaient donner avis, en sonnant du cor, de toute incursion des Gallois ; avis qui se répétait de tour en tour, de station en station, et répandait ainsi l'alarme pour la défense générale. Mais, bien que Raymond regardât ces précautions comme nécessaires, d'après le caractère mobile et peu sûr de ses voisins, aussi bien que pour ne pas manquer à ses devoirs de vigilance militaire, il était loin de croire le danger imminent, car les préparatifs des Gallois, quoique beaucoup plus considérables qu'on ne leur en avait vu faire depuis quelque temps, furent aussi secrets que leur résolution avait été soudaine.

Ce fut le second matin après la mémorable fête de Castell-Coch que la tempête éclata sur la frontière normande. D'abord un seul son de cor, aigu et prolongé, annonça l'approche de l'ennemi ; puis en quelques instants les signaux d'alarme se répondirent comme autant d'échos de château en château et de tour en tour sur les borders du Shropshire, où chaque habitation était alors une forteresse. Des fanaux furent allumés sur les rochers et sur les éminences ; les cloches sonnèrent dans toutes les églises des villes et des villages ; et cet appel aux armes, instant et universel, annonça un péril plus pressant que n'en avaient vu jusqu'alors les habitants de ce pays, pourtant si peu tranquille.

Au milieu de cette alarme générale, Raymond Bérenger, après avoir distribué à leurs postes ses soldats et ses adhérents, peu nombreux, mais d'une valeur éprouvée, et pris, pour se procurer des renseignements sur les forces et les mouvements de l'ennemi, toutes les mesures en son pouvoir, monta enfin sur la tour de garde du château pour observer par lui-même le pays environnant, déjà obscurci sur plusieurs points par des nuages de fumée qui annonçaient les progrès et les ravages des Gallois. Il fut promptement rejoint par son écuyer favori, à qui l'expression d'abattement qui se peignait dans les regards de son maître causa une grande surprise, car jusqu'alors l'œil du baron n'avait jamais été si animé qu'à l'heure du combat. L'écuyer tenait à la main le casque de son maître, car sir Raymond était complétement armé, sauf de son heaume.

— Dennis Morolt, dit le vieux soldat, tous nos vassaux et hommes-liges sont-ils réunis?

— Tous, noble sire, à l'exception des Flamands, qui ne sont pas encore arrivés.

— Les chiens traînards! qui les retarde? C'est une mauvaise politique de planter sur nos frontières d'aussi lourdes natures. Ces gens-là sont comme leurs chevaux, plus propres à tirer une charrue qu'à rien de ce qui veut du feu et de la promptitude.

— Avec votre permission, dit Dennis, les coquins n'en peuvent pas moins rendre de bons services. Ce Wilkin Flammock de Vert est en état de taper aussi dur que les marteaux de son moulin à foulon.

— Oui, je crois qu'il se battra quand il ne pourra faire autrement; mais il n'a pas de cœur à un tel exercice, et il est lent et entêté comme une mule.

— Et c'est pourquoi on fait bien d'opposer ses compatriotes aux Gallois, pour que leur caractère solide et qui ne sait pas ce que c'est que de céder, tienne en échec l'humeur impétueuse et emportée de nos dangereux voisins, de même qu'un roc solide est ce qui résiste le mieux à la turbulence des vagues. — Écoutez, sire Raymond; j'entends le pas de Wilkin Flammock, qui monte l'escalier de la tourelle aussi posément qu'un moine allant à matines.

Les pas pesants se rapprochaient marche à marche, et l'on vit enfin paraître à la porte de la tourelle donnant sur la plate-forme l'encolure énorme de l'épais Flamand. Wilkin Flammock était enserré dans une armure luisante, d'un poids et d'une épaisseur peu communs, et fourbie avec un soin qui révélait la propreté minutieuse de sa nation; mais, contre la coutume des Normands, elle était tout unie, sans aucune sorte de ciselure, de dorure ou d'ornement. Le bassinet ou bonnet d'acier était sans visière, et laissait à découvert une large face dont les traits lourds et sans mobilité annonçaient la nature de son caractère et de son intelligence. Il portait à la main une pesante masse d'armes.

— Il me semble, sire Flamand, dit le châtelain, que vous ne vous pressez pas d'arriver au rendez-vous.

— Sous votre bon plaisir, répondit le Flamand, nous avons été forcés de tarder un peu, pour charger nos chariots de nos balles de drap et de nos autres bagages.

— Ha! des chariots? — Combien de chariots avez-vous amenés avec vous?

— Six, noble sire.

— Et combien d'hommes?

— Douze, vaillant sire.

— Rien que deux hommes par chaque fourgon? Je m'étonne que vous vous soyez ainsi encombrés de bagages.

— Sous votre faveur, sire baron, je vous dirai encore une fois que ce n'est que le prix que moi et mes camarades nous attachons à nos marchandises qui nous porte à les défendre de notre corps; et si nous avions été obligés de laisser nos draps aux griffes pillardes de ces vagabonds, je n'aurais guère vu qu'il fût bien politique de m'arrêter ici, pour leur donner occasion d'ajouter le meurtre au vol. Je n'aurais fait halte qu'à Gloucester.

Le chevalier regarda l'artisan flamand (car tel était Wilkin Flammock) avec un mélange de surprise et de mépris tel qu'il n'y avait plus place pour l'indignation. — J'ai ouï bien des choses dans ma vie, dit-il; mais voilà la première fois que j'entends un homme qui a de la barbe sur la lèvre avouer qu'il est un lâche.

— Et vous n'entendez pas ça non plus maintenant, repartit Flammock du plus grand sang-froid. — Je suis toujours prêt à me battre pour ma vie et mon bien; et ma venue en ce pays, où tous les deux sont constamment en danger, montre que je ne me mets guère en peine d'avoir à me battre souvent. Mais peau entière vaut mieux que peau tailladée, malgré tout.

— Hé bien donc, reprit Raymond Bérenger, bats-toi comme tu l'entendras, pourvu seulement que ton long corps se batte vigoureusement. Il est probable que nous allons avoir besoin de montrer tout ce que nous pouvons faire. — Avez-vous vu quelque chose de cette racaille galloise? — Ont-ils parmi eux la bannière de Gwenwyn?

— Je l'ai vue avec le dragon blanc déployé, répondit Wilkin; et je ne pouvais pas manquer de la reconnaître, puisque c'est sur mes métiers qu'elle a été brodée.

Raymond parut si grave à cette nouvelle, que Dennis Morolt, ne se souciant pas que le Flamand le remarquât, crut nécessaire de détourner son attention. — Je puis te pronostiquer, dit-il à Flammock, que quand le connétable de Chester nous aura joints avec ses lances, vous verrez votre ouvrage, le dragon, s'envoler plus vite du côté de chez lui que n'a jamais volé la navette qui l'a tissé.

— Il faut qu'il s'envole avant que le connétable n'arrive, Dennis Morolt, dit Bérenger, sans quoi il prendra son vol triomphant au-dessus de notre corps à tous.

— Au nom de Dieu et de la sainte Vierge, s'écria Dennis, que voulez-vous dire, sire chevalier? — vous n'entendez pas que nous devions livrer bataille aux Gallois avant que le connétable ne nous ait joints? — Il se tut; puis un moment après, comprenant le regard ferme quoique triste par lequel son maître avait répondu à la question, il reprit avec plus de chaleur encore et plus de véhémence : — Vous ne pouvez vouloir dire cela ; — votre intention ne saurait être de nous faire quitter ce château, où nous avons si souvent tenu contre eux, pour opposer en rase campagne deux cents hommes à des milliers d'ennemis? — Songez-y mieux, mon bon et cher maître, et que la témérité de votre vieillesse ne ternisse pas ce renom de sagesse et d'habileté militaire que votre vie passée vous a si noblement acquise!

— Je ne me fâche pas contre vous de ce que vous blâmez mon dessein, Dennis, répliqua le Normand, car je sais que vous le faites par amour pour moi et les miens. Mais il faut que ce soit, Dennis Morolt; — il faut que d'ici à trois heures nous livrions bataille aux Gallois, ou que le nom de Raymond Bérenger soit rayé de la généalogie de sa maison.

— Hé bien, nous leur livrerons bataille, mon noble maître, dit l'écuyer; ne craignez pas que Dennis Morolt vous donne un froid conseil quand il s'agit de se battre. Mais nous leur livrerons bataille sous les murailles du château, avec l'honnête Wilkin Flammock et ses arbalétriers sur les murailles pour protéger nos flancs, et balancer un peu l'inégalité du nombre.

— Non, Dennis, non, repartit son maître; — c'est en rase campagne qu'il nous faut les combattre, ou ton maître ne devra plus être compté parmi les féaux chevaliers. Sache que lorsqu'à Noël j'ai traité dans mes salles ce rusé sauvage, et au moment où le vin coulait le plus activement à la ronde, Gwenwyn jeta quelques louanges à la situation et à la force de mon château, de manière à faire entendre que c'était à ces seuls avantages que j'avais dû dans nos guerres passées de ne pas être battu et fait prisonnier. Je répondis, quand j'aurais beaucoup mieux fait de me taire; car à quoi a servi ma vaine gloriole, si ce n'est à me pousser à un acte qui touche à la folie? — Si un prince de Cymry revenait de nouveau d'une manière hostile, répondis-je, qu'il plante sa bannière là-bas dans la plaine près du pont, et j'en engage ma parole de chevalier et ma foi de chrétien, Raymond Bérenger l'attaquera aussi volontiers, que ses ennemis soient nombreux ou non, que jamais Gallois ait été attaqué.

Dennis resta muet de surprise quand il ouït une promesse si téméraire et si fatale; mais ce n'était pas à lui qu'il fallait demander cet esprit casuiste qui eût pu dégager son maître des liens dont son imprudente confiance l'avait enlacé. Il n'en fut pas de même de Wilkin Flammock. Il parut ébahi — il partit presque d'un éclat de rire, nonobstant le respect dû au châtelain, et quoique n'étant guère accessible aux émotions du rire. — Et c'est là tout? dit-il. Si Votre Honneur s'était engagé à payer cent florins à un Juif ou à un Lombard, sans doute il aurait fallu être exact au jour ou perdre votre gage ; mais bien sûr un jour en vaut un autre pour tenir la promesse de se battre, et le jour le meilleur est celui où le prometteur est le plus fort. Et même, après tout, qu'importe une promesse faite entre deux flacons de vin ?

— Elle importe autant que peut importer une promesse faite partout ailleurs, repartit Bérenger. Celui qui promet n'échappe pas au péché de manquer à sa parole, parce qu'il aura été vantard et ivrogne.

— Quant au péché, dit Dennis, je suis bien sûr que plutôt que de vous laisser faire un pareil acte de témérité, l'abbé de Glastonbury vous en absoudrait pour un florin.

— Mais qui me lavera de la honte ? — et comment oserai-je me remontrer au milieu de nos chevaliers, moi qui aurai manqué à ma promesse de combat par crainte d'un Gallois e. de ses sauvages deminus ? Non ! Dennis Morolt, ne m'en parlez pas davantage. Quoi qu'il en arrive, nous les combattrons aujourd'hui, et cela dans cette campagne ouverte.

— Il se peut, reprit Flammock, que Gwenwyn ait oublié la promesse, et qu'ainsi il ne vienne pas la réclamer à la place indiquée ; car nous avons ouï dire que vos vins de France avaient furieusement troublé sa cervelle galloise.

— Il en reparla encore le matin suivant, dit le châtelain. — Croyez-moi, il n'oubliera pas une chose qui lui donne une si belle chance de m'écarter à tout jamais de son chemin.

Comme il parlait, ils remarquèrent que les vastes nuages de poussière qui s'étaient montrés sur différents points de la campagne se rapprochaient tous maintenant du côté opposé de la rivière, sur laquelle s'étendait un ancien pont près de l'endroit désigné pour le combat. Ils ne furent pas en peine d'en deviner la cause. Il était évident que Gwenwyn, rappelant les détachements qui s'étaient livrés à des dévastations partielles, se dirigeait avec toutes ses forces réunies vers le pont et la plaine en deçà.

— Courons nous emparer du passage ! s'écria Dennis Morolt ; la défense du pont sera pour nous un avantage qui rétablira une sorte d'égalité. Votre parole vous engage à prendre la plaine pour champ de bataille, mais elle ne vous oblige pas à négliger les avantages que vous donnerait le passage du pont. Nos hommes et nos chevaux sont prêts ; que nos archers s'assurent des rives, et je réponds du résultat sur ma vie.

— Quand j'ai promis d'en venir aux prises avec lui dans cette plaine, répliqua Raymond Bérenger, j'ai entendu donner pleinement au Gallois l'avantage de l'égalité du terrain. C'est ainsi que je l'ai entendu ; — c'est ainsi qu'il l'entendit aussi. Et à quoi bon tenir ma parole à la lettre si j'y manque quant au sens ? Nous ne bougerons pas que le dernier Gallois n'ait traversé le pont ; et alors.....

— Et alors, interrompit Dennis, nous marcherons à la mort! — Que Dieu nous pardonne nos péchés! Pourtant....

— Pourtant quoi? dit Bérenger; tu as dans l'esprit quelque chose qui voudrait sortir.

— Ma jeune maîtresse, votre fille lady Eveline....

— Je lui ai dit ce qui devait arriver. Elle restera dans le château, où je laisserai quelques vétérans choisis, avec vous pour les commander, Dennis. D'ici à vingt-quatre heures vous serez secourus et le siége sera levé; nous avons tenu plus long-temps avec une plus faible garnison. Alors, Dennis, tu la conduiras à sa tante, l'abbesse des sœurs Bénédictines, — et tu veilleras à ce qu'elle y arrive en honneur et sûreté. Ma sœur déterminera sa future destinée selon que sa sagesse le lui conseillera.

— *Moi* vous quitter à cette extrémité! s'écria Dennis Morolt en pleurant; — *moi* m'enfermer dans des murailles, quand mon maître monte à cheval pour sa dernière bataille! — *moi* devenir l'écuyer d'une dame, même quand cette dame est lady Eveline, alors qu'il sera étendu mort sous son bouclier! — Raymond Bérenger, est-ce pour cela que j'ai si souvent bouclé ton armure?

Les larmes coulaient des yeux du vieux soldat aussi abondamment que de ceux d'une jeune fille qui pleure son amant; et Raymond, lui prenant affectueusement la main, lui dit d'un ton de bonté : Ne pense pas, mon bon vieux serviteur, que s'il y avait de l'honneur à gagner je voulusse t'éloigner de mes côtés; mais ceci est un acte de présomption inconsidérée, auquel m'oblige mon destin ou ma folie. Je meurs pour sauver mon nom du déshonneur; mais, hélas! il me faut laisser ma mémoire entachée d'imprudence!

— Laissez-moi partager votre imprudence, mon bon et cher maître, dit Dennis Morolt avec véhémence; — le pauvre écuyer n'a pas besoin qu'on le croie plus prudent que son maître. Dans maint combat ma valeur a acquis quelque peu de renom en prenant part aux hauts faits qui vous ont valu votre gloire : — ne me déniez pas le droit de partager le blâme que votre témérité peut encourir. Ne laissez pas dire : — Si téméraire était son action, qu'il ne fut même pas permis à son vieil écuyer d'y prendre part! Je suis une partie de vous-même, moi; — c'est vous rendre coupable de meurtre envers chacun de ceux que vous prenez avec vous que de me laisser en arrière.

— Dennis, repartit Bérenger, vous me faites sentir encore plus amèrement à quelle folie j'ai cédé. Je vous accorderais la grâce que vous demandez, toute triste qu'elle soit; — mais ma fille....

— Sire chevalier, dit le Flamand, qui avait écouté ce dialogue avec un peu moins d'apathie qu'il ne lui était habituel, je ne me propose pas de quitter ce château aujourd'hui; or, si vous pouvez vous fier à ma promesse de faire ce que peut un honnête homme pour la protection de lady Eveline....

— Comment, maraud ! interrompit Raymond ; vous ne vous proposez pas de quitter le château ? Qui vous donne le droit de proposer ou de disposer en ce cas, tant que mon bon plaisir ne vous est pas connu ?

— Je serais fâché d'avoir des mots avec vous, sire châtelain, répondit l'imperturbable Flamand ; — je tiens ici, dans les dépendances de votre domaine, certains moulins, ténements, enclos, *et cætera*, pour lesquels je dois fournir un certain nombre d'hommes à la défense de ce château de Garde-Douloureuse, et c'est à quoi je suis prêt. Mais si vous m'appelez à marcher hors d'ici, laissant ce château sans défense, et à aller sacrifier ma vie dans un combat que vous reconnaissez être désespéré, je n'ai pas besoin de dire que ma tenure ne m'oblige pas de vous obéir.

— Vil artisan ! s'écria Morolt, portant la main à sa dague et menaçant le Flamand.

Mais Raymond Bérenger intervint de la voix et du bras. — Ne le frappez pas, Morolt, dit-il, et ne le blâmez pas non plus. Il a le sentiment du devoir, quoique ce ne soit pas à notre manière ; lui et ses hommes se battront mieux derrière des murailles. Ils ont appris aussi, ces Flamands, par ce qu'ils ont vu dans leur pays, l'attaque et la défense des villes murées et des forteresses, et ils sont particulièrement habiles à manœuvrer les mangonneaux et les engins militaires. Il y a dans le château plusieurs de ses compatriotes, outre ses propres hommes. Je me propose de les y laisser, et je crois qu'ils lui obéiront plus volontiers qu'à personne après moi ; — qu'en penses-tu ? Je sais que tu ne voudrais pas, par un point d'honneur mal entendu ou un attachement aveugle pour moi, laisser en des mains douteuses cette importante place ainsi que la sûreté d'Eveline.

— Wilkin Flammock n'est qu'un rustre flamand, noble sire, répondit Dennis, aussi transporté de joie que s'il avait obtenu quelque avantage important ; mais je dois dire qu'il est aussi solide et aussi fidèle qu'aucun de ceux en qui vous pourriez mettre confiance. Et d'ailleurs sa propre pénétration lui dira qu'il y a plus à gagner à défendre un château tel que celui-ci qu'à le rendre à des étrangers, qui peut-être pourraient offrir de belles conditions, mais qui probablement ne les tiendraient pas.

— Voilà donc qui est arrêté, dit Raymond Bérenger. Ainsi donc, Dennis, tu vas venir avec moi, et il restera ici. — Wilkin Flammock, ajouta-t-il, s'adressant au Flamand d'un ton solennel, je ne te parle pas le langage de la chevalerie, auquel tu n'entends rien ; mais par ton titre d'honnête homme et de chrétien, je te conjure de tenir bon dans la défense de ce château. Que nulle promesse de l'ennemi ne te fasse accéder à une composition dégradante ; — que nulle menace ne te fasse rendre la place. Des secours doivent arriver avant peu : si vous remplissez vos devoirs envers moi et ma fille Hugo de Lacy vous récompensera richement ; — si vous y manquez, il vous punira sévèrement.

— Sire chevalier, dit Flammock, je suis bien aise que vous ayez mis autant de confiance dans un honnête artisan. Quant à ce qui est des Gallois, je suis d'un pays pour lequel nous étions forcés — forcés chaque année — d'être en lutte avec la mer ; et ceux-là qui sont en état d'avoir affaire aux vagues dans une tempête, n'ont pas besoin de craindre la furie de gens sans discipline. Votre fille me sera aussi chère que la mienne propre, et vous pouvez partir avec cette assurance-là ; — si pourtant vous ne préférez pas rester ici en homme plus sage, fermer la porte, baisser la herse, hausser le pont-levis, et laisser vos archers et mes arbalétriers garnir les murailles, pour faire voir aux coquins que vous n'êtes pas le fou pour lequel ils vous prenaient.

— Cela ne saurait être, mon brave et digne homme, dit le chevalier. — J'entends la voix de ma fille, ajouta-t-il précipitamment ; je ne voudrais pas la revoir pour avoir encore à me séparer d'elle. Je te laisse à la garde du Ciel, honnête Flamand. — Dennis Morold, suivez moi.

Le vieux châtelain descendit à la hâte l'escalier de la tour du Sud, précisément comme sa fille Eveline montait celui de la tourelle de l'Est, pour venir encore une fois se jeter aux pieds de son père. Elle était suivie du père Aldrovand, chapelain de sire Raymond ; d'un vieux piqueur presque invalide, dont les services, autrefois plus actifs en rase campagne et à la chasse, étaient depuis quelque temps principalement limités à la surintendance des chenils du chevalier, et spécialement au soin de ses limiers favoris ; enfin, de Rose Flammock, la fille de Wilkin, jeune et fraîche Flamande aux yeux bleus, rondelette, grassette, timide comme une perdrix, et à qui depuis quelque temps il avait été permis de venir occuper près de la noble demoiselle normande une de ces situations douteuses tenant le milieu entre le rang d'une humble amie et la place d'une domestique supérieure.

Eveline se précipita aux créneaux, les cheveux en désordre et les yeux noyés de larmes, et demanda vivement au Flamand où était son père.

Flammock fit un salut gauche et voulut répondre ; mais la voix sembla lui manquer. Il tourna le dos à Eveline sans cérémonie ; et sans faire nulle attention aux questions pleines d'anxiété du piqueur et du chapelain, il dit précipitamment à sa fille, dans son propre idiome : Folle besogne ! folle besogne ! Aie l'œil à la pauvre fille, Roschen ; — *der alter herr is verruckt* [1].

Sans autre discours, il descendit l'escalier, et ne s'arrêta qu'arrivé à l'office. Là, d'une voix rugissante, il appela le chef de ces régions des noms divers de *kammerer, keller-master*, et autres dénominations fla-

---

[1] Le vieux lord a perdu la tête.

mandes, noms auxquels le vieux Reynold, ancien écuyer normand, n'eut garde de répondre, jusqu'à ce qu'enfin le Néerlandais se fût heureusement souvenu du titre anglo-normand de *butler*[1]. Ce dernier titre, titre régulier des fonctions de sommelier, fut comme la clé de la porte de l'office ; le vieillard parut aussitôt, avec sa casaque grise et ses chausses enroulées sur le genou, et un lourd trousseau de clefs suspendu par une chaîne d'argent à son large ceinturon de cuir, trousseau auquel il avait jugé à propos, en considération de l'urgence du cas, de donner pour contre-poids à gauche un énorme sabre, qui semblait beaucoup trop pesant pour que son bras affaibli par l'âge pût le soutenir.

— Que désirez-vous, monsieur Flammock? dit-il ; — ou plutôt quels sont vos ordres, puisque le bon plaisir de mylord est que d'ici à quelque temps ce soient des lois pour moi ?

— Seulement un verre de vin, mon bon meister keller-master — sommelier, je veux dire.

— Je suis charmé que vous vous souveniez du titre de mon office, dit Reynold, d'un ton où perçait le léger ressentiment d'un domestique un peu gâté qui croit qu'un étranger a été investi sur lui d'une autorité irrégulière.

— Un flacon de vin du Rhin, si vous avez de l'amitié pour moi, reprit le Flamand, car j'ai le cœur bien triste et bien bas, et il faut que je boive du meilleur.

— Et vous en boirez, repartit Reynold, si de boire vous donne le courage qui vous fait peut-être faute. — Il descendit aux cryptes secrètes dont il avait la garde, et revint avec un flacon d'argent qui pouvait bien contenir une double pinte. — Voici du vin comme vous en avez rarement goûté, reprit Reynold ; et il se mettait en devoir de lui en verser dans un gobelet.

— Donne le flacon, donne le flacon, ami Reynold, dit Wilkin ; j'aime un coup de longue haleine quand il s'agit d'affaire grave.

Il saisit effectivement le flacon, et après en avoir humé une gorgée préparatoire il s'arrêta comme pour déguster la force et le bouquet de la liqueur généreuse. Tous deux lui plurent, apparemment, car il fit de la tête un signe d'approbation au sommelier ; puis portant de nouveau le flacon à ses lèvres, il en éleva lentement et graduellement le fond de manière à lui faire regarder le plafond de la salle, sans laisser échapper une goutte du contenu.

— Il est bon, herr keller-master, dit-il tout en reprenant haleine par intervalles, après une si longue suspension de respiration ; mais que le Ciel vous pardonne de penser que ce soit le meilleur dont j'aie jamais goûté! Vous ne connaissez guère les caves de Gand et d'Ypres.

— Et je ne me soucie guère de les connaître, répliqua Reynold ; les

---

[1] Bouteiller, sommelier.

gens de noble sang normand tiennent que les vins de Gascogne et de France, vins généreux, légers et cordiaux, valent tous les acides breuvages du Rhin et du Necker.

— Tout cela est affaire de goût, meister Reynold ; mais écoutez : — Y a-t-il beaucoup de ce vin à la cave ?

— Il me semble que tout-à-l'heure il ne plaisait pas à votre palais délicat ?

— Du tout, du tout, mon ami ; j'ai dit qu'il était bon. — Je puis en avoir bu de meilleur ; — mais on peut se contenter du bon, faute du meilleur. Encore une fois, combien en avez-vous ?

— Toute la barrique, monsieur Flammock ; j'ai mis une pièce en perce pour vous.

— C'est bon ; ayez la mesure chrétienne d'une quarte [1], faites monter la barrique ici, et que chaque soldat de ce château ait la même mesure que je viens d'avaler. Je sens qu'elle m'a fait grand bien ; le cœur me manquait quand j'ai vu la fumée noire qui s'élevait de mes moulins là-bas. Que chaque homme, comme je vous dis, ait une pleine quarte ; — on ne défend pas des châteaux le gosier sec.

— Je dois faire à votre volonté, mon bon monsieur Wilkin Flammock ; mais songez, je vous prie, que tous les hommes ne se ressemblent pas. Ce qui ne fait que réchauffer vos cœurs flamands mettra les cervelles normandes en feu ; et ce qui peut-être encouragera seulement vos compatriotes à défendre les murailles fera envoler les nôtres par dessus les créneaux.

— Bien, bien ; vous connaissez vos compatriotes mieux que moi. Servez-leur tels vins et telle mesure que vous voudrez ; — seulement que chaque Flamand ait sa bonne quarte de vin du Rhin. — Mais que ferez-vous pour ces rustres d'Anglais, dont on a laissé bon nombre avec nous ?

Le vieux sommelier réfléchit et se frotta le front. — Il va y avoir un étrange gaspillage de boisson, dit-il ; et pourtant je ne saurais nier que l'urgence du cas puisse justifier la dépense. Mais quant aux Anglais, c'est une race mêlée, comme vous savez, qui a une forte touche de votre taciturnité allemande, avec une bonne part du sang bouillant de ces furies galloises. Des vins légers ne les remuent pas ; de copieuses libations de vins forts en feraient des fous furieux. Que dites-vous de l'ale ? c'est une liqueur reconfortante et fortifiante, qui réchauffe le cœur sans enflammer la cervelle.

— De l'ale ! — hum ! — ha ! — Votre ale est-elle forte, sire sommelier ? — est-ce de l'ale double ?

— Doutez-vous de mon savoir-faire ? — Mars et octobre m'ont toujours vu depuis trente ans manipuler la meilleure orge du Shropshire.

— Vous allez en juger.

---

[1] La quarte anglaise (*quart*) équivaut à deux pintes. (L. V.)

CHAPITRE III.

Allant puiser à une large futaille adossée dans un coin de l'office, il y remplit la mesure que le Flamand venait de vider. Wilkin s'en empara aussitôt, et la mit une seconde fois à sec tout d'une haleine.

— Bonne denrée, meister sommelier, dit-il ; bonne denrée et qui mord au gosier. Ces rustres d'Anglais se battront après ça comme des démons ; — vous leur donnerez de l'ale forte avec leur bœuf et leur pain noir. Et maintenant que je vous ai taillé de la besogne, meister Reynold, il est temps que j'aille donner un coup d'œil à la mienne.

Wilkin Flammock quitta l'office ; et sans que ni son visage ni son jugement fussent le moins du monde troublés par les copieuses libations auxquelles il venait de se laisser aller, non plus que par les diverses rumeurs relatives à ce qui se passait au-dehors, il fit sa ronde dans le château et dans ses défenses extérieures, passa en revue sa petite garnison et assigna à chacun son poste, réservant à ses concitoyens le maniement des arbalètes et des autres machines de guerre inventées par les fiers Normands, machines auxquelles les ignorants Anglais (ou plus exactement les Anglo-Saxons) de l'époque n'entendaient rien, mais dont les compatriotes plus adroits de Flammock se servaient avec grande adresse. Le mécontentement que ressentirent d'abord et les Normands et les Anglais quand ils se virent placés sous le commandement temporaire d'un Flamand, céda peu à peu à l'habileté militaire et à l'entente mécanique dont il fit preuve, aussi bien qu'au sentiment de l'urgence du danger, sentiment qui devenait plus vif de moment en moment.

CHAPITRE IV.

> Au delà de ce pont jeté sur ce ruisseau, où l'eau qui étincelle au soleil coule en bouillonnant, bien des coursiers seront renversés sur la poussière, bien des chevaliers succomberont dans une bataille acharnée.
>
> *Prophétie de Thomas le Rimeur.*

La fille de Raymond Bérenger, entourée comme nous l'avons dit, était restée sur la plate-forme du donjon de Garde-Douloureuse, en dépit des exhortations du chapelain, qui la conjurait d'aller attendre dans la chapelle, au milieu des rites de la religion, l'issue de ce terrible moment d'incertitude. Il s'aperçut enfin que le chagrin et la frayeur l'avaient mise hors d'état d'entendre ses avis et de s'y conformer ; et s'asseyant près d'elle, tandis que le piqueur et Rose Flammock restaient debout à quelques pas, il chercha à lui donner des consolations dont peut-être il aurait eu besoin lui-même.

— Ce n'est, après tout, qu'une sortie faite par votre noble père, lui dit-il ; et bien qu'elle puisse sembler fort hasardée, qui a jamais mis en doute l'habileté militaire de sir Raymond Bérenger ? — Il ne s'ouvre à personne de ses desseins. Je devine fort bien que s'il est ainsi sorti du château, c'est qu'il savait que le noble comte d'Arundel ou le vaillant connétable de Chester n'était pas loin.

— Croyez-vous cela, bien sûr, bon père ? — Allez, Raoul, — allez, ma chère Rose, — allez regarder à l'est ; — voyez si vous n'apercevez pas des bannières ou des nuages de poussière. — Écoutez, écoutez ! — N'entendez-vous pas un bruit de trompettes venir de ce côté-là ?

— Hélas, mylady ! répondit Raoul, le tonnerre du ciel pourrait à peine s'entendre au milieu des hurlements de loups de ces Gallois.

Eveline se retourna comme il parlait, et portant ses regards dans la direction du pont, elle vit un effrayant spectacle.

La rivière, dont le cours baigne de trois côtés la base de la montagne assez élevée sur laquelle est situé le château, s'écarte à l'ouest, en décrivant une courbe, de la forteresse et du village adjacent, et l'éminence s'abaisse graduellement de ce côté en une plaine étendue, dont le niveau parfait indique l'origine alluviale. Plus loin en descendant, à l'extrémité de cette plaine, à un endroit où les rives de la rivière se rapprochent, étaient situés les moulins et les ateliers des vigoureux Flamands; des tourbillons de flammes s'en élançaient en ce moment. Le pont, composé de plusieurs arches inégales, mais toutes hautes et étroites, était à un demi-mille environ du château, au centre même de la plaine. La rivière, profondément encaissée dans un lit rocailleux, était rarement guéable et en tout temps d'un passage difficile, double circonstance grandement avantageuse aux défenseurs du château, qui en d'autres occasions avaient sacrifié bien du sang précieux pour défendre le pont que les scrupules exagérés de Raymond Bérenger lui avaient cette fois-ci fait abandonner. Les Gallois, saisissant cette opportunité avec l'empressement avide que l'on met à profiter d'un bienfait inattendu, se pressaient en foule sur les arches escarpées du pont, en même temps que de nouvelles bandes, se rassemblant de différents points sur la rive opposée, grossissaient incessamment le flot des guerriers qui s'écoulait lentement et sans interruption sur la plaine située en regard du château, et y versait une multitude de guerriers qui s'y formaient en ligne de bataille.

D'abord, le père Aldrovand suivit leurs mouvements sans inquiétude, et même avec le sourire méprisant d'un homme qui voit un ennemi en train de tomber dans le piége que lui a tendu une habileté supérieure. Raymond Bérenger, avec son petit corps d'infanterie et de cavalerie, se déployait sur la rampe en pente douce qui s'étend du château à la plaine; et il paraissait clair au dominicain, qui n'avait pas entièrement oublié dans le cloître son ancienne expérience militaire, que le dessein du chevalier était d'attaquer l'ennemi encore en désordre au moment où un certain nombre viendrait de traverser la rivière, et que le reste serait en partie sur l'autre rive, et en partie occupé de la manœuvre lente et périlleuse du passage du pont. Mais quand il eut été permis à des corps considérables de Gallois de disposer sans interruption dans la plaine leurs lignes de manteaux blancs dans l'ordre que leur prescrivaient leurs habitudes de combat, la physionomie du moine, bien qu'il tâchât d'avoir encore des paroles d'encouragement pour calmer la terreur d'Eveline, prit une autre expression pleine d'anxiété; et ses habitudes acquises de résignation eurent une rude lutte à soutenir contre son ancienne ardeur militaire. — Aie patience, ma fille, disait il, et rassure-toi; tes yeux vont voir l'épouvante de cet ennemi barbare. Laisse passer une minute, et tu le verras dispersé comme la poussière. — Saint George! c'est maintenant ou jamais qu'ils vont invoquer ton nom!

Tout en parlant ainsi, le moine faisait glisser rapidement dans ses doigts les grains de son chapelet; mais plus d'une expression d'impatience militaire se mêlait à ses oraisons. Il ne pouvait concevoir par quel motif on laissait les différentes troupes de montagnards, réunies sous leurs diverses bannières et conduites par leurs *chieftains* respectifs, franchir sans obstacle le passage difficile ou plutôt le défilé que formait le pont, et s'étendre en ligne de bataille sur la rive la plus rapprochée du château, tandis que la cavalerie anglaise, ou plutôt anglo-normande, restait stationnaire, sans même mettre la lance en arrêt. Il n'y avait qu'un espoir, pensa-t-il, — qu'une seule explication raisonnable de cette inexplicable inactivité, — de cet abandon volontaire de tous les avantages du terrain, alors que celui du nombre était si terriblement du côté de l'ennemi. Le père Aldrovand concluait de tout ce qu'il voyait que les secours amenés par le connétable de Chester et d'autres lords des Marches devaient être à fort peu de distance, et que si Raymond permettait aux Gallois de passer la rivière sans opposition, c'était afin que la retraite leur fût plus complétement coupée, et que cette retraite, acculés qu'ils seraient à une rivière profonde, en devînt plus désastreuse. Mais dans ce temps même où le moine se rattachait à cet espoir il sentait le cœur lui faillir ; car en portant les yeux dans la direction d'où les secours attendus pouvaient arriver, il n'entendait ni ne voyait le plus léger signe qui annonçât leur arrivée. Dans une disposition d'esprit approchant beaucoup plus du désespoir que de l'espérance, le vieillard continua alternativement de réciter son chapelet, de promener avec anxiété ses yeux autour de lui, et d'adresser à la jeune fille quelques paroles de consolation en phrases entrecoupées, jusqu'à ce qu'un cri de triomphe poussé par toute l'armée galloise, s'élevant des bords de la rivière jusqu'aux créneaux du château, l'avertit que les Bretons avaient tous passé le pont jusqu'au dernier, et que leurs formidables lignes étaient rangées et prêtes à en venir aux mains sur la rive la plus rapprochée.

À cette clameur stridente et assourdissante, à laquelle chaque Gallois mêlait sa voix avec toute l'énergie que peuvent donner la haine, la soif du combat et l'espoir de la victoire, les trompettes normandes répondirent enfin : — premier signe de vie qu'eût donné Raymond Bérenger. Mais quelle que fût l'allégresse de leurs fanfares, les trompettes, en comparaison des acclamations auxquelles elles répondaient, semblaient le coup de sifflet de l'intrépide marin au milieu des hurlements de la tempête.

À l'instant où les trompettes sonnèrent, Bérenger donna aux archers le signal de décocher leurs flèches, et aux hommes d'armes celui d'avancer sous une grêle de traits, de javelines et de pierres que lançaient les Gallois sur leurs assaillants couverts d'acier.

Les vétérans de Raymond, de leur côté, stimulés par maint glorieux souvenir, confiants dans les talents de leur excellent chef, et sans se laisser décourager même par l'extrême péril de leur situation, chargèrent la masse ennemie avec la valeur et la résolution qui leur étaient habituelles. C'était un beau spectacle que ce petit corps de cavaliers s'avançant à l'attaque, leurs panaches flottant au-dessus de leurs casques, leurs lances en arrêt et se projetant à six pieds en avant du poitrail de leurs coursiers, leurs boucliers suspendus au cou afin que la main gauche leur restât libre pour diriger leurs chevaux, et la troupe entière se précipitant en avant, de front et sur une seule ligne, avec une impétuosité qui allait toujours croissant. Une telle attaque aurait eu de quoi intimider des hommes nus (car tels étaient les Gallois par comparaison aux Normands couverts de leurs cottes de mailles); pourtant elle n'épouvanta pas les fils des anciens Bretons, qui long-temps s'étaient fait gloire d'exposer leurs poitrines découvertes et leurs tuniques blanches à la lance ou à l'épée des hommes d'armes, avec autant de confiance que s'ils étaient nés invulnérables. Il ne fut pas en leur pouvoir, à la vérité, de soutenir le poids du premier choc, qui, rompant leurs rangs, tout serrés qu'ils étaient, porta les chevaux bardés de fer jusqu'au cœur même de leur armée, et presque jusqu'au fatal étendard auquel Raymond Bérenger, lié par son imprudente promesse, avait laissé ce jour-là un si grand avantage. Mais ils cédèrent comme les vagues cèdent au rapide navire, s'ouvrant devant lui pour assaillir ses flancs et se refermer sur son sillage. Avec de sauvages et horribles clameurs ils serrèrent leurs rangs tumultueux autour de Bérenger et de sa troupe dévouée, et il s'ensuivit une horrible scène de carnage.

Les meilleurs guerriers du pays de Galles s'étaient, en cette occasion, réunis sous l'étendard de Gwenwyn. Les flèches des hommes de Gwentland, dont l'adresse comme archers égalait presque celle des Normands eux-mêmes, faisaient résonner les casques des hommes d'armes; et les javelines des gens de Deheubarth, armés d'un acier renommé pour sa trempe acérée, venaient frapper les cuirasses normandes, qui ne préservaient pas toujours le cavalier de leur atteinte fatale.

Ce fut en vain que le corps d'archers appartenant à la petite troupe de Raymond, vigoureux paysans qui pour la plupart avaient des tenures à charge de service militaire, épuisèrent leurs carquois sur la masse compacte que leur offrait l'armée galloise. Il est probable que la pointe de chaque flèche emportait avec elle la vie d'un Gallois; mais pour être d'un secours efficace à la cavalerie, maintenant engagée au centre resserré d'un cercle inextricable, le carnage aurait dû être vingt fois au moins plus grand. Les Gallois, néanmoins, fatigués de cette décharge incessante, y répondaient par des volées de flèches que décochaient leurs propres archers, dont le nombre compensait l'infériorité, et que soutenaient des corps nombreux armés de frondes et de javelines. Aussi les archers normands, qui plus d'une fois avaient essayé de descendre de leur position pour opérer une diversion en faveur de Raymond et de sa troupe dévouée, furent-ils bientôt assez occupés sur leur front pour qu'il leur fallût renoncer à toute pensée d'un tel mouvement.

Cependant ce brave chevalier, qui dès le commencement n'avait rien espéré de plus qu'une mort honorable, travaillait de tout son pouvoir à signaler du moins sa chute, en y enveloppant le prince gallois auteur de la guerre. Il évita avec soin d'épuiser ses forces en fauchant parmi les Bretons; mais, repoussant du poids de son coursier bien conduit la foule qui se pressait sur lui, et laissant la plèbe obscure à l'épée de ses compagnons, il se fraya un chemin, en poussant son cri de guerre, vers le fatal étendard de Gwenwyn, près duquel le prince lui-même avait pris station, remplissant à la fois les devoirs d'un chef habile et ceux d'un brave soldat. L'expérience qu'avait Raymond du caractère gallois, également sujet aux plus impétueux élans de la passion et aux retours les plus subits, lui donnait quelque espoir qu'une heureuse attaque sur ce point, suivie de la mort ou de la capture du prince, et de la chute de l'étendard, pourrait frapper les Gallois d'une panique qui suffirait peut-être encore à changer la face presque désespérée de la journée. Le vétéran animait donc ses compagnons de la voix et de l'exemple; et en dépit de toute opposition il réussissait peu à peu à avancer vers le but. Mais Gwenwyn en personne, entouré de ses meilleurs et de ses plus nobles champions, fit une défense aussi opiniâtre que l'attaque fut intrépide. En vain ils étaient renversés à terre par les chevaux bardés de fer, ou tailladés par les invulnérables cavaliers : blessés et étendus sur le sol, les Bretons continuaient leur résistance, s'attachaient aux jambes des chevaux normands et embarrassaient leur marche; tandis que leurs frères cherchaient avec leurs piques chaque défaut des cuirasses ou des cottes de mailles, ou, s'attaquant corps à corps aux hommes d'armes, s'efforçaient de les renverser de leurs chevaux, ou de les abattre avec leurs haches d'armes et leurs crochets gallois [1]. Et malheur à ceux que d'une façon ou de l'autre on parvenait à démonter! les longs coutelas acérés que portaient les Gallois les avaient bientôt percés de coups, et il ne leur était fait merci que lorsque le premier était mortel.

Le combat en était à ce point, et depuis plus d'une demi-heure sa fureur ne décroissait pas, quand Bérenger ayant enfin poussé son cheval jusqu'à deux longueurs de lance de l'étendard breton, lui et Gwenwyn se trouvèrent assez près l'un de l'autre pour échanger des paroles de défi.

— Retourne-toi, Loup de Wales, s'écria Bérenger, et attends, si tu l'oses, le coup de la bonne épée d'un chevalier! Raymond Bérenger te crache à la face et crache sur ta bannière.

— Vil rustre Normand! répondit Gwenwyn en brandissant autour de sa tête une masse d'armes d'un poids prodigieux et déjà souillée de sang, ton casque de fer ne protègera pas ta langue menteuse, que je donnerai aujourd'hui en pâture aux corbeaux!

---

[1] *Bills and welsh hooks.*

Raymond, sans répliquer, poussa son cheval sur le prince, qui avança sur le chevalier avec une égale ardeur. Mais avant qu'ils fussent arrivés à portée de leurs armes, un champion gallois, se dévouant comme les Romains opposés aux éléphants de Pyrrhus, et voyant que l'armure du cheval de Raymond résistait aux coups répétés de sa pique, se jeta sous l'animal et lui perça les entrailles de son long coutelas. Le noble coursier se leva sur ses pieds de derrière et retomba étendu sur le sol, écrasant de son poids le Breton qui l'avait blessé; le casque du cavalier rompit ses attaches dans la chute et fut rouler à quelques pas, laissant à découvert les nobles traits de Raymond et ses cheveux blanchis. Il fit plus d'un effort pour se dégager de son cheval abattu; mais avant qu'il eût pu y réussir il reçut le coup mortel de la main de Gwenwyn, qui n'hésita pas à le frapper de sa masse tandis qu'il cherchait à se relever.

Durant toute cette sanglante journée le cheval de Dennis Morolt n'avait pas quitté d'un pas celui du chevalier, et l'écuyer avait porté autant de coups que le maître. On eût dit que deux corps différents recevaient l'impulsion d'une seule et unique volonté. Il ménageait ou déployait ses forces selon qu'il voyait le chevalier déployer ou ménager les siennes, et il était près de Raymond quand celui-ci reçut le coup mortel. Au moment fatal où Raymond Bérenger se précipita sur le chef, le brave écuyer se faisait jour jusqu'à l'étendard, et le saisissant d'une main vigoureuse il lutta pour s'en emparer contre un Breton gigantesque, à la garde de qui il avait été confié, et qui maintenant déployait toutes ses forces pour le défendre. Mais au milieu même de cette lutte acharnée l'œil de Morolt perdait à peine son maître de vue; et quand il le vit tomber, il sembla que par sympathie ses propres forces l'abandonnassent, et il fut désormais facile au champion breton de l'étendre au nombre des morts.

La victoire des Bretons fut alors complète. Après la chute de leur chef les soldats de Raymond Bérenger n'auraient pas mieux aimé que de s'enfuir ou de se rendre. Mais la fuite était impossible, cernés de toutes parts comme ils l'étaient; et dans les guerres cruelles soutenues par les Gallois sur leurs frontières, ils ne savaient ce que c'était que de faire quartier aux vaincus. Un petit nombre d'hommes d'armes fut assez heureux pour se dégager de la mêlée; et sans même chercher à rentrer au château ils s'enfuirent dans diverses directions, et furent répandre la terreur parmi les habitants des Marches, en annonçant la perte de la bataille et la mort du renommé Raymond Bérenger.

Les archers du chef qui venait de succomber n'avaient pas pris une part aussi active au combat, principalement soutenu par la cavalerie; ils devinrent alors à leur tour le seul objet des attaques de l'ennemi. Mais quand ils virent la multitude se ruer sur eux en mugissant, comme une mer avec toutes ses vagues, ils abandonnèrent la station élevée que jusqu'alors ils avaient bravement défendue, et commencèrent une retraite régulière vers le château dans le meilleur ordre qu'il leur fut possible de garder, comme seul moyen qui leur restât de sauver leur vie. Quelques uns de leurs agiles ennemis cherchèrent à les couper, durant l'exécution de cette manœuvre prudente, en prenant les devants sur eux et en se jetant dans le chemin creux qui conduisait au château, pour s'opposer à leur retraite. Mais le sang-froid des archers anglais, accoutumés à toutes les sortes de dangers extrêmes, les soutint en cette occasion. Tandis qu'une partie d'entre eux, armée de glaives et de haches d'armes, délogeait les Gallois du chemin creux, les autres, faisant face dans la direction opposée, et partagés en divisions qui tour à tour faisaient halte et continuaient la retraite, réussirent par leur ferme contenance à tenir la poursuite en échec, tout en échangeant avec les Gallois une grêle de projectiles, dont les deux partis avaient fort à souffrir.

Enfin, et non sans avoir laissé derrière eux plus des deux tiers de leurs compagnons, les archers atteignirent un point commandé par les flèches et les machines de guerre des créneaux, et où par conséquent ils pouvaient se regarder comme comparativement en sûreté. Une volée de grosses pierres et de traits à tête carrée de longueur et d'épaisseur prodigieuses arrêta efficacement la poursuite, et les plus avancés, tournant casaque avec le même empressement que tout-à-l'heure ils en mettaient à l'attaque, reprirent en courant la direction de la plaine, où leurs concitoyens, au milieu d'acclamations de triomphe et d'exultation, étaient occupés à dépouiller les morts, tandis que quelques uns, poussés par la haine et la vengeance, hachaient et mutilaient les membres des Normands morts, d'une manière indigne de leur cause nationale et de leur propre courage. Les effroyables hurlements qui accompagnaient cette œuvre épouvantable, en même temps qu'ils frappaient d'horreur l'esprit du petit nombre de défenseurs de Garde-Douloureuse, leur inspirèrent la résolution de défendre la forteresse jusqu'à la dernière extrémité, plutôt que de se soumettre à la merci d'un ennemi si impitoyable [1].

---

[1] Courage des Gallois. Ce courage n'est nullement exagéré dans le chapitre qu'on vient de lire. Un très honorable témoignage fut rendu à leur valeur par le roi Henri II, dans une lettre à l'empereur grec Emmanuel Comnène. Ce prince ayant désiré qu'on lui envoyât une relation des choses les plus remarquables de la Grande-Bretagne, Henri, en réponse à cette requête, se plut à signaler, entre autres particularités, le courage et l'impétuosité extraordinaires des Gallois, qui ne craignaient pas de combattre sans armes des ennemis armés de tout point, versant vaillamment leur sang dans la cause de leur pays, et achetant la gloire au prix de la vie. (W. S.)

CHAPITRE V.

> Vers son château le baron s'enfuit, son château de Barnard Castle. Les premiers murs furent aisés à prendre, et les comtes les eurent promptement pris : — les premiers murs étaient de pierre et de brique ; mais bien qu'ils les eussent eu bientôt pris, ils furent long-temps avant de prendre les murs intérieurs, car ceux-là étaient taillés dans le roc.
> PERCY, *Restes d'anciennes poésies.*

La malheureuse issue de la bataille fut bientôt évidente pour les anxieux spectateurs placés sur les tours de guet de Garde-Douloureuse, nom que ce jour-là le château ne méritait que trop bien. Le père Aldrovand maîtrisa avec difficulté ses propres émotions pour chercher à calmer la douleur d'Eveline et de Rose, aux lamentations desquelles se joignirent bientôt celles de nombre de femmes, d'enfants et de vieillards infirmes, parents de ceux qu'on voyait engagés dans cette lutte fatale. Ces malheureux étaient venus chercher leur sûreté dans le château, et ils se pressaient alors sur les créneaux, d'où le père Aldrovand ne réussit pas sans peine à les faire descendre, sentant bien que leur vue sur les tours où ne devaient se montrer que des hommes armés serait un excitant de plus pour l'ardeur des assaillants. Aussi pressa-t-il lady Eveline de donner l'exemple à ce groupe d'infortunés, dont la douleur était sourde à ses représentations.

Conservant, ou du moins s'efforçant de conserver, même en ce moment d'extrême douleur, ce calme que prescrivaient les mœurs du temps, — car la chevalerie eut son stoïcisme aussi bien que la philosophie, — Eveline répondit d'une voix qu'elle aurait bien voulu rendre ferme et qui tremblait en dépit d'elle : « Oui, mon père, vous avez raison ; — il n'y a plus rien à voir ici pour de jeunes filles. C'en a été fait du prix de vaillance et d'honneur quand ce panache blanc a touché la terre ensanglantée. — Venez, venez ; il ne nous reste plus rien à voir. — A la messe, à la messe, — le tournoi est fini ! »

Il y avait de l'égarement dans son accent ; et quand elle se leva, de l'air de quelqu'un qui aurait voulu conduire une procession, elle chancela, et elle serait tombée si le confesseur ne l'eût soutenue. S'enveloppant précipitamment la tête de sa mante, comme honteuse des angoisses d'une douleur qu'elle ne pouvait maîtriser, et dont les sanglots et les gémissements étouffés qui s'échappaient des plis dont elle se couvrait le visage indiquaient l'excès, elle laissa le père Aldrovand la conduire où il voulut.

— Notre or s'est changé en cuivre, dit-il, notre argent en vils rebuts et notre sagesse en folie ; — c'est la volonté de Celui qui confond les desseins du sage et arrête le bras du fort. A la chapelle, lady Eveline, — à la chapelle ; et au lieu de nous abandonner à de vains regrets, prions Dieu et les saints de détourner de nous leur colère, et de sauver les faibles restes de la gueule du loup dévorant.

Tout en parlant ainsi, et moitié dirigeant, moitié soutenant Eveline, qui était en ce moment presque hors d'état de penser et d'agir, il se rendit avec elle à la chapelle du château ; là, s'agenouillant devant l'autel, elle prit du moins l'attitude de la dévotion, quoique ses pensées, en dépit des paroles de piété que ses lèvres balbutiaient machinalement, fussent sur le champ de bataille, près du corps de son père massacré. Les autres assistants imitaient leur jeune maîtresse dans son attitude de dévotion et dans son absence d'esprit. La pensée qu'une si grande partie de la garnison avait péri dans l'imprudente sortie de Raymond ajoutait à leurs douleurs le sentiment du danger personnel, sentiment exagéré par les cruautés trop souvent exercées par un ennemi qui dans la chaleur de la victoire n'épargnait habituellement ni le sexe ni l'âge.

Le moine, cependant, prit avec eux le ton d'autorité qu'autorisait son caractère, réprimanda leurs lamentations et leurs plaintes inutiles, et les ayant amenés, du moins il le crut, à une situation d'esprit mieux appropriée à leur situation, il les laissa à leurs dévotions privées pour aller satisfaire sa curiosité et calmer ses propres inquiétudes en s'enquérant de l'état de défense du château. Sur les murs extérieurs il trouva Wilkin Flammock, qui, après avoir rempli les devoirs d'un bon et habile capitaine dans la manière dont il avait manœuvré son artillerie et repoussé, comme nous l'avons vu, l'avant-garde de l'ennemi, était alors occupé à mesurer de ses propres mains à sa petite garnison des rations de vin qui ne pouvaient l'exposer au reproche de parcimonie.

— Aie soin, bon Wilkin, lui dit le père, de ne pas faire d'excès en ceci. Le vin, tu le sais, est, comme le feu et l'eau, un excellent serviteur et un très mauvais maître.

— Il faudra du temps pour qu'il déborde dans les profonds et solides crânes de mes compatriotes, répondit Wilkin Flammock. Notre courage flamand est comme nos chevaux flamands : — les uns ont besoin de sentir l'éperon, et il faut que l'autre tâte de la bouteille. Mais croyez-moi, père, ils sont d'une race endurante, et ce n'est pas eux qui se retirent quand on les mouille. — Et quand bien même je donnerais à mes drôles un coup de plus que de raison, ce ne serait pas tout-à-fait nal à proops, car il est probable qu'en fait de nourriture ils n'auront rien de trop.

— Que veux-tu dire? s'écria le moine avec un mouvement d'alarme; par tous les saints du paradis! j'espère qu'on a songé aux provisions?

— Pas aussi bien que dans votre couvent, bon père, repartit Wilkin avec la même impassibilité de physionomie. Nous avons eu, comme vous savez, un trop joyeux Noël pour avoir un Pâques bien gras. Ces chiens gallois ont aidé à consommer nos vivres, et maintenant il est probable que faute d'être avitaillée la forteresse ne pourra plus tenir contre eux.

— Tu nous dis là des folies; notre lord (Dieu fasse paix à son âme!) avait donné des ordres hier au soir pour qu'on réunît de tous les environs les provisions nécessaires.

— Oui, mais les Gallois sont trop rusés pour nous avoir laissé faire à notre aise ce matin ce qui aurait dû être fait depuis des semaines et des mois. Notre lord défunt, si défunt il est, était un de ces gens qui se fient au tranchant de l'épée, et voilà ce qui en est advenu. Parlez-moi d'une arbalète et d'un château bien avitaillé, s'il faut absolument que je me batte. — Vous pâlissez, bon père; un verre de vin va vous raviver.

Le moine éloigna du geste, sans y porter les lèvres, le gobelet que Wilkin, avec une civilité rustique, le pressait d'accepter. — Maintenant, dit-il, nous n'avons en effet d'autre refuge que la prière!

— C'est très vrai, bon père, répliqua de nouveau l'impassible Flamand; priez donc autant que vous voudrez. Moi, bon gré malgré, je me contenterai de jeûner.

En ce moment le son d'un cor se fit entendre devant la porte du château.

— L'œil à la herse et à la porte, drôles! cria Wilkin. — Quelles nouvelles, Neil Hansen?

— Un envoyé des Gallois attend à la Butte au Moulin[1], juste à portée de nos arbalètes; il a un drapeau blanc, et demande à être admis.

— Sur ta vie, ne le laisse pas entrer avant que nous soyons préparés à le recevoir, reprit Wilkin. — Pointe le grand mangonneau sur l'endroit où il s'est arrêté, et tire sur lui s'il ose bouger jusqu'à ce que tous nos préparatifs soient faits, ajouta-t-il dans son idiome natal. Allons, remue-toi, Neil; — qu'on range le long des créneaux et qu'on pointe aux meurtrières toutes les piques, les lances et les épieux du château; — coupe quelques tapisseries en forme de bannières, et montre-les sur les plus hautes tours. — Sois prêt, quand j'en donnerai le signal, à battre le *naker*[2] et à sonner de la trompette, si nous en avons; sinon,

---

[1] *Mill-Hill.*
[2] Tambour (W. S.)

qu'on prenne des cornes de vache, — tout ce qui peut faire du bruit Écoute, Neil Hansen. Toi et quatre ou cinq de tes hommes, allez-vousen à l'armurerie mettre des cottes de mailles ; nos corselets flamands ne leur font pas autant d'effet. Quand tout cela sera fait, on amènera ici ce brigand de Gallois les yeux bandés. — Vous tiendrez la tête haute et vous vous tairez ; — vous me laisserez lui parler. — Seulement vous aurez soin qu'il n'y ait pas d'Anglais parmi nous.

Le moine, qui dans ses voyages avait acquis quelque légère teinture de la langue flamande, avait presque tressailli en entendant le dernier article des instructions de Wilkin à son compatriote ; mais il réprima ce premier mouvement, bien qu'un peu surpris tant de cette circonstance suspecte que de la promptitude et de la facilité avec lesquelles ce Flamand à enveloppe grossière semblait adapter ses préparatifs aux règles de la guerre et d'une bonne politique.

Wilkin, de son côté, n'était pas très certain que le moine n'eût pas entendu et compris plus qu'il ne fallait ce qu'il avait dit à Neil Hansen. Comme pour endormir tous les soupçons qu'aurait pu concevoir le père Aldrovand, il lui répéta en anglais la majeure partie des instructions qu'il avait données, puis il ajouta : Hé bien, bon père, qu'en pensez-vous ?

— Parfaitement bien, répondit le père. On dirait que tu pratiques la guerre depuis le berceau, au lieu d'avoir manié la navette.

— Bon, bon, n'épargnez pas vos lardons, père. — Je sais fort bien que vous autres Anglais vous croyez que les Flamands n'ont dans la tête que du bœuf bouilli et des choux ; pourtant vous voyez que la sagesse vient tout en tissant de la toile.

— C'est juste, monsieur Wilkin Flammock ; mais dis-moi, mon bon Flamand, quelle réponse vas-tu faire à la sommation du prince gallois ?

— Dites-moi d'abord, révérend père, quelle sera la sommation.

— De rendre ce château à l'instant même. Quelle sera ta réponse ?

— Ma réponse sera — Non, à moins de bonne composition.

— Comment, sire Flamand ! osez-vous bien accoler le mot composition au nom du château de Garde-Douloureuse ? s'écria le moine.

— Non si je puis mieux faire, repartit le Flamand. Mais est-ce que Votre Révérence voudrait me voir attendre qu'on en vienne à agiter dans la garnison la question de savoir lequel vaut le mieux pour envoyer à la tuerie, d'un prêtre gras ou d'un Flamand gras ?

— Bast ! répliqua le père Aldrovand, tu ne peux penser à une telle folie. Du secours doit nous arriver en vingt-quatre heures au plus. Raymond Bérenger en attendait pour certain d'ici là.

— Raymond Bérenger s'est trompé ce matin en plus d'une chose.

— Écoute, Flanderkin [1], repartit le moine, en qui sa retraite du

Sobriquet donné aux Flamands. (L. V.)

monde n'avait pas complétement éteint les habitudes et les penchants militaires, je te conseille de marcher droit en tout ceci, si tu fais cas de ta vie; car il reste encore ici assez d'Anglais, malgré le carnage d'aujourd'hui, pour jeter tous les têtards flamands dans les fossés du château, si nous avions lieu de penser que tu médites une trahison dans la garde de ce château et la défense de lady Eveline!

— Que Votre Révérence ne se laisse pas aller à des craintes vaines et inutiles, reprit Wilkin Flammock; — les ordres du maître de ce château m'en ont fait le gouverneur, et ce que je croirai à l'avantage de mon service, je le ferai.

— Mais moi, repartit le moine irrité, je suis le serviteur du pape, — je suis le chapelain de ce château, avec pouvoir de lier et de délier. Je crains bien que tu ne sois pas un vrai chrétien, Wilkin Flammock, et que tu ne penches pour l'hérésie des montagnards. Tu as refusé de prendre la bienheureuse croix; — tu as déjeuné et bu de l'ale et du vin avant d'avoir entendu la messe. On ne saurait se reposer sur toi, Wilkin, et je ne m'y reposerai pas. — Je demande à être présent à la conférence entre toi et le Gallois.

— Cela ne se peut pas, bon père, dit Wilkin avec le sourire et la physionomie impassible qu'il conservait en toute occasion, quelle que pût être l'urgence du cas. Il est vrai, comme vous dites, bon père, que j'ai mes raisons pour ne pas aller à présent tout-à-fait jusqu'aux portes de Jéricho; et ces raisons-là il est heureux que je les aie, car autrement je ne serais pas ici à défendre la porte de Garde-Douloureuse. Il est vrai aussi que je puis avoir été parfois obligé de visiter mes moulins avant que le zèle du chapelain ne l'ait appelé à l'autel, et que mon estomac ne me permet pas de travailler avant d'avoir déjeuné. Mais pour tout cela, bon père, j'ai payé l'amende à Votre Révérence elle-même, et il me semble que puisque vous voulez bien vous rappeler si exactement la confession, vous ne devriez pas oublier la pénitence et l'absolution.

En faisant allusion aux secrets du confessionnal, le moine avait été un peu au-delà de ce que permettaient les règles de son ordre et celles de l'Église. Il resta interdit à la réponse du Flamand; et voyant que l'accusation d'hérésie ne pouvait l'émouvoir, il reprit d'un ton confus : Ainsi vous refusez de m'admettre à votre conférence avec l'envoyé gallois?

— Révérend père, répondit Wilkin, elle a tout-à-fait rapport à des matières séculières. Si quelque matière de religion survenait, vous seriez appelé sans délai.

— J'y serai en dépit de toi, bœuf flamand, murmura le moine entre ses dents, mais de manière à ne pas être entendu des assistants; et en même temps il quitta les murailles.

Wilkin Flammock les quitta aussi au bout de quelques minutes, après s'être assuré que tout y était disposé de manière à donner une idée imposante de forces qui n'existaient pas, et il descendit à un petit corps-de-garde situé entre la première et la seconde porte ; il y fut suivi d'une demi-douzaine de ses propres gens couverts d'armures normandes qu'ils avaient trouvées dans le magasin d'armes du château, — leurs formes robustes, leur taille élevée et leur épaisse encolure les faisant ressembler à des trophées du temps passé plus qu'à des soldats réels et vivants. Entouré de ces figures gigantesques et inanimées, dans une petite pièce voûtée où le jour pénétrait à peine, Flammock reçut l'envoyé gallois, qui y fut amené entre deux Flamands et les yeux bandés, mais assez négligemment pour lui permettre d'entrevoir les préparatifs faits sur les murailles, préparatifs qui dans le fait avaient eu principalement pour but de lui imposer. Dans le même dessein, on faisait entendre de temps à autre au-dehors un cliquetis d'armes, ou bien des voix s'élevaient comme si des officiers avaient été occupés à faire leur ronde ; enfin on employait tous les moyens de nature à indiquer qu'une nombreuse garnison de forces régulières se préparait à soutenir une attaque.

Lorsqu'on eut ôté le bandeau des yeux de Jorworth — car le même envoyé qui précédemment avait apporté l'offre d'alliance de Gwenwyn était maintenant porteur de ses sommations de reddition, — il regarda autour de lui d'un air hautain, et demanda à qui il devait faire part des ordres de son maître Gwenwyn, fils de Cyvelioc, prince de Powis ?

— Il faut que Son Altesse, répondit Flammock avec son sourire et son air d'indifférence habituels, se contente de traiter avec Wilkin Flammock des Moulins à Foulon, sous-gouverneur de Garde-Douloureuse.

— Toi sous-gouverneur ! exclama Jorworth ; toi ! — un tisserand des Pays-Bas ! — C'est impossible. Tout bas qu'ils soient, les Crogans[1] anglais ne peuvent être tombés si bas qu'ils soient commandés par toi !
— Ces hommes paraissent Anglais ; c'est à eux que je transmettrai mon message.

— Comme vous voudrez, répliqua Wilkin ; mais s'ils vous répondent autrement que par signes, je consens à ce que vous m'appeliez *schelm*.

— Est-ce vrai ? dit l'envoyé gallois, se tournant vers les prétendus hommes d'armes dont Flammock s'était fait accompagner ; en êtes-vous réellement venus là ? J'aurais cru que rien que d'être nés sur la terre bretonne, quoique enfants des spoliateurs et des conquérants étrangers, vous aurait inspiré assez d'orgueil pour ne pas vous permettre de porter le joug d'un vil artisan. A défaut de courage, ne devriez-vous pas au moins avoir de la prudence ? — Comme dit bien le proverbe,

---

[1] *Crogan* est une épithète quelque peu méprisante que les Gallois appliquaient aux Anglais. (W. S.)

CHAPITRE V.

Malheur à qui se fie à un étranger ! — Toujours muets, — toujours silencieux ! — Répondez-moi par mots ou par signes. — Le reconnaissez-vous réellement pour chef ?

Les hommes à l'armure répondirent tous à la fois par un signe de tête affirmatif à la question de Jorworth, puis ils reprirent leur première immobilité.

Avec la pénétration qui distingue les naturels du pays de Galles, Jorworth soupçonna qu'il y avait en ceci quelque chose qu'il ne pouvait pas entièrement comprendre, et se préparant à être sur ses gardes, il reprit : — Au surplus, qu'il en soit ce qu'il pourra, peu m'importe qui entendra le message de mon souverain, puisque j'apporte pardon et merci aux habitants de ce Castell an Carrig[1], que vous avez nommé Garde-Douloureuse pour couvrir l'usurpation de territoire par le changement de nom. Après en avoir fait la reddition au prince de Powys, avec ses dépendances, les armes qu'il renferme et la jeune Eveline Bérengère, tous ceux qui sont dans le château en sortiront sains et saufs, et auront des sauf-conduits pour se retirer partout où ils voudront hors des frontières du Cymry.

— Et si nous n'obéissons pas à cette sommation ? dit l'imperturbable Wilkin Flammock.

— Alors votre sort sera celui de Raymond Bérenger, votre défunt chef, répondit Jorworth, dont les yeux, tandis qu'il parlait, brillaient de la férocité vindicative qui dictait sa réponse. Autant d'étrangers il y a ici parmi vous, autant de corps pour les corbeaux et de têtes pour le gibet ! — Il y a long-temps que les milans n'ont eu pareil banquet de lourdauds flamands et de Saxons sans foi.

— Ami Jorworth, reprit Wilkin, si c'est là tout ton message, porte pour réponse de ma part à ton maître que les hommes avisés ne se reposent pas pour leur sûreté sur l'épée des autres, quand ils peuvent y pourvoir eux-mêmes. Nous avons des murailles assez hautes et assez fortes, des fossés profonds, abondance de munitions, tant d'arcs que d'arbalètes. Nous garderons le château, dans la confiance que le château nous gardera jusqu'à ce que Dieu nous envoie du secours.

— Ne risquez pas votre vie sur une telle éventualité, répliqua en flamand l'envoyé gallois ; car ses rapports accidentels avec les Flamands établis dans le Pembrokeshire l'avaient habitué à parler couramment cet idiome, et il s'en servait en ce moment comme pour ne pas être compris des Anglais supposés qui se trouvaient là. — Écoute, mon brave Flamand, poursuivit-il : ne sais-tu pas que celui sur qui vous comptez, le connétable de Lacy, s'est obligé par son vœu à ne s'engager dans aucune querelle avant d'avoir passé la mer, et qu'il ne peut venir à votre aide

---

[1] En anglais *Castle of the Craig*, ou Château du Rocher. (W. S.)

sans se parjurer? Lui et les autres lords des frontières ont conduit leurs forces loin dans le nord pour joindre l'armée des croisés. A quoi vous profitera de nous donner la peine et l'embarras d'un long siége, quand vous ne pouvez espérer de secours?

— Et à quoi me profitera davantage que votre embarras soit grand ou petit? dit Wilkin, répondant dans son langage natif, et regardant le Gallois fixement, bien qu'avec une physionomie d'où il semblait s'être étudié à bannir toute expression, et qui n'offrait, sur des traits d'ailleurs passables, qu'un remarquable mélange de lourdeur et de simplicité ; — à quoi cela me profitera-t-il davantage?

— Allons, ami Flammock, répliqua le Gallois, ne te fais pas moins intelligent que tu ne l'es de ta nature. La vallée est sombre, mais un rayon de soleil peut en éclairer un côté. Tous tes efforts ne peuvent empêcher la chute de ce château ; mais tu peux la hâter, et tu y trouveras grandement ton compte. — Tout en parlant il se rapprocha de Wilkin, baissa la voix, prit un ton insinuant, et ajouta : Jamais Flamand n'a autant gagné à tirer une barre ou à lever une herse, que tu peux y gagner si tu le veux.

— Tout ce que je sais, repartit Wilkin, c'est que d'avoir mis l'une et baissé l'autre m'ont coûté tout ce que je possédais en ce monde.

— Flamand, tu en seras amplement dédommagé. La libéralité de Gwenwyn est comme la pluie d'été.

— Tous mes moulins et mes bâtiments ont été brûlés ce matin jusqu'au ras du sol.

— Tu auras mille marcs d'argent en place de ce que tu possédais, Wilkin.....

Mais le Flamand continua d'énumérer ses pertes sans faire semblant de l'entendre : — Mes terres sont saccagées, vingt vaches enlevées, et.....

— Tu en auras trois fois autant pour les remplacer, interrompit Jorworth, choisies parmi les plus belles du butin.

— Mais ma fille, — mais lady Eveline, dit le Flamand, dont la voix monotone éprouva un léger changement, qui semblait exprimer le doute et la perplexité. — Vous êtes des vainqueurs cruels, et....

— Nous sommes terribles pour qui résiste, mais non pour ceux qui mériteront la clémence par leur soumission. Gwenwyn oubliera les injures qu'il a reçues de Raymond, et élèvera sa fille à un honneur éminent parmi les filles du Cymry. Quant à la tienne, forme seulement un souhait en sa faveur, et il sera pleinement accompli. Maintenant, Flamand, nous nous comprenons.

— Je te comprends, du moins.

— Et je te comprends aussi, j'espère? dit Jorworth en fixant le regard perçant et singulièrement expressif de son œil bleu sur les traits épais et inexpressifs du Néerlandais, pareil à un étudiant avide qui cherche à découvrir quelque sens caché et mystérieux dans un passage d'auteur classique dont la signification directe semble commune et triviale.

— Vous croyez me comprendre, reprit Wilkin ; mais la difficulté est de savoir lequel de nous deux se fiera à l'autre.

— Oses-tu le demander ? répliqua Jorworth. Est-ce à toi ou à tes pareils d'exprimer un doute sur les intentions du prince de Powys ?

— Je ne les connais que par toi, mon brave Jorworth ; et je sais que tu n'es pas de ceux-là qui laisseront leur commerce manquer faute d'un peu d'aide de la bouche.

— Aussi vrai que je suis chrétien, dit Jorworth, accumulant serment sur serment ; — par l'âme de mon père, — par la foi de ma mère, — par la croix noire de.....

— Arrête-toi là, mon brave Jorworth, interrompit Flammock ; tu entasses trop de serments les uns sur les autres pour que j'en fasse le cas convenable. Ce qu'on engage si légèrement, il arrive parfois qu'on ne le croit pas digne d'être dégagé. Si j'avais en main une partie de la récompense promise, cela vaudrait cent serments.

— Rustre soupçonneux, oses-tu douter de ma parole ?

— Non, — nullement ; néanmoins je croirai encore plus aisément tes actes.

— Arrivons au fait, Flamand. Que voudrais-tu de moi ?

— Que je voie maintenant l'argent que tu m'as promis, et je penserai au surplus de ta proposition.

— Vil trafiquant d'argent ! répliqua Jorworth, penses-tu que le prince de Powys a autant de sacs d'argent que les marchands de ton pays de vente et de troc ? Il ramasse des trésors par ses conquêtes, comme la pompe aspire l'eau par sa force ; mais c'est pour les répandre parmi ceux qui le suivent, comme le nuage restitue tout ce qu'il contient à la terre et à l'Océan. L'argent que je te promets est encore à prendre dans les coffres saxons, — et même il faudra mettre celui de Bérenger à contribution pour compléter le compte.

— Il me semble que je pourrais le faire moi-même, puisque j'ai plein pouvoir dans le château, et qu'ainsi je vous épargnerais un travail.

— C'est vrai ; mais ce serait au prix d'une corde et d'un nœud coulant, soit que les Gallois prennent la place, soit que les Normands viennent la secourir. — Les uns voudraient leur butin entier, — les autres ne voudraient pas que les trésors de leur compatriote fussent diminués.

— Je ne puis en disconvenir. Eh bien ! supposé que je fusse disposé à me fier jusque là à vous autres, pourquoi ne pas me rendre mon bétail, qui est entre vos mains et à votre disposition ? Si vous ne voulez pas me satisfaire en quelque chose par avance, que puis-je attendre de vous après ?

— Je te satisferais bien volontiers même sur autre chose de plus important, repartit le Gallois non moins soupçonneux ; mais à quoi te servirait d'avoir tes vaches dans la forteresse ? On peut en avoir bien mieux soin dans la plaine ici-dessous.

— Tu as ma foi raison ; — ce ne serait qu'un embarras pour nous ici, où nous en avons déjà tant d'autres pour l'usage de la garnison. — Et pourtant, en y songeant mieux, nous sommes approvisionnés d'assez de fourrage pour nourrir tout ce que nous en avons, et au-delà. Or, mes vaches sont d'une race particulière, que j'ai amenée des riches pâtures de la Flandre, et je désire qu'elles me soient rendues avant que vos haches et vos crocs gallois aient fait connaissance avec leur peau.

— Tu les auras ce soir, peau et cornes. Ce ne sont que de petites arrhes d'une grande récompense.

— Je vous remercie de votre munificence. Je ne suis pas un homme ambitieux, et je borne mes souhaits à recouvrer ce qui m'appartenait.

— Ainsi tu seras prêt à remettre le château ?

— C'est ce dont nous reparlerons demain plus au long. Si ces Anglais et ces Normands soupçonnaient un tel projet, ils nous feraient un mauvais parti ; — il faut que je les disperse avant d'avoir d'autres communications à ce sujet. En attendant, partez subitement, je vous en prie, et comme mécontent du résultat de notre entretien.

— Je voudrais pourtant bien savoir quelque chose de mieux arrêté et de plus positif.

— Impossible, — impossible ; ne voyez-vous pas ce grand diable qui commence déjà à jouer avec la poignée de sa dague ? — Partez vite, et d'un air irrité ; — et n'oubliez pas les vaches.

— Je ne les oublierai pas ; mais si tu nous manques de foi....

A ces mots il quitta la salle avec un geste de menace, en partie réellement adressé à Wilkin lui-même, en partie feint pour se conformer à ses avis. Flammock répliqua en anglais, comme pour que tous ceux qui l'entouraient pussent entendre ce qu'il allait dire :

— Fais ce que tu voudras, sire Gallois ! je suis un homme loyal ; je méprise tes propositions de reddition, et je défendrai ce château à ta honte et à celle de ton maître ! — Approchez, vous autres. — Remettez-lui son bandeau, et reconduisez-le en sûreté jusqu'à ceux qui l'attendent hors du château. Le premier Gallois qui se remontrera devant la porte de Garde-Douloureuse sera reçu un peu plus durement.

On avait bandé les yeux au Gallois et on l'emmenait hors du corps-de-garde, quand un des prétendus hommes d'armes présents à cette entrevue s'approcha de Wilkin Flammock, au moment où celui-ci se disposait lui-même à sortir, et lui dit à l'oreille en anglais : Tu es un traître, Flammock, et tu mourras de la mort des traîtres !

Le Flamand tressaillit, et il aurait voulu questionner cet homme ; mais les mots étaient à peine prononcés qu'il avait disparu. Flammock fut deconcerte de cette circonstance, qui lui montrait que son entrevue avec Jorworth avait été observée, et que ses intentions étaient connues ou conjecturées par quelqu'un qui n'avait pas été mis dans la confidence et qui pouvait traverser ses intentions. Il ne tarda pas à apprendre que c'était là en effet ce qui était arrivé.

CHAPITRE VI.

> Sainte Vierge, bienheureuse mère de Dieu prête l'oreille à mes prières ! Vierge sans tache, vois à tes genoux une vierge désolée !
> *Hymne à la Vierge.*

La fille du malheureux Raymond avait quitté la tour d'où elle avait assisté à la bataille, en proie aux angoisses d'une douleur bien naturelle à un enfant qui vient d'être témoin de la mort d'un père aimé et honoré. Mais ni son rang ni les principes de chevalerie dans lesquels elle avait été élevée ne lui permettaient de s'abandonner long-temps à d'inutiles démonstrations d'une douleur inactive. En élevant au rang de princesses, ou plutôt de déesses, les femmes jeunes et belles, l'esprit du temps exigeait d'elles en retour un caractère et une conduite supérieurs et parfois contraires à l'impulsion naturelle des sentiments purement humains. Les héroïnes de la chevalerie ressemblaient fréquemment à des portraits éclairés par un jour artificiel : — lumière vive et forte qui ferait puissamment ressortir les objets sur lesquels elle viendrait frapper, mais n'en ayant pas moins dans son éclat quelque chose de factice, qui, comparé à celui du jour naturel, semble éblouissant et exagéré.

A l'orpheline de Garde-Douloureuse, la fille d'une lignée de héros dont la souche se rattachait à la race de Thor, de Balder, d'Odin et d'autres guerriers du Nord élevés au rang des dieux ; à celle dont la beauté était le thème de cent ménestrels, et dont les yeux étaient l'*étoile conductrice* de la moitié de la chevalerie des belliqueuses frontières du Wales, il n'était pas permis de donner à son père les larmes inutiles d'une fille de village. Toute jeune qu'elle était, et tout horrible que fût l'incident dont elle venait d'être témoin, il n'était pas tout-à-fait aussi effrayant pour elle qu'il l'eût été pour une jeune fille dont les yeux n'auraient pas eu la longue habitude des jeux rudes et souvent ensanglantés de la chevalerie, qui n'aurait pas demeuré comme elle au milieu de scènes de guerre et d'hommes pour lesquels les combats et la mort étaient un invariable sujet de conversation, dont l'imagination n'aurait pas été familiarisée avec les idées de sang, ou, finalement, qui n'aurait pas été élevée à regarder une mort honorable *sous le bouclier*, ainsi qu'on désignait celle dont on est atteint sur le champ de bataille, comme plus désirable pour

CHAPITRE VI.

un guerrier que le trépas tardif et sans honneur qui vient lentement terminer l'inutile et nonchalante inactivité d'une vieillesse prolongée. Eveline, tout en pleurant son père, éprouvait au fond du cœur un sentiment de noble orgueil en songeant qu'il était mort dans tout l'éclat de sa renommée, et au milieu des monceaux de cadavres ennemis ; et quand sa pensée se reporta sur les difficultés de sa situation, ce fut avec la résolution de défendre sa liberté et de venger la mort de son père par tous les moyens que le Ciel avait laissés en son pouvoir.

Elle n'oublia pas d'appeler la religion à son aide ; et conformément aux usages du temps et aux doctrines de l'Église romaine elle tâcha de s'assurer de la faveur du Ciel par des vœux aussi bien que par des prières. Dans un étroit oratoire attenant à la chapelle était suspendu, au-dessus d'un autel sur lequel une lampe brûlait constamment, un petit tableau représentant la Vierge Marie, objet d'une vénération toute particulière de la part de la famille de Bérenger, et qu'un des ancêtres de ce dernier avait rapporté de la Terre-Sainte où il était allé en pèlerinage. C'était une peinture grecque de l'époque du Bas-Empire, assez semblable à celles que dans les pays catholiques on attribue souvent à saint Luc l'Evangéliste. L'oratoire où il était placé était regardé comme d'une sainteté peu commune, — on croyait même que des miracles s'y étaient opérés ; et Bérengère, par les guirlandes de fleurs dont elle entourait chaque jour le tableau, ainsi que par les constantes prières dont elle les accompagnait, avait toujours montré une dévotion toute spéciale à Notre-Dame de Garde-Douloureuse, nom que l'on donnait au tableau.

Se tenant donc à l'écart des autres, prosternée seule et en secret, dans l'extrémité de sa douleur, devant la châsse de sa patronne, Eveline invoqua la protection de celle qui est la pureté même pour défendre sa liberté et son honneur, et tirer vengeance de la trahison du farouche *chieftain* qui avait tué son père et en ce moment assiégeait le château. Et non seulement elle fit vœu d'une donation considérable de terres à la châsse de la protectrice dont elle implorait l'aide ; mais ses lèvres (bien qu'elles éprouvassent un léger tremblement, et que quelque chose en elle s'élevât contre ce vœu) laissèrent échapper le serment que, quel que fût le chevalier favorisé de Notre-Dame de Garde-Douloureuse que sa divine protectrice pourrait envoyer à son secours, il obtiendrait d'elle tout guerdon qu'elle pourrait honorablement accorder, fût-ce même celui de sa main virginale aux pieds des saints autels. Instruite comme elle l'était, par les assurances de maint chevalier, à croire qu'une telle grâce était la plus haute faveur que le Ciel pût octroyer, il lui sembla qu'elle s'acquittait d'une dette de reconnaissance en se mettant ainsi complétement à la disposition de la pure et sainte patronne en l'aide de laquelle elle se confiait. Peut-être se cachait-il dans cette dévotion quelque espérance terrestre dont elle-même avait à peine conscience, et qui la réconciliait avec le sacrifice illimité ainsi librement offert. La Vierge (pouvait insinuer cet espoir flatteur), la meilleure et la plus bienveillante des protectrices, userait sans doute avec modération du pouvoir qui lui était résigné, et le champion que favoriserait Marie serait celui à qui sa fervente adoratrice accorderait le plus volontiers la faveur promise.

Mais si un tel espoir s'était glissé dans le cœur d'Eveline, de même qu'un peu d'égoïsme se mêle souvent à nos émotions les plus nobles et les plus pures, c'était, nous l'avons dit, à son propre insu; et tandis que dans la pleine assurance d'une foi implicite elle fixait sur l'image où se concentrait son adoration des yeux où l'expression de la supplication la plus fervente et de la plus humble confiance luttait avec des larmes involontaires, elle était peut-être plus belle qu'aux moments où, malgré sa jeunesse, elle avait été choisie pour décerner le prix de la chevalerie dans les lices de Chester. Il ne faut pas s'étonner si en un tel instant de surexcitation, et prosternée avec dévotion devant une image qu'elle croyait fermement avoir non seulement le pouvoir de la protéger, mais encore celui de l'assurer de sa protection par un signe visible, lady Eveline crut voir de ses propres yeux ce signe qui lui donnait l'assurance que son vœu était accepté. Tandis qu'elle contemplait le tableau d'un regard avide et l'imagination échauffée par l'enthousiasme, les contours roides et durs tracés par le peintre grec semblèrent changer d'expression ; les yeux parurent s'animer, et répondre par des regards compatissants aux ardentes supplications de sa dévote adoratrice, les lèvres s'entr'ouvrirent en un sourire d'une indicible douceur. Il sembla même à Eveline que la tête avait fait une légère inclination.

Dominée par une émotion surnaturelle à la vue de signes dont sa foi ne lui permettait pas de mettre en doute la réalité, lady Eveline croisa ses bras sur sa poitrine et se prosterna le front sur la dalle, comme dans l'attitude la plus convenable pour recevoir une communication divine.

Mais sa vision n'alla pas jusque là; il n'y eut ni sons ni voix, et lorsque après avoir jeté un coup d'œil à la dérobée autour de l'oratoire où elle était prosternée elle les leva de nouveau sur la figure de Notre-Dame, les traits paraissaient être redevenus tels que l'artiste les avait tracés, sauf que l'imagination d'Eveline leur prêtait encore une expression auguste, quoique gracieuse, qu'elle ne leur avait pas remarquée jusqu'alors. Pleine d'une vénération timide allant presque jusqu'à la crainte, mais fortifiée et même exaltée par la visitation dont elle venait d'être témoin, la jeune fille répéta à plusieurs reprises les oraisons qu'elle crut les plus agréables à l'oreille de sa bienfaitrice ; et, se relevant enfin, elle se retira à reculons, comme en présence d'un souverain, jusqu'à la première chapelle.

Une ou deux femmes y étaient encore agenouillées devant les saints que les murs et les niches offraient à l'adoration; mais les autres suppliants, trop inquiets et trop effrayés pour prolonger leurs dévotions, s'étaient dispersés dans le château pour avoir des nouvelles de leurs parents, et pour tâcher d'obtenir quelques rafraîchissements, ou du moins quelque endroit où eux et leur famille pussent se reposer.

Inclinant la tête et murmurant un *ave* à chaque saint devant l'image duquel elle passait (car l'imminence du danger porte à l'observance minutieuse des rites de la dévotion), lady Eveline était presque arrivée à la porte de la chapelle, quand un individu ayant l'apparence d'un homme d'armes y entra précipitamment ; et d'une voix plus élevée que ne l'eût comporté la sainteté du lieu en tout autre moment, il s'adressa à lady Eveline. Sous l'impression des sentiments de vénération qu'avait produits en elle ce dont elle venait d'être témoin, elle ouvrait la bouche pour réprimander la rudesse militaire de cet homme, quand il reprit la parole, et lui dit d'un ton bref où respirait l'anxiété : Ma fille, nous sommes trahis ! Bien que l'extérieur et la cotte de mailles qui le recouvrait fussent ceux d'un soldat, c'était la voix du père Aldrovand, qui d'une main tremblante d'émotion se débarrassa en même temps du chaperon de mailles qui lui recouvrait le visage.

— Mon père, lui dit-elle, que signifie ceci ? avez-vous oublié cette confiance en Dieu que vous aviez coutume de recommander ? Pourquoi portez-vous d'autres armes que celles que votre ordre vous prescrit ?

— Je puis en venir là avant qu'il soit long-temps, repartit le père Aldrovand ; car j'ai été soldat avant d'être moine. Mais en ce moment c'est pour découvrir la trahison, et non pour résister à la force, que j'ai endossé ce harnais. Ah ! ma chère fille ! — nous sommes dans une terrible situation ! — des ennemis au dehors, — des traîtres au dedans ! Ce perfide Flamand, Wilkin Flammock, est en pourparler pour la reddition du château.

— Qui ose dire cela ? s'écria une femme voilée à genoux dans un coin isolé de la chapelle où elle n'avait pas été remarquée, mais qui en ce moment se leva vivement et s'avança hardiment entre lady Eveline et le moine.

— Éloigne-toi, impertinente mignonne, dit le moine surpris de cette audacieuse interruption ; cela ne te regarde pas.

— Cela *me regarde*, — répliqua la demoiselle, rejetant son voile en arrière et découvrant la figure juvénile de Rose, la fille de Wilkin Flammock, les yeux étincelants et les joues rouges de colère, émotion dont la véhémence faisait un singulier contraste avec l'extrême blancheur de carnation et les traits presque enfantins de la jeune Flamande ; car tout son extérieur était en effet celui d'une jeune fille à peine sortie de l'enfance, et ses manières étaient généralement aussi douces et aussi timides qu'elles semblaient en ce moment hardies, emportées et intrépides. — Quand le nom intègre de mon père est souillé d'un reproche de trahison, cela ne me regarde-t-il pas ? continua-t-elle ; quand la source est troublée, cela ne regarde-t-il pas le ruisseau? — Cela *me regarde*, et je veux connaître l'auteur de la calomnie.

— Damoiselle, dit Eveline, réprimez votre inutile colère; quoique le bon père ne puisse avoir intention de calomnier Wilkin, il se peut qu'il parle d'après un faux rapport.

— Aussi vrai que je suis un prêtre indigne, repartit le moine, je parle d'après le rapport de mes propres oreilles. Par le serment de mon ordre! j'ai moi-même entendu ce Wilkin Flammock marchander avec l'envoyé gallois la reddition de Garde-Douloureuse. Grâce à ce haubert et à ce capuchon de mailles, j'ai assisté à une conférence où il ne croyait pas qu'il y eût des oreilles anglaises. Ils parlaient flamand, outre cela; mais il y a long-temps que je connais le jargon.

— Le flamand n'est pas un jargon comme votre anglais bigarré, moitié normand, moitié saxon, répliqua la jeune fille irritée, que l'impétuosité de sa colère fit répondre d'abord à la dernière insulte; c'est une noble langue gothique parlée par les braves guerriers qui combattaient contre les Césars romains quand la Bretagne courbait la tête devant eux. — Et quant à ce qu'il a dit de Wilkin Flammock, continua-t-elle, ses idées prenant plus d'ordre à mesure qu'elle parlait, ne le croyez pas, mylady! par le prix que vous attachez à l'honneur de votre noble père, fiez-vous à l'honnêteté du mien comme vous vous fieriez aux évangélistes!

Elle prononça ces mots d'un ton de voix suppliant mêlé de sanglots, comme si son cœur se fût brisé.

Eveline tâcha de la calmer. — Rose, lui dit-elle, dans ces tristes temps les soupçons peuvent atteindre les hommes les plus honnêtes, et des malentendus s'élever entre les meilleurs amis. Écoutons ce que le bon père a à dire sur Wilkin. Ne crois pas que ton père ne soit pas entendu dans sa défense. Tu avais coutume d'être calme et raisonnable.

— Je ne suis ni calme ni raisonnable sur ce sujet-là, répliqua Rose avec un redoublement d'indignation; et il est mal à vous, mylady, d'écouter les faussetés de ce révérend masque, qui n'est ni bon prêtre ni bon soldat. Mais je vais chercher quelqu'un qui ne le craindra ni en casque ni en froc.

A ces mots elle sortit précipitamment de la chapelle, tandis que le moine, après quelques circonlocutions pédantesques, rapportait à lady Eveline la conversation qu'il avait entendue entre Jorworth et Wilkin, et lui proposait de réunir le peu d'Anglais qui se trouvaient dans le château et de prendre possession de la tour carrée la plus centrale, donjon disposé de façon, selon l'ordinaire des forteresses gothiques de la période normande, à faire encore bonne défense, même après que les ouvrages extérieurs du château qu'il commandait seraient entre les mains de l'ennemi.

— Mon père, repartit Eveline, toujours confiante dans la vision qu'elle venait d'avoir, ce conseil serait bon à la dernière extrémité, mais autrement ce serait créer le mal même que nous craignons, en mettant nous-mêmes la division entre nous. J'ai une forte confiance, bon père, et non sans motifs, en notre sainte Vierge de Garde-Douloureuse; je crois fermement que par son moyen nous aurons vengeance de nos barbares ennemis, et que nous échapperons à notre péril actuel. Et je vous prends à témoin, mon père, du vœu que j'ai fait de ne rien refuser à celui que Notre-Dame emploiera à opérer notre délivrance, me demanderait-il l'héritage de mon père ou la main de sa fille.

— *Ave Maria! ave Regina Cœli!* dit le prêtre; vous ne pouviez fonder votre confiance sur un rocher plus sûr. — Mais, ma fille, continua-t-il après cette exclamation appropriée à la circonstance, n'avez-vous jamais ouï dire, même indirectement, qu'il y avait des conventions pour votre main entre notre très honoré lord dont nous venons d'être si cruellement privés (Dieu fasse paix à son âme!) et la puissante maison des De Lacy?

— Je puis en avoir ouï quelque chose, répondit Eveline en baissant les yeux, en même temps qu'un léger incarnat se répandait sur ses joues; mais je me mets à la disposition de Notre-Dame de Bon-Secours et de Consolation.

Comme elle parlait, Rose rentra dans la chapelle avec la même vivacité qu'elle avait montrée en la quittant, et conduisant par la main son père Wilkin, dont la démarche pesante, quoique assurée, la physionomie sans expression et la lourde tournure formaient le plus étrange contraste avec la rapidité des mouvements de sa fille et l'anxieuse animation de sa parole. La manière dont elle le traînait ainsi en quelque sorte aurait pu rappeler au spectateur quelqu'un de ces anciens monuments funéraires sur lesquels un petit chérubin, singulièrement disproportionné avec la tâche qu'on lui a dévolue, est souvent représenté emportant vers l'empyrée l'épaisse et lourd forme terrestre de l'occupant de la tombe, dont le poids disproportionné menace de rendre infructueux les bienveillants efforts de son guide éthéré.

— Roschen, — mon enfant, — qu'est-ce qui te chagrine? dit le Flamand tout en cédant à la violence de sa fille, avec un sourire qui vint animer sa physionomie, et qui par cela même avait plus d'expression et de sentiment que le sourire insignifiant qui semblait ne jamais quitter ses lèvres.

— Voici mon père, dit l'impatiente jeune fille; l'accuse de trahison qui pourra ou qui osera! Voici Wilkin Flammock, fils de Dieterick, le mercier d'Anvers; — que ceux qui le calomnient en arrière l'accusent en face!

— Parlez, père Aldrovand, dit lady Eveline. Nous sommes nouvelle dans notre seigneurie, et les fonctions, hélas, en sont descendues sur nous en un moment difficile ; cependant, s'il plaît à Dieu et à Notre-Dame, nous entendrons et nous jugerons votre accusation du mieux qu'il sera en notre pouvoir.

— Ce Wilkin Flammock, dit le moine, quelque hardiesse qu'il ait acquise en scélératesse, n'osera pas nier que je ne l'aie entendu de mes propres oreilles traiter de la reddition du château.

— Frappez-le, mon père ! s'écria Rose indignée ; — frappez le masque déguisé ! On peut frapper le haubert d'acier, si on ne peut toucher au froc du moine ; — frappez-le, ou dites-lui qu'il ment comme un infâme !

— Paix, Roschen ! tu es folle, lui dit son père avec colère ; le moine a en lui plus de vérité que de bon sens, et je voudrais que ses oreilles eussent été bien loin quand il les a apportées où elles n'avaient que faire.

Un abattement subit se répandit sur la physionomie de Rose quand elle entendit avouer ainsi sans détour une trahison qu'elle avait crue impossible. — Elle laissa retomber la main de son père, qu'elle avait prise pour l'entraîner à la chapelle ; elle fixa sur lady Eveline des yeux égarés qui semblaient sortir de leurs orbites, et le sang qui tout-à-l'heure colorait si vivement ses joues les abandonna tout-à-coup pour refluer à son cœur.

Eveline arrêta sur le coupable un regard où la douceur et la dignité se mêlaient à la douleur. — Wilkin, dit-elle, je n'aurais pas cru cela. Quoi ! le jour même de la mort de ton bienfaiteur, as-tu donc pu trahir sa confiance, et t'entendre avec ses meurtriers pour leur livrer le château ! Mais je ne te ferai pas de reproches ; — je te retire la confiance que mon père avait mise en qui la méritait si peu, et je te ferai garder dans la tour de l'Ouest jusqu'à ce que Dieu nous envoie du secours. Alors, peut-être, les mérites de ta fille seront une expiation de ta faute, et te sauveront un autre châtiment. — Veillez à ce que nos ordres soient exécutés sur-le-champ.

— Oui, — oui, exclama Rose, un mot suivant l'autre avec autant de rapidité et de véhémence que sa bouche les pouvait articuler ; — oui, — allons-nous-en, — allons-nous-en dans le cachot le plus noir. — L'obscurité nous convient mieux que le grand jour.

Le moine, de son côté, voyant que le Flamand ne faisait aucun mouvement pour obéir à la sentence, s'avança dans une attitude qui aurait mieux convenu à son ancienne profession et à son déguisement actuel qu'à son caractère spirituel ; et tout en disant —Je t'arrête, Wilkin Flammock, pour trahison avouée envers notre châtelaine-lige, il allait porter la main sur lui, si le Flamand n'avait fait deux pas en arrière, et ne l'eût tenu en respect par un geste menaçant et résolu. — Vous êtes fou, dit-il en même temps ; — vous autres Anglais vous êtes tous fous quand la lune est dans son plein, et ma sotte petite fille a gagné la maladie.

— Mylady, votre honoré père m'a confié une charge dont mon intention est de m'acquitter au plus grand avantage de toutes les parties, et vous ne pouvez, étant mineure, me l'enlever à votre plaisir. — Père Aldrovand, un moine ne fait pas d'arrestations. — Roschen, tenez-vous en paix et essuyez vos yeux ; — vous êtes une folle.

— Oui, oui, je suis une folle ! s'écria Rose en s'essuyant les yeux et retrouvant la vivacité de ses manières ; — je suis folle en effet, et plus que folle, d'avoir pu douter un moment de la probité de mon père. — Fiez-vous à lui, ma chère lady ; il est avisé, quoique grave, et il est bon, quoiqu'il ne fasse pas de beaux discours. S'il trahissait, il en serait le premier puni ! car je me jetterais du plus haut de la tour de garde au fond du fossé, et il perdrait sa fille pour avoir trahi la fille de son maître !

— C'est de la frénésie ! dit le moine. — Qui met sa confiance dans les traîtres avoués ? — Normands, Anglais, venez au secours de votre maîtresse ! — Aux arcs et aux haches ! — aux arcs et aux haches [1] !

— Vous pouvez garder votre gosier pour votre prochaine homélie, bon père, dit Wilkin, ou bien appelez en bon flamand, puisque vous le comprenez ; car ceux qui sont à portée de vous entendre ne répondront pas à une autre langue.

Il s'approcha alors de lady Eveline avec un air d'affection réel ou affecté, et autant de courtoisie que la gaucherie de ses manières et son épaisse physionomie en pouvaient comporter. Il lui souhaita le bonsoir, l'assurant qu'il agirait pour le mieux, et quitta la chapelle. Le moine allait de nouveau éclater en injures ; mais, avec plus de prudence, Eveline réprima son zèle.

— Je ne puis qu'espérer, dit-elle, que les intentions de cet homme sont honnêtes.....

— Que les bénédictions du Ciel soient sur vous pour cette parole-là, mylady ! s'écria Rose, interrompant chaleureusement sa maîtresse et lui baisant la main.

— Mais si malheureusement elles sont équivoques, continua Eveline, ce n'est pas par des reproches que nous pourrons le ramener à de meilleurs desseins. Bon père, donnez un coup d'œil aux préparatifs de résistance, et veillez à ce que rien ne soit omis de ce que nous pouvons faire pour défendre le château.

— Ne craignez rien, ma fille, répondit Aldrovand ; il est encore parmi nous quelques cœurs anglais, et nous tuerons et mangerons les Flamands eux-mêmes plutôt que de rendre le château.

— Ce serait de la nourriture aussi dangereuse à se procurer que de la venaison d'ours, révérend père, répliqua Rose d'un ton d'amertume, encore irritée de l'idée que le moine traitait sa nation avec soupçon et mépris.

---

[1] *Bows and bills!* sorte de cri d'alarme. (L. V.)

Ils se séparèrent ainsi, — les deux jeunes filles pour aller se livrer sans témoins à leurs craintes et à leurs douleurs, ou les alléger par des dévotions privées ; le moine pour essayer de découvrir quelles étaient les intentions réelles de Wilkin Flammock, et les contrecarrer autant que possible dans le cas où elles sembleraient indiquer la trahison. Son œil, cependant, quoique rendu plus pénétrant par la force du soupçon, ne vit rien qui vînt à l'appui de ses craintes, sauf que le Flamand, avec une grande habileté militaire, avait donné à ses compatriotes la garde des principaux postes du château, ce qui aurait nécessairement rendu difficile et périlleuse toute tentative de le déposséder de sa présente autorité. Le moine se retira enfin, appelé par les devoirs de l'office du soir, et avec la résolution d'être sur pied avec le jour le lendemain matin.

CHAPITRE VII.

> Oh ! que le soleil du matin éclaire tristement les murs assiégés du château ! Bastions, tours et créneaux semblent s'incliner devant lui pour saluer leur propre chute.
>
> *Vieille ballade.*

IDÈLE à sa résolution, et disant son chapelet tout en marchant afin de ne pas perdre un moment, le père Aldrovand commença sa ronde dans le château dès que les premières lueurs de l'aube eurent éclairé à l'orient la ligne de l'horizon. Un instinct naturel le conduisit d'abord aux étables, qui auraient dû être pleines si la forteresse eût été convenablement avitaillée pour un siége ; quel fut son ravissement en voyant une vingtaine et plus de belles vaches et de bouvillons gras là où le soir précédent tout était vide ! Une des vaches avait déjà été menée à l'abattoir, et un couple de Flamands, qui en cette occasion faisaient office de bouchers, étaient occupés à la dépecer pour l'envoyer au cuisinier. Le bon père aurait presque crié au miracle ; mais crainte de précipitation, il borna son transport à une exclamation privée en l'honneur de Notre-Dame de Garde-Douloureuse.

— Qui parle de manque de provisions ? se dit-il ; — qui parle maintenant de se rendre ? Voici de quoi nous maintenir jusqu'à l'arrivée de Hugo de Lacy, dût-il faire voile de l'île de Chypre pour venir à notre secours. Je me proposais de jeûner ce matin, tant pour épargner les vivres que dans un but religieux ; mais il ne faut pas faire fi des bienfaits des saints. — Sire cuisinier, préparez-moi sur-le-champ un demi-yard ou à peu près de bœuf bouilli [1] ; dites au pannetier de m'envoyer une *manchette* [2], et au sommelier une mesure de vin. Je déjeunerai en courant sur les murailles de l'ouest.

Cette partie de l'enceinte était le point le plus faible de Garde-Douloureuse ; le bon père y trouva Wilkin Flammock, surveillant avec sollicitude les mesures de défense nécessaires. Il le salua civilement, le

---

[1] Le *yard* répond à peu près à notre mètre. (L. V.)
Le vieux Henry Jenkins, dans ses *Recollections of the Abbacies before their dissolution* (*Souvenirs des Abbayes avant leur abolition*) nous a conservé ce fait, que le roast-beef était distribué aux convives non au poids, mais à la mesure. (W. S.)

[2] *Manchet*, petit pain blanc. (L. V.)

félicita sur les provisions dont le château avait été pourvu pendant la nuit, et s'enquérait comment on avait pu les introduire si heureusement à travers les assiégeants gallois, quand Wilkin saisit la première occasion de l'interrompre.

— Nous causerons de tout cela une autre fois, bon père ; mais quant à présent, et avant tout autre discours, je voudrais vous consulter sur une matière qui pèse sur ma conscience, et qui de plus touche de très près à mes biens de ce monde.

— Parle, mon excellent fils, dit le père, pensant qu'il obtiendrait ainsi la clef des intentions réelles de Wilkin. Oh! une conscience délicate est un joyau, et celui qui ne l'écoute pas quand elle lui dit — Verse tes doutes dans l'oreille du prêtre, — celui-là verra un jour ses cris de douleur étouffés par le feu et le soufre. Tu as toujours eu une conscience délicate, mon fils Wilkin, quoique tes manières soient rudes et sans recherche.

— Hé bien donc, vous saurez, bon père, que j'ai eu quelques pourparlers avec mon voisin Jean Vanwelt au sujet de ma fille Rose, et qu'il m'a compté certains gilders [1] à condition que je la lui donnerai pour femme.

— Bah ! bah ! mon cher fils, repartit le confesseur désappointé, cette affaire-là peut se remettre ; ce n'est pas le moment de s'occuper de mariages quand nous sommes tous en danger d'être tués.

— Écoutez-moi, bon père, reprit le Flamand ; ce point de conscience touche de plus près que vous ne l'imaginez à notre situation présente. — Vous saurez donc que je ne suis pas disposé à donner Rose à ce Jean Vanwelt, qui est vieux et peu sortable ; et je voudrais savoir de vous si je puis en conscience refuser mon consentement?

— Véritablement, répondit le père Aldrovand, Rose est une jolie fille, bien qu'un peu vive ; et je pense que tu peux honorablement retirer le consentement donné, en rendant les gilders que tu as reçus, bien entendu.

— Mais voilà où le bât blesse, bon père ; — rendre cet argent me réduira à la dernière misère. Les Gallois ont détruit tout ce que j'avais ; et cette poignée d'argent, Dieu me soit en aide ! est tout ce qui me reste pour recommencer mon chemin dans le monde.

— Néanmoins, mon fils Wilkin, il faut que tu tiennes ta parole ou que tu paies le dédit ; car que dit le texte? *Quis habitabit in tabernaculo? quis requiescet in monte sancto?* — qui montera au tabernacle et demeurera sur la sainte montagne? Et n'est-il pas répondu : *Qui jurat proximo et non decipit* [2]. — Allons, mon fils, — ne manque pas, pour un peu de lucre impur, à une parole engagée ; — mieux vaut estomac vide et cœur

---

[1] Ancienne monnaie de Flandre. (L. V.)
[2] Celui qui tient la parole qu'il a donnée à son prochain.

affamé avec une conscience nette, qu'un bœuf gras avec l'iniquité et une parole manquée. — N'as-tu pas l'exemple de notre noble lord défunt (puisse son âme être en paix!), qui a mieux aimé mourir dans un combat inégal en loyal chevalier, que de vivre parjure, quoiqu'il n'eût qu'engagé une parole téméraire à un Gallois au milieu de l'ivresse du vin?

— Hélas! dit le Flamand, voilà bien ce que je craignais! Il nous faut rendre le château, ou restituer au Gallois Jorworth les bestiaux au moyen desquels j'avais projeté de l'avitailler et de le défendre.

— Comment! — qu'est-ce? — que veux-tu dire? s'écria le moine étonné. Je te parle de Rose Flammock, de Jean Van-Diable, ou n'importe comment tu l'appelles, et toi tu viens me parler de bestiaux, de châteaux, et de je ne sais quoi encore!

— Sauf votre bon plaisir, saint père, je parlais seulement en paraboles. Ce château est la fille que j'ai promis de livrer, — l'envoyé gallois est Jean Vanwelt, et les gilders sont les bestiaux qu'il a envoyés ici comme à-compte payé d'avance sur ma récompense.

— Des paraboles! dit le moine, rougissant de colère au tour qu'on lui avait joué; qu'est-ce qu'un paysan comme toi a besoin de paraboles? — mais je te pardonne, — je te pardonne.

— Ainsi il faut que je renvoie les bestiaux au Gallois, ou que je lui livre le château? dit l'impénétrable Flamand.

— Plutôt livrer ton âme à Satan! s'écria le moine.

— Je crains bien que ce ne doive être l'alternative; car l'exemple de notre honorable lord.....

— L'exemple d'un honorable fou! interrompit le moine; puis se reprenant aussitôt: Que Notre-Dame soit avec son serviteur! ajouta-t-il; — ce rustre à cervelle flamande me fait oublier ce que je voulais dire.

— Mais le saint texte que Votre Révérence me citait tout-à-l'heure?

— Allons donc! as-tu la présomption de t'occuper de textes? — Ne sais-tu pas que la lettre de l'Écriture tue, et que c'est l'esprit qui vivifie? — Ne ressembles-tu pas à l'homme qui vient trouver le médecin et lui cache la moitié des symptômes de la maladie? — Je te dis, fou de Flamand, que le texte parle uniquement de promesses faites à des chrétiens, et qu'il y a dans la rubrique une exception spéciale pour celles que l'on fait aux Gallois. A ce commentaire, le Flamand partit d'un gros rire, dans lequel sa large bouche ouverte de toute sa grandeur laissait voir la double rangée de ses blanches et fortes dents. L'exemple fut contagieux pour le père Aldrovand, qui reprit après cet accès d'hilarité: Allons, allons, je vois ce que c'est: tu as cherché quelque petite vengeance contre moi pour me punir d'avoir douté de ta sincérité; et en vérité, je crois que tu t'y es pris avec assez d'esprit. Mais pourquoi ne m'avoir pas mis dans le secret dès le commencement? Je te promets que j'avais sur toi de graves soupçons.

6

— Quoi! est-ce que j'aurais jamais pu penser à envelopper Votre Révérence dans une petite affaire où il fallait mettre un peu de fourberie? Grâce au Ciel, je sais trop ce que je vous dois pour cela. — Écoutez ! — j'entends le cor de Jorworth à la porte du château.

— Il en sonne en vrai porcher, dit Aldrovand d'un ton de dédain.

— Ainsi le bon plaisir de Votre Révérence n'est pas que je lui rende le bétail?

— Bon, bon. Envoie-lui d'aplomb du haut des murailles un baquet d'eau assez chaude pour faire tomber les poils de la peau de chèvre qui lui sert de manteau. Écoute encore : tu mettras d'abord un doigt dans le chaudron pour t'assurer que l'eau est assez chaude, et ce sera ta pénitence pour le tour que tu m'as joué.

Le Flamand répondit par un autre rire d'intelligence, et ils se rendirent ensemble à la porte extérieure où Jorworth était venu seul. Se plaçant au guichet, que néanmoins il tint soigneusement fermé, et adressant la parole au Gallois à travers une petite ouverture, Wilkin Flammock lui demanda ce qu'il voulait.

— Prendre possession du château, selon la promesse qui m'en a été faite, répondit Jorworth.

— Oui-dà? Es-tu venu seul pour cela? continua Wilkin.

— Non vraiment. J'ai ici une quarantaine d'hommes cachés dans ces broussailles.

— En ce cas, ce que tu as de mieux à faire est de les remmener vivement, avant que nos archers ne leur envoient un paquet de flèches.

— Comment, misérable! n'as-tu pas intention de tenir ta promesse?

— Je ne t'en ai fait aucune ; tout ce que je t'ai dit, c'est que je penserais à ce que tu me proposais. J'y ai pensé, et j'en ai communiqué avec mon père spirituel, qui ne veut entendre parler en aucune façon d'écouter ta proposition.

— Et garderas-tu les bestiaux que j'ai eu la simplicité d'envoyer au château sur la foi de nos conventions?

— Je l'excommunierai et le livrerai à Satan, dit le moine, ne pouvant attendre la réponse tardive et flegmatique du Flamand, s'il en livre corne, poil ou sabot à des Philistins incirconcis tels que toi et ton maître.

— C'est bien, prêtre tondu, répliqua Jorworth transporté de colère. Mais fais attention à ce que je te vais dire : — Ne compte pas sur ton froc pour te servir de rançon. Quand Gwenwyn aura pris ce château, qui ne sera pas garanti long-temps par un tel couple de gens sans foi, je vous ferai coudre chacun dans la peau d'une de ces vaches pour lesquelles ton pénitent s'est parjuré, et je vous ferai exposer là où vous n'aurez pour compagnons que les loups et les aigles.

— C'est ce que tu feras quand tu le pourras, repartit le Flamand sans s'émouvoir.

CHAPITRE VII.

— Infâme Gallois, nous te défions à ta barbe! s'écria en même temps le moine plus irascible. J'espère voir les chiens ronger tes os avant que ne vienne le jour dont tu parles si arrogamment.

En guise de réponse à tous les deux, Jorworth brandit un moment sa javeline, puis il la lança avec autant de vigueur que d'adresse droit au guichet. Elle traversa en sifflant l'étroite ouverture où le Gallois avait visé, et passa (sans les toucher néanmoins) entre la tête du moine et celle du Flamand. Le premier se recula vivement; le second se contenta de dire, en regardant la javeline-qui s'était enfoncée dans la porte du corps-de-garde : Bien visé et bien évité.

Jorworth, aussitôt après avoir lancé son dard, avait couru à l'embuscade qu'il avait préparée, et donné à ses compagnons le signal et l'exemple à la fois d'une retraite rapide en aval de la montée. Le père Aldrovand les aurait volontiers fait suivre d'une volée de flèches; mais le Flamand fit observer que les munitions leur étaient trop précieuses pour les gaspiller contre quelques fuyards. Peut-être l'honnête homme se souvint-il que s'ils s'étaient exposés au danger d'une telle salutation, c'était jusqu'à un certain point sur l'assurance qu'il leur avait donnée.

Quand le bruit de la retraite précipitée de Jorworth et de sa suite se fut éteint dans l'éloignement, il y eut un moment de profond silence, bien en harmonie avec la fraîcheur et le calme de cette heure matinale.

— Ce silence-là ne va pas durer long-temps, dit Wilkin au moine d'un ton de gravité prophétique qui trouva un écho dans le cœur du bon père.

— Non, il ne durera pas, il ne peut durer long-temps, répliqua celui-ci; nous devons nous attendre à une chaude attaque, dont je ne me mettrais guère en peine, n'était-ce qu'ils sont en bien grand nombre et nous bien peu nombreux : l'étendue des murailles est considérable, et l'opiniâtreté de ces Gallois d'enfer égale presque leur furie. Au surplus, nous ferons de notre mieux. Je vais trouver lady Eveline; il faut qu'elle se montre sur les murailles. — Son visage est plus beau qu'il ne convient à un homme de ma robe de le dire; et il y respire un souffle de l'esprit altier de son père. Sa vue et ses paroles doubleront la force de nos hommes à l'heure du besoin.

— Cela se peut, dit le Flamand; moi je vais aller veiller à ce que le bon déjeuner que j'ai commandé soit servi sur-le-champ. Cela donnera plus de force à mes Flamands que la vue des dix mille vierges, — puissent-elles nous être secourables! — seraient-elles toutes rangées en bataille.

CHAPITRE VIII.

> Ce fut alors, au milieu des dangers du siége, que vous levâtes là votre bannière à l'appel de votre châtelaine légitime ; merveille de son sexe, elle faisait passer le feu qui l'animait dans l'âme du dernier des vassaux qui garnissaient les murailles du château.
>
> WILLIAM STEWART ROSE.

Le jour commençait à peine à éclairer la campagne quand Eveline Bérengère, se conformant à l'avis de son confesseur, commença sa ronde sur les murailles du château assiégé, pour animer d'un nouveau courage par sa présence et sa parole le cœur des braves, et inspirer aux plus timides l'espoir et la confiance. Elle portait un riche collier et des bracelets, comme ornements distinctifs de son rang et de sa naissance ; et sa tunique de dessous, suivant l'usage du temps, était rassemblée autour de sa taille svelte par une ceinture brodée en pierres précieuses et serrée par une large boucle d'or. D'un côté de la ceinture était suspendue une sorte de poche ou de bourse ornée d'un riche travail à l'aiguille, et à l'autre côté était fixé un petit poignard d'un travail exquis. Une mante de couleur sombre, qu'elle avait choisie comme emblème de sa mauvaise fortune, flottait librement autour d'elle ; et le capuchon en était ramené en avant de manière à voiler à demi sans les cacher les beaux traits de son visage. Son regard avait perdu l'expression d'enthousiasme que lui avait inspiré la révélation dont elle s'était cru favorisée, mais il conservait un caractère mélancolique et doux, quoique résolu ; — et en s'adressant aux soldats, elle employait tour à tour le ton de la prière et celui de l'autorité, tantôt implorant leur protection, — tantôt réclamant comme un droit le juste tribut de leur allégeance.

La garnison, ainsi que le commandaient les règles de l'art militaire, était partagée en groupes disséminés sur les points les plus exposés à l'attaque, et sur ceux d'où on pouvait le plus aisément inquiéter les assaillants. Cette dissémination inévitable de leurs forces en petits détachements faisait encore mieux ressortir le désavantage de la grande étendue des murailles comparée au nombre des défenseurs ; et quoique Wilkin Flammock eût imaginé divers moyens pour dissimuler à l'ennemi cette insuffisance de forces, il ne pouvait la déguiser aux défenseurs mêmes du château, qui jetaient de mornes regards sur les longues étendues de murailles qu'occupaient seulement quelques sentinelles, puis reportaient les yeux sur le fatal champ de bataille, chargé des corps de ceux qui auraient dû être leurs compagnons à cette heure de péril.

La présence d'Eveline contribua puissamment à tirer la garnison de cet état de découragement. Elle allait de poste en poste, de tour en tour, comme un rayon lumineux passe sur un paysage qu'un nuage assombrit, et en frappe successivement les différents points dont il fait ressortir la beauté et l'effet. La douleur et la crainte rendent parfois éloquents ceux qu'elles ont atteints. Elle parlait aux nations différentes dont sa petite garnison était composée un langage approprié à chacune d'elles. Aux Anglais, elle s'adressait comme aux enfants du sol; — aux Flamands, comme à des hommes que le droit d'hospitalité y avait naturalisés; — aux Normands, comme aux descendants de cette glorieuse race de héros que leur épée avait faits les nobles et les souverains de chaque pays où ils en avaient essayé le tranchant. Avec eux elle employait le langage de la chevalerie, sur les principes de laquelle le Normand le plus obscur réglait ou affectait de régler ses actions. Elle rappelait aux Anglais leur bonne foi et leur franchise; et elle parlait aux Flamands de la destruction de leurs propriétés, de la perte des fruits d'une honnête industrie. A tous elle demandait vengeance de la mort de leur chef et de leurs compagnons; — à tous elle recommandait d'avoir confiance en Dieu et en Notre-Dame de Garde-Douloureuse; et elle se hasardait à leur assurer que déjà des troupes redoutables et victorieuses étaient en marche pour venir à leur secours.

— Les vaillants champions de la Croix, leur disait-elle, pourront-ils songer à quitter leur pays natal, quand les lamentations des femmes et des orphelins arriveront à leurs oreilles? — ce serait convertir leur pieux dessein en péché mortel, et déroger au haut renom qu'ils ont si bien gagné. Oui — comportez-vous courageusement, et peut être, avant que le soleil qui s'élève lentement aille se plonger dans la mer, le verrez-vous briller sur les rangs de Shrewsbury et de Chester. Quand le Gallois a-t-il attendu de pied ferme le son de leurs trompettes ou le bruissement de la soie de leurs bannières? — Combattez bravement, — combattez sans crainte un peu de temps seulement! — Notre château est fort, — nos munitions abondantes; — vos cœurs sont courageux — vos bras sont forts; — Dieu est près de nous, et nos amis ne sont pas loin. Combattez donc au nom de tout ce qui est bon et saint! — combattez pour vous-mêmes, pour vos femmes, pour vos enfants, pour vos propriétés, — et aussi pour une orpheline qui n'a de défenseurs que ceux que la vue de sa douleur et le souvenir de son père peuvent lui susciter parmi vous!

De tels discours faisaient une puissante impression sur ceux à qui ils s'adressaient, hommes que leurs habitudes et leurs sentiments avaient déjà endurcis contre l'idée du danger. Les Normands, dans leur exaltation chevaleresque, juraient sur la croix de leur épée qu'ils mourraient jusqu'au dernier avant d'abandonner leurs postes ; — les Anglo-Saxons moins raffinés criaient : Honte à celui qui livrerait un agneau comme Eveline à un loup gallois, tant qu'il pourrait lui faire un boulevard de son corps! — Il n'y eut pas jusqu'aux froids Flamands qui ne ressentissent une étincelle de cet enthousiasme dont les autres étaient animés, et qui, tout en échangeant entre eux à voix basse les louanges de la beauté d'Eveline, n'exprimassent la brève mais sincère résolution de faire de leur mieux pour la défendre.

Rose Flammock, qui, avec une ou deux suivantes, accompagnait sa maîtresse dans sa ronde autour du château, semblait être revenue à son caractère naturel de jeune fille timide et réservée, dont l'avaient fait sortir les soupçons qui, la veille au soir, s'étaient attachés à la loyauté de son père. Elle marchait respectueusement à peu de distance d'Eveline, et écoutait ce que celle-ci disait de temps en temps, avec l'admiration naïve et un peu craintive d'un enfant pour les paroles de son précepteur, son œil humide annonçant seul parfois combien elle sentait et comprenait vivement et l'étendue du danger et la force des exhortations. Il y eut cependant un moment où les yeux de la jeune fille devinrent plus brillants, son pas plus assuré et son regard plus fier : ce fut quand elles approchèrent de l'endroit où son père, après s'être acquitté des devoirs de commandant de la garnison, remplissait maintenant ceux de l'ingénieur, et montrait autant d'habileté que de force personnelle en faisant établir, et en y aidant lui-même, un énorme mangonneau (machine de guerre servant à lancer des pierres) sur un point qui commandait une poterne découverte conduisant du côté occidental du château à la plaine au-dessous, et où on devait naturellement s'attendre qu'une attaque sérieuse serait dirigée. La majeure partie de son armure était à terre près de lui, seulement recouverte de sa casaque pour l'abriter contre la rosée du matin ; tandis qu'en justaucorps de cuir, les bras nus jusqu'à l'épaule et un énorme marteau à la main, il donnait l'exemple aux ouvriers travaillant sous sa direction.

Les natures où la lenteur s'unit à la fermeté sont ordinairement celles à qui les infractions aux petites convenances sociales font éprouver le plus de honte et d'embarras. Wilkin Flammock était resté froid et presque insensible à l'imputation de trahison jetée sur lui la veille ; mais ses joues se colorèrent et il ressentit une extrême confusion en remettant à la hâte sa casaque, et en cherchant à dissimuler le négligé dans lequel lady Eveline l'avait surpris. Il n'en fut pas de même de sa fille. Fière du zèle de son père, son regard se porta de lui à sa maîtresse avec une expression de triomphe qui semblait dire : Et c'est ce fidèle serviteur que l'on soupçonnait de trahison !

CHAPITRE VIII.

Le propre cœur d'Eveline lui faisait le même reproche. Impatiente de faire oublier à Wilkin le doute passager qu'elle avait eu sur sa fidélité, elle lui offrit une bague de prix, — légère expiation, lui dit-elle, d'un instant de soupçons mal fondés.

— Cela n'est pas nécessaire, lady, répliqua Flammock avec sa brusquerie habituelle, — à moins que je n'aie la liberté de passer le cadeau à Rose; car je crois qu'elle était assez chagrine de ce qui ne m'émouvait guère. — Et pourquoi ça m'aurait-il ému?

— Disposes-en comme tu voudras, dit Eveline; ta foi est franche et pure comme la pierre que porte cette bague.

Eveline se tut un moment; et portant ses regards sur la plaine étendue qui se déployait entre le château et la rivière, elle fit remarquer combien le matin se levait silencieux et calme sur ce qui avait été naguère le théâtre d'un tel carnage.

— Ce calme-là ne durera pas si long-temps, repartit Flammock; nous aurons du bruit assez, et cela plus près de nos oreilles qu'hier.

— De quel côté est l'ennemi? demanda Eveline; il me semble que je ne puis découvrir ni tentes ni pavillons.

— Ils n'en font pas usage, lady, répondit Wilkin Flammock; le Ciel ne leur a pas accordé la grâce et la connaissance de savoir fabriquer ce qu'il faudrait de toile pour cela. Ils sont couchés là-bas des deux côtés de la rivière, sans rien autre pour se couvrir que leurs manteaux blancs. Croirait-on que cette armée de voleurs et de coupe-jarrets pût ressembler ainsi à ce qu'il y a de plus beau dans la nature, — à un pré bien couvert de toile étendue pour blanchir? — Ecoutez — écoutez! — Voilà les guêpes qui commencent à bourdonner; elles vont bientôt jouer de l'aiguillon.

On entendit effectivement s'élever de l'armée galloise un murmure encore faible et confus, pareil à celui

« D'abeilles alarmées bourdonnant dans leurs ruches. »

Epouvantée de ce bruit sourd et menaçant qui s'augmentait de moment en moment, Rose, qui avait toute l'irritabilité d'un tempérament nerveux, s'attacha au bras de son père, en lui disant à voix basse et avec un accent plein de terreur : C'est comme le bruit de la mer la nuit d'avant la grande inondation.

— Et ça présage un trop gros temps pour que les femmes restent dehors, repartit Flammock. Allez à votre chambre, lady Eveline, si vous le voulez bien; — et vous, Roschen, allez vous-en aussi à la vôtre.

— Dieu vous bénisse toutes deux; — vous ne pourriez que nous tenir à rien faire ici.

Sentant, en effet, qu'elle avait fait tout ce qu'elle pouvait faire, et craignant que le froid qui lui gagnait le cœur ne fût contagieux pour les autres, Eveline suivit le conseil de son vassal et reprit à pas lents le chemin de son appartement, tout en retournant fréquemment la tête pour jeter un regard sur la plaine où les lignes ondulées de l'armée galloise, maintenant sur pied et en armes, commençaient à s'avancer vers le château, pareilles aux vagues de la marée montante.

Le prince de Powys, avec une grande habileté militaire, avait adopté un plan d'attaque approprié au caractère impétueux de ses soldats, et bien calculé pour alarmer sur tous les points la faible garnison.

Vis-à-vis chacun des trois côtés du château que défendait la rivière, un corps nombreux de Bretons était placé en observation, avec injonction de se borner à des décharges de flèches, à moins qu'ils ne vissent se présenter quelque occasion favorable pour une attaque plus rapprochée. Mais une beaucoup plus grande partie des forces de Gwenwyn, consistant en trois colonnes épaisses, s'avançait dans la plaine faisant face au côté occidental du château, qui dans cette direction n'était pas défendu par la rivière, et y menaçait les murailles d'un assaut désespéré. Le premier de ces formidables corps se composait entièrement d'archers, lesquels se dispersèrent en front de la place assiégée, et prirent avantage de chaque buisson, de chaque mouvement de terrain qui pouvait leur offrir un abri ; puis ils commencèrent à tendre leurs arcs et à faire pleuvoir leurs flèches sur les créneaux du château, éprouvant toutefois beaucoup plus de pertes qu'ils n'étaient à même d'en faire éprouver, attendu que pour leur riposter la garnison était comparativement à l'abri, et qu'elle pouvait mieux diriger ses coups [1]. Sous le couvert, cependant, de ces décharges continuelles du premier corps, deux autres corps très nombreux de Gallois tentèrent d'emporter d'assaut les défenses extérieures du château. Ils avaient des haches pour détruire les palissades, qu'on nommait alors des barrières ; des fascines pour combler les fossés extérieurs ; des torches pour mettre le feu à tout ce qu'ils rencontreraient d'inflammable ; et surtout des échelles pour escalader les murailles.

[1] ARCHERS DU WALES. — Les Gallois étaient d'excellents archers ; mais, avec la permission de lord Lyttleton, il est probable qu'ils ne se servaient pas du *long-bowe* ou arc long, cette arme formidable des Normands, et par la suite des *yeomen* ou archers anglais. Celui des Gallois ressemblait plutôt probablement à l'arc des tribus celtes de l'Irlande et des Highlanders d'Écosse, parents des populations galloises. Il était plus court que le *long-bow* normand, se tirait à la hauteur de la poitrine et non de l'oreille, se tendait moins fortement, et la flèche avait une lourde tête en fer ; c'était, au total, une arme moins dangereuse que la première. Il paraît, d'après l'anecdote suivante, qu'il y avait une différence entre les flèches galloises et celles des Anglais.

En 1122, Henri II était entré dans le Powys-Land pour châtier Meredyth-ap-Blethyn et quelques autres rebelles ; en traversant un défilé il fut atteint d'une flèche à la poitrine. Repoussé par l'excellence de sa cuirasse, le trait tomba à terre. Quand le roi sentit le coup et vit la flèche, il jura par la mordieu, son serment habituel, qu'elle ne venait pas d'un arc gallois, mais bien d'un arc anglais ; et sous l'influence de cette persuasion il se hâta de mettre fin à la guerre. (W. S.)

Ces détachements se précipitèrent avec une incroyable furie vers le point attaqué, en dépit de la défense la plus opiniâtre et de la perte considérable que leur faisaient éprouver les projectiles de toute nature ; et ils continuèrent l'assaut durant près d'une heure, soutenus par des renforts qui faisaient plus que remplir les vides de leurs rangs. Lorsque enfin ils furent contraints à la retraite, ils parurent vouloir adopter un nouveau genre d'attaque encore plus fatigant pour la garnison. Un corps considérable assaillit un point opposé de la forteresse avec une furie qui dut y faire accourir tous ceux des assiégés dont la présence n'était pas absolument indispensable aux autres postes à défendre, et quand un de ces derniers parut ainsi à peu près dégarni, il fut à son tour impétueusement attaqué par un autre corps ennemi.

Les défenseurs de Garde-Douloureuse ressemblaient ainsi au voyageur embarrassé, occupé à repousser un essaim de guêpes, et qui, à peine parvenu à s'en débarrasser d'un côté, se voit assailli de l'autre par de nouveaux essaims, qui le mettent au désespoir par leur nombre, ainsi que par la hardiesse et la multiplicité de leurs atteintes. La pôterne étant naturellement un des principaux points d'attaque, le père Aldrovand, à qui son anxiété ne permettait pas de quitter les murailles, et qui même, partout où il pouvait le faire sans trop manquer au décorum que lui imposait son habit, prenait de temps à autre une part active à la défense de la place, y courut au plus vite comme au point le plus exposé.

Il y trouva le Flamand, pareil à un second Ajax, le visage couvert de poussière et de sang, manœuvrant de ses propres mains la grande machine que tout-à-l'heure il avait aidé à dresser, et en même temps donnant un coup d'œil attentif à tout ce qui se passait autour de lui.

— Que penses-tu de la besogne d'aujourd'hui ? lui dit le moine à demi-voix.

— À quoi bon parler de ça, révérend père ? vous n'êtes pas soldat, et je n'ai pas de temps à perdre en paroles.

— Hé bien, reprends haleine, continua le moine en relevant les manches de sa robe ; je vais essayer de t'aider pendant ce temps-là, — quoique, Notre-Dame ait pitié de moi ! je ne connaisse rien de ces étranges machines, — pas même les noms. Mais notre règle nous ordonne le travail ; il ne peut donc y avoir de mal à tourner cette manivelle, — ni à placer cette pièce de bois garnie de fer à la tête vis-à-vis de la corde (et l'action suivait la parole) ; et je ne vois rien contre les saints canons à ajuster ainsi le levier et à toucher le ressort.

Il parlait encore que déjà l'énorme trait fendait l'air en sifflant ; et il avait été si heureusement ajusté qu'il abattit un des principaux chefs gallois, à qui Gwenwyn lui-même était en train de donner quelques ordres importants.

— Bien poussé, trébuchet ! — bien volé, carreau ! exclama le moine, incapable de contenir l'expression de sa joie, et dans son triomphe donnant leurs vrais noms techniques à la machine et au trait qu'elle avait lancé.

— Et bien visé, moine, ajouta Wilkin Flammock; je crois que tu en sais plus qu'il n'y en a dans ton bréviaire.

— Ne t'en mets pas en peine, repartit le père; et maintenant que tu vois que je puis manœuvrer un engin, et que ces coquins de Gallois ont l'air un peu déconcertés, que penses-tu de notre situation?

— Assez bonne — pour une mauvaise — si nous pouvons espérer un prompt secours; car on a le corps de chair et non pas de fer, et nous pouvons être à la fin accablés par le nombre. Rien qu'un soldat par quatre yards de muraille, c'est une terrible inégalité; les scélérats le savent bien, et nous taillent de rude besogne.

L'assaut qui se renouvelait interrompit leur conversation, et l'activité de l'ennemi ne leur permit guère de repos jusqu'au coucher du soleil; car les tenant sans cesse sur le qui-vive par des menaces répétées d'attaques sur différents points, outre deux ou trois formidables assauts, Gwenwyn leur laissa à peine le temps de respirer et de prendre à la hâte quelques rafraîchissements. Cependant les Gallois payèrent cher leur témérité, car bien que rien ne pût surpasser la bravoure avec laquelle à diverses reprises ils avancèrent à l'attaque, il y eut dans les derniers assauts de la journée moins d'ardeur et d'acharnement que dans les premiers; et il est probable que les pertes considérables que ses troupes avaient éprouvées, jointes à l'appréhension de l'effet moral qu'elles pouvaient avoir sur l'esprit de son armée, firent voir avec autant de plaisir à Gwenwyn qu'à la garnison épuisée de Garde-Douloureuse l'arrivée de la nuit et l'interruption de la lutte.

Dans le camp gallois, néanmoins, tout était joie et triomphe; car le souvenir de la victoire signalée qui avait précédé le siége y faisait oublier les pertes de la journée; et la garnison découragée pouvait entendre de ses murailles les rires et les chants, le son des harpes et la gaieté bruyante, qui célébraient par avance le triomphe de sa défaite.

Le soleil était couché depuis quelque temps, le crépuscule devenait de plus en plus sombre, et l'obscurité de la nuit était aux prises avec un ciel bleu et sans nuages, où les mille paillettes qui parent le firmament recevaient un double éclat d'une légère atteinte de gelée, quoique la reine plus pâle des planètes ne fût qu'à son premier quartier. Les fatigues de la garnison étaient notablement aggravées par la nécessité de faire bonne garde, vigilance qui s'accordait mal avec la faiblesse numérique des défenseurs du château, mais indispensable à cette heure, qui semblait favorable aux surprises nocturnes; et telle était l'urgence de ce devoir, que ceux qui avaient été le plus légèrement blessés dans la journée étaient obligés d'en prendre leur part malgré leurs blessures. Le moine et le Flamand, qui maintenant étaient d'un parfait accord, firent de compagnie à minuit le tour des murailles, exhortant les sentinelles à la vigilance, et examinant de leurs propres yeux l'état de la forteresse. Dans le cours de cette ronde, et comme ils montaient à une plate-forme élevée à laquelle on arrivait par un escalier composé de marches étroites et inégales, quelque peu fatigant pour l'allure du moine, au moment où ils arrivaient au sommet ils aperçurent, au lieu du corselet noir de la sentinelle flamande qu'on y avait posée, deux formes blanches dont l'apparition frappa Wilkin Flammock de plus d'épouvante qu'il n'en avait montré dans aucun des incidents périlleux du long combat de la journée.

— Révérend père, dit-il, munissez-vous de vos armes spirituelles. — *Es spuckt*, — il y a des esprits ici !

Le bon père n'avait pas appris, comme prêtre, à braver l'ennemi incorporel que comme soldat il avait plus redouté qu'aucun ennemi de chair et d'os ; néanmoins, il commençait à réciter, tout en claquant des dents, l'exorcisme de l'Église : *Conjuro vos omnes, spiritus maligni, magni atque parvi !* quand il fut interrompu par la voix d'Eveline, qui demandait à haute voix : Est-ce vous, père Aldrovand ?

Grandement rassurés en voyant qu'ils n'avaient pas affaire à des esprits, Wilkin Flammock et le prêtre se hâtèrent d'avancer sur la plate-forme, où ils trouvèrent la jeune châtelaine avec sa fidèle Rose, la première tenant en main une demi-pique, comme une sentinelle en faction.

— Qu'est ceci, ma fille ? dit le moine. Comment vous trouvez-vous ici et ainsi armée ? Où est la sentinelle, — ce chien fainéant de Flamand, qui devrait garder ce poste ?

— Est-ce que ce ne pourrait pas être un chien fainéant sans être un chien flamand, révérend père ? dit Rose, dont la susceptibilité patriotique ne manquait jamais de s'éveiller à tout ce qui semblait être une réflexion désobligeante sur son pays ; il me semble que j'ai ouï parler de chiens de cette espèce-là qui étaient de race anglaise.

— Allons donc, Rose, vous êtes trop hardie pour une jeune fille, lui dit son père. Encore une fois, où est Peterskin Vorst, qui aurait dû garder ce poste ?

— Ne le blâmez pas d'une faute qui est la mienne, dit Eveline montrant du doigt un coin où la sentinelle flamande dormait profondément, étendue à l'ombre du parapet. — Il était accablé de fatigue ; — il s'était battu sans relâche durant tout le jour ; et quand je l'ai vu endormi en arrivant ici, comme un esprit errant qui ne peut trouver ni sommeil ni repos, je n'ai pas voulu troubler ce repos que j'enviais. Puisqu'il s'était battu pour moi, j'ai cru pouvoir faire une heure de faction pour lui; de sorte que j'ai pris son arme dans l'intention de rester ici jusqu'à ce qu'on vînt le relever.

— Je vais relever le *schelm* de la bonne manière, dit Wilkin Flammock ; et il salua le dormeur étendu sur la dalle de deux coups de pied dont le corselet du soldat résonna. Il se dressa vivement sur ses pieds, saisi d'une alarme qu'il allait communiquer aux sentinelles voisines et à toute la garnison en criant que les Gallois étaient sur les murailles, si le moine ne lui avait pas posé la main en travers de sa large bouche au moment où le cri d'alarme allait s'en échapper. — Paix! dit-il, et descends trouver le sous-bailli; — tu mérites la mort, d'après toutes les règles de la guerre; — mais lève les yeux, varlet, et vois qui a sauvé ton indigne cou, en faisant faction pour toi pendant que tu rêvais chair de porc et pots de bière!

Bien que le Flamand ne fût qu'à demi éveillé, il eut assez conscience de sa situation pour partir l'oreille basse et sans répondre, après deux ou trois saluts faits d'un air gauche tant à Eveline qu'à ceux qui avaient troublé son repos avec si peu de cérémonie.

— Le chien mérite d'être pendu par le cou et les talons, dit Wilkin. Mais que voulez-vous, lady? mes compatriotes ne peuvent vivre sans repos ni sommeil. Et en même temps il se mit à bâiller d'une manière si démesurée, qu'on eût pu croire qu'il avait dessein d'avaler, en guise de pâté de Noël, une des tourelles dont étaient flanqués les angles de la plate-forme où il se trouvait.

— C'est vrai, mon bon Wilkin, repartit Eveline; c'est pourquoi vous allez prendre un peu de repos et vous en rapporter à ma vigilance, au moins jusqu'à ce qu'on relève les sentinelles. Je ne pourrais dormir lors même que je le voudrais, et si je le pouvais je ne le voudrais pas.

— Merci, lady, répondit Flammock; et dans le fait, comme cette tour est centrale, et que les rondes doivent passer dans une heure au plus, je vais fermer les yeux pour un moment, car il me semble que les paupières me pèsent comme des écluses.

— Mon père! mon père! s'écria Rose, choquée d'un pareil manque de décorum, — pensez donc où vous êtes, et en présence de qui!

— Sans doute, mon brave Flammock, ajouta le moine; songez que ce n'est pas devant une noble fille normande qu'il est convenable de s'envelopper dans son manteau et de mettre son bonnet de nuit.

— Laissez-le faire, révérend père, dit Eveline, qui en tout autre moment aurait peut-être souri de la promptitude avec laquelle Wilkin Flammock jeta autour de lui son ample manteau, étendit son épaisse carrure sur le banc de pierre, et donna les signes les moins équivoques d'un profond sommeil avant que le moine eût fini sa phrase. — Les formes extérieures et les démonstrations de respect, continua-t-elle, sont pour les temps d'aise et de tranquillité; — dans les moments de danger la chambre à coucher du soldat est partout où il peut prendre une heure de repos, — sa salle à manger partout où il peut avoir de la nourriture. Asseyez-vous près de Rose et de moi, bon père, et faites-nous quelque sainte exhortation qui nous aide à passer ces heures de fatigue et de calamité.

Le moine obéit; mais quelle que fût sa bonne volonté d'apporter des consolations à Eveline, son esprit et sa science théologique ne lui suggérèrent rien de mieux que de réciter les psaumes de la pénitence, tâche dans laquelle il persista jusqu'à ce que la fatigue prît aussi le dessus sur lui, et que, se rendant coupable de ce manque au décorum qu'il venait de reprocher à Wilkin Flammock, il tombât profondément endormi au milieu de ses dévotions.

CHAPITRE IX.

> O nuit fatale! dit-elle en pleurant; nuit qui présage tant de malheurs! O nuit fatale! dit-elle en pleurant; — et pourtant je redoute encore plus le jour qui arrive. Sir Gilbert Elliot.

La fatigue à laquelle Flammock et le moine n'avaient pu résister ne se faisait sentir ni à l'une ni à l'autre des deux jeunes filles; en proie à d'anxieuses pensées, elles restaient les yeux fixés tantôt sur la campagne obscure, tantôt sur les astres qui y jetaient une demi-lueur, comme si elles y avaient pu lire les événements que le lendemain devait amener. C'était une scène calme et mélancolique. Les arbres et les champs, la colline et la plaine, s'étendaient devant elles enveloppées d'une lumière douteuse, tandis qu'à une plus grande distance l'œil distinguait avec peine un ou deux points où la rivière, généralement cachée par la hauteur de ses rives et par les arbres, déployait une surface moins resserrée où se reflétait la pâle clarté des étoiles et du croissant de la lune. Tout était silencieux, sauf le murmure solennel de l'eau, et de temps à autre les vibrations aiguës d'une harpe entendues à plus d'un mille de distance au milieu du calme de la nuit, et qui annonçaient que quelques Gallois prolongeaient encore leur amusement favori. Ces notes étranges et sans suite semblaient la voix d'un esprit qui les aurait ainsi jetées en passant; et liées comme elles l'étaient à des idées d'hostilité implacable et farouche, elles vibraient à l'oreille d'Eveline comme un présage de guerre et de malheurs, de captivité et de mort. Le seul autre bruit qui troublât le calme profond de la nuit était de temps à autre ou le pas d'une sentinelle à son poste, ou le cri des hiboux, qui semblaient déplorer la chute prochaine de ces tours où ils avaient depuis long-temps établi leur demeure.

La tranquillité profonde de tout ce qui l'entourait oppressait la poitrine de la malheureuse Eveline; ce calme de la nature apportait à son esprit un sentiment plus poignant de sa douleur présente, et une appréhension des horreurs de sa destinée future plus vive qu'elle ne l'avait ressentie durant le tumulte et la confusion sanglante du jour qui venait de finir. Elle se levait, — elle se rasseyait, — elle se promenait çà et là sur la plate-forme,—elle restait immobile à la même place comme une statue, comme si elle eût essayé de détourner par cette variété d'altitudes les idées de crainte et de douleur dont elle était intérieurement obsédée.

Enfin, arrêtant son regard sur le moine et le Flamand profondément endormis à l'ombre du parapet, elle ne put se contenir plus long-temps et elle rompit le silence. — Les hommes sont heureux, ma chère Rose, dit-elle; leurs inquiétudes sont absorbées par des travaux pénibles, ou noyées dans l'insensibilité qui y succède. Ils sont exposés aux blessures et à la mort; mais c'est nous qui éprouvons des angoisses d'esprit plus pénibles que toutes les douleurs du corps, et qui souffrons, dans le sentiment rongeur du mal présent et des appréhensions futures, une mort vivante plus cruelle que celle qui finit d'un seul coup nos misères.

— Ne vous laissez pas ainsi abattre, ma noble maîtresse, dit Rose; soyez plutôt ce que vous étiez hier, prenant soin des blessés, des vieillards, de tout le monde excepté de vous; — exposant même votre vie si chère au milieu de la pluie des flèches galloises, quand par là vous pouviez encourager les autres : — tandis que moi — c'est une honte — je ne pouvais que trembler, sangloter et pleurer, et que j'avais besoin de tout le peu d'esprit que j'ai pour ne pas me laisser aller à pousser des cris sauvages comme les Gallois, ou à gémir et me plaindre comme ceux de nos amis qui tombaient autour de moi.

— Hélas, Rose ! vous pouvez à volonté vous livrer à vos craintes et vous laisser aller même jusqu'au désespoir : — vous avez un père qui combat et veille pour vous. Le mien, — mon bon, mon noble père, est étendu mort sur ce champ de bataille, et tout ce qui me reste à faire est d'agir comme il convient à sa mémoire. Mais du moins ce moment est à moi, pour penser à lui et le pleurer.

A ces mots, et accablée par l'excès long-temps comprimé de la douleur filiale, elle se laissa tomber sur le banc qui régnait au pourtour intérieur du parapet crénelé de la plate-forme, et murmurant à demi-voix « Je l'ai perdu pour jamais ! » elle s'abandonna à toute la force de son chagrin. Une de ses mains serrait convulsivement, sans qu'elle en eût conscience, l'arme qu'elle tenait, et sur laquelle posait son front, en même temps que les larmes qui pour la première fois venaient la soulager coulaient abondamment de ses yeux; ses sanglots étaient si convulsifs, que sa compagne craignit presque que sa poitrine ne se brisât. L'affection compatissante de Rose lui inspira tout d'abord ce qu'elle avait de mieux à faire dans la situation où se trouvait Eveline. Sans chercher à arrêter le cours de ce torrent d'affliction, elle s'assit doucement près de sa maîtresse; et s'emparant de la main qui était retombée sans mouvement à son côté, elle la pressa tour à tour sur ses lèvres, sur son sein et sur son front, — tantôt la couvrant de baisers, tantôt l'arrosant de larmes, et au milieu de ces signes de la sympathie la plus humble et la plus dévouée attendant un moment plus calme pour offrir son faible tribut de consolations. Tel était le silence de cette scène muette, que la pâle clarté qui tombait sur ces deux jeunes filles semblait éclairer un groupe créé par l'art de la statuaire et sorti du ciseau de quelque sculpteur éminent, plutôt que des êtres dont les yeux pleuraient et dont le cœur battait encore. A quelques pas de là, le corselet brillant de Wilkin et la robe sombre du moine, étendus l'un et l'autre sur la pierre, pouvaient représenter le corps de ceux sur lesquels pleuraient les deux principales figures du groupe.

Après quelques minutes de profondes angoisses, il sembla que la douleur d'Eveline prit un caractère plus calme ; ses sanglots convulsifs se changèrent en soupirs profonds et prolongés, et bien que ses larmes n'eussent pas cessé de couler, elles avaient moins d'amertume et de violence. Sa suivante affectionnée, profitant de ces symptômes d'un état plus tranquille, essaya doucement de prendre la pique de la main de sa maîtresse. — Laissez-moi faire faction à mon tour, ma bonne maîtresse, lui disait-elle ; — je crierais du moins plus fort que vous si quelque danger approchait. En même temps elle se hasarda à embrasser Eveline sur la joue et à lui jeter ses bras autour du cou ; mais une caresse muette qui semblait remercier la fidèle Rose de ses bonnes intentions fut la seule réponse qu'elle obtint. Elles restèrent quelques instants silencieuses et dans la même attitude, — Eveline pareille au peuplier droit et élancé, — Rose serrant sa maîtresse dans ses bras, semblable au chèvrefeuille qui l'entoure de ses anneaux.

Enfin Rose sentit tout-à-coup sa jeune maîtresse frissonner sous ses embrassements ; Eveline lui saisit le bras avec force et lui dit à voix basse : N'entends-tu rien ?

— Non, — rien que le cri du hibou, répondit Rose craintivement.

— J'ai entendu un bruit éloigné, reprit Eveline, — j'ai du moins cru entendre. — Écoute ! le voici encore ! — Regarde du parapet, Rose, pendant que je vais éveiller le prêtre et ton père.

— Ma chère maîtresse, je n'ose pas. — Que peut être ce bruit qu'une seule de nous entend ? — Vous êtes trompée par le murmure de la rivière.

— Je ne voudrais pas alarmer le château sans nécessité, reprit Eveline après un instant de silence, ni même interrompre pour un simple jeu de mon imagination le repos dont ton père a tant besoin. Mais écoute — écoute ! — Je l'entends encore ; — c'est un bruit qui se distingue bien de celui de la rivière, — une sorte de retentissement sourd mêlé de sons métalliques, comme serait le bruit que feraient à une grande distance des forgerons ou des armuriers qui travailleraient sur leurs enclumes

Rose avait sauté sur le banc de pierre, et rejetant en arrière les boucles abondantes de sa chevelure blonde, avait placé la main derrière son oreille de manière à mieux percevoir un son éloigné. — Je l'entends, s'écria-t-elle ; je l'entends et il augmente. — Eveillez-les, au nom du Ciel, éveillez-les vite !

Eveline poussa effectivement les deux dormeurs du bout de la pique, et tandis qu'ils se mettaient précipitamment sur pied elle leur dit à demi-voix et d'un ton alarmé : Aux armes, — voici les Gallois !

— Quoi — où cela ? dit Wilkin Flammock ; — où sont-ils ?

— Ecoutez, et vous les entendrez s'armer.

— Le bruit n'est que dans votre imagination, mylady, répliqua le Flamand, dont les organes étaient aussi pesants que la tournure et le caractère. Je voudrais ne pas m'être endormi du tout, puisque je devais être réveillé sitôt.

— Mais prêtez donc l'oreille, mon bon Flammock ; — le bruit des armures vient du nord-est.

— Les Gallois ne sont pas de ce côté-là, lady, et d'ailleurs ils ne portent pas d'armure.

— J'entends le bruit, — je l'entends ! dit dit le père Aldrovand qui écoutait depuis un moment. Louange à saint Benoît ! — Notre-Dame de Garde-Douloureuse a protégé ses serviteurs comme toujours ! — C'est un bruit de chevaux, — c'est un cliquetis d'armures ; — la chevalerie des Marches arrive à notre secours. — *Kirie eleison !*

— J'entends quelque chose aussi, dit enfin Flammock, — quelque chose comme le bruit sourd de la mer quand elle envahit le magasin de mon voisin Klinkerman, et qu'elle faisait heurter ses pots et ses casseroles les uns contre les autres. Pourtant ce serait une fâcheuse méprise, voisin, de prendre des ennemis pour des amis ; — nous ferions bien d'éveiller tout notre monde.

— Allons donc ! fit le prêtre ; que me parles-tu de pots et de chaudrons ? — Ai-je été vingt ans écuyer du comte Mauleverer pour ne pas reconnaître le pas d'un cheval de guerre ou le bruit d'une cotte de mailles ? — Mais en tous cas appelle nos hommes aux murailles, et fais-moi ranger les plus braves dans l'avant-cour ; — nous pouvons les aider par une sortie.

— C'est ce que je ne consentirai pas à faire inconsidérément, murmura le Flamand ; mais aux murailles si vous voulez, et promptement. Seulement tenez vos Normands et vos Anglais silencieux, sans quoi leur joie bruyante et déréglée va réveiller le camp gallois, et préparer l'ennemi à la visite qu'il va recevoir.

Le moine posa un doigt sur ses lèvres en signe d'intelligence, et ils allèrent, chacun de son côté, éveiller les défenseurs du château, qu'on entendit bientôt arriver de toutes parts et courir se ranger à leurs postes sur les murailles, dans une disposition d'esprit bien différente de celle où ils étaient en les quittant. Les plus grandes précautions ayant été prises pour éviter le bruit, les remparts se garnirent silencieusement, et la garnison, respirant à peine, attendit impatiemment l'arrivée du secours qui approchait rapidement.

On ne pouvait plus se méprendre sur la nature du bruit, qui maintenant avait succédé au silence de cette nuit si pleine d'incidents. Il était aisé de le distinguer du murmure d'une large rivière ou des sons étouffés d'un tonnerre lointain, aux retentissements aigres et stridents que le cliquetis des armes mêlait au bruit plus sourd du pas rapide des chevaux. A la longue durée du bruit, à sa force et à l'espace étendu d'où il paraissait venir, tous ceux qui se trouvaient dans le château jugèrent avec certitude que le secours qui leur arrivait se composait de plusieurs corps nombreux de cavaliers [1]. Tout-à-coup ce bruit formidable cessa, comme si la terre qu'ils foulaient eût subitement dévoré les escadrons armés, ou qu'elle se fût assourdie sous leur marche. Les défenseurs de Garde-Douloureuse en conclurent que leurs amis avaient fait une halte soudaine, pour laisser souffler leurs chevaux, reconnaître le camp ennemi, et déterminer leur ordre d'attaque. La pause, toutefois, ne fut que momentanée.

Les Bretons, si alertes à surprendre leurs ennemis en mainte occasion, ne savaient pas eux-mêmes se garantir d'une surprise. Les hommes étaient indisciplinés, et négligeaient parfois les patients devoirs de la sentinelle; et en outre leurs fourrageurs, et ceux d'entre eux qui la veille avaient battu le pays, en avaient rapporté des nouvelles qui les avaient endormis dans une fatale sécurité. Leur camp était donc négligemment gardé, et, confiants dans la faiblesse numérique de la garnison, ils avaient complétement omis l'importante précaution d'envoyer des patrouilles et d'établir des avant-postes à une distance convenable de leur principal corps d'armée. C'est ainsi que la cavalerie des lords des Marches, malgré le bruit qui accompagnait son approche, avait pu arriver à très peu de distance du camp breton sans y exciter la moindre alarme Mais tandis qu'ils disposaient leurs forces en colonnes séparées, afin de commencer l'attaque, une clameur bruyante et de plus en plus forte partie du milieu des Gallois annonça qu'ils avaient enfin reconnu le danger qu'ils couraient. Des cris aigus et discordants, par lesquels ils s'efforçaient de se réunir sous leurs bannières et sous leurs chefs respectifs, s'élevèrent de toute l'étendue du terrain qu'ils occupaient. Mais ces cris de ralliement se changèrent bientôt en cris d'horreur et d'épouvante, quand les chevaux bardés de fer et les hommes pesamment armés de la cavalerie anglo-normande tombèrent à l'improviste sur le camp sans défense.

Cependant, même dans des circonstances si défavorables, les descendants des anciens Bretons ne renoncèrent pas à se défendre, et ne déméritèrent pas de leur vieux privilège héréditaire d'être appelés les

---

[1] Même le choc retentissant des fourreaux de fer de la cavalerie moderne contre la garniture d'acier de la selle et contre l'étrier trahit de loin son approche. Le bruit de l'armure des chevaliers, armés de pied en cap, devait être beaucoup plus facile encore à reconnaître. (W. S.)

plus braves des hommes. Leurs cris de défi et de résistance se faisaient entendre au-dessus des gémissements des blessés, des cris de triomphe des assaillants, et du tumulte universel d'un combat nocturne. Ce ne fut qu'aux premières lueurs de l'aube que le massacre et la dispersion des forces de Gwenwyn furent complets, et que la voix de la victoire, « formidable comme un tremblement de terre, » fit retentir avec une terrible énergie, à laquelle nulle autre voix ne se mêlait plus, ses accents joyeux et triomphants.

Les assiégés, si on peut encore leur donner ce nom, regardant alors du haut de leurs tours vers la plaine qui s'étendait au-dessous d'eux, n'y virent qu'une vaste scène de déroute et de poursuite acharnée. La facilité qu'avaient eue les Gallois de s'établir en toute sécurité sur le côté de la rivière le plus rapproché du château devint alors pour eux une cause de déconfiture plus terrible et plus complète. L'unique issue par laquelle ils pouvaient regagner l'autre rive fut bientôt complétement encombrée de fugitifs, dans les derniers rangs desquels l'épée des Normands victorieux portait l'extermination. Un grand nombre se précipita dans la rivière sur le précaire espoir de gagner l'autre bord; et sauf quelques uns des plus forts, des plus adroits et des plus agiles, tous périrent au milieu des rochers ou entraînés par le courant. D'autres, plus heureux, regagnèrent pour s'échapper des gués que le hasard leur avait fait connaître. Beaucoup se dispersèrent, ou, aveuglés par le désespoir, s'enfuirent en petites troupes dans la direction du château, comme si la forteresse qui leur avait résisté alors qu'ils étaient victorieux pouvait être maintenant pour eux un lieu de refuge; tandis que quelques uns couraient çà et là dans la plaine, sans but et sans dessein autre que celui d'échapper au danger immédiat.

Les Normands, cependant, partagés en petits détachements, les poursuivaient et les égorgeaient à volonté; tandis que comme point de ralliement pour les vainqueurs la bannière de Hugo de Lacy ondoyait au sommet d'un monticule sur lequel Gwenwyn avait la veille planté la sienne, et où elle était entourée d'une force suffisante, tant en infanterie qu'en cavaliers, que le baron, en chef expérimenté, ne laissait pas s'en éloigner.

Les autres, comme nous l'avons dit, s'étaient lancés à la poursuite des fuyards avec des acclamations d'exultation et de vengeance dont ils faisaient retentir la plaine et le pourtour des murs du château, d'où l'on entendait s'élever de toutes parts les cris : — Ha, saint Edouard! — ha, saint Denis! — frappez! tuez! — pas de quartier pour les loups gallois! — pensez à Raymond Bérenger!

Les soldats se joignaient du haut des remparts à ces clameurs de vengeance et de victoire, et recevaient à coups de flèches ceux des fugitifs qui dans cette extrémité s'approchaient trop du château. Ils auraient bien voulu donner par une sortie une assistance plus active à l'œuvre de destruction; mais la communication étant alors ouverte avec les forces du connétable de Chester, Wilkin Flammock se regardait comme étant, ainsi que la garnison, sous les ordres de ce chef renommé, et il refusa de prêter l'oreille aux instantes sollicitations du père Aldrovand, lequel, malgré son caractère sacerdotal, se serait volontiers chargé de la sortie qu'il proposait.

Enfin cette scène de carnage parut arriver à son terme. Les bugles [1] sonnèrent la retraite, et les chevaliers firent halte dans la plaine pour rassembler autour d'eux et sous leurs pennons respectifs les hommes qu'ils conduisaient, et retourner ensuite lentement vers le grand étendard de leur chef, autour duquel le gros de l'armée devait se rallier de nouveau, comme les nuages se pressent autour du soleil du soir : — comparaison fantasque, qu'on pourrait cependant pousser plus loin à l'égard des rayons ou plutôt des gerbes de lumière blafarde que semblaient darder ces sombres escadrons, dont les armures polies réfléchissaient les rayons affaiblis du soleil couchant.

La plaine se trouva bientôt ainsi vide de cavaliers, et ne resta occupée que par les cadavres des Gallois égorgés. On vit bientôt revenir aussi les détachements que la poursuite avait entraînés à une plus grande distance, poussant devant eux ou traînant à leur suite de malheureux captifs, auxquels les vainqueurs n'avaient fait quartier que quand leur soif de sang avait été assouvie.

Ce fut alors que, désirant attirer l'attention de ses libérateurs, Wilkin Flammock fit déployer toutes les bannières du château aux acclamations générales de ceux qu'elles avaient souvent conduits au combat. Un cri de joie universel parti de l'armée du connétable répondit à ces acclamations, et le cri retentit assez au loin pour avoir pu redonner une nouvelle ardeur à la fuite de ceux des Gallois fugitifs qui auraient cru que l'intervalle qu'ils avaient mis entre eux et cette plaine désastreuse pouvait maintenant leur permettre de s'arrêter et de prendre un moment de repos.

Immédiatement après cet échange de salutations, un cavalier se détacha seul de l'armée du connétable et se dirigea vers le château, montrant, même à cette distance, une adresse et une grâce peu communes dans le maniement de son cheval. Il arriva au pont-levis, qui fut aussitôt baissé pour lui donner entrée, tandis que Flammock et le moine (car celui-ci, autant qu'il le pouvait, s'associait à tous les actes d'autorité du premier) se hâtaient de venir recevoir l'envoyé de leur libérateur. Ils le trouvèrent descendant de son cheval noir, qui était légèrement tacheté de sang aussi bien que d'écume, et dont les flancs palpitaient encore de l'exercice violent qu'il venait de prendre ; et néanmoins, répondant à la main caressante de son cavalier, le noble animal arrondis-

---

[1] Sorte de cor antique fait d'une corne de bœuf. (L. V.)

sait l'encolure en une courbe gracieuse, secouait son caparaçon d'acier, et témoignait par ses hennissements de son ardeur inépuisable et de son amour des combats. Le regard d'aigle du jeune homme offrait les mêmes indices d'une vigueur infatigable, mêlés aux signes d'un exercice récent. Son casque suspendu à l'arçon de la selle ne dérobait pas une heureuse physionomie, vivement colorée, mais non enflammée, et qu'encadraient les boucles abondantes, quoique courtes, d'une riche chevelure châtaine; et bien que son armure fût d'une forme massive et simple, il la portait avec tant d'aisance et de souplesse, que ce semblait être pour lui plutôt une parure qu'un fardeau. Un manteau d'hermine n'aurait pas eu sur lui plus de grâce que le pesant haubert, qui obéissait à chaque mouvement de sa démarche pleine de noblesse. Et cependant sa physionomie était si jeune, que le léger duvet dont sa lèvre supérieure était à peine ombragée annonçait seul d'une manière certaine l'approche de la virilité. Les femmes, qui se pressaient dans la cour pour voir les premières l'envoyé de leur libérateur, ne purent s'empêcher de mêler l'éloge de sa beauté au tribut de reconnaissance qu'elles payaient à sa valeur, et une matrone de moyen âge et de mine encore agréable, en particulier, qui se faisait remarquer par un bas écarlate bien tiré sur une jambe bien prise, ainsi que par la blancheur de sa coiffe, fendit la foule pour arriver plus près du jeune écuyer, et, placée ainsi en avant des autres, redoubla la rougeur qui colorait les joues du cavalier en s'écriant à haute voix que Notre-Dame de Garde-Douloureuse leur avait envoyé la nouvelle de leur rédemption par un ange du sanctuaire; — discours auquel le père Aldrovand secoua la tête, mais qui n'en fut pas moins reçu par le reste de l'auditoire féminin avec une telle unanimité d'acclamations, que la modestie du jeune homme dut s'en trouver grandement embarrassée.

— Paix, toutes tant que vous êtes! cria Wilkin Flammock; ne savez-vous pas ce que c'est que le respect, vous autres femmes, ou n'avez-vous jamais vu de jeune cavalier, pour vous pendre après lui comme des mouches à un rayon de miel? Arrière, vous dis-je, et laissez-nous entendre tranquillement quels sont les ordres du noble lord de Lacy.

— Je ne puis les communiquer, dit le jeune homme, qu'en présence de la très noble demoiselle Eveline Bérengère, si je suis jugé digne d'un tel honneur.

— Oui, tu en es digne, noble sire! dit la dame qui déjà avait si énergiquement exprimé son admiration. Je te tiens pour digne de sa présence, et de n'importe quelle autre faveur une noble dame puisse t'accorder.

— Retiens ta langue, femme! dit le moine; tandis qu'en même temps Flammock s'écriait: Prends garde au tabouret à plongeon [1], madame

---

[1] *Cucking-stool.*

l'effrontée! Et il traversa la cour avec le noble jeune homme auquel il servait de guide.

— Que l'on ait bien soin de mon bon cheval, dit l'écuyer en remettant la bride entre les mains d'un domestique ; et par là il se débarrassa d'une certaine partie de son cortége féminin, qui se mit à caresser le coursier et à en faire l'éloge avec la même chaleur que pour le cavalier, au point même que dans l'enthousiasme de leur joie quelques unes allèrent presque jusqu'à baiser les étriers et le harnachement.

Mais la direction des idées de dame Gillian ne changea pas aussi aisément que chez la plupart de ses compagnes. Elle continua de répéter les mots : *tabouret à plongeon*, jusqu'à ce que le Flamand ne pût plus l'entendre ; et alors elle devint plus expressive dans ses apostrophes. — Et pourquoi le tabouret à plongeon, je vous prie, sire Wilkin la Barrique¹ ? C'est bien vous qui fermeriez la bouche à une Anglaise avec une serviette damassée de Flandres, je crois ! Par Notre-Dame, mon cousin le tisserand ! pourquoi le tabouret à plongeon, je vous prie ? — Est-ce parce que notre jeune lady a la mine avenante, et que le jeune écuyer est un brave jeune homme, sauf respect à sa barbe qui est encore à venir ! Est-ce que nous n'avons pas des yeux pour voir ? est-ce que nous n'avons pas une bouche et une langue ?

— En vérité, dame Gillian, ceux qui en douteraient ne vous rendraient pas justice, dit la nourrice d'Eveline qui se trouvait là ; mais, je vous en prie, tenez-vous la bouche close pour le moment, quand ce ne serait que pour votre honneur de femme.

— Qu'est-ce que c'est, madame des belles manières ? répliqua l'incorrigible Gillian ; est-ce d'avoir bercé notre jeune lady sur vos genoux il y a quinze ans qui vous rend le cœur si haut, mistress Margery ? — Laissez-moi vous dire que le chat trouvera le chemin de la crème quand bien même on l'élèverait sur le giron d'une abbesse.

— Au logis, femme ! — au logis ! s'écria le mari de la dame, le vieux piqueur, qui était las de voir ainsi sa virago se donner en spectacle ; — au logis, ou je vais vous faire sentir ma lanière ! — Voici le révérend père et Wilkin Flammock qui s'émerveillent de votre impudence.

— En vérité ! repartit Gillian ; et ce n'est pas assez de deux sots qui s'émerveillent, qu'il faut que votre grave caboche vienne faire le nombre trois ?

Ce fut un rire général aux dépens du piqueur, qui prudemment emmena sa moitié sans essayer de continuer une guerre de langue où elle montrait une supériorité décidée.

Cette dispute, tant le changement est facile à l'esprit humain, surtout dans les classes inférieures, excita des éclats de folle gaieté parmi ceux-là mêmes qui étaient échappés depuis si peu de temps aux serres du danger et presque aux excès du désespoir.

---

¹ *Butterfirkin*, littéralement Barillet de beurre. (L. V.)

CHAPITRE X.

> Ils étaient six grands et vigoureux garçons qui le portaient sur sa bière le visage découvert ; et bien des larmes ont arrosé sa tombe dans ce cimetière où il est déposé.
> *Le Moine de l'Ordre des Frères Gris.*

PENDANT que cela se passait dans la cour du château, le jeune écuyer Damien Lacy obtenait d'Eveline Bérengère l'audience qu'il avait demandée, et la jeune châtelaine le recevait dans la grande salle du château, où elle était assise sous le dais, ayant près d'elle Rose et ses autres femmes. Rose était la seule à qui il fût permis de s'asseoir en présence de sa maîtresse sur un petit tabouret, car les dames normandes de sang noble étaient scrupuleuses sur tout ce qui tenait aux prérogatives de leur rang et aux observances de l'étiquette.

Le jeune homme fut introduit par le moine et par Flammock, attendu que le caractère spirituel de l'un, et l'autorité dont l'autre avait été investi dans le château par le défunt baron, les autorisaient à être présents. Naturellement Eveline rougit en faisant deux pas en avant pour recevoir le jeune et bel envoyé ; et sa timidité parut être contagieuse, car ce fut avec un certain embarras que Damien remplit le cérémonial de baiser la main qu'elle lui tendait en signe de bienvenue. Eveline fut obligée de parler la première.

— Nous nous avançons aussi loin que nos limites nous le permettent, lit-elle, pour offrir nos remerciements au messager qui nous apporte les nouvelles de sécurité. C'est — si nous ne nous trompons — au noble Damien de Lacy que nous parlons?

— Au plus humble de vos serviteurs, répondit Damien, s'astreignant avec quelque peine au ton de courtoisie officielle que requéraient son caractère et sa mission, — au plus humble de vos serviteurs, qui vient vers vous de la part du connétable de Chester, le noble Hugo de Lacy, son oncle.

— Notre noble libérateur n'honorera-t-il pas de sa présence l'humble demeure qu'il a sauvée?

— Mon noble parent, répondit Damien, est maintenant soldat de la Croix, et tenu par son vœu de ne pas entrer sous un toit avant de s'être embarqué pour la Terre-Sainte. Mais il vous félicite par ma voix de la défaite de vos sauvages ennemis, et il vous envoie ces signes que le compagnon et l'ami de votre noble père n'a pas laissé pendant bien des heures sa déplorable mort sans vengeance.

A ces mots, il déposa devant Eveline les bracelets d'or, la couronnette et l'*eudorchawg,* ou chaîne de même métal, qu'avait portés le prince Gallois comme marques distinctives de son rang[1].

— Gwenwyn a donc succombé? dit Eveline, en qui un frisson involontaire combattit le sentiment de la vengeance satisfaite, quand elle s'aperçut que les trophées étaient tachés de sang; — ainsi le meurtrier de mon père n'est plus!

— La lance de mon oncle a transpercé le Breton comme il s'efforçait de rallier ses gens en fuite; il est mort les traits contractés par la rage, fixé à l'arme qui lui était entrée de plus de deux aunes à travers le corps, et il a recueilli toutes ses forces pour porter à mon oncle un coup furieux de sa masse d'armes, qui heureusement ne l'a pas atteint.

— Le Ciel est juste, repartit Eveline; puissent les péchés de cet homme de sang lui être pardonnés, puisqu'il a trouvé une mort sanglante! — Je voudrais vous adresser une question, noble sire: les restes de mon père... Elle s'arrêta, hors d'état d'ajouter un mot.

— Dans une heure ils vous seront rendus, très honorée dame, répondit l'écuyer du ton de compassion que devait irrésistiblement exciter la douleur d'une orpheline si jeune et si belle. Au moment où j'ai quitté l'armée on s'occupait des préparatifs que le temps permet de faire pour transporter la dépouille mortelle du noble Bérenger hors du champ de bataille, où nous l'avons trouvé au milieu d'un monument d'ennemis morts que sa propre épée lui avait élevé. Le vœu de mon oncle ne lui permettra pas de passer votre pont-levis; mais, avec votre permission, et si tel est votre bon plaisir, je le représenterai à ces obsèques, en ayant eu mission expresse.

— Mon brave et noble père, reprit Eveline en faisant effort pour contenir ses larmes, sera dignement honoré par les larmes de celui qui est noble et brave... Elle voulait continuer; mais la voix lui manqua, et

---

[1] EUDORCHAWG, OU CHAINES D'OR DES GALLOIS. — Ces chaines étaient les marques distinctives du rang et de la valeur parmi les nombreuses tribus d'extraction celte. Manlius, le champion romain, acquit le surnom de *Torquatus* ou *de la chaîne*, à raison d'un ornement de ce genre enlevé à un Gallois de taille gigantesque par suite d'un combat singulier. Aneurin, le barde gallois, rapporte, dans son poëme sur la bataille de Catterath, que trois cents des Bretons qui y succombèrent portaient au cou l'*eudorchawg.* Ceci semble indiquer que la chaîne était un signe de distinction, peut-être de valeur, mais non de royauté; car il n'est guère possible qu'un si grand nombre de rois se soient trouvés à une même bataille. On a trouvé l'*eudorchawg* en Irlande et dans le Wales, et quelquefois, bien que plus rarement, en Écosse. Sans doute cette chaîne était d'un métal trop précieux pour que l'ennemi entre les mains duquel elle tombait ne la convertît pas en argent. (W. S.)

CHAPITRE X.

elle fut obligée de se retirer brusquement pour donner un libre cours à sa douleur, et se préparer à la célébration des funérailles avec le cérémonial que les circonstances permettraient. Damien s'inclina devant elle lorsqu'elle se retira, avec autant de respect qu'il se serait incliné devant une divinité; et, remontant à cheval, il retourna vers son oncle, dont les troupes avaient campé à la hâte sur le champ de bataille.

Le soleil était alors élevé sur l'horizon, et la plaine présentait dans toute son étendue un mouvement non moins différent du silence de la nuit précédente que du tumulte et de la fureur du combat qui y avait succédé. La nouvelle de la victoire d'Hugo de Lacy s'était déjà répandue avec toute la rapidité du triomphe, et avait décidé nombre d'habitants du pays qui s'étaient enfuis devant la furie du Loup de Plinlimmon, à revenir à leurs habitations saccagées. Une foule de ces gens relâchés et dissolus qui abondent en tout pays exposé aux fréquentes vicissitudes de la guerre, était aussi accourue en quête de butin ou pour satisfaire une curiosité toujours active. On pouvait déjà voir le Juif et le Lombard, oublieux du danger là où il y a chance de gain, troquer des liqueurs fortes et d'autres objets avec les hommes d'armes victorieux contre les ornements d'or tachés de sang que portaient encore la veille les Bretons vaincus. D'autres faisaient office de courtiers entre les Gallois captifs et ceux dont ils étaient prisonniers; et, quand ils pouvaient se reposer sur les moyens et la bonne foi des premiers, se portaient quelquefois leur caution, ou même avançaient comptant l'argent nécessaire à leur rançon, tandis que d'autres, plus nombreux, se rendaient eux-mêmes acquéreurs de ces prisonniers, qui n'avaient pas les moyens de se racheter sur-le-champ.

Pour que le butin ainsi gagné n'embarrassât pas long-temps le soldat et n'amortît pas son ardeur pour d'autres expéditions, les moyens habituels de dissiper ces dépouilles que procure la guerre étaient déjà à portée. Des courtisanes, des mimes, des jongleurs, des ménestrels, des *conteurs* de toute nature, avaient accompagné la marche nocturne; et se reposant sur la réputation militaire du célèbre de Lacy, ils s'étaient arrêtés sans crainte à peu de distance pour y attendre que la bataille eût été livrée et gagnée. Ils arrivèrent alors, formant maint groupe joyeux, pour féliciter le vainqueur. Non loin de ces groupes, qui se livraient déjà à la danse, aux chants ou aux récits d'histoires, sur le champ de bataille encore ensanglanté, les paysans appelés à cet effet ouvraient de larges tranchées pour y déposer les morts; — les chirurgiens pansaient les blessés; — des prêtres et des moines confessaient les mourants; — des soldats transportaient hors du champ de carnage les corps des plus distingués d'entre les morts; — les habitants du pays déploraient leurs moissons foulées aux pieds et leurs habitations pillées; — les veuves et les orphelins cherchaient le corps d'un père ou d'un époux parmi les cadavres confondus de deux combats meurtriers. Ainsi la douleur mêlait ses accents sauvages aux cris de triomphe et aux clameurs de la débauche, et la plaine de Garde-Douloureuse formait un singulier pendant au labyrinthe varié de la vie humaine, où se mêlent si étrangement la joie et les chagrins, où la gaieté et le plaisir touchent si souvent à la douleur et à la mort.

Vers midi ces bruits divers cessèrent tout-à-coup, et l'attention de ceux qui se réjouissaient comme de ceux qui s'affligeaient fut captivée par les sons graves et lugubres de six trompettes qui unissaient leurs voix perçantes en un chant de mort sauvage et triste, annonçant à tous que les obsèques du vaillant Raymond Bérenger allaient commencer. D'une tente qu'on avait plantée à la hâte pour y déposer provisoirement le corps, douze moines noirs, habitants d'un couvent voisin, sortirent d'abord deux à deux, leur abbé en tête, celui-ci portant une grande croix et entonnant d'une voix forte le sublime chant catholique : *Miserere mei, Domine*. Puis venait une double file d'hommes d'armes choisis, la pointe de leurs lances tournée vers la terre; et après ceux-ci le corps du vaillant Bérenger, enveloppé de sa bannière de chevalier, reconquise sur les Gallois, et qui maintenant tenait lieu de linceul funéraire au noble guerrier. Les plus braves chevaliers de la maison du connétable (car, de même que d'autres puissants nobles de l'époque, il l'avait formée sur une échelle approchant de celle de la royauté) portaient le corps sur des lances, et le connétable de Chester lui-même, complétement armé à l'exception de la tête, s'avançait seul ensuite et conduisait le deuil. Une troupe choisie d'écuyers, d'hommes d'armes et de pages de noble origine formait l'arrière-garde du cortége; tandis que leurs *nakers*[1] et leurs trompettes répondaient de temps en temps au chant mélancolique des moines par des notes non moins lugubres.

Le cours du plaisir fut arrêté, et la douleur elle-même fut un moment détournée de ses propres afflictions pour assister aux derniers honneurs rendus à celui qui avait été pendant sa vie le père et le tuteur de ses vassaux.

Le lugubre cortége traversa lentement la plaine qui dans l'espace de si peu d'heures avait été le théâtre de scènes si diverses; arrivé à la première porte des barrières du château, il fit halte, et une fanfare grave et prolongée invita la forteresse à recevoir les restes de son valeureux défenseur. Le cor de la sentinelle répondit au funèbre appel ; — le pont-levis s'abaissa, — la herse se leva, — et le père Aldrovand parut sous le passage voûté, revêtu de ses habits sacerdotaux. L'orpheline, appuyée sur le bras de Rose, se tenait à quelques pas en arrière, en aussi grand deuil que le temps l'avait permis, et derrière elle étaient rangées les femmes attachées au service du château.

Le connétable de Chester s'arrêta au seuil de la première porte, et

---

[1] *Nakers* ou *nakeres*; espèce de tambours de cuivre en usage dans la cavalerie. *Voy.* Ducange, au mot *Nacara*. (L. V.)

désignant du doigt la croix de drap blanc qu'il portait sur l'épaule gauche, il s'inclina profondément, et résigna à son neveu Damien la tâche d'accompagner les restes de Raymond Bérenger jusqu'à la chapelle du château. Les soldats de Hugo de Lacy, qui pour la plupart étaient liés par le même vœu que leur chef, firent aussi halte en dehors de la porte du château, et restèrent là sous les armes tandis que le glas funèbre de la cloche de la chapelle annonçait de l'intérieur la marche du cortége.

Après avoir franchi ces entrées étroites et sinueuses habilement disposées pour entraver les progrès d'un ennemi qui même aurait réussi à forcer la porte extérieure, le cortége arriva enfin à la grande cour, où s'étaient réunis, pour jeter un dernier regard sur leur défunt maître, la plupart des habitants de la forteresse, et ceux que les dernières circonstances avaient obligés d'y venir chercher un refuge. A ceux-là se mêlaient aussi quelques individus de la foule bigarrée du dehors que la curiosité ou l'espoir de participer aux distributions avait attirée à la porte du château, et qui avaient obtenu des gardiens, par un argument ou par un autre, la permission de pénétrer à l'intérieur.

Ici le corps fut déposé devant la porte de la chapelle, dont l'ancien portail gothique formait un des côtés de la cour, pendant que les prêtres récitaient certaines prières, auxquelles la foule environnante était supposée se joindre avec la révérence convenable.

Ce fut durant cet intervalle qu'un homme à qui sa barbe taillée en pointe, sa ceinture brodée et son chapeau de feutre gris à haute forme donnaient l'air d'un marchand lombard, s'adressa à demi-voix à Margery, la nourrice d'Eveline, et lui dit avec un accent étranger : Je suis un marchand ambulant, ma bonne sœur, et je suis venu ici chercher du profit ; pouvez-vous me dire si je pourrai trouver quelque pratique dans ce château?

— Vous êtes mal arrivé, sire étranger, répondit la nourrice ; — Vous pouvez voir que ce château est un lieu de deuil et non de débit de marchandises.

— Pourtant les temps de deuil ont aussi leur commerce, reprit l'étranger, s'approchant davantage de Margery, et baissant la voix d'un ton encore plus confidentiel. J'ai des écharpes noires de soie de Perse, — des *bugles* noirs avec lesquels une princesse pourrait porter le deuil d'un monarque défunt, — des gazes de Cypre telles que le Levant en a rarement envoyé, — du drap noir pour des tentures de deuil, — tout ce qui peut manifester la douleur et le respect par les habits selon la mode ; et je sais comment montrer ma gratitude à ceux qui m'aident à trouver des acheteurs. Allons, pensez-y, ma bonne dame. — Il faudra de tout cela, — et je vendrai d'aussi bonnes marchandises et à aussi bon marché qu'un autre ; — et je reconnaîtrai votre obligeance par une robe pour vous ou par une bourse de cinq florins, à votre choix.

— Laissez-moi en paix, l'ami, repartit Margery, et choisissez un meilleur temps pour vanter vos marchandises ; — vous ne faites attention ni au lieu ni au moment. Si vous m'importunez davantage, il faudra que je parle à des gens qui vous feront voir l'autre côté de la porte du château ; je m'étonne que les portiers laissent entrer des porte-balles un jour comme celui-ci. — Je crois que pour un peu de profit ils débattraient un marché au pied du lit de leur mère à l'agonie. A ces mots elle lui tourna le dos avec mépris.

Tandis qu'il se voyait ainsi repoussé avec colère d'un côté, le marchand se sentit de l'autre tirer doucement par son habit, et se retournant à cet appel, il vit une femme dont la coiffe noire était arrangée avec affectation, de manière à donner un air de gravité à une physionomie dont l'expression naturelle était la bonne humeur, et qui devait étant jeune avoir été séduisante, puisqu'elle conservait encore de l'agrément maintenant que la quarantaine au moins y était passée. Elle cligna de l'œil au marchand, en même temps qu'elle portait un doigt à ses lèvres en signe de silence et de discrétion ; puis, s'esquivant de la foule, elle se retira vers un petit enfoncement formé par la saillie d'un des arcs-boutants de la chapelle, comme si elle eût voulu éviter la presse qui aurait probablement lieu au moment de l'enlèvement du corps. Le marchand ne manqua pas de suivre son exemple, et bientôt il fut près d'elle ; alors, ne lui laissant pas l'embarras d'entamer la négociation, elle ouvrit elle-même l'entretien.

— J'ai entendu ce que vous avez dit à dame Margery, — dame Margery aux belles manières, comme je l'appelle ; — du moins j'en ai entendu assez pour me faire deviner le reste, car j'ai l'œil bon, je vous promets.

— Vous en avez deux, ma gentille dame, et aussi brillants que des gouttes de rosée par une matinée de mai.

— Oh! vous dites cela parce que j'ai pleuré, repartit dame Gillian aux bas rouges, car c'était elle-même qui parlait ; et pour sûr, j'ai bonne raison de pleurer, car notre lord fut toujours pour moi un excellent maître, qui me prenait le menton de temps à autre en m'appelant la gentille Gillian de Croydon. — Non pas que le digne homme fût jamais incivil, car il me glissait en même temps dans la main une pièce de twopennies d'argent. — Oh! quel ami j'ai perdu là ! — Avec cela que j'ai eu à supporter plus d'une colère à cause de lui ; — car j'ai vu des fois où le vieux Raoul était aigre comme le vinaigre, et n'était bon durant des jours entiers qu'à se tenir au chenil. Mais, comme je lui disais, ce n'était pas à moi à me regimber contre notre maître, et un grand baron encore, pour une petite tape sous le menton, ou un baiser, ou autre chose comme cela.

— Je ne m'étonne pas que vous soyez si chagrine pour un si bon maître.

— Ce n'est pas étonnant non plus, répliqua la dame avec un soupir, et puis qu'est-ce que nous allons devenir ? — Il est probable que ma jeune maîtresse va s'en aller chez sa tante, — ou qu'elle va épouser un de ces Lacy dont on parle tant, — et dans tous les cas elle quittera le château ; et il est probable que le vieux Raoul et moi nous allons être envoyés au vert avec les vieux chevaux de mylord. Dieu sait qu'on pourrait tout aussi bien le pendre comme les vieux chiens, car il n'a plus ni jambes ni griffes, et il n'est plus bon sur terre à rien que je sache.

— Votre jeune maîtresse est cette dame en mante de deuil, qui s'est presque jetée sur le corps tout-à-l'heure ?

— Oui vraiment, c'est elle, monsieur, — et elle a bien raison de se désespérer. A coup sûr elle cherchera long-temps avant de retrouver un pareil père.

— Je vois que vous êtes une femme de beaucoup de jugement, ma commère Gillian ; et ce jeune homme qui la soutient est son futur?

— Elle a bien besoin de quelqu'un qui la soutienne ; et moi aussi, quant à cela : car qu'est-ce que le pauvre vieux rouillé de Raoul peut faire ?

— Vous dites donc, au sujet du mariage de votre jeune lady ?...

— Tout ce qu'on en sait, c'est qu'il en était question entre notre défunt lord et le grand-connétable de Chester qui est arrivé aujourd'hui juste à temps pour empêcher les Gallois de nous couper la gorge à tous, et de nous faire Dieu sait quoi encore. Mais on parle d'un mariage, la chose est certaine ; — et bien des gens pensent que ce doit être pour ce damoiseau imberbe, Damien, comme on l'appelle. Car quoique le connétable ait de la barbe, et qu'on n'en puisse pas dire autant de son neveu, la barbe de l'oncle est un peu trop grisonnant pour un menton de marié ; — outre qu'il part pour les guerres saintes, — place la plus convenable pour tous les vieux soldats : — je voudrais lui voir emmener Raoul avec lui. — Mais qu'est-ce que tout cela a de commun avec ce que vous disiez tout-à-l'heure de vos articles de deuil ? — C'est une triste vérité que mon pauvre maître est trépassé ; — mais qu'y faire ? — Hélas ! vous savez le bon vieux dicton :

> « Qu'on porte les morts dans leur bière,
> Il n'en faut pas moins aux vivants
> Les habits, le bœuf et la bière. »

Et quant à vos marchandises, je suis tout aussi à même de vous donner un bon coup de main que dame Margery, pourvu que vous fassiez ce qui convient, attendu que si milady ne m'aime pas autant, je puis faire tourner l'intendant autour de mon doigt.

— Prenez ceci à compte sur notre marché, ma gentille mistress Gillian, dit le marchand ; et quand mes fourgons arriveront, je vous récompenserai amplement, si j'obtiens un bon débit grâce à votre aide. — Mais comment rentrerai-je dans le château? car je voudrais vous consulter, vous qui êtes une femme de sens, avant d'amener ici mon bagage.

— Hé bien, répondit la complaisante dame, si ce sont nos Anglais qui sont de service, vous n'avez qu'à demander après dame Gillian, et ils ouvriront le guichet à quiconque arrivera seul; car nous autres Anglais nous nous soutenons tous les uns les autres, ne serait-ce que pour faire pique aux Normands. — Mais si c'est un Normand qui est de faction, il faudra que vous demandiez le vieux Raoul, en disant que vous venez lui parler pour des chiens et des faucons que vous avez à vendre, et je vous réponds que de cette manière-là vous arriverez à me parler. Si la sentinelle est un Flamand, vous n'avez qu'à lui dire que vous êtes marchand, et il vous laissera entrer par amour pour le commerce.

Le marchand lui renouvela ses remerciements, puis s'esquiva d'auprès d'elle et se mêla à la foule des spectateurs, la laissant se féliciter d'avoir gagné une couple de florins en se livrant à son goût pour le caquetage, ce qu'en d'autres occasions elle avait parfois payé cher.

La cloche du château cessa en ce moment de faire entendre ses coups lents et mesurés, annonçant ainsi que le noble Raymond Bérenger était déposé dans le caveau où reposaient ses pères. Les guerriers de l'armée de de Lacy qui étaient venus assister à la cérémonie funèbre se rendirent alors à la grand'salle, où ils prirent, mais avec modération, quelques rafraîchissements qui leur furent offerts comme repas mortuaire; et immédiatement après ils quittèrent le château, ayant à leur tête le jeune Damien, du même pas lent et triste et dans le même ordre qu'ils y étaient entrés. Les moines restèrent au château afin d'y célébrer des services non interrompus pour l'âme du défunt et pour ses fidèles guerriers tombés autour de lui. Tous avaient tellement été mutilés et défigurés durant et après le combat avec les Gallois, qu'il était à peine possible de distinguer un individu de l'autre, sans quoi le corps de Dennis Morolt, comme le méritait bien son attachement, aurait eu les honneurs de funérailles séparées [1]

---

[1] Cruautés des Gallois. — Les Gallois, peuple farouche et barbare, ont souvent été accusés de mutiler le corps de leurs ennemis tués. Il n'est personne qui ne doive se rappeler le tableau que trace Shakspeare :

« The noble Mortimer,
Leading the men of Herefordshire to fight
Against the irregular and wild Glendower, —
Was, by the rude hands of that Walshman, taken,
And a thousand of his people butcher'd :
Upon whose dead corpse there was such misuse,
Such beastly shameless transformation

By these Welshwomen done, as may not be,
Without much shame, retold or spoken of. »

« ..... Le noble Mortimer, guidant au combat les guerriers de l'Hereford contre le sauvage Glendower, tomba entre les mains barbares du Gallois, et mille des siens furent massacrés ; et sur ces cadavres tant de cruautés furent commises, tant de mutilations qui font rougir la nature leur furent infligées par les femmes galloises, qu'on ne peut sans honte les raconter ni en parler. » (W. S.)

CHAPITRE XI.

> Les mets des funérailles à peine refroidis passèrent sur la table des fiançailles. *Hamlet.*

Les cérémonies religieuses qui suivirent les funérailles de Raymond Bérenger durèrent six jours sans interruption ; et dans cet intervalle des aumônes furent distribuées aux pauvres, et des secours accordés, aux dépens de lady Eveline, à tous ceux qui avaient souffert de la dernière incursion. Des repas mortuaires, ainsi qu'on nommait ces sortes de banquets[1], furent servis aussi en l'honneur du défunt ; mais la jeune châtelaine elle-même, ainsi que la plupart des serviteurs du château, observa un jeûne rigoureux accompagné de veilles et de pénitences, ce qui paraissait aux Normands une manière plus décente de témoigner de leur respect pour les morts, que la coutume saxonne et flamande de manger et de boire avec excès en de telles occasions.

Cependant le connétable de Lacy laissait un corps nombreux campé sous les murs de Garde-Douloureuse pour le mettre à l'abri d'une nouvelle irruption des Gallois, tandis qu'avec le reste de ses troupes il poursuivait sa victoire, et frappait les Bretons de terreur par mainte expédition bien conduite, marquée par des ravages qui le cédaient à peine aux leurs. Chez l'ennemi, les maux de la discorde s'ajoutaient à ceux de la défaite et de l'invasion ; car deux parents éloignés de Gwenwyn se disputaient le trône qu'il occupait naguère, et en cette occasion ainsi qu'en beaucoup d'autres, les Bretons souffraient autant de leurs dissensions intestines que de l'épée des Normands. Un moins bon politique, un soldat moins renommé que ne l'était le judicieux et heureux de Lacy, n'aurait guère pu manquer, en de telles circonstances, de négocier comme il le fit une paix avantageuse, qui privait le pays de Powys d'une partie de ses frontières et de la possession de quelques passages importants où le connétable se proposait de construire des châteaux, et qui par là mettait la place de Garde-Douloureuse plus à l'abri qu'elle ne l'avait été jusqu'alors de toute attaque subite de la part de ces voisins farouches et remuants. De Lacy s'occupa aussi de rétablir dans leurs possessions les concessionnaires qui s'en étaient enfuis, et

---

[1] *Death-meals.*

de mettre la baronnie qui venait d'échoir à une femme sans protection dans un état de défense aussi complet que pouvait le permettre sa situation sur une frontière hostile.

Tout en s'occupant ainsi avec sollicitude de la sécurité de l'orpheline de Garde-Douloureuse, de Lacy, dans l'intervalle que nous avons mentionné, ne chercha pas à troubler par une entrevue personnelle la douleur filiale de celle qu'il venait de délivrer. Il est vrai que son neveu était chargé par lui chaque matin de lui venir présenter ses *devoirs*, dans le langage fleuri de l'époque, et de l'informer de ce qu'il avait fait pour elle et ses affaires. Comme faveur due aux éminents services de son oncle, Damien était toujours, en de telles occasions, admis à voir Eveline, et revenait chargé de ses remerciements pleins de gratitude, et de son acquiescement implicite à tout ce que lui soumettait le connétable.

Mais dès que les jours d'un deuil rigoureux furent écoulés, le jeune de Lacy l'informa de la part de son oncle que son traité avec les Gallois étant conclu, et toutes choses réglées dans les environs aussi bien que le permettaient les circonstances, le connétable de Chester se proposait maintenant de retourner sur son propre territoire pour y reprendre immédiatement les préparatifs de son expédition à la Terre-Sainte, que le soin de châtier les ennemis de lady Bérengère avait suspendus depuis quelques jours.

— Et le noble connétable, dit Eveline avec une expansion de gratitude que l'occasion méritait bien, ne voudra-t-il pas, avant de s'éloigner d'ici, recevoir les remerciements personnels de celle qui allait périr quand il est si vaillamment venu à son aide?

— C'était à ce sujet-là même que j'étais chargé de vous parler, répondit Damien; mais mon noble parent ne vous fait demander qu'avec défiance ce qu'il désire le plus vivement, — le privilége de vous entretenir directement de certaines matières de haute importance, et dans lesquelles il ne juge pas convenable de faire intervenir un tiers.

— Assurément, dit la jeune fille en rougissant, il ne peut rien y avoir qui dépasse les bornes de la modestie à ce que je voie le noble connétable partout où ce sera son bon plaisir.

— Mais mon oncle, continua Damien, est obligé par son vœu à ne pas entrer sous un toit avant de s'être embarqué pour la Palestine; et pour le voir, il faudra que vous l'honoriez jusqu'à visiter son pavillon: condescendance qu'il peut difficilement demander, lui chevalier et noble normand, d'une demoiselle de haut lignage.

— Et c'est là tout? repartit Eveline, qui, élevée dans une situation retirée, était étrangère à quelques unes de ces recherches d'étiquette que les nobles demoiselles de l'époque observaient dans leurs rapports avec l'autre sexe. — Ne dois-je pas, continua-t-elle, aller offrir mes remerciements à mon libérateur, puisqu'il ne peut venir les recevoir ici? Dites au noble Hugo de Lacy qu'après le Ciel c'est à lui et à ses nobles compagnons d'armes que je dois le plus de gratitude. Je me rendrai à sa tente comme à une chapelle sainte ; et si un tel hommage pouvait lui plaire, je m'y rendrais pieds nus, la route serait-elle semée de cailloux et d'épines.

— Mon oncle sera aussi honoré que ravi de votre détermination, dit Damien ; mais il s'étudiera à vous épargner toute peine inutile, et à cet effet un pavillon va être immédiatement dressé devant la porte de votre château. Ce sera sous ce pavillon, s'il vous plaît de l'honorer de votre présence, que pourra avoir lieu l'entrevue désirée par mon oncle.

Eveline acquiesça sans peine à l'expédient qu'on lui proposait comme agréable au connétable, et que lui recommandait Damien ; mais, dans la simplicité de son cœur, elle ne voyait aucune bonne raison qui dût l'empêcher, sous la garde de ce dernier, de traverser sur-le-champ, et sans autre cérémonial, la petite plaine qui lui était si familière, où, enfant, elle allait d'habitude poursuivre des papillons et cueillir des fleurs champêtres, et où plus tard elle se livrait à l'exercice du palefroi, cette plaine étant le seul intervalle qui la séparât du camp du connétable.

Le jeune envoyé, dont la présence lui était maintenant devenue familière, se retira pour aller informer son oncle du succès de sa mission ; et Eveline éprouva alors la première sensation d'inquiétude qui l'eût agitée pour elle-même depuis que la défaite et la mort de Gwenwyn lui avaient permis de se livrer sans réserve à la douleur que lui causait la perte de son père. Mais maintenant que, sans être épuisé, ce chagrin était amorti par l'excès même avec lequel elle s'y était abandonnée dans son isolement, — maintenant qu'elle allait paraître devant celui dont la renommée était si souvent arrivée jusqu'à elle, et qui venait si récemment de lui donner des preuves de sa puissante protection, sa pensée se tourna insensiblement sur la nature et les conséquences de cette importante entrevue. A la vérité, elle avait vu Hugo de Lacy au grand tournoi de Chester, où l'éloge de sa valeur et de son adresse était dans toutes les bouches ; et elle avait reçu avec tout le plaisir d'une jeune vanité flattée l'hommage qu'il avait rendu à sa beauté quand il était venu mettre à ses pieds le prix qu'il avait remporté ; mais elle n'avait aucune idée distincte ni de ses traits ni de son extérieur, sauf que c'était un homme de moyenne stature, portant une armure d'une richesse peu commune, et que le peu que l'ombre de sa visière levée lui avait permis de voir de ses traits avait laissé à son jeune esprit l'impression d'une physionomie presque aussi vieille que celle de son père. Cet homme dont elle avait un souvenir si léger avait été l'instrument choisi et employé par sa Protectrice tutélaire pour la délivrer de captivité et venger la mort de son père, et elle était tenue par son vœu de le regarder comme l'arbitre de sa destinée, si à la vérité il jugeait que cette destinée valût de sa part un tel intérêt. Elle fatigua vainement sa mémoire pour se rappeler de ses traits quelque chose qui lui permît de deviner son caractère, et elle

CHAPITRE XI.

s'épuisa de même en conjectures sur la ligne de conduite qu'il allait suivre à son égard.

Le baron lui-même semblait attacher à leur entrevue un degré d'importance qu'indiquaient les préparatifs qu'il faisait à cet effet. Eveline s'était imaginée qu'il serait arrivé à cheval en cinq minutes à la porte du château, et que si un pavillon était absolument nécessaire pour le décorum de leur entrevue, une tente pouvait être apportée de son camp et dressée en dix autres minutes. Mais il fut aisé de voir qu'aux yeux du connétable beaucoup plus de formes et de cérémonial était essentiel ; car une demi-heure environ après que Damien de Lacy eut quitté le château il n'y avait pas moins de vingt hommes, soldats et ouvriers, occupés, sous la direction d'un poursuivant d'armes dont le tabard était décoré des armoiries de la maison de Lacy, à dresser devant la porte de Garde-Douloureuse un de ces splendides pavillons employés aux tournois et en d'autres occasions d'apparat. Il était de soie pourpre relevée de broderies d'or, avec les cordes également d'or et de soie. L'entrée était formée au moyen de six lances aux hampes revêtues d'argent, et dont la pointe était de même métal. Elles étaient enfoncées en terre deux par deux, et leur partie supérieure se croisait de manière à former une double arcade, que recouvrait une draperie de soie verte formant un agréable contraste avec la pourpre et l'or.

Au rapport de dame Gillian et d'autres que la curiosité y avait conduits, l'intérieur de la tente était d'une magnificence digne de l'extérieur. Il y avait des tapis d'Orient et une profusion de riches tapisseries de Gand et de Bruges, tandis que la partie supérieure du pavillon, tendue en soie bleu-ciel, était arrangée de manière à ressembler au firmament, et richement parsemée d'étoiles d'argent massif, avec un soleil et une lune pareils. Ce magnifique pavillon avait été établi pour l'usage de Guillaume d'Ypres, qui avait acquis de si grandes richesses comme général des troupes stipendiées du roi Etienne, par qui il avait été créé comte d'Albemarle ; mais les chances de la guerre l'avaient fait tomber entre les mains de de Lacy, après un de ces terribles engagements qui se reproduisirent si fréquemment durant les guerres civiles entre Etienne et l'impératrice Maude ou Matilde. Jusqu'alors on n'avait jamais vu le connétable s'en servir ; car, bien que riche et puissant, Hugo de Lacy était habituellement simple et sans ostentation, ce qui, pour ceux qui le connaissaient, rendait sa conduite actuelle d'autant plus remarquable. A l'heure de midi, il arriva à la porte du château monté sur un superbe coursier et suivi d'une escorte peu nombreuse de domestiques, de pages et d'écuyers, tous couverts de leurs plus riches livrées ; et il chargea son neveu d'aller annoncer à la châtelaine de Garde-Douloureuse que le plus humble de ses serviteurs attendait à la porte du château l'honneur de sa présence.

Parmi les spectateurs qui furent témoins de son arrivée, on disait qu'une partie de l'apparat et de la splendeur déployés dans son pavillon et dans sa suite aurait été mieux employée à faire ressortir la personne du connétable lui-même; car la simplicité de son costume allait jusqu'à la négligence, et son extérieur ne se distinguait pas par assez d'avantages naturels pour qu'il dût tout-à-fait se dispenser de recourir aux ressources de l'art et de la parure. Cette opinion devint encore plus générale quand il descendit de cheval, car jusqu'alors sa haute habileté dans la conduite du noble animal qu'il montait avait donné à son port et à son extérieur une dignité qu'il perdit en quittant sa selle d'acier. La taille du célèbre connétable atteignait à peine la mesure moyenne, et ses membres, quoique vigoureux et bien attachés, manquaient de grâce et d'aisance dans leurs mouvements. Ses jambes étaient légèrement arquées en dehors, ce qui lui donnait de l'avantage comme cavalier, mais ne le montrait pas à son avantage lorsqu'il était à pied. Il boitait, quoique très légèrement, par suite d'une chute de cheval où il s'était cassé la jambe, qu'un chirurgien inexpérimenté lui avait mal remise. Cet accident donnait de la gêne à sa démarche; et quoique ses larges épaules, ses bras nerveux et sa poitrine bien développée accusassent la vigueur qu'il déployait fréquemment, c'était une vigueur gauche et sans grâce. Son langage et ses gestes étaient ceux d'un homme qui rarement conversait avec des égaux et plus rarement encore avec des supérieurs : — brefs, décidés, et d'une brusquerie qui allait presque jusqu'à la dureté. Au jugement de ceux qui vivaient habituellement avec le connétable, il y avait de la dignité et de la bienveillance dans son œil vif et dans son sourcil bien développé; mais à la première vue on le jugeait moins favorablement, et on croyait reconnaître dans ses traits une expression dure et emportée, bien que l'on convînt que sa physionomie avait au total un caractère hardi et martial. En réalité, son âge ne dépassait pas quarante-cinq ans; mais les fatigues de la guerre et les intempéries lui avaient donné l'apparence de dix années de plus. Beaucoup plus simplement vêtu qu'aucun des hommes de sa suite, il portait seulement un manteau court à la normande sur son justaucorps de peau de chamois légèrement taché en plusieurs endroits par la pression de l'armure qui le recouvrait presque toujours. A son chapeau noir était attaché un rameau de romarin en mémoire de son vœu; sa bonne épée et sa dague étaient suspendues à un ceinturon de peau de veau marin.

Ainsi accoutré, et à la tête d'une troupe toute reluisante d'or attentive à son moindre regard, le connétable de Chester attendait à la porte du château de Garde-Douloureuse l'arrivée de lady Eveline Bérengère.

Les trompettes qui sonnèrent à l'intérieur annoncèrent son approche; — le pont s'abaissa, et la jeune et belle orpheline, conduite par Damien de Lacy vêtu de son plus riche costume, et suivie de son cortège de femmes, de serviteurs et de vassaux, franchit l'antique et massif portail de son castel héréditaire. Elle était en grand deuil et ne portait d'orne-

CHAPITRE XI.

ments d'aucune sorte, ainsi qu'il convenait à sa perte récente; et elle offrait à cet égard un frappant contraste avec la riche parure de son conducteur, dont les vêtements resplendissaient de joyaux et de broderies, tandis qu'à tout autre égard leur âge et leur beauté en faisaient un couple où l'un était tout-à-fait digne de l'autre : circonstance qui probablement fit naître le murmure de plaisir qui parcourut la foule à leur apparition, et que le respect pour la profonde affliction d'Eveline empêcha seul d'éclater en vives acclamations.

Dès que le pied délicat d'Eveline eut fait un pas hors des palissades qui formaient la barrière extérieure du château, le connétable de Lacy s'avança à sa rencontre, et mettant le genou droit à terre il lui demanda pardon du manque de courtoisie que son vœu lui avait imposé, en même temps qu'il lui exprima combien il sentait vivement l'honneur qu'elle voulait bien lui faire, et que toute sa vie dévouée à la servir ne suffirait pas pour reconnaître.

L'action et le discours, quoique d'accord tous les deux avec la galanterie romanesque du temps, embarrassèrent Eveline, et cet embarras s'accroissait encore de la publicité de cet hommage Elle conjura le connétable de se relever, et de ne pas ajouter à la confusion d'une femme déjà assez en peine de s'acquitter de la dette de reconnaissance qu'elle avait contractée envers lui. Le connétable se releva effectivement, après avoir baisé la main qu'elle lui tendait, et il la pria, puisqu'elle voulait bien pousser à ce point la condescendance, de daigner entrer sous l'humble tente qu'il lui avait fait préparer, et de lui accorder l'honneur de l'audience qu'il avait sollicitée. Eveline s'inclina sans répondre, lui donna la main, et faisant signe d'un geste aux personnes de sa suite de rester là où elles étaient, elle ordonna à Rose Flammock de l'accompagner.

— Madame, lui dit le connétable, les choses dont je suis ainsi forcé de vous parler à la hâte sont de la nature la plus secrète.

— Cette jeune fille est attachée à mon service particulier et elle connaît mes pensées les plus intimes, repartit Eveline; je vous prie de permettre qu'elle soit présente à notre conférence.

— Il vaudrait mieux que ce fût autrement, reprit Hugo de Lacy avec quelque embarras; mais il en sera selon votre bon plaisir.

Il conduisit lady Eveline dans l'intérieur de la tente, et la conjura de s'asseoir sur des coussins richement couverts en soie de Venise. Rose se plaça derrière sa maîtresse, à demi agenouillée sur les mêmes coussins, et suivant de l'œil tous les mouvements du guerrier accompli, de l'homme d'État célèbre, dont la renommée faisait si hautement l'éloge ; jouissant de son embarras comme d'un triomphe remporté par son sexe, et pouvant à peine se persuader que le pourpoint de chamois du connétable et ses formes carrées pussent s'accorder avec la magnificence de ce qui les entourait, non plus qu'avec la beauté d'Eveline, l'autre acteur de la scène.

—Madame, dit le connétable après une certaine hésitation, je voudrais volontiers employer pour ce que j'ai à vous dire les expressions que les dames aiment à entendre et qu'assurément votre rare beauté mérite tout particulièrement; mais j'ai trop long-temps vécu dans les camps et dans les conseils pour m'expliquer autrement qu'avec clarté et simplicité.

— Je ne vous en comprendrai que plus aisément, mylord, repartit Eveline, qui tremblait sans savoir pourquoi.

— Il faut donc que mon histoire aille droit au fait. Il s'est passé quelque chose entre votre honorable père et moi au sujet de l'alliance de nos deux maisons. — Il s'arrêta, comme s'il eût attendu ou désiré qu'Eveline lui dît quelque chose ; mais comme elle restait silencieuse, il poursuivit : Comme il n'avait que commencé ce traité, plût au Ciel qu'il eût pu le conduire et le conclure avec sa sagesse habituelle; mais quel remède ? — Il est allé là où il faut que nous passions tous.

— Vous avez dignement vengé, mylord, la mort de votre noble ami.

— Je n'ai fait que mon devoir, mylady, — comme chevalier, en défendant une dame en danger ; —comme lord des Marches, en protégeant la frontière ; — comme ami, en vengeant un ami. Mais venons au fait. — Notre ancienne et noble famille est près de s'éteindre. Je ne parlerai pas de mon parent éloigné Randal de Lacy ; car je ne vois en lui rien de bon dont on puisse espérer, et nous sommes brouillés depuis bien des années. Mon neveu Damien promet d'être une digne branche de notre ancien tronc, — mais il a à peine vingt ans, et il a une longue carrière d'aventures et de périls à parcourir avant de pouvoir honorablement se proposer les devoirs de la vie domestique et de l'engagement matrimonial. Et puis sa mère est Anglaise, ce qui fait peut-être une certaine tache à son écusson ; si néanmoins dix années de plus étaient passées sur lui avec les honneurs de la chevalerie, j'aurais sollicité pour Damien de Lacy le bonheur auquel j'aspire moi-même à présent.

— Vous, — vous, mylord ! — c'est impossible ! dit Eveline, en même temps qu'elle s'efforçait de réprimer tout ce qu'il aurait pu y avoir d'offensant dans la surprise qu'elle ne pouvait s'empêcher de laisser voir.

— Je ne suis pas étonné, répliqua le connétable avec calme — car la glace une fois rompue il reprit la fermeté naturelle de ses manières et de son caractère, — je ne suis pas étonné que vous vous montriez surprise de cette hardie proposition. Je n'ai peut-être pas les formes qui plaisent aux yeux d'une dame, et j'ai oublié — c'est-à-dire, si je les ai jamais connus — les termes et les phrases qui plaisent à son oreille ; la femme de Hugh de Lacy, noble Eveline, tiendra un des premiers rangs parmi les dames d'Angleterre.

— Il n'en convient que mieux à celle à qui une si haute dignité est offerte, dit Eveline, de considérer jusqu'à quel point elle est en état d'en remplir les devoirs.

— A cet égard je ne crains rien. Celle qui a été si excellente fille ne peut être moins estimable dans toute autre situation de la vie.

— Je n'ai pas en moi, mylord, cette confiance que vous voulez bien m'accorder, répliqua la jeune fille embarrassée ; — et — pardonnez-moi, mylord — je dois vous demander le temps de réfléchir et de me consulter.

— Votre père, noble dame, avait cette union chaudement à cœur ; c'est ce que vous montrera ce papier signé de sa main. — Il fléchit le genou en lui remettant le papier. — La femme de de Lacy aura, comme la fille de Raymond Bérenger le mérite, le rang d'une princesse; sa veuve, le douaire d'une reine.

— Cette attitude suppliante est une dérision, mylord, alors que vous faites valoir près de moi les ordres de mon père, lesquels, joints à d'autres circonstances..... Elle s'arrêta et soupira profondément — à d'autres circonstances, reprit-elle, qui ne laissent peut-être guère place à ma libre volonté.

De Lacy était resté le genou à terre ; enhardi par cette réponse il se releva doucement, et prenant un siége près de lady Eveline il continua de la presser d'accéder à ses vœux, — non avec le langage de la passion, à la vérité, mais en homme simple et franc, soutenant chaleureusement une proposition dont son bonheur dépend. L'esprit d'Eveline, on peut bien le supposer, était entièrement préoccupé de la vision miraculeuse de la chapelle ; et liée comme elle l'était par le vœu qu'elle avait fait en cette occasion, elle se sentait obligée d'avoir recours à des réponses évasives, là où peut-être elle eût répondu par un refus positif si elle n'eût eu à écouter que ses propres dispositions

— Vous ne pouvez attendre de moi, mylord, lui dit-elle, que dans la situation où je me trouve et orpheline depuis si peu de jours je prenne une détermination immédiate sur une affaire d'une si grande importance. Vous serez assez noble pour me donner le temps de me consulter, — de consulter mes amis.

— Hélas, belle Eveline ! repartit le baron, ne soyez pas offensée si je vous presse ainsi. Je ne puis retarder long-temps mon départ pour une expédition lointaine et périlleuse ; et le peu de temps qui m'est laissé pour solliciter de vous la faveur que je réclame doit servir d'excuse à mon importunité.

— Et c'est dans ces circonstances, noble de Lacy, que vous voudriez vous charger des liens du mariage ? demanda timidement la jeune fille.

— Je suis soldat de la croix, et Celui pour la cause duquel je vais combattre en Palestine défendra ma femme en Angleterre.

— Écoutez donc ma réponse, mylord, dit Eveline Bérengère en se levant. Demain je me rends au couvent des Bénédictines de Gloucester, où réside la sœur de mon père, qui est abbesse de cette maison respectable : je la prendrai pour guide en cette affaire.

— C'est une résolution sage et digne de vous, reprit de Lacy, qui pour sa part ne semblait pas fâché que la conférence fût abrégée ; et j'espère qu'elle ne sera pas entièrement défavorable à mon humble sollicitation, car depuis long-temps la bonne dame abbesse est mon amie.

— Se tournant alors vers Rose, qui se disposait à suivre sa maîtresse : Jeune fille, lui dit-il en lui offrant une chaîne d'or, mets cette chaîne à ton joli cou, et qu'elle m'achète tes bonnes grâces.

— Mes bonnes grâces ne sont pas à vendre, mylord, dit Rose en repoussant le présent qu'il lui offrait.

— Qu'elle m'achète donc quelques paroles favorables de ta part, poursuivit le connétable, la pressant une seconde fois d'accepter son cadeau.

— Des paroles favorables s'achètent aisément, repartit Rose, refusant de nouveau la chaîne, mais elles valent rarement l'argent dont on les paie.

— Dédaignez-vous mon offre, damoiselle ? cette chaîne a paré le cou d'un comte normand.

— Donnez-la donc à une comtesse normande, mylord ; je ne suis que Rose Flammock, la fille du tisserand. Je garde mes bonnes paroles pour aller de pair avec mes bonnes grâces, et une chaîne de cuivre me conviendra tout autant qu'une chaîne d'or.

— Paix, Rose, lui dit sa maîtresse ; vous êtes bien hardie de parler ainsi au lord connétable. Et vous, mylord, permettez-moi de me retirer, maintenant que je vous ai donné ma réponse à votre demande actuelle. Je regrette qu'elle n'ait pas été d'une nature moins délicate, afin de pouvoir, en vous l'accordant tout d'abord et sans délai, vous montrer combien je sens vivement le prix de vos services.

Le connétable de Chester lui donna la main pour la reconduire hors du pavillon avec le même cérémonial qu'à son arrivée, et elle rentra au château, triste et l'esprit plein d'anxiété sur l'issue de cette importante conférence. Elle ramena soigneusement autour d'elle son grand voile de deuil, afin qu'on ne remarquât pas l'altération de ses traits ; et sans même s'arrêter à parler au père Aldrovand, elle se retira immédiatement dans la solitude de son appartement.

CHAPITRE XII.

> Dames de notre belle Ecosse, et vous dames d'Angleterre qui voulez être heureuses, ne vous mariez jamais ni pour maison ni pour terre : ne vous mariez que par amour.
>
> *Les Querelles de famille.*

Quand lady Eveline se retira dans sa chambre, Rose Flammock l'y suivit d'elle-même, et offrit son assistance pour détacher le grand voile que sa maîtresse avait pris pour sortir ; mais celle-ci la refusa, lui disant : Vous êtes bien prompte à offrir des services qu'on ne vous demande pas, mademoiselle.

— Vous êtes fâchée contre moi, madame !

— Et si je le suis, j'ai lieu de l'être. — Vous connaissez les difficultés de ma situation, — vous savez ce que le devoir exige de moi ; et au lieu de m'aider à consommer le sacrifice, vous le rendez plus difficile.

— Plût au Ciel que j'eusse assez d'influence pour vous guider dans votre chemin, mylady ! vous le trouveriez uni et facile, — oui, et qui plus est honnête et droit.

— Que voulez-vous dire, damoiselle ?

— Je voudrais vous voir retirer l'encouragement — je pourrais presque dire le consentement que vous avez donné à cet orgueilleux baron. Il est trop grand pour qu'on l'aime, — il est trop fier pour vous aimer comme vous le méritez. Si vous l'épousez vous épouserez un malheur doré, et peut-être le déshonneur aussi bien que le chagrin.

— Souvenez-vous, damoiselle, des services qu'il nous a rendus.

— Ses services ? Il a hasardé sa vie pour nous, c'est vrai, mais c'est ce qu'a fait chaque soldat de son armée. Et suis-je tenue d'épouser la première lame venue parce qu'ils se seront battus quand la trompette sonnait ? Je voudrais bien savoir ce qu'ils entendent par ce qu'ils appellent leur *devoir*, quand ils n'ont pas honte de réclamer la plus haute récompense qu'une femme puisse accorder, uniquement pour avoir fait ce que doit faire un gentilhomme pour quiconque est dans la détresse ? Un gentilhomme ? — Le dernier paysan de Flandre attendrait à peine des remerciements pour avoir fait son devoir d'homme près d'une femme en pareil cas.

— Mais les désirs de mon père ?

— Votre père n'aurait sans nul doute pas contrarié vos inclinations. Je ne ferai pas au noble lord mon défunt maître — puisse Dieu lui faire miséricorde! — l'injustice de supposer qu'en ceci il aurait exigé quelque chose qui contrariât votre libre choix.

— Et mon vœu, — mon vœu que j'appellerai presque fatal? Le Ciel me pardonne mon ingratitude envers ma Protectrice!

— Ceci même n'ébranle pas mon opinion ; je ne croirai jamais que Notre-Dame de Merci exige pour sa protection un sacrifice tel que de vouloir me faire épouser l'homme que je ne pourrais pas aimer. Vous dites qu'elle a souri à votre prière? — hé bien! allez mettre à ses pieds ces difficultés qui vous oppressent, et voyez si elle ne vous sourit pas encore. Ou bien faites-vous dispenser de votre vœu, — faites-vous-en dispenser au prix de la moitié de vos biens, — au prix de tout ce que vous possédez. Allez pieds-nus en pèlerinage à Rome ; — faites tout plutôt que de donner votre main à qui vous ne pouvez donner votre cœur.

— Vous parlez avec chaleur, Rose, dit Eveline en soupirant.

— Hélas, ma chère maîtresse! c'est à bonne cause. N'ai-je pas vu une famille où l'amour n'était pas? — où, quoiqu'il s'y trouvât honneur et bonne volonté, et des moyens d'existence suffisants, tout était empoisonné par des regrets non seulement inutiles, mais criminels?

— Il me semble pourtant, Rose, que le sentiment de ce que nous nous devons à nous-mêmes et de ce que nous devons aux autres peut, si nous l'écoutons, nous guider et nous consoler même dans une situation telle que celle dont vous venez de parler.

— Cela vous sauvera du péché, mylady, mais non pas de la douleur ; et pourquoi nous jetterions-nous les yeux ouverts dans des situations où le devoir doit être en guerre contre notre penchant? Pourquoi ramer contre vent et marée quand vous pouvez tout aussi aisément profiter de la brise?

— Parce que le voyage de ma vie me conduit là où les vents et les courants me sont opposés. C'est ma destinée, Rose.

— Non, à moins que vous ne le fassiez par choix. Oh! si seulement vous aviez vu les joues pâles, le regard triste et l'air abattu de ma pauvre mère! — J'en ai trop dit.

— C'était donc de votre mère que vous me citiez tout-à-l'heure la malheureuse union?

— Oui, c'était d'elle, répondit Rose en fondant en larmes. J'ai exposé ma propre honte pour vous sauver du chagrin. Elle était malheureuse, quoiqu'elle n'eût rien à se reprocher ; — si malheureuse, que la rupture de la digue et l'inondation où elle périt auraient été pour elle, si ce n'eût été à cause de moi, ce que la nuit est pour le laboureur fatigué. Elle avait un cœur comme le vôtre, formé pour aimer et être aimé; et ce serait faire honneur à cet orgueilleux baron que de dire que le sien vaut celui de mon père. — Et pourtant elle a été bien malheureuse! —

CHAPITRE XII.

Oh ! ma bonne et chère lady ! que cela vous soit un exemple pour rompre cette union de mauvais augure !

La main d'Eveline répondit à la pression dont l'affectionnée jeune fille accompagnait ce conseil bien intentionné ; puis, avec un profond soupir : Rose, il est trop tard, balbutia-t-elle.

— Jamais — jamais ! répliqua Rose en parcourant la chambre d'un regard impatient. — Où donc est ce qu'il faut pour écrire ? — Permettez-moi d'aller chercher le père Aldrovand, et de l'informer de votre bon plaisir ; — ou plutôt, un moment : le bon père a lui-même un œil sur les splendeurs du monde, qu'il croit avoir abandonnées ; — ce ne serait pas un secrétaire sûr. — J'irai moi-même trouver le lord connétable ; — son rang ne peut m'éblouir, *moi*, ni ses richesses me gagner, ni son pouvoir m'intimider. Je lui dirai que ce n'est pas agir à votre égard en chevalier que de faire ainsi valoir, en un moment où vous êtes livrée à un tel chagrin, son contrat avec votre père ; — que ce n'est pas agir pieusement que de retarder l'exécution de son vœu dans des vues de mariage ; — que ce n'est pas agir honnêtement que de s'imposer à une jeune fille dont le cœur ne s'est pas décidé en sa faveur ; —qu'enfin ce n'est pas agir sagement que d'épouser une femme qu'il lui faut abandonner immédiatement, soit à la solitude, soit aux dangers d'une cour dissolue.

— Vous n'auriez pas assez de courage pour une telle ambassade, Rose, lui dit sa maîtresse en souriant tristement au milieu de ses larmes du zèle chaleureux de sa jeune suivante.

— Je n'en aurais pas le courage ! — et pourquoi non ? — Mettez-moi à l'épreuve. Je ne suis ni un Sarrasin ni un Gallois ; ni sa lance ni son épée ne me font peur. Je ne suis pas sous sa bannière ; — je n'ai pas à m'inquiéter de sa grosse voix. Je saurais bien, si vous me le permettiez, lui dire qu'il est un égoïste, voilant d'un honorable et beau prétexte des intentions qui n'ont pour objet que son orgueil et sa propre satisfaction, et fondant de hautes prétentions sur ce qu'il a rendu des services qu'exigeait la plus simple humanité. Et tout cela pourquoi ? parce qu'il faut un héritier à la noble maison du puissant de Lacy, et que son beau neveu n'est pas assez bon pour être son représentant, attendu que sa mère était de race anglo-saxonne, et que l'héritier réel doit être de sang normand pur et sans mélange ! et à cause de cela, il faut que lady Eveline Bérengère, à la fleur de la première jeunesse, épouse un homme qui pourrait être son père, et qui, après l'avoir laissée sans protection pendant des années, reviendra dans un état à pouvoir passer pour son grand-père !

— Puisqu'il est ainsi scrupuleux au sujet de la pureté de lignage, peut-être pourrait-il se rappeler — ce qu'un homme si habile en blason ne peut manquer de savoir — que je suis de race saxonne par la mère de mon père.

— Oh ! il ne verra pas cette tache dans l'héritière de Garde-Douloureuse.

— Fi, fi, Rose ! répliqua Éveline; tu lui fais injure en le taxant d'intentions cupides.

— Cela peut être ; mais ce qu'on ne peut nier, c'est qu'il soit ambitieux : et j'ai ouï dire que la Cupidité est la sœur bâtarde de l'Ambition, quoique l'Ambition soit parfois honteuse de la parenté.

— Vous parlez avec trop de hardiesse, mademoiselle ; et tout en reconnaissant votre affection, je dois réprimer la manière dont vous l'exprimez.

— Oh ! si vous prenez ce ton-là, j'ai fini. — A Eveline, que j'aime et qui m'aime, je puis parler librement ; — mais à la châtelaine de Garde-Douloureuse, à la fière damoiselle normande (et vous pouvez être tout cela quand vous voulez), je sais faire la révérence aussi bas que ma place près d'elle le demande, et ne lui pas dire plus de vérités qu'elle ne se soucie d'en entendre.

— Tu es une bonne fille, quoique bizarre ; personne, de ceux qui ne te connaissent pas, ne croirait qu'un extérieur si doux et si enfantin puisse couvrir une âme si ardente. Ta mère doit en effet avoir été l'être sensible et passionné que tu viens de dépeindre ; car ton père.... Allons, allons, ne prends pas sa défense avant qu'il ne soit attaqué ; — tout ce que je veux dire, c'est que le bon sens et un jugement sain sont ses qualités les plus distinguées.

— Et je voudrais vous voir en profiter, mylady.

— Oui, dans les choses où cela conviendra ; mais dans celle dont nous nous occupons maintenant, ce ne serait pas un conseiller très convenable.

— Vous vous trompez sur son compte, et vous ne l'appréciez pas ce qu'il vaut. Un sain jugement est comme l'aune qu'on emploie le plus ordinairement à mesurer des draps grossiers, mais qui n'en peut pas moins être appliquée avec une égale justesse à mesurer la soie des Indes ou le drap d'or.

— Bien, — bien ; — du moins cela ne presse pas. Maintenant, Rose, laisse-moi, et envoie-moi ici Gillian, ma dame d'atours ; — j'ai des ordres à lui donner pour l'emballage et l'envoi de ma garde-robe.

— Cette Gillian la dame d'atours est bien dans vos bonnes grâces depuis quelque temps, dit Rose ; il a été un temps où ce n'était pas ainsi.

— Ses manières ne me plaisent pas plus qu'à toi, répliqua Éveline ; mais c'est la femme du vieux Raoul, — c'était quasi la favorite de mon pauvre père, — qui, de même que d'autres hommes, se laissait peut-être prendre à cet air libre que nous autres nous jugeons malséant dans les personnes de notre sexe ; — et puis elle n'a pas sa pareille au château pour savoir emballer des vêtements sans les exposer à être gâtés.

— Cette dernière raison seule, dit Rose en souriant, est, je l'avoue,

CHAPITRE XII.

un titre incontestable à la faveur, et dame Gillian va se rendre près de vous sur-le-champ. — Mais suivez mon conseil, lady ; — tenez-la à ses paquets et à ses malles, et ne la laissez pas caqueter devant vous de ce qui ne la regarde pas.

A ces mots Rose quitta la chambre. Sa jeune maîtresse la suivit des yeux en silence, — puis elle se dit à elle-même : — Rose m'aime véritablement ; mais elle serait plus volontiers maîtresse que servante, et puis elle est quelque peu jalouse de quiconque m'approche. — Il est étrange que je n'aie pas vu Damien de Lacy depuis mon entrevue avec le connétable. Apparemment qu'il redoute d'avance de trouver en moi une tante sévère !

Mais l'affluence des domestiques qui venaient chercher des ordres pour le départ du lendemain matin commença alors à détourner les pensées de leur maîtresse de sa situation présente ; et comme la perspective n'en avait rien d'agréable, avec la facilité naturelle à la jeunesse elle ajourna volontiers le soin d'y réfléchir.

CHAPITRE XIII.

> Trop de repos rouille ; changer est toujours un plaisir. On perd à avoir trop de confiance : ainsi donc debout et vive la joie! *Vieille chanson.*

DE bonne heure le lendemain matin une troupe d'élégante apparence, quoique attristée par le grand deuil que portaient les principaux personnages, quitta le château bien défendu de Garde-Douloureuse, théâtre récent d'événements si remarquables.

Le soleil commençait à aspirer l'épaisse rosée tombée durant la nuit, et à dissiper le mince brouillard grisâtre qui enveloppait les tours et les créneaux du château, quand Wilkin Flammock, avec six arbalétriers à cheval et autant de porte-lance à pied, sortit de la grande porte gothique et traversa l'épais pont-levis. Après cette avantgarde venaient quatre domestiques bien montés, et après ceux-là un égal nombre de femmes attachées au service d'Eveline, tous en deuil. Puis venait la jeune lady Eveline elle-même, occupant le centre du petit cortége, et dont la longue robe noire formait un contraste frappant avec la blancheur de son palefroi. Près d'elle, sur un genet d'Espagne, cadeau que lui avait fait son père, — qui l'avait acheté à haut prix, et qui aurait donné la moitié de ce qu'il possédait pour satisfaire un désir de sa fille bien-aimée, — était placée Rose Flammock, qui, sous l'extérieur et les manières de la jeune fille réservée, cachait une sensibilité si vive et un jugement si sain. Dame Margery la suivait, mêlée au groupe qu'escortait le père Aldrovand, dont elle recherchait principalement la compagnie ; car Margery affectait quelque peu la dévotion, et son influence dans la famille était assez grande, en sa qualité de nourrice d'Eveline, pour que le chapelain pût croire ne pas déroger près d'elle quand ses devoirs ne l'appelaient pas près de la personne même de la jeune châtelaine. Puis venaient Raoul le vieux piqueur, sa femme, et deux ou trois autres officiers de la maison de Raymond Bérenger ; l'intendant, avec sa chaîne d'or, sa casaque de velours et sa verge blanche, conduisait une arrière-garde fermée par une petite troupe d'archers et quatre hommes d'armes. Les gardes, et même la majeure partie de ce cortége, n'étaient destinés qu'à donner à la marche de la jeune châtelaine le degré d'apparat nécessaire, en l'accompagnant jusqu'à une petite distance du château, où elle rencontra le connétable de Chester, qui se proposa pour escorter Eveline, avec une suite de trente lances, jusqu'à Gloucester, lieu de sa destination. Sous la protection du connétable aucun danger n'était à craindre, lors même que la déroute complète si récemment éprouvée par les Gallois n'eût pas mis pour quelque temps, selon toute apparence, ces inquiets montagnards hors d'état de troubler la tranquillité des frontières.

Conformément à ces arrangements, qui permettaient à la partie armée de la suite d'Eveline de retourner au château pour en assurer la protection et rétablir l'ordre dans le pays environnant, le connétable l'attendait au pont fatal, à la tête de la troupe de cavaliers d'élite qu'il avait désignés pour l'accompagner. Les deux troupes firent halte, comme pour échanger le salut; mais le connétable, s'apercevant qu'Eveline s'enveloppait plus étroitement de son voile, et songeant à la perte qu'elle avait si récemment faite à cette place même, eut assez de jugement pour se borner à une salutation muette, et il s'inclina assez bas pour que le panache élevé qu'il portait à son casque (car il était complétement armé) vînt se mêler à la crinière flottante de son noble coursier. Wilkin Flammock s'approcha alors d'Eveline, pour lui demander si elle avait à lui donner quelques nouveaux ordres?

— Aucun, mon bon Wilkin, répondit-elle, si ce n'est d'être comme toujours fidèle et vigilant.

— Les qualités d'un bon chien de garde, dit Flammock. Tout ce que je puis réclamer avec ça, c'est un peu de gros bon sens, et un bras vigoureux en place d'une rangée de dents bien affilées; — je ferai de mon mieux. — Porte-toi bien, Roschen! Tu vas parmi des étrangers; — n'oublie pas les qualités qui te faisaient aimer à la maison. Que les saints te bénissent. — Adieu!

L'intendant vint ensuite prendre congé; mais en ce moment un accident fatal faillit lui arriver. Il avait plu à Raoul, qui avait autant d'opiniâtreté dans le caractère que de rhumatismes dans les membres, de monter ce jour-là un vieux cheval arabe qu'on avait conservé comme étalon, et qui du reste était aussi étique que le ci-devant piqueur, presque aussi boiteux, et rétif comme un vrai démon. Une mésintelligence constante avait régné entre le cavalier et la monture, mésintelligence attestée de la part de Raoul par des jurons, de rudes secousses de la bride et un vigoureux emploi de l'éperon, moyens de gouvernement auxquels Mahon (tel était le nom païen du cheval) répondait en plongeant, en se cabrant, en cherchant par tous les moyens possibles à démonter son cavalier, aussi bien qu'en lançant des ruades furieuses à tout ce qui l'approchait. Bien des gens de la maison pensaient qu'en choisissant cet animal vicieux toutes les fois qu'il devait marcher en compagnie de sa femme, Raoul avait l'espoir qu'au milieu des plongeons, des cabrioles, des ruades et des autres caprices de Mahon, les talons de l'animal regimbant pourraient une fois se trouver en contact avec les côtes de dame' Gillian. Or, au moment où l'intendant fit avancer sa monture pour venir baiser la main de sa jeune maîtresse et prendre congé d'elle, ceux qui se trouvaient là crurent remarquer que Raoul joua si bien de la bride et de l'éperon que Mahon lança une ruade qui effleura la cuisse de l'intendant, de manière à la lui briser comme un roseau si les deux parties avaient été plus rapprochées seulement d'une couple de pouces. Telles qu'elles étaient, l'intendant n'en reçut pas moins une forte contusion ; et ceux qui remarquèrent le sourire grimaçant qui se dessina sur l'aigre physionomie de Raoul ne doutèrent pas que les pieds de Mahon n'eussent été chargés de tirer vengeance de certains signes de tête, clignements d'yeux et autres signes d'intelligence, échangés entre le fonctionnaire à chaîne d'or et la coquette dame d'atours depuis que le cortége avait quitté le château.

Cet incident coupa court à la pénible solennité des adieux entre lady Eveline et les gens de sa suite, en même temps qu'il abrégea le cérémonial de sa rencontre avec le connétable, en ce moment où elle venait, en quelque sorte, se mettre sous sa protection.

Hugo de Lacy, ayant ordonné à six de ses hommes d'armes de prendre les devants, s'arrêta pour veiller lui-même à ce que l'intendant fût convenablement placé sur une litière ; puis, avec le reste de son monde, il se mit en marche dans un ordre militaire à environ deux cents pas en arrière de lady Eveline et de sa suite, évitant judicieusement de se présenter à elle tandis qu'elle était occupée des oraisons que l'endroit où ils se trouvaient suggérait naturellement, et attendant patiemment que la mobilité d'un jeune caractère requît quelque diversion aux sombres pensées que ces lieux inspiraient.

Dirigé par cette politique, le connétable ne s'approcha des dames que lorsque la matinée déjà avancée lui eut fait un devoir de politesse de les prévenir qu'un endroit agréable pour déjeuner se trouvait non loin de là, et qu'il s'était hasardé d'y faire faire quelques préparatifs pour qu'ils y pussent prendre un peu de repos et quelques rafraîchissements. Lady Eveline avait à peine témoigné qu'elle acceptait cette courtoisie qu'ils arrivèrent en vue du lieu désigné, remarquable par un vieux chêne qui y projetait au loin son épais branchage, et rappelait à la pensée du voyageur le chêne de Mambré, sous lequel des êtres célestes acceptèrent l'hospitalité du patriarche. Sur deux de ces énormes bras que le géant étendait autour de lui on jeta une pièce de taffetas rose, comme un dais propre à garantir des rayons du soleil du matin, déjà élevé sur l'horizon. Des coussins alternativement recouverts en soie et en fourrures d'animaux de chasse étaient disposés autour des préparatifs d'un repas qu'un cuisinier normand avait fait tous ses efforts pour distinguer, par la délicatesse supérieure de son art, et de la grossièreté gloutonne des Saxons, et de la simplicité plus que frugale des tables galloises.

CHAPITRE XIII.

Une source qui non loin de là sortait en bouillonnant d'une issue que recouvrait une large pierre moussue, rafraîchissait l'air par son murmure et le palais par son cristal limpide, en même temps qu'elle formait une citerne propre à y faire rafraîchir aussi deux ou trois flacons de vin de Gascogne et d'hippocras, boissons qui étaient à cette époque l'accompagnement nécessaire du repas du matin.

Lorsque Eveline, Rose, le chapelain, et, un peu en arrière, la fidèle nourrice, eurent pris place à ce banquet champêtre, les feuilles doucement agitées par une brise légère, l'eau murmurant à l'arrière-plan, les oiseaux gazouillant autour d'eux, tandis que le bruit des conversations et les rires qu'on entendait confusément à quelque distance annonçaient que l'escorte n'était pas loin, Bérengère ne put s'empêcher d'adresser au connétable quelques compliments bien naturels sur cet heureux choix d'un lieu de repos.

— Vous faites plus que de me rendre justice, repartit le baron ; l'endroit a été choisi par mon neveu, qui a une imagination de ménestrel. Pour moi je ne trouverais pas si aisément de telles galanteries.

Rose regarda sa maîtresse en face, comme si son regard eût voulu pénétrer jusqu'au fond de l'âme d'Eveline ; mais celle-ci répondit avec la plus grande simplicité : Et pourquoi le noble Damien ne nous a-t-il pas attendus pour partager avec nous ce repas qu'il a dirigé ?

— Il préfère prendre les devants avec quelques cavaliers, répondit le baron ; car bien que ces coquins de Gallois ne remuent pas maintenant, pourtant les frontières ne sont jamais sans bandits et sans *outlaws*. Et quoiqu'il n'y ait rien à craindre pour une troupe comme la nôtre, il ne faut pourtant pas que vous soyez alarmée même par l'approche d'un danger.

— Je n'en ai effectivement que trop vu depuis peu, repartit Eveline ; — et elle retomba dans la disposition d'esprit mélancolique d'où la nouveauté de la scène l'avait tirée pour un moment.

Le connétable, cependant, se débarrassant, avec l'aide de son écuyer, de son capuchon de mailles et du cimier d'acier qui le surmontait, ainsi que de ses gantelets, resta couvert de sa cotte de mailles flexible (entièrement composée de fins anneaux d'acier formant un véritable tissu métallique), les mains nues et le front couvert d'un bonnet de velours d'une forme particulière à l'usage des chevaliers et auquel on donnait le nom de *mortier,* ce qui lui permettait de converser et de manger plus aisément que lorsqu'il portait son armure défensive complète. Ses discours étaient simples, mâles et pleins de sens ; et comme ils roulaient sur la situation du pays et sur les précautions à prendre pour gouverner et défendre une frontière si agitée, Eveline y prit graduellement intérêt, un de ses plus ardents désirs étant de protéger efficacement les vassaux de son père. De son côté, de Lacy semblait très satisfait; car, toute jeune que fût Eveline, ses questions montraient de l'intelligence, et ses réponses annonçaient et le désir et la facilité d'apprendre. Bref, il s'établit entre eux assez de familiarité pour qu'à la seconde traite de leur voyage le connétable parût penser que sa place la plus convenable était à la bride d'Eveline; et bien qu'elle ne fît certainement rien pour encourager sa présence près d'elle, elle ne semblait pas non plus chercher à l'en éloigner. Quoique captivé à la fois par la beauté et par les qualités aimables de la jeune orpheline, de Lacy n'était pas un ardent adorateur; aussi fut-il satisfait qu'on endurât sa compagnie, et ne fit-il aucun effort pour profiter de l'occasion que lui offrait cette familiarité de revenir sur quelqu'un des sujets touchés la veille.

A midi on fit halte dans un petit village où le même pourvoyeur avait fait des préparatifs pour que rien ne manquât aux voyageurs, et plus particulièrement à lady Eveline; mais, quelque peu à la surprise de celle-ci, lui-même continua d'être invisible. La conversation du connétable de Chester était sans doute instructive au plus haut point; mais à l'âge d'Eveline une jeune fille peut être excusée de désirer parfois près d'elle un compagnon plus jeune et moins sérieux; et quand elle songeait à la régularité avec laquelle jusque là Damien Lacy était venu lui présenter ses respects, elle n'en était que plus surprise de son absence prolongée. Pourtant ses réflexions n'allaient pas au-delà du regret passager que peut éprouver quelqu'un à qui sa compagnie actuelle ne fait pas éprouver un tel plaisir qu'il ne la puisse croire susceptible d'une addition agréable. Elle prêtait une oreille patiente au compte que lui rendait le connétable de l'origine et de la généalogie d'un brave chevalier de la noble famille d'Herbert, dans le château duquel il se proposait de s'arrêter pour la nuit, quand un des hommes de la suite vint annoncer un message de la part de lady Baldringham.

— La tante de mon père, dit Eveline, se levant en signe de respect pour la vieillesse et pour les liens du sang, respect qui était requis par les mœurs du temps.

— Je ne savais pas, dit le connétable, que mon brave ami eût une telle parente.

— C'était la sœur de ma grand'mère, reprit Eveline, une noble dame saxonne; mais elle désapprouva l'alliance contractée avec une maison normande, et après le mariage de sa sœur elle ne la revit jamais.

Elle s'interrompit au moment où le messager entra. Son extérieur annonçait un intendant de bonne maison; fléchissant révérencieusement le genou, il remit une lettre dont le père Aldrovand fut chargé de donner lecture, et qui contenait l'invitation suivante, rédigée non en français, langage généralement employé par la noblesse, mais en vieux saxon, qui alors, cependant, était modifié par l'introduction d'un certain nombre de mots français.

CHAPITRE XIII.

« S'il y a encore dans la petite-fille d'Aelfreid de Baldringham assez
» de la vieille race saxonne pour qu'elle désire voir une ancienne parente
» qui réside toujours dans la maison de ses pères, et qui vit selon leurs
» mœurs, elle est invitée par la présente à se reposer pour la nuit dans
» la demeure d'Ermengarde de Baldringham. »

— Votre intention est sans doute de refuser cette hospitalité? dit le connétable de Lacy; le noble Herbert nous attend et a fait de grands préparatifs.

— Votre présence, mylord, répondit Eveline, le consolera et au-delà de mon absence. Il est convenable que je réponde aux avances de réconciliation de ma tante, puisqu'elle a eu la condescendance de les faire.

Un léger nuage passa sur le front de de Lacy, car rarement il avait rencontré quelque chose qui ressemblât à de la contradiction. — Lady Eveline, reprit-il, je vous prie de réfléchir que la maison de votre tante est probablement dépourvue de moyens de défense, ou que du moins elle est très imparfaitement gardée; — votre bon plaisir ne serait-il pas que je continuasse de veiller sur vous comme c'est mon devoir?

— C'est ce dont ma tante seule, mylord, peut être juge chez elle; et il me semble que comme elle n'a pas cru devoir requérir l'honneur de votre compagnie, il serait malséant à moi de vous permettre de prendre la peine de m'accompagner; — vous n'avez eu déjà que trop d'embarras à cause de moi.

— Mais votre sûreté, madame? répliqua de Lacy, peu disposé à résigner sa charge.

— Ma sûreté, mylord, ne peut être exposée dans la maison d'une si proche parente; les précautions qu'elle peut prendre pour elle seront sans nul doute amplement suffisantes pour moi.

— J'espère qu'il en sera ainsi; et j'y ajouterai du moins pour plus de sécurité une garde autour du château durant le temps que vous y demeurerez. Il s'arrêta; puis, reprenant avec quelque hésitation, il exprima l'espoir que se disposant à visiter une parente dont les préjugés contre la race normande étaient généralement connus, Eveline se tiendrait sur ses gardes contre ce qu'elle pourrait entendre à ce sujet.

Eveline répondit avec dignité que la fille de Raymond Bérenger ne pouvait être soupçonnée de prêter l'oreille à des opinions qui affecteraient l'honneur d'une nation dont son père était issu; et le connétable fut obligé de se contenter de cette assurance, ne voyant pas possibilité d'obtenir une réponse qui se rapportât plus spécialement à lui et à sa suite. Il réfléchit aussi que le château d'Herbert était à deux milles de l'habitation de lady Baldringham, et qu'il ne se séparait d'Eveline que pour une nuit; néanmoins le sentiment intime de leur différence d'âge, et peut-être aussi de ce qu'il lui manquait de ces qualités plus frivoles auxquelles on suppose que le cœur des femmes se laisse le plus fréquemment prendre, faisait pour lui, même de cette courte absence, un sujet d'appréhensions et de pensées inquiètes ; de sorte que pendant leur route de l'après-midi il chevaucha silencieusement aux côtés d'Eveline, réfléchissant à ce qui pourrait arriver le lendemain, plutôt qu'il ne cherchait à profiter de l'occasion présente. Ce fut ainsi qu'ils voyagèrent, jusqu'à ce qu'ils eussent atteint le lieu où ils devaient se séparer pour la nuit.

C'était un endroit élevé, d'où on pouvait voir, sur la droite, le château d'Amelot Herbert situé sur une éminence, d'où s'élançaient ses pinacles et ses tourelles gothiques ; et sur la gauche, presque cachée au milieu de bois de chênes, l'habitation isolée et d'apparence antique où lady de Baldringham maintenait les usages des Anglo-Saxons, et voyait avec haine et mépris toutes les innovations introduites depuis la bataille d'Hastings.

Arrivé là, le connétable de Lacy chargea une partie de ses gens d'escorter lady Eveline jusqu'à la maison de sa parente, et de se tenir en observation dans les environs, sans pourtant s'en rapprocher assez pour gêner la famille ou blesser sa susceptibilité ; puis il baisa la main de Bérengère, et prit congé à contre-cœur. Eveline prit un sentier assez peu battu pour montrer combien était solitaire l'habitation à laquelle il conduisait. Des vaches de très grande taille, d'une race précieuse et peu commune, paissaient dans les riches pâtures des environs ; et de temps à autre quelques daims rouges, qui semblaient avoir perdu la timidité craintive de leur nature, traversaient en bondissant les clairières du bois, ou se réunissaient en petits groupes sous quelque grand chêne. Le plaisir passager qu'une pareille scène de calme champêtre était propre à faire naître se changea en pensées plus sérieuses quand un brusque détour du chemin la plaça tout-à-coup vis-à-vis de la maison qu'elle avait complétement perdue de vue depuis le moment où elle l'avait aperçue pour la première fois à l'endroit où elle s'était séparée du connétable, et qu'elle avait plus d'une raison de regarder avec un certain sentiment de crainte.

La maison (car on ne pouvait lui donner le titre du château) ne se composait que de deux étages d'une construction basse et massive, avec des portes et des fenêtres dont la partie supérieure formait ce cintre écrasé qu'on nomme habituellement l'arche saxonne. — Les murs en étaient tapissés de diverses plantes grimpantes dont rien n'avait troublé les jets capricieux ; — l'herbe croissait jusqu'au seuil, où une corne de bœuf sauvage était suspendue par une chaîne de cuivre. Une porte massive de chêne fermait une entrée qui ressemblait fort à celle d'un sépulcre en ruines, et pas une âme ne parut pour les saluer ou les recevoir à leur arrivée.

— Si j'étais de vous, lady Eveline, dit l'officieuse dame Gillian, je tournerais bride même à présent ; car ce vieux donjon ne paraît guère propre à offrir la nourriture et l'abri à des chrétiens.

Eveline imposa silence à sa suivante indiscrète, bien qu'elle-même eût échangé avec Rose un regard où se peignait une sorte de crainte au moment où elle ordonnait à Raoul de sonner du bugle suspendu à la porte. — J'ai ouï dire, reprit-elle, que ma tante aime tant les anciens usages, qu'elle répugne à admettre chez elle quelque chose qui ne remonte pas au moins au temps d'Edouard le Confesseur.

Sur ces entrefaites, et tout en maudissant l'instrument grossier qui mettait son habileté en défaut, et au lieu de sons pleins et réguliers ne rendait qu'un rugissement aigre et discordant qui semblait ébranler les vieilles murailles malgré leur épaisseur, Raoul répéta trois fois le signal avant d'obtenir entrée. Au troisième appel la porte s'ouvrit, et une suite nombreuse de domestiques des deux sexes parut dans la salle étroite et sombre au haut de laquelle un grand feu de bois remplissait de ses longs tourbillons de flamme une antique cheminée, dont le manteau, aussi vaste qu'une de nos cuisines modernes, était orné à la partie supérieure d'ornements sculptés dans la pierre massive, et surmonté d'une longue rangée de niches, dans chacune desquelles figurait la statue refrognée de quelque saint saxon, dont on aurait peine à trouver le nom barbare dans le calendrier romain.

Le même officier qui avait apporté à Eveline l'invitation de sa maîtresse s'avança alors. Eveline crut que c'était pour l'aider à descendre de sa monture ; mais c'était en réalité pour conduire par la bride le palefroi lui-même dans la salle dallée jusqu'à une plate-forme élevée ou dais où il lui fut enfin permis de mettre pied à terre. Deux matrones avancées en âge, et quatre jeunes femmes de naissance noble élevées par les soins d'Ermengarde, entourèrent respectueusement la parente de leur maîtresse. Eveline allait s'enquérir de sa grand'tante, mais les matrones portèrent un doigt à leurs lèvres comme pour lui enjoindre le silence ; et ce geste, joint à la singularité de sa réception à d'autres égards, ajouta encore à la curiosité qu'elle avait de voir sa vénérable parente.

Cette curiosité fut bientôt satisfaite. Une porte à deux battants s'ouvrit non loin de la plate-forme où le groupe se trouvait, et Eveline fut introduite dans une vaste pièce très basse, tendue de tapisseries, à l'extrémité supérieure de laquelle, sous une espèce de baldaquin, était assise la vieille dame de Baldringham. Ses quatre-vingts ans n'avaient pas éteint le feu de ses yeux ni diminué un pouce de sa majestueuse stature, et ses cheveux gris étaient encore assez abondants pour lui former une coiffure où on avait entrelacé une guirlande de feuilles de lierre. Sa longue robe de couleur sombre retombait en larges plis, et la ceinture brodée qui les rassemblait autour de sa taille était serrée par une boucle d'or enchâssée de pierres précieuses qui valaient la rançon d'un comte.

Ses traits avaient autrefois été beaux, ou plutôt imposants, et ils avaient encore, quoique flétris et ridés, un caractère de grandeur austère et mélancolique tout-à-fait en harmonie avec son costume et son attitude. Elle tenait à la main une baguette d'ébène; à ses pieds reposait un vieux chien-loup de très grande taille, qui dressa les oreilles et hérissa son poil en entendant un pas étranger, bruit si rare dans ces salles, approcher du siége où sa vieille maîtresse se tenait immobile.

— Paix, Thryme! dit la vénérable dame; et toi, fille de la maison des Baldringham, approche et ne crains pas leur vieux serviteur.

À la voix de sa maîtresse, le chien reprit sa première posture, et sans le feu sombre de son regard on aurait pu le prendre pour un emblème hiéroglyphique couché aux pieds de quelque ancienne prêtresse d'Odin ou de Freya, tant l'extérieur d'Ermengarde, avec sa baguette et sa guirlande, répondait aux idées que l'on peut se faire des temps du paganisme. Néanmoins, celui qui aurait ainsi jugé d'elle aurait été en cela fort injuste envers une vénérable matrone chrétienne, qui avait donné bien des *hide* de terre à la sainte Eglise, en l'honneur de Dieu et de saint Dunstan.

L'accueil qu'Eveline reçut d'Ermengarde eut ce même caractère de roideur surannée qu'offraient sa maison et son extérieur. Elle ne se leva pas d'abord de son siége quand sa noble nièce s'approcha d'elle, et elle ne reçut même pas l'embrassement qu'Eveline se disposait à lui donner; mais lui posant une main sur le bras au moment où elle s'avançait, elle l'arrêta devant elle, et se mit à examiner ses traits avec la plus minutieuse attention.

— Berwine, dit-elle à celle de ses deux femmes qui paraissait être sa favorite, notre nièce a la carnation et les yeux de la race saxonne; mais elle tient de l'étranger la nuance de ses sourcils et de ses cheveux.

— Tu es néanmoins la bienvenue dans ma maison, jeune fille, ajouta-t-elle en s'adressant à Eveline, surtout si tu peux endurer de t'entendre dire que tu n'es pas une créature absolument parfaite, comme les flatteurs qui t'entourent t'ont sans doute appris à le croire.

Elle se leva enfin en prononçant ces mots, et embrassa sa nièce au front. Elle n'en continua pas moins de lui tenir le bras, et l'attention que jusque là elle avait donnée aux traits d'Eveline se porta sur ses vêtements.

— Saint Dunstan nous préserve de vanité! dit-elle; voilà donc la nouvelle mode! — et de modestes jeunes filles portent de pareilles tuniques, qui dessinent leurs formes (sainte Marie nous protège!) comme si elles étaient absolument sans vêtements! Et voyez, Berwine, ces futilités qu'elle porte au cou, et le cou lui-même découvert jusqu'à l'épaule! — Ce sont là les modes que les étrangers ont apportées dans la Joyeuse Angleterre! Et cette poche, qui ressemble à une gibecière de jongleur, n'a guère affaire avec les soins du ménage, je pense bien; et puis cette

CHAPITRE XIII.

dague, pareille à celle de la femme d'un ménestrel courant une mascarade en habits d'homme! — Vas-tu donc quelquefois à la guerre, jeune fille, que tu portes de l'acier à ta ceinture?

Eveline, non moins surprise que blessée de cet inventaire désobligeant de sa mise, répondit à la dernière question avec une certaine vivacité. — La mode peut avoir changé, madame, dit-elle; mais je ne porte que les vêtements que portent aujourd'hui les personnes de mon âge et de ma condition. Quant au poignard, sous votre bon plaisir, il n'y a pas encore bien des jours que je le regardais comme ma dernière ressource contre le déshonneur.

— La jeune fille parle bien et hardiment, Berwine, reprit dame Ermengarde; et à vrai dire, si nous passons sur quelques unes de ces vaines friperies, elle est mise d'une manière qui lui sied. — Ton père, à ce que j'ai ouï dire, est tombé en chevalier sur le champ de bataille.

— Oui, madame, répondit Eveline, dont les yeux se remplirent de larmes au souvenir de sa perte récente.

— Je ne l'ai jamais vu, continua dame Ermengarde; il avait le mépris qu'ont toujours eu les Normands pour la race saxonne, avec laquelle ils ne s'allient que par intérêt, comme la ronce s'attache à l'orme. — Ne cherche pas à le justifier, ajouta-t-elle, voyant qu'Eveline allait parler; j'ai connu l'esprit normand bien des années avant que tu ne fusses née.

En ce moment, l'intendant parut dans la chambre, et après une longue génuflexion il demanda à sa maîtresse quelles étaient ses intentions au sujet de la garde de soldats normands qui était restée en dehors de la maison.

— Des soldats normands si près de la maison de Baldringham! s'écria la vieille dame avec colère; qui les amène ici, et dans quel dessein'

— Je crois qu'ils sont venus pour servir d'escorte et de garde à cette gracieuse [1] jeune dame, répondit l'intendant.

— Quoi, ma fille, reprit Ermengarde d'un ton où la tristesse se mêlait au reproche, n'oses-tu demeurer une nuit sans gardes dans le château de tes ancêtres?

— A Dieu ne plaise! dit Eveline. Ces hommes ne sont ni à moi ni sous mes ordres. Ils font partie de la suite du connétable de Lacy, qui les a chargés de veiller autour du château, pensant qu'il pouvait y avoir quelque chose à craindre des voleurs.

— Les voleurs n'ont jamais fait de tort à la maison de Baldringham, depuis qu'un voleur normand lui déroba son trésor le plus précieux dans la personne de ton aïeule, répliqua Ermengarde. — Ainsi donc, pauvre oiseau, tu es déjà captive, — tu ne peux déjà voltiger que d'une aile! Mais c'est ton lot, et pourquoi m'en étonnerais-je ou m'en plain-

---

[1] Gracieuse doit se prendre ici dans un sens de courtoisie. C'est dans ce sens que le terme de *Votre Grâce* s'est conservé dans le vocabulaire du cérémonial anglais. (L. V.)

drais-je? Une jolie jeune fille, quand elle a eu un riche douaire, n'a-t-elle pas toujours été destinée dès sa première enfance à quelqu'un de ces roitelets qui ne nous permettent de regarder comme nôtre rien de ce que leurs passions peuvent convoiter? Hé bien, — je ne puis te donner aide; — je ne suis qu'une pauvre femme négligée, faible de sexe et d'âge. — Et duquel de ces de Lacy es-tu destinée à devenir le souffre-douleur domestique?

Une question ainsi posée, et par une femme dont les préventions avaient un caractère si décidé, ne devait pas être de nature à tirer d'Eveline l'aveu des véritables circonstances où elle se trouvait placée; car il n'était que trop clair que sa parente saxonne n'aurait pu lui donner ni bons conseils ni assistance efficace. Elle répondit donc en peu de mots que comme les de Lacy, et les Normands en général, étaient mal vus de sa tante, elle allait prier le chef du détachement de se tenir à une plus grande distance de Baldringham.

— Non, ma nièce, répliqua la vieille dame; comme nous ne pouvons échapper au voisinage des Normands, ni éviter le son de leur couvre-feu, peu importe qu'ils soient plus près ou plus loin de nos murs, pourvu qu'ils n'y entrent pas. — Berwine, dites à Hundwolf d'abreuver les Normands de boisson et de les gorger de nourriture, — de la meilleure nourriture et de la boisson la plus forte. Qu'ils ne disent pas que la vieille Saxonne est chiche de son hospitalité. Qu'on mette une pièce de vin en perce, car je garantis que leurs nobles estomacs ne supportent pas l'ale.

Berwine, son énorme trousseau de clefs résonnant à sa ceinture, sortit pour donner les instructions nécessaires, et rentra presque aussitôt. Pendant ce temps Ermengarde continua de questionner sa nièce avec encore plus d'insistance : — Est-ce que tu ne veux pas ou ne peux pas me dire duquel de ces de Lacy tu dois être la très humble servante? — Est-ce de ce présomptueux connétable, qui, enfermé dans son armure impénétrable comme dans un étui, et monté sur un cheval agile et vigoureux aussi invulnérable que son maître, s'enorgueillit de fouler aux pieds de son cheval et de pourfendre à son aise et en parfaite sécurité les Gallois presque nus? — ou est-ce de son neveu, l'imberbe Damien? — ou bien tes possessions doivent-elles aller réparer la fortune délabrée de cet autre cousin, le dissipateur ruiné, qui ne peut plus, faute de ressources, se pavaner parmi ces croisés débauchés?

— Mon honorée tante, répondit Eveline, à qui, naturellement, ces discours devaient déplaire, votre nièce ne deviendra le souffre-douleur domestique d'aucun des de Lacy, ni, je l'espère, de personne autre, Normand ou Saxon. Avant la mort de mon honoré père, il y avait eu quelques arrangements pris entre lui et le connétable, ce qui fait que quant à présent je ne puis me refuser à ses soins; mais quant à leur résultat, c'est le destin qui en décidera.

— Mais je puis te montrer, ma nièce, de quel côté penche la balance du destin, dit Ermengarde d'un ton de voix bas et mytérieux. Ceux qui nous sont unis par les liens du sang ont en quelque sorte le privilége de plonger leurs regards au-delà du temps présent, et de voir en bouton les épines ou les fleurs qui doivent un jour former leur couronne.

— Pour mon compte, noble parente, repartit Eveline, je refuserais ce don de lire dans l'avenir, lors même qu'il serait possible d'acquérir une telle connaissance sans transgresser les règles de l'Église. Si j'avais pu savoir d'avance ce qui m'est arrivé dans les malheureux jours qui viennent de s'écouler, j'aurais perdu la jouissance de tous les moments de bonheur que j'ai connus auparavant.

— Néanmoins, ma fille, il faut que dans cette maison tu te conformes, comme toutes celles de ta famille, à l'usage de passer une nuit dans la chambre du Doigt-Sanglant. — Berwine, veille à ce qu'on la prépare pour ma nièce.

— J'ai.... j'ai ouï parler de cette chambre, gracieuse tante, dit timidement Eveline, et si tel était votre bon plaisir j'aimerais autant passer la nuit ailleurs. Ma santé a souffert des périls et des fatigues que j'ai endurés depuis peu, et avec votre permission je remettrai à une autre fois le devoir de me conformer à un usage que j'ai ouï dire être particulier aux filles de la maison de Baldringham.

— Et auquel vous vous soustrairiez néanmoins volontiers, repartit la vieille dame saxonne en fronçant les sourcils d'un air mécontent. Pareille désobéissance n'a-t-elle pas déjà coûté assez cher à votre maison?

— Vraiment, honorée et gracieuse dame, dit Berwine, qui ne put s'empêcher d'intervenir, quoiqu'elle connût bien l'opiniâtreté de sa maîtresse, cette chambre est en fort mauvais état, et il ne serait pas aisé de la disposer en si peu de temps pour lady Eveline; et la noble demoiselle est si pâle et a tant souffert depuis peu, que mon avis serait, s'il m'était permis de dire mon sentiment, qu'on ferait bien de retarder l'épreuve.

— Tu es une folle, Berwine, dit la vieille dame avec sévérité; penses-tu que j'attirerai la colère et le malheur sur ma maison, en souffrant que cette petite fille la quitte sans avoir rendu l'hommage habituel au Doigt-Sanglant? Allons, — que la chambre soit tenue prête; — il ne faudra pas de grands préparatifs, à moins qu'elle ne soit aussi difficile que les Normands sur son coucher et son logement. Pas de réplique; fais ce que je t'ordonne. — Et vous, Eveline, êtes-vous tellement dégénérée de l'énergie et du courage de vos ancêtres, que vous n'osiez passer quelques heures dans une vieille chambre?

— Vous êtes mon hôtesse, gracieuse dame, et c'est à vous de m'assigner l'appartement que vous jugerez convenable; — j'ai en moi le courage que peut donner l'innocence, et quelque orgueil de sang et de naissance. Ce courage a été depuis peu cruellement éprouvé; mais puisque tel est votre bon plaisir et l'usage de votre maison, mon cœur est encore assez fort pour affronter l'épreuve à laquelle vous vous proposez de me soumettre.

Elle se tut d'un air mécontent ; car la manière d'être de sa tante à son égard lui paraissait jusqu'à un certain point aussi dure que peu hospitalière. Et cependant quand elle put réfléchir aux circonstances sur lesquelles était fondée la légende de la chambre qui lui était destinée, elle ne put se refuser à la pensée que la conduite de lady de Baldringham était justifiée par de bonnes raisons, eu égard aux traditions de la famille et à la croyance du temps, qu'Eveline elle-même partageait comme tous les autres.

CHAPITRE XIV.

> Parfois il me semble entendre les gémissements des esprits, puis des voix sourdes et creuses et des cris lamentables ; puis, comme un écho lointain et mourant, la voix de ma mère qui me crie : Ne te marie pas, Almeyda ! — tu es avertie, Almeyda ; ce mariage est un crime.
> *Don Sébastien.*

La soirée qu'Eveline passa à Baldringham lui aurait paru d'une longueur accablante et insupportable, si l'appréhension d'un danger ne faisait passer le temps avec rapidité entre nous et l'heure qu'on redoute ; et si Eveline trouvait peu d'intérêt et d'amusement dans la conversation de sa tante et de Berwine, conversation qui roulait sur la longue suite de leurs ancêtres depuis le belliqueux Horsa, sur les hauts faits des guerriers saxons et les miracles de leurs moines, elle aimait encore mieux écouter ces légendes que de penser d'avance à l'appartement redouté qu'on lui destinait pour la nuit. On n'avait cependant négligé aucun des moyens de distraction que la maison de Baldringham pouvait fournir pour abréger la soirée. Un somptueux repas, béni par un vieux moine saxon à l'air grave, le chapelain de la maison, repas qui aurait pu suffire à vingt hommes affamés, fut servi devant Ermengarde et sa nièce, dont les seuls assistants, outre le révérend père, étaient Berwine et Rose Flammock. Eveline était d'autant moins disposée à faire honneur à cet excès d'hospitalité, que les plats étaient tous de cette nature substantielle et grossière qu'aimaient les Saxons, mais qui contrastait désavantageusement avec la cuisine délicate et recherchée des Normands, de même que la quantité modérée de vin de Gascogne léger et parfumé qu'elle prenait d'habitude en le tempérant avec plus de moitié d'eau pure, lui faisait paraître insupportable l'ale forte, le pigment épicé, l'hippocras au goût relevé, et les autres boissons énergiques que l'intendant Hundwolf lui offrait vainement l'une après l'autre, en honneur de l'hospitalité de Baldringham.

Les autres amusements préparés n'étaient pas plus en rapport avec les goûts d'Eveline que la lourde profusion du dîner de sa tante. Lorsqu'on eut enlevé les ais et les tréteaux sur lesquels la réfection avait été servie, les domestiques, sous la direction de l'intendant, allumèrent plusieurs longues torches en cire, dont l'une était graduée à l'effet de mesurer la durée du temps et de le diviser en portions. Ces divisions étaient annoncées au moyen de boules de cuivre suspendues à la torche par des fils, entre lesquels l'intervalle était calculé de manière à ce que ces portions de la torche missent à brûler un temps déterminé ; de telle sorte que quand la flamme atteignait le fil, et que les boules tombaient l'une après l'autre dans un bassin d'airain placé pour les recevoir, l'office d'une horloge moderne était jusqu'à un certain point rempli. Cette lumière éclaira les dispositions de la soirée.

L'antique fauteuil large et élevé où se tenait Ermengarde fut poussé, selon l'ancien usage, du milieu de la pièce au coin le plus chaud d'une vaste grille chargée d'un grand feu de charbon, et sa visiteuse fut placée à sa droite comme à la place d'honneur. Berwine fit alors ranger dans l'ordre convenable les femmes de la maison, et après s'être assurée que chacune d'elles était occupée de sa tâche, elle-même s'assit et prit sa quenouille et son fuseau. Les hommes, formant un cercle plus éloigné, se mirent, sous la direction de l'intendant Hundwolf, à réparer leurs instruments de labour ou à fourbir leurs armes de chasse. Pour l'amusement de la famille ainsi assemblée, un vieux *gleeman*[1] chanta, en s'accompagnant d'une harpe à quatre cordes, une longue et interminable légende sur quelque sujet religieux, presque inintelligible pour Eveline à raison de l'extrême affectation du poëte, qui, pour multiplier les allitérations, figure que l'on regardait comme un des grands ornements de la poésie saxonne, avait sacrifié le sens au son, et employé les mots dans l'acception la plus forcée et la plus éloignée, pourvu que de gré ou de force il pût les enrôler à son service. Et puis, à cette première cause d'obscurité se joignaient encore celles qui provenaient de l'élision et de l'emploi des épithètes les plus extravagantes et les plus hyperboliques.

Eveline, quoique familière avec l'idiome saxon, cessa bientôt d'écouter le chanteur ; elle songea un moment aux gais *fabliaux* et aux *lais* riches d'imagination des ménestrels normands, puis sa pensée se reporta avec une appréhension pleine d'anxiété sur la visite surnaturelle à laquelle elle pourrait être exposée dans la chambre mystérieuse où elle était condamnée à passer la nuit.

L'heure de la séparation approcha enfin. La dernière boule suspendue à la torche presque consumée retentit bruyamment, une demi-heure avant minuit, dans le bassin d'airain placé au-dessous, et annonça à tous le moment du repos. Le vieux *gleeman* s'arrêta immédiatement au milieu d'une stance, et chacun fut sur pied à ce signal, les uns pour se retirer à leurs chambres, d'autres allumant des torches

---

[1] Ménestrel saxon. L. V.)

ou portant des lampes devant les visiteurs pour les conduire aux endroits où ils devaient prendre du repos. Plusieurs femmes, notamment, étaient chargées d'accompagner lady Eveline jusqu'à la chambre qui lui était destinée. Sa tante prit solennellement congé d'elle, lui baisa le front après y avoir tracé le signe de la croix, et lui dit ensuite à l'oreille : — Aie courage et sois heureuse !

— Est-ce que ma femme de chambre[1], Rose Flammock, ou ma femme d'atours[2], dame Gillian, la femme de Raoul, ne peuvent rester avec moi cette nuit dans l'appartement ? demanda Eveline.

— Flammock ! — Raoul ! répéta aigrement Ermengarde ; est-ce donc ainsi que ta maison est composée ? Les Flamands sont la paralysie de la Bretagne, et les Normands la fièvre chaude !

— Et le pauvre Gallois ajoutera que les Anglo-Saxons, qui en furent la première maladie, ressemblaient à une peste dévastatrice, dit Rose, en qui l'humeur commençait à surmonter le respect craintif que lui avait inspiré la vieille dame saxonne.

— Tu es trop hardie, mignonne, repartit lady Ermengarde en regardant la jeune Flamande d'un air mécontent ; — et pourtant il y a de l'esprit dans tes paroles. Saxons, Danois et Normands ont successivement roulé comme des vagues sur le pays, tous assez forts pour envahir, et manquant de prudence pour conserver. Quand en sera-t-il autrement ?

— Quand Saxons, Bretons, Normands et Flamands auront appris à se donner un seul et même nom, et se regarderont comme les enfants de la terre où ils seront nés, répondit hardiment Rose.

— Ha ! exclama lady Baldringham d'un ton demi-surpris, demi-satisfait. Puis se tournant vers sa nièce, elle reprit : — Il y a des paroles et de l'esprit dans cette jeune fille ; veille à ce qu'elle en use, mais à ce qu'elle n'en abuse pas.

— Elle est aussi bonne et aussi fidèle que prompte à la répartie, dit Eveline. Je vous en prie, ma bonne tante, laissez-moi sa compagnie pour cette nuit.

— Cela ne peut se faire ; — ce serait dangereux pour l'une et pour l'autre. Il faut que vous appreniez seule votre destinée, comme l'ont fait toutes les femmes de notre famille, excepté votre grand'mère ; et qu'est-il résulté pour elle d'avoir négligé les règles de notre maison ? Voyez ! voici devant moi sa descendante orpheline à la fleur de l'âge.

— Hé bien donc, j'irai, dit Eveline avec un soupir de résignation ;

---

[1] *Bower maiden.*

[2] *Tirewoman.* Au sujet de cette qualification, ainsi que de la précédente, il est à peine nécessaire de faire remarquer au lecteur que les dénominations modernes par lesquelles il nous faut les rendre sont sûrement loin de répondre exactement à l'idée qu'on peut se former de ces sortes de fonctions à l'époque dont il s'agit, insuffisance à laquelle l'imagination du lecteur suppléera aisément. (L. V.)

et il ne sera jamais dit que je me serai exposée à des malheurs à venir pour fuir une terreur présente.

— Vos femmes pourront occuper l'antichambre, reprit Ermengarde, et elles seront presque à portée de vous entendre. Berwine va vous conduire à l'appartement : — moi je ne le puis; car, vous le savez, ceux qui y sont une fois entrés ne peuvent y retourner. Adieu, mon enfant, et que le Ciel te bénisse!

Avec plus d'émotion et de sympathie qu'elle n'en avait encore montré, lady Baldringham embrassa de nouveau Eveline ; puis elle lui fit signe de suivre Berwine, qui, précédée de deux femmes portant des torches, l'attendait pour la conduire à l'appartement redouté.

A la lueur de ces torches, tombant sur les murs grossièrement construits de deux longs corridors voûtés, ils en parcoururent les détours sinueux, et descendirent ensuite quelques marches d'un escalier tournant dont les degrés inégaux et raboteux attestaient l'antiquité; de là ils arrivèrent à une chambre assez grande située dans la partie la plus basse de l'édifice, et à laquelle une vieille tapisserie, un feu vif dans le foyer, et les rayons de la lune pénétrant à travers les étroits vitraux d'une fenêtre antique dont les rameaux d'une plante grimpante garnissaient le pourtour, donnaient une apparence assez confortable.

— Voici l'endroit où reposeront les femmes de votre suite, dit Berwine; et elle montrait à Eveline les couches que l'on avait préparées pour Rose et dame Gillian. Nous, ajouta-t-elle, nous allons plus loin.

Elle prit alors une torche des mains d'une des deux jeunes filles qui les avaient précédées, et qui l'une et l'autre semblaient sous l'impression d'une frayeur qui se communiqua aisément à dame Gillian, quoique probablement elle n'en connût pas la cause. Mais Rose Flammock, moins aisément intimidée, n'hésita pas à suivre sa maîtresse, à qui Berwine venait d'ouvrir une petite porte placée à une des extrémités de la chambre et dont la surface était garnie de nombreuses têtes de clous; cette porte ouvrait sur une seconde antichambre plus petite que la première, au fond de laquelle était une autre porte semblable. Ce cabinet avait aussi sa fenêtre tapissée de plantes grimpantes, et, comme la pièce qui précédait, elle était faiblement éclairée par les rayons de la lune.

Berwine s'arrêta. — Pourquoi nous suit-elle? demanda-t-elle à Eveline en désignant Rose.

— Pour partager le danger de ma maîtresse, quel qu'il soit, répondit Rose avec la résolution qui la caractérisait. — Parlez, ma chère maîtresse, dit-elle en saisissant la main d'Eveline ; dites que vous n'éloignerez pas votre Rose de vous. Si j'ai l'esprit moins haut placé que les femmes de votre race renommée, j'ai de la hardiesse et de la promptitude pour tout service honnête. — Vous tremblez comme la feuille! n'entrez pas dans cette chambre — ne vous laissez pas imposer par cet appareil pompeux de préparatifs effrayants. Bravez cette superstition surannée, et, je crois, à demi-païenne.

— Il faut que lady Eveline y entre, mignonne, répliqua Berwine d'un ton sévère; il faut qu'elle y entre sans s'y faire accompagner d'une impertinente conseilleuse.

— Il *faut* qu'elle y entre, — il *faut* qu'elle y entre! est-ce là le langage qu'on doit tenir à une demoiselle noble et libre? — Ma bonne maîtresse, faites seulement le moindre geste pour me montrer que vous le désirez, et nous allons mettre à l'épreuve leur *il faut* qu'elle y entre. Je vais appeler de la fenêtre les cavaliers normands, et leur dire qu'au lieu d'être entrées dans une maison hospitalière, nous sommes tombées dans une caverne de sorcières.

— Silence, insensée! s'écria Berwine, dont la voix tremblait de colère et de crainte; vous ne savez pas qui habite la chambre voisine!

— Je vais appeler des gens qui l'auront bientôt vu, repartit Rose en courant à la fenêtre; mais Eveline, la saisissant à son tour par le bras, l'obligea de s'arrêter.

— Je te remercie de ton affection, Rose, lui dit-elle; mais en cette occasion elle ne peut m'être d'aucun secours. Celle qui passe le seuil de cette porte doit le passer seule.

— En ce cas je vais entrer à votre place, ma chère maîtresse. Vous êtes pâle, — vous êtes froide, — vous mourrez de terreur si vous y allez. Il peut y avoir autant de supercherie que de surnaturel en tout ceci; — moi on ne me trompera pas. — Ou si quelque esprit malfaisant demande une victime, il vaut mieux que ce soit Rose que sa maîtresse.

— Assez, assez, dit Eveline, rappelant son énergie; vous me rendez honteuse de moi-même. Ceci est une ancienne épreuve qui regarde les femmes issues de la maison de Baldringham jusqu'au troisième degré, et qui ne regarde qu'elles. Il est vrai que dans les circonstances où je me trouve je ne m'attendais pas à être appelée à la subir; mais puisque l'heure m'appelle, je vais à sa rencontre aussi courageusement qu'aucune de mes ancêtres.

A ces mots elle prit la torche des mains de Berwine, lui souhaita le bonsoir ainsi qu'à Rose, et se dégageant doucement de celle-ci, elle pénétra dans la chambre mystérieuse. Rose la suivit d'assez près pour voir que c'était une pièce de moyenne grandeur, semblable à celle où elle se trouvait avec Berwine, et recevant de même la lumière de la lune par une fenêtre donnant du même côté que les deux précédentes. Elle n'en put voir davantage, car Eveline se retourna sur le seuil, la repoussa doucement, tout en l'embrassant, dans la petite antichambre, puis ferma la porte de communication et en tira le verrou, comme pour se mettre à l'abri de toute indiscrète tentative suggérée par l'attachement de son affectionnée Rose.

Berwine exhorta alors celle-ci, au nom du prix qu'elle attachait à la vie, à se retirer dans la première antichambre où les lits étaient préparés, et à se livrer, sinon au repos, du moins au silence et à la prière. Mais la fidèle Flamande se refusa obstinément à ses supplications et résista à ses ordres.

— Ne me parlez pas de dangers, dit-elle; je reste ici afin d'être du moins à portée d'entendre la voix de ma maîtresse si elle était menacée, et malheur à ceux qui lui feraient le moindre mal! — Faites attention que vingt lances normandes entourent cette demeure inhospitalière, prêtes à venger tout outrage qui serait fait à la fille de Raymond Bérenger.

— Réservez vos menaces pour des êtres mortels, répliqua Berwine à voix basse, mais d'un ton pénétrant; celui à qui appartient cette chambre ne les craint pas. Adieu; — que le danger auquel tu t'exposes retombe sur ta tête!

Elle sortit, laissant Rose étrangement agitée de ce qui s'était passé, et quelque peu effrayée de ces dernières paroles.

— Ces Saxons, après tout, ne sont qu'à demi convertis, se dit la jeune fille en elle-même, et ils conservent nombre de leurs vieux rites sortis de l'enfer dans le culte des esprits élémentaires. Leurs saints mêmes ne ressemblent aux saints d'aucun pays chrétien, et ont en quelque sorte dans leur air je ne sais quoi de sauvage et de diabolique; — jusqu'à leurs noms ont un arrière-goût de paganisme. C'est une terrible chose d'être seule ici, — et tout est silencieux comme la mort dans la chambre où mylady a été si étrangement forcée d'entrer. Appellerais-je Gillian? — mais non; — elle n'a ni bon sens, ni courage, ni principes pour m'être de quelques secours dans une occasion telle que celle-ci : — mieux vaut être seule que d'avoir une fausse amie pour compagne. Je vais voir si les Normands sont à leur poste, puisque c'est sur eux qu'il me faudrait compter si le moment du besoin arrivait.

Cette réflexion conduisit Rose Flammock à la fenêtre de la petite chambre, afin de s'assurer de la vigilance des sentinelles, et de tâcher de découvrir sur quel point le gros du détachement s'était établi. La lune était dans son plein, et lui permit de reconnaître exactement les dehors de la maison. En premier lieu elle vit avec un certain désappointement qu'au lieu d'être aussi rapprochée du sol qu'elle l'avait supposé, la rangée de fenêtres qui éclairait et les deux premières pièces et la chambre mystérieuse, donnait sur un ancien fossé qui les séparait du terrain environnant. La défense qu'offrait ce fossé semblait avoir été depuis long-temps négligée, et le fond, entièrement à sec, était couvert en beaucoup d'endroits de broussailles et d'arbres bas, qui touchaient au mur du château, et au moyen desquels il semblait à Rose qu'il eût été facile d'escalader les fenêtres et de pénétrer dans la maison. L'espace qui s'étendait au-delà était presque entièrement découvert, et la clarté de la lune se reposait sur un gazon frais et serré, mêlée aux ombres prolongées qu'y projetaient les tours et les arbres. Au-delà de cette esplanade s'étendait la forêt, dont les sombres abords étaient bordés çà et là d'un petit nombre de chênes gigantesques individuellement parsemés, semblables à des champions qui s'avancent au front d'une armée rangée en bataille pour jeter de là leurs défis à l'ennemi.

La beauté d'une pareille scène, le silence et le calme profond de tout ce qui l'entourait, et les réflexions plus mûres que cette vue lui inspira, calmèrent jusqu'à un certain point dans l'esprit de Rose les appréhensions que les incidents de la soirée lui avaient fait concevoir. — Après tout, se dit-elle, pourquoi serais-je si inquiète sur le compte de lady Eveline? Parmi ces fiers Normands et ces Saxons bourrus il y a à peine une seule famille de note qui ne veuille se distinguer des autres par quelque observance qui lui soit particulière, comme s'ils dédaignaient d'aller au Ciel aussi uniment qu'une pauvre simple Flamande telle que moi. —Si seulement je pouvais voir une sentinelle normande, je serais tout-à-fait rassurée sur la sûreté de ma maîtresse. — En voilà une là-bas qui se promène le long de l'ombre, enveloppée dans son grand manteau blanc, avec sa lance dont la pointe est argentée par la lune. — Holà, sire cavalier!

Le Normand se détourna à cet appel et s'approcha du fossé. — Que désirez-vous, demoiselle? demanda-t-il.

—La fenêtre qui vient après la mienne est celle de lady Eveline Bérengère, que vous êtes chargé de garder. Vous plairait-il de veiller attentivement sur ce côté du château?

— N'en doutez pas, mylady, répondit le cavalier; et s'enveloppant de sa longue *chape*, surtout dont se couvraient les soldats pendant leurs factions, il se rapprocha d'un grand chêne qui s'élevait à quelque distance, et se tint là les bras croisés, appuyé sur sa lance, et ressemblant plutôt à un trophée d'armes qu'à un soldat vivant.

Enhardie par la certitude qu'en cas de nécessité le secours était sous la main, Rose rentra dans sa petite chambre, et, après avoir prêté l'oreille pour s'assurer qu'aucun bruit ni aucun mouvement ne se faisaient entendre dans celle d'Eveline, elle commença à faire quelques préparatifs pour prendre elle-même un peu de repos. A cet effet, elle retourna dans la première pièce, où dame Gillian, dont la frayeur avait cédé aux effets soporifiques d'une copieuse libation de *lithe-alos* (ale douce de la meilleure qualité), dormait d'un sommeil aussi profond que pouvait le procurer cette généreuse boisson saxonne.

Tout en murmurant avec indignation contre l'indolence indifférente de dame Gillian, Rose enleva la couverture de la couche restée vide qu'on lui avait destinée, et la traînant avec elle dans la seconde antichambre, où elle avait réuni en un monceau les herbes sèches qui jonu chaient le plancher, elle s'y forma une sorte de lit, sur lequel, demi-assise et demi-couchée, elle résolut de passer la nuit, afin de veiller sur sa maîtresse d'aussi près que les circonstances le lui permettaient.

Dans cette position, et les yeux fixés sur la pâle planète qui voguait dans tout son éclat à travers la plaine azurée des airs, elle se promit que le sommeil ne fermerait pas ses paupières avant que les premières lueurs de l'aube ne fussent venues l'assurer qu'Eveline n'avait plus rien à craindre.

Ses pensées, cependant, se reportaient sur le monde immatériel et sans limites qui est au-delà du tombeau, et sur la grande question, peut-être encore indécise, de savoir si la séparation entre les habitants de ce monde des esprits et ceux de notre sphère temporelle est absolue et irrévocable, ou s'ils continuent, influencés par des motifs que nous ne pouvons apprécier, d'entretenir des communications avec les êtres terrestres de chair et de sang. En nier la possibilité dans ce siècle des croisades et de miracles, c'eût été s'exposer à l'accusation d'hérésie; mais la solidité du bon sens de Rose la conduisit du moins à douter que ces interventions surnaturelles pussent être fréquentes, et elle se rassura par la pensée, que contredisaient cependant ses tressaillements et ses frissons involontaires au moindre bruit des feuilles agitées par le vent, qu'en se soumettant à l'accomplissement du rite qui lui était imposé Eveline ne courait aucun danger réel, et ne faisait que sacrifier à une vieille superstition de famille.

A mesure que cette conviction se fortifiait dans l'esprit de Rose, ses projets de vigilance s'affaiblissaient de plus en plus; — ses pensées erraient sur des objets vers lesquels elles n'étaient pas dirigées, comme des moutons échappant à la surveillance du berger; — ses yeux ne lui transmettaient plus l'impression nette et distincte du globe argenté sur lesquels ils étaient toujours fixés. A la fin ils se fermèrent; et, assise sur sa couche improvisée, le dos appuyé au mur et les bras en croix sur sa poitrine, Rose Flammock s'endormit profondément.

Son sommeil fut interrompu d'une manière effrayante par un cri aigu et perçant parti de la chambre où reposait sa maîtresse. Sauter sur ses pieds et courir à la porte fut l'affaire d'un instant pour la généreuse fille, qui ne souffrait jamais que la crainte luttât en elle avec le sentiment de l'attachement et du devoir. La porte était barrée et verrouillée; et un second cri plus faible, ou plutôt un gémissement, sembla dire qu'il fallait que le secours fût immédiat, ou qu'il serait inutile. Rose se précipita alors à la fenêtre, et appela à grands cris le soldat normand, qui gardait encore sa première position sous le vieux chêne, où il était aisé de le distinguer à son ample manteau blanc.

A ce cri : Au secours! au secours! — on assassine lady Eveline! — l'apparente statue retrouva tout-à-coup son activité. Le Normand accourut avec la rapidité du meilleur coursier jusqu'au bord du fossé, et se mit en devoir de le traverser à l'endroit même où Rose, à la fenêtre ouverte, l'excitait de la voix et du geste à se hâter.

— Pas ici! — pas ici! s'écria-t-elle avec précipitation et d'une voix presque éteinte, lorsqu'elle le vit se diriger vers elle ; — la fenêtre à droite, — escaladez-la au nom du Ciel, et ouvrez la porte de communication!

Le soldat parut la comprendre ; — il s'élança dans le fossé sans hésiter, s'aidant pour descendre des branches de quelques arbres. Un moment il disparut au milieu des broussailles ; mais presque aussitôt Rose l'aperçut de nouveau à sa droite et près de la fenêtre du fatal appartement, où il était sur le point d'atteindre au moyen d'un chêne nain dont les branches lui servaient d'appui. Une crainte restait : — la fenêtre pouvait être fortement assujettie à l'intérieur. — Mais non! — elle céda au premier effort du Normand, et ses ferrures usées par le temps tombèrent en dedans avec un fracas auquel le sommeil même de dame Gillian ne put résister.

Poussant cri sur cri, selon l'usage ordinaire des sots et des lâches, elle quittait l'antichambre et entrait dans le second cabinet au moment où s'ouvrait la porte d'Eveline, et où le soldat en sortait portant dans ses bras le corps inanimé et à demi vêtu de la jeune orpheline. Sans prononcer un mot, il la déposa entre les bras de Rose, et toujours avec la même précipitation, il disparut par la fenêtre ouverte d'où Rose l'avait appelé.

Gillian, à demi folle de frayeur et de surprise, ne discontinuait pas ses exclamations, ses questions et ses cris : Au secours! jusqu'à ce qu'enfin Rose l'apostrophât d'un ton qui parut rappeler ses esprits égarés. Elle retrouva alors assez de calme pour aller prendre une lampe restée allumée dans la chambre qu'elle venait de quitter, et pour se rendre du moins quelque peu utile en aidant Rose à faire revenir leur maîtresse à elle. Elles y parvinrent enfin, car Eveline poussa un profond soupir et ouvrit les yeux ; mais elle les referma aussitôt, et tout le corps agité d'un tremblement convulsif, elle laissa retomber sa tête sur le sein de Rose, tandis que sa fidèle suivante, avec tout l'empressement et toute la sollicitude de l'amitié, alternativement lui frappait dans les mains et lui frottait les tempes, et mêlant des caresses à ces soins, s'écriait à voix haute : Elle vit! — elle revient! — Dieu soit loué!

— Dieu soit loué! répéta comme un écho et d'un ton solennel une voix qui venait de la fenêtre. Rose effrayée porta vivement les yeux dans cette direction, et aperçut la tête, ou plutôt le casque et le plumet du soldat qui était venu si à propos à leur secours, et qui, s'aidant de ses bras pour se maintenir, était remonté assez haut pour être à même de voir ce qui se passait dans l'intérieur du cabinet.

Rose courut à lui immédiatement. — Allez, — allez, mon bon ami, lui dit-elle ; mylady revient à elle, — vous aurez votre récompense dans un autre moment. Partez, — éloignez-vous! — Mais écoutez! — restez à votre poste, et je vous appellerai si l'on a encore besoin de vous. — Partez. — Soyez fidèle et discret!

Le soldat obéit sans répondre un mot ; elle le vit descendre et regagner le fond du fossé. Rose revint alors vers sa maîtresse, qu'elle trouva soutenue par dame Gillian, faisant entendre de faibles gémissements et murmurant des exclamations précipitées et inintelligibles, indiquant qu'elle ressentait encore l'effet d'un choc violent que quelque cause alarmante lui avait fait éprouver.

Dame Gillian n'eut pas plus tôt recouvré un peu de sang-froid, que sa curiosité s'accrut en proportion. — Que signifie tout ceci? dit-elle à Rose ; que s'est-il passé parmi vous?

— Je n'en sais rien, répondit Rose.

— Si vous ne le savez pas, qui le saura? — Faut-il que j'appelle les autres femmes et que je réveille tout le monde dans la maison?

— Sur votre vie, n'en faites rien jusqu'à ce que mylady soit en état de donner elle-même ses ordres ; et quant à cette chambre, le Ciel me soit en aide! je vais faire de mon mieux pour découvrir les secrets qu'elle renferme. — Soutenez ma maîtresse pendant ce temps-là.

A ces mots elle prit la lampe d'une main, fit le signe de la croix, franchit hardiment le seuil mystérieux, et tenant la lumière élevée, passa la chambre en revue.

C'était tout simplement une ancienne chambre voûtée de dimensions très médiocres. Dans un des angles était une statue de la Vierge grossièrement sculptée, et placée au-dessus d'un bénitier saxon d'un travail curieux. Il y avait deux siéges, outre un lit recouvert d'une tapisserie grossière, et où il semblait qu'Eveline eût reposé. Les débris de la fenêtre brisée étaient épars sur le plancher ; mais cette effraction était l'ouvrage du soldat, et elle ne vit pas d'autre accès par lequel un étranger eût pu s'introduire dans une chambre dont l'entrée ordinaire avait été barrée et verrouillée.

Rose ressentit alors l'influence de ces terreurs qu'elle avait surmontées jusque là ; elle s'enveloppa précipitamment la tête de sa mante, comme pour échapper à quelque vision effrayante, et revenant au cabinet d'un pas plus rapide et moins assuré qu'elle ne l'avait quitté, elle se fit aider par dame Gillian à porter Eveline dans la première pièce, puis elle revint fermer avec soin la porte de communication, comme pour mettre une barrière entre elle et le danger dont elles soupçonnaient l'existence.

Lady Eveline était alors revenue assez à elle pour être en état de se dresser sur son séant ; elle essaya de parler, quoique sa voix fût bien faible. — Rose, dit-elle enfin, je l'ai vue ; — mon sort est fixé.

Rose songea aussitôt à l'imprudence de laisser dame Gillian entendre ce que sa maîtresse pouvait dire en un tel moment, et se hâtant de revenir à la proposition qu'elle avait auparavant repoussée, elle lui dit d'aller chercher les deux autres femmes de la suite d'Eveline.

— Et où les trouverai-je dans cette maison, où on voit des hommes armés courir par les chambres au milieu de la nuit, et où des diables, autant que je sache, hantent le reste de l'habitation?

— Trouvez-les où vous pourrez, répliqua Rose avec aigreur, mais allez-y sur-le-champ.

Gillian sortit, mais lentement et en murmurant quelques mots indistincts. Elle n'eut pas plus tôt quitté la chambre que, donnant un libre cours à l'affection enthousiaste qu'elle éprouvait pour sa maîtresse, Rose la conjura dans les termes de la plus vive affection de rouvrir les yeux (car Eveline les avait fermés de nouveau) et de parler à Rose, à sa fidèle Rose, qui était prête à mourir s'il le fallait aux côtés de sa maîtresse.

— Demain — demain, Rose, murmura Eveline ; — je ne puis parler à présent.

— Soulagez seulement votre esprit par un mot ; — dites ce qui vous a ainsi alarmée, — quel danger vous craignez.

— Je l'ai vue, répéta Eveline, — j'ai vu celle qui occupe cette chambre, — la vision fatale à ma famille ! — Ne me pressez pas davantage ; — demain vous saurez tout [1].

---

[1] Bahr-geist. — L'idée du *bahr-geist* a été empruntée à un passage des Mémoires de lady Fanshaw, qui depuis ont été donnés au public et reçus avec l'approbation qu'ils méritaient.
Nous extrayons ce qui suit de l'original. Lady Fanshaw, réfugiée parmi ses amis d'Irlande, comme d'autres bons royalistes de l'époque, raconte ainsi son histoire :
« De là nous allâmes chez lady Honor O'Brien, dame qui se faisait passer pour fille, quoique peu de gens le crussent. C'était la plus jeune fille du comte de Thomond. Nous y restâmes trois nuits ; — la première nuit je fus étonnée d'avoir été mise dans une chambre où, vers les une heure après minuit, j'entendis une voix qui m'éveilla. Je tirai mon rideau, et dans l'embrasure de la fenêtre je vis, à la clarté de la lune, une femme qui pénétrait dans la chambre à travers la fenêtre ; elle était vêtue de blanc, avec des cheveux roux et une figure d'une pâleur effrayante. Trois fois elle dit tout haut, et d'une voix telle que je n'en avais jamais entendu : Un cheval ! — puis, avec un soupir qui ressemblait plutôt au souffle du vent qu'à celui d'un être humain, elle s'évanouit dans l'espace, et son corps me parut avoir l'apparence d'un nuage condensé plus que d'une substance palpable. J'avais une telle frayeur que mes cheveux se dressèrent sur ma tête et que ma coiffe de nuit tomba. Je poussai et pinçai votre père, qui ne s'était pas éveillé durant tout ce qui venait de se passer, et qui fut à la fin bien surpris de me voir dans cette frayeur, et plus encore quand je lui rapportai l'histoire et que je lui montrai la fenêtre ouverte. Ni lui ni moi nous ne dormîmes plus de la nuit ; il me tint éveillée en me racontant que ces sortes d'apparitions étaient plus fréquentes dans ce pays-là qu'en Angleterre, et nous en conclûmes que la cause en était dans la grande superstition des Irlandais, et dans le manque de cette foi éclairée qui les défendrait contre le pouvoir du démon, pouvoir dont il fait un grand usage parmi eux. Vers les cinq heures la dame de la maison vint nous voir, disant qu'elle ne s'était pas mise au lit de la nuit, parce qu'un O'Brien, un de ses cousins, dont les ancêtres avaient possédé cette maison, avait désiré qu'elle restât près de lui dans sa chambre, et qu'il était mort à deux heures ; puis elle ajouta : Je désire que vous n'ayez pas été

150 LES FIANCÉS.

Gillian rentra en ce moment avec deux des filles attachées au service de sa maîtresse ; sous la direction de Rose elles transportèrent lady Eveline dans une chambre un peu plus éloignée où l'on avait placé ces deux jeunes filles, et elles la couchèrent dans un de leurs lits, où Rose continua de veiller sa maîtresse, après avoir renvoyé les autres (à l'exception de dame Gillian) chercher du repos là où elles pourraient. Pendant quelque temps Eveline fut encore fort agitée ; mais peu à peu la fatigue et l'influence d'un narcotique que Gillian avait eu assez de bon sens pour recommander et préparer, semblèrent apporter plus de calme à ses esprits. Enfin elle tomba dans un profond sommeil, et quand elle en sortit le soleil était déjà assez élevé au-dessus des hauteurs qui bordaient l'horizon.

troublés, car il est d'habitude dans cette maison que quand quelqu'un de la famille se meurt, la forme d'une femme apparaisse chaque nuit à la fenêtre jusqu'à ce qu'il soit mort. Cette femme fut séduite il y a bien des années par le propriétaire de cette maison, qui l'assassina dans le jardin et la jeta dans la rivière sous la fenêtre ; mais en vérité je n'y ai pas pensé quand je vous ai logés ici, cette pièce étant la meilleure de la maison. Nous répondîmes peu de chose à son discours, et nous nous disposâmes à partir au plus vite. » (W. S.)

CHAPITRE XV.

> Je vois une main que vous ne pouvez voir, qui me fait signe de m'éloigner; j'entends une voix que vous ne pouvez entendre, qui me dit qu'il ne faut pas que je reste.
>
> MALLET.

Au premier moment où Bérengère ouvrit les yeux, elle parut ne conserver aucun souvenir de ce qui s'était passé durant la nuit. Elle promena son regard autour de la chambre, assez mesquinement garnie d'un ameublement grossier, comme pièce destinée à l'usage des domestiques et des gens à gages, et dit à Rose en souriant : — Notre bonne parente exerce à peu de frais l'ancienne hospitalité saxonne, en ce qui regarde le logement. J'aurais volontiers renoncé aux profusions du souper d'hier au soir, pour avoir un lit un peu plus doux. Il me semble avoir les membres brisés comme s'ils avaient servi d'aire à battre aux fléaux d'un franklin [1].

— Je suis charmée de vous voir si gaie, madame, repartit Rose, évitant discrètement toute allusion aux événements de la nuit.

Dame Gillian ne fut pas si scrupuleuse. — Mylady était couchée hier au soir dans un lit meilleur que celui-ci, ou je me trompe fort, dit-elle ; Rose Flammock et vous savez mieux que personne pourquoi vous l'avez quitté.

Si un regard pouvait blesser à mort, dame Gillian ne serait pas revenue de celui que lui lança Rose comme pour lui reprocher cette réflexion malavisée. Elle eut immédiatement l'effet qu'on en pouvait attendre. Lady Eveline parut d'abord surprise et confuse ; puis, les souvenirs de ce qui s'était passé se classant graduellement dans sa mémoire, elle joignit les mains, baissa les yeux vers la terre, et pleura amèrement au milieu d'une grande agitation

Rose la conjura de se calmer, et offrit d'aller chercher le vieux chapelain saxon de la maison pour lui administrer des consolations spirituelles, si son chagrin repoussait les autres.

— Non, — ne le fais pas venir, dit Eveline en relevant la tête et séchant ses larmes ; — j'ai assez de la bienveillance saxonne. Quelle

---

[1] Propriétaire terrien. (L. V.)

folle j'étais d'attendre de cette femme dure et insensible aucune compassion pour ma jeunesse, — pour mes souffrances récentes, — pour mon état d'orpheline ! Je ne veux pas lui procurer un pauvre triomphe sur le sang normand de Bérenger, en lui laissant voir combien j'ai souffert des suites de son inhumanité. Mais d'abord, Rose, réponds-moi sincèrement : Quelque habitant de Baldringham a-t-il été témoin de ma détresse de cette nuit ?

Rose l'assura qu'elle n'avait eu les soins que de ses propres femmes, elle-même et dame Gillian, Blanche et Ternotte. Eveline parut satisfaite de cette assurance. — Écoutez-moi l'une et l'autre, dit-elle, et faites bien attention à ce que je vais vous dire, au nom de l'amitié que vous avez pour moi, ou de la crainte que vous avez de moi. Que vos lèvres ne soufflent mot de ce qui est arrivé cette nuit. Faites la même recommandation aux deux autres femmes. Prête-moi promptement ton aide, Gillian, et toi aussi, ma chère Rose, pour changer ces vêtements en désordre et arranger ces cheveux tout défaits. C'est une pauvre vengeance qu'elle cherchait, et tout cela à cause de mon pays. Je suis décidée à ne pas lui laisser voir la plus légère trace de ce qu'elle m'a fait souffrir.

Tout en parlant ainsi, ses yeux étincelaient d'une indignation qui parut sécher complétement les larmes qui les remplissaient tout-à-l'heure. Rose vit ce changement avec un mélange de plaisir et d'inquiétude, sachant que le plus grand faible de sa maîtresse était celui d'un enfant gâté, accoutumé à être traité par tout ce qui l'entoure avec une bonté indulgente et pleine de déférence, et disposé à ressentir vivement tout ce qui peut ressembler à la négligence ou à la contradiction.

— Dieu sait, dit la fidèle suivante, que je tendrais la main pour y recevoir des gouttes de plomb fondu, plutôt que d'endurer vos larmes ; et pourtant, ma bonne et chère maîtresse, je voudrais plutôt maintenant vous voir chagrine que colère. Cette vieille dame, à ce qu'il semblerait, a agi d'après quelque ancienne pratique superstitieuse de sa famille, qui est en partie la vôtre. Son nom est respectable, tant par sa conduite que par ses possessions ; et pressée comme vous l'êtes par les Normands, avec lesquels il est sûr que l'abbesse votre parente prendra parti, j'avais l'espoir que vous pourriez trouver abri et protection près de lady Baldringham.

— Jamais, Rose, jamais, répondit Eveline ; tu ne sais pas — tu ne peux deviner ce qu'elle m'a fait souffrir, — en m'exposant aux sorcelleries et aux démons. Toi-même l'as dit, et tu l'as dit avec vérité : — les Saxons sont encore à demi païens, et aussi étrangers au christianisme qu'à l'éducation et à la bienveillance.

— Oui ; mais je parlais alors pour vous détourner d'un danger. Maintenant que le danger est passé, j'en puis juger différemment.

CHAPITRE XV.

— Ne parle pas pour eux, Rose, répliqua Eveline avec colère ; jamais innocente victime ne fut offerte à l'autel d'un démon avec plus d'indifférence que ne m'a livrée la parente de mon père, — moi orpheline, — moi privée de mon appui naturel ! Je déteste sa cruauté, — je déteste sa maison, — je déteste la pensée de tout ce qui est arrivé ici, — de tout, Rose, excepté de ta fidélité sans pareille et de ton attachement qui ne connaît pas la crainte. Va ordonner à notre suite de seller les chevaux immédiatement ; — je veux partir à l'instant même. — Je ne veux pas me parer, ajouta-t-elle, repoussant l'aide qu'elle avait d'abord réclamée ; — je ne veux pas la moindre cérémonie, — je ne m'arrêterai pas même pour prendre congé.

Dans le ton bref et agité de sa maîtresse, Rose reconnut avec anxiété un autre trait de cette disposition irritable qui s'était d'abord soulagée par des larmes et des accès nerveux. Mais s'apercevant en même temps que toute remontrance serait vaine, elle donna les ordres nécessaires pour que la suite d'Eveline se réunît, qu'on sellât les chevaux et qu'on se préparât au départ; espérant qu'à mesure que sa maîtresse s'éloignerait des lieux où son imagination avait reçu un choc si rude, elle pourrait retrouver par degrés son égalité d'âme.

Dame Gillian s'occupait en conséquence à arranger les malles de sa maîtresse, et le reste de la suite d'Eveline à tout préparer pour un départ immédiat, quand lady Ermengarde elle-même entra dans l'appartement, le front haut et mécontent, précédée de son intendant, qui remplissait aussi en quelque sorte les fonctions d'introducteur, appuyée sur le bras de sa confidente Berwine, et suivie de deux ou trois des principales femmes de sa maison.

Eveline, les mains tremblantes, les joues enflammées, et tout en elle trahissant une violente agitation, était elle-même occupée de quelques arrangements quand sa tante parut. Tout aussitôt, à la grande surprise de Rose, elle put se maîtriser complétement, et dissimulant toute apparence extérieure de trouble, elle s'avança au-devant de sa parente, avec non moins de calme et de fierté hautaine qu'Ermengarde elle-même.

— Je viens vous souhaiter le bonjour, ma nièce, dit celle-ci avec hauteur, à la vérité, mais pourtant avec plus de déférence qu'elle ne semblait avoir eu d'abord dessein d'en montrer, tant l'attitude d'Eveline lui imposa. — Je vois qu'il vous a plu de quitter la chambre qui vous avait été assignée conformément à l'ancien usage de cette maison, et de vous établir dans une chambre de domestique.

— En êtes-vous surprise, mylady ? demanda Eveline à son tour ; ou êtes-vous désappointée de ne pas me retrouver sans vie dans la chambre que votre hospitalité et votre affection m'avaient destinée ?

— Votre sommeil a donc été interrompu ? dit Ermengarde en regardant fixement lady Eveline.

— Si je ne me plains pas, madame, il faut juger le mal de peu de conséquence. Ce qui est arrivé est fini et passé, et je n'ai pas l'intention de vous fatiguer d'un récit.

— La dame au Doigt-Sanglant n'aime pas le sang de l'étranger, reprit Ermengarde d'un ton de triomphe.

— Elle avait encore moins lieu d'aimer le sang saxon lorsqu'elle habitait ce monde, repartit Eveline, à moins qu'en ceci sa légende ne soit fausse, ou que votre maison, ainsi que je le soupçonne, ne soit hantée non par l'âme de celle qui fut assassinée dans ses murs, mais par les mauvais esprits qui sont encore, dit-on, l'objet d'un culte secret de la part des descendants d'Hengiste et de Horsa.

— Vous aimez à plaisanter, jeune fille, répliqua la vieille dame avec dédain, ou si vous voulez parler sérieusement le trait de votre censure a frappé à faux. Une maison qu'ont bénie le bienheureux saint Dunstan et le saint roi Confesseur n'est pas une demeure propre aux mauvais esprits.

— C'est pour ceux qui les craignent que la maison de Baldringham n'est pas une demeure convenable; et comme en toute humilité je m'avouerai du nombre, je vais la laisser à l'instant même à la garde de saint Dunstan.

— Non pas avant d'avoir déjeuné, j'aime à croire? Vous ne voudrez pas, je l'espère, faire une telle injure à mes années et à notre parenté?

— Pardonnez-moi, madame; ceux qui ont fait durant une nuit l'épreuve de votre hospitalité n'ont pas envie de déjeuner quand vient le matin. — Rose, est-ce que ces paresseuses ne sont pas encore réunies dans la cour, ou si c'est qu'elles restent au lit pour se dédommager de ce que les troubles de la nuit leur ont fait perdre de leur sommeil?

Rose annonça à sa maîtresse que toutes les personnes de sa suite étaient dans la cour et déjà à cheval; faisant alors à sa parente une profonde révérence, Eveline voulut passer outre et quitter la chambre sans plus de cérémonie. Ermengarde lui lança d'abord un regard sombre et furieux, qui semblait annoncer une âme remplie de plus de rage que ne pouvaient en exprimer son sang à demi glacé et ses traits roidis par l'âge, et elle leva sa baguette d'ébène comme pour se livrer à quelque mouvement de violence personnelle. Mais elle changea de dessein et fit soudainement place à Eveline, qui passa sans ajouter un mot de plus; et tandis qu'elle descendait l'escalier qui conduisait de l'appartement à la porte de sortie, elle entendit derrière elle la voix de sa tante, pareille à celle d'une vieille sibylle offensée, appelant la colère du Ciel et le malheur sur l'insolente présomption de celle qui la quittait ainsi.

— L'orgueil marche devant la destruction, s'écriait-elle, et un esprit altier est précurseur d'une chute. Celle qui méprise la maison de ses pères, une pierre s'en détachera pour l'écraser! Celle pour qui les cheveux blancs d'une parente sont un objet de dérision, jamais un des siens ne sera blanchi par l'âge! — Celle qui épouse un homme de guerre et de sang, sa fin ne sera ni paisible ni exempte de sang!

Pressant le pas pour échapper à ces prédictions sinistres et à d'autres de même nature, Eveline sortit en toute hâte de la maison, monta son palefroi avec la précipitation d'une fugitive, et entourée des personnes de suite, qui partageaient ses alarmes sans en connaître la cause, elle s'enfonça promptement dans la forêt sous la conduite du vieux Raoul, à qui le pays était parfaitement connu.

Plus agitée qu'elle ne voulait se l'avouer à elle-même, de quitter ainsi l'habitation d'une si proche parente, n'emportant que les malédictions dont celle-ci l'avait chargée, au lieu des souhaits de bonheur qui accompagnent habituellement un départ, Eveline pressa le pas de sa monture jusqu'à ce que les épais rameaux des chênes lui eussent caché la vue de la fatale maison.

Bientôt le bruit d'un galop de chevaux annonça l'approche du détachement que le connétable avait chargé de veiller à la sûreté de la maison; ayant quitté leurs stations respectives, les cavaliers arrivaient maintenant sur un point commun pour accompagner Eveline jusqu'à Gloucester, dont la route traversait en grande partie la vaste forêt de Dean, région boisée d'une immense étendue, quoique aujourd'hui l'exploitation des mines de fer l'ait en partie dépouillée d'arbres. Les hommes d'armes se hâtaient de rejoindre la suite de lady Eveline, leurs armures étincelant aux rayons du matin, les trompettes sonnant, les chevaux piaffant et hennissant, et chaque cavalier faisant caracoler sa monture pour mieux faire ressortir la beauté du coursier et sa propre adresse, en même temps que chacun d'eux brandissait sa lance, armée d'une longue flamme ondoyante, de la manière la plus propre à montrer l'ardeur du courage et la vigueur du bras. Eveline puisa dans le sentiment du caractère martial de ses concitoyens de Normandie une sensation de sécurité et de triomphe tout à la fois, qui tendit à dissiper ses sombres pensées ainsi que l'agitation fiévreuse dont ses nerfs étaient affectés. Et puis le soleil levant, — le chant des oiseaux dans le feuillage, — les beuglements du bétail que l'on menait à ses pâtures, — la vue des biches qui traversaient fréquemment, leurs faons trottant à leurs côtés, les clairières de la forêt en vue des voyageurs, — tout contribuait à dissiper la terreur des visions nocturnes d'Eveline, et à calmer les émotions que la colère avait soulevées dans son sein à son départ de Baldringham. Elle laissa son palefroi ralentir le pas, et avec ce sentiment des bienséances qui n'abandonne jamais une femme, elle se mit à réparer le désordre que son départ précipité avait laissé dans ses vêtements et dans sa coiffure. Rose vit une nuance plus pâle, mais plus égale, remplacer sur les joues de sa maîtresse le vif incarnat de la colère qui les colorait un moment auparavant; — elle vit son regard devenir plus assuré, tandis que ses yeux se reposaient avec une sorte de triomphe sur sa suite militaire, et elle lui pardonna ses exclamations d'enthousiasme à la louange de ses compatriotes, exclamations qu'en tout autre moment elle n'aurait probablement pas laissées sans quelque réponse.

— Nous voyageons en sûreté, dit Eveline, sous la garde des nobles et victorieux Normands. Leur colère est celle du lion, qui détruit tout devant elle et s'apaise aussitôt ; — jamais il ne se mêle de fourberie à leur affection chevaleresque, jamais rien de sournois dans leur généreuse indignation. — Ils connaissent les devoirs de l'hospitalité aussi bien que ceux du champ de bataille ; et s'ils pouvaient être surpassés dans l'art de la guerre (ce qui arrivera quand le Plinlimmon sera arraché de sa base), ils resteraient encore supérieurs à tous les autres peuples en générosité et en courtoisie.

— Si je ne sens pas leurs mérites aussi vivement que si je partageais leur sang, répliqua Rose, je suis du moins charmée de nous voir au milieu d'eux dans des bois que l'on dit être remplis de dangers de diverses sortes. Et je confesse que je me sens le cœur d'autant plus léger, que je n'aperçois plus rien de ce vieux château où nous avons passé une nuit si désagréable, et dont le souvenir me sera toujours odieux.

Eveline la regarda d'un air pénétrant — Avoue la vérité, Rose, lui dit-elle ; tu donnerais ta meilleure robe pour connaître tous les détails de mon horrible aventure.

— C'est seulement avouer que je suis femme ; et lors même que je serais homme, j'ose dire que la différence de sexe ne diminuerait guère ma curiosité.

— Tu ne fais pas parade des autres sentiments qui te poussent à t'enquérir de ce qui m'arrive ; mais je n'en connais pas moins toute la force, ma chère Rose. Crois bien que tu sauras tout ; — mais pas à présent, je pense.

— A votre plaisir, ma bonne maîtresse ; mais il me semble que de renfermer dans votre cœur un aussi terrible secret n'en fera que rendre le poids plus intolérable. Vous pouvez compter sur mon silence comme sur celui de la sainte image au pied de laquelle nous confessons ce qu'elle ne révèle jamais. D'ailleurs, l'imagination se familiarise avec ces sortes de choses lorsqu'on en a parlé, et ce qui nous est familier se dépouille peu à peu de ses terreurs.

— Tu parles avec raison et prudence, Rose ; et sûrement, entourée de cette troupe de braves cavaliers, portée par ma bonne haquenée Yseult comme une fleur sur un buisson, — un air frais circulant autour de nous, les fleurs s'ouvrant, les oiseaux chantant, et t'ayant à mes côtés, Rose, ce moment devrait me paraître le plus propre à te faire part de ce que tu as tant de droit à connaître. Hé bien — oui, — tu vas tout savoir ! — Tu n'ignores pas, je présume, les qualités de ce que les Saxons de ce pays appellent un *bahr-geist* ?

— Pardon, mylady ; mais mon père m'a toujours conseillé de ne pas écouter de conversation sur de pareils sujets. Je puis voir assez de mauvais esprits, me disait-il, sans apprendre à mon imagination à s'en créer de fantastiques. J'ai entendu Gillian et d'autres Saxons employer le mot *bahr-geist ;* mais il n'éveille en moi que de vagues idées de terreurs dont je n'ai jamais demandé ni reçu l'explication.

— Sache donc que c'est un spectre, ordinairement l'image d'une personne morte, qui, soit à cause des injures qu'elle aura reçues durant sa vie dans quelque endroit, soit parce qu'un trésor y sera caché, soit enfin par quelque autre cause, hante cet endroit de temps à autre, se rend familier à ceux qui l'habitent et prend intérêt à leur sort, parfois pour leur bien, en d'autres cas pour leur nuire. Le *bahr-geist* est donc quelquefois regardé comme le bon génie, et quelquefois comme le démon vengeur attaché à certaines familles ou à certaines classes d'hommes. C'est le lot de la maison de Baldringham (qui jouit, du reste, d'une haute considération) d'être assujettie aux visites d'un être de cette sorte.

— Puis-je vous demander (si on la connaît) la cause de ces apparitions? dit Rose, désirant profiter dans toute son étendue de l'humeur communicative de sa jeune maîtresse, disposition qui ne devait peut-être pas durer long-temps.

— Je ne connais la légende qu'imparfaitement, répondit Eveline, procédant dans son récit avec un calme qui ne pouvait résulter que du violent effort qu'elle avait fait pour maîtriser l'anxiété de son esprit; pourtant en voici les traits essentiels : Baldrick, le héros saxon qui fut le premier possesseur de la maison que nous venons de quitter, s'éprit d'une belle Bretonne qui descendait, dit-on, de ces druides dont les Gallois parlent tant, et que l'on jugeait ne pas être étrangère aux pratiques de sorcellerie qu'ils pratiquaient lorsqu'ils offraient des sacrifices humains au milieu de ces cercles de pierres non taillées et de rocs vifs dont tu as vu un si grand nombre. Après plus de deux ans de mariage Baldrick se fatigua de sa femme à un tel point qu'il prit la cruelle résolution de la faire mourir. Quelques uns disent qu'il doutait de sa fidélité, — d'autres que la chose lui était suggérée par l'Église, attendu que Vanda était suspecte d'hérésie, — d'autres enfin qu'il se défit d'elle pour être à même de contracter un mariage plus riche : — mais tous les rapports s'accordent quant au résultat. Il envoya deux de ses *cnichts* [1] à Baldringham pour mettre à mort la malheureuse Vanda, et leur ordonna de lui rapporter l'anneau qu'il lui avait mis au doigt le jour de leur mariage, en signe que ses ordres étaient exécutés. Ces hommes furent sans pitié dans leur office; ils étranglèrent Vanda dans cette chambre, et comme la main était tellement gonflée qu'aucun effort ne pouvait en arracher l'anneau, ils s'en emparèrent en coupant le doigt,

---

[1] *Voyez* les notes d'*Ivanhoe*. (L. V.)

Mais long-temps avant le retour de ces cruels assassins, l'ombre de Vanda avait apparu à son époux effrayé, et lui avait appris, en levant vers lui sa main sanglante, combien ses ordres barbares avaient été fidèlement exécutés. Après l'avoir hanté en paix et en guerre, dans les déserts, à la cour et aux camps, jusqu'à ce qu'il mourût de désespoir pendant un pèlerinage à la Terre-Sainte, le *bahr-geist* ou spectre de Vanda se fit tellement redouter dans la maison de Baldringham où elle avait été assassinée, que le secours de saint Dunstan lui-même fut à peine suffisant pour mettre des bornes à ses visites. Et même quand le bienheureux saint eut réussi dans ses exorcismes, il imposa, en représailles du crime de Baldrick, une rigoureuse pénitence à toutes les femmes issues de la famille jusqu'au troisième degré : ce fut qu'une fois dans leur vie, et avant d'avoir atteint leur vingt-unième année, chacune d'elles passerait seule une nuit dans la chambre de Vanda, où elle dirait certaines prières, aussi bien pour le repos de la victime que pour l'âme en peine du meurtrier. On croit généralement que durant cette terrible nuit l'esprit de la femme assassinée apparaît à la femme qui observe la veille, et lui montre quelque signe de sa bonne ou de sa mauvaise fortune à venir. Si ce signe est favorable, elle se montre avec un aspect souriant, et elle trace le signe de la croix avec sa main intacte ; mais elle annonce la mauvaise fortune en découvrant la main d'où le doigt fut enlevé et en montrant une physionomie menaçante, comme si elle voulait punir la descendante de son époux de l'inhumanité avec laquelle il la fit si cruellement périr. On dit qu'elle parle quelquefois. J'ai appris ces particularités il y a long-temps d'une vieille Saxonne, la mère de notre Margery, qui avait été attachée au service de ma grand'mère, et avait quitté le château de Baldringham quand celle-ci s'en échappa avec mon aïeul.

— Votre grand'mère passa-t-elle jamais par cette cérémonie, qui me semble à moi, — j'en demande pardon à saint Dunstan, — mettre des êtres humains en rapport trop immédiat avec un être d'une nature équivoque ?

— C'est ce que pensait mon grand-père, et jamais il ne permit à ma grand'mère de retourner après son mariage au château de Baldringham ; de là la désunion qui s'en est suivie entre lui et son fils d'une part, et les membres de cette famille de l'autre. On attribua diverses infortunes qui leur arrivèrent à cette époque, et notamment la mort de leurs héritiers mâles, à ce que ma grand'mère ne s'était pas acquittée de l'hommage héréditaire vis-à-vis du *bahr-geist* au doigt sanglant.

— Et comment, ma chère maîtresse, sachant qu'ils ont une coutume si abominable, avez-vous pu accepter l'invitation de lady Ermengarde ?

— Je ne sais trop comment répondre à cette question, Rose. D'abord j'ai craint que la récente calamité de mon père, tué par l'ennemi qu'il méprisait le plus (comme je lui avais entendu dire que sa tante le lui avait autrefois prophétisé), ne fût le résultat de ce que cet usage avait été négligé, et puis j'espérais que si je me sentais trop effrayée du danger quand il se présenterait à moi de plus près, par courtoisie et par humanité on ne me forcerait pas de m'y exposer. Tu as vu comme cette cruelle femme s'est empressée de mettre l'occasion à profit, et comment il m'est devenu impossible, à moi héritière du nom de Bérenger, et, j'ose le croire, de son énergie, d'échapper au piége où je m'étais prise moi-même.

— Nulle considération de nom ni de rang ne m'aurait engagée à passer une nuit là où l'appréhension seule, même sans les terreurs d'une apparition réelle, aurait pu punir ma présomption de folie. Mais, au nom du Ciel! qu'avez-vous vu à cet horrible rendez-vous?

— Oui, c'est là la question, dit Eveline, en portant la main à son front; — avoir pu être témoin de ce que j'ai vu distinctement, et conserver encore ma raison et la faculté de penser! — J'avais récité les prières prescrites pour le meurtrier et sa victime, et je m'étais étendue sur la couche qu'on m'avait préparée, après m'être débarrassée seulement de ceux de mes vêtements qui auraient pu m'empêcher de reposer. — J'avais, en un mot, surmonté la première impression que j'avais éprouvée en me renfermant dans cette chambre mystérieuse, et j'espérais jouir pendant le reste de la nuit d'un sommeil aussi calme que mes pensées étaient innocentes. Mais j'ai été terriblement désappointée. Je ne puis juger depuis combien de temps je dormais, quand je me sentis la poitrine oppressée d'un poids inaccoutumé, qui semblait tout à la fois étouffer ma voix, arrêter les battements de mon cœur et m'empêcher de respirer; et quand j'ouvris les yeux pour reconnaître la cause de cette horrible suffocation, l'image de la Bretonne assassinée était penchée sur ma couche, plus grande que nature, ayant quelque chose de fantastique, et une physionomie où des traits pleins de beauté et de dignité se mêlaient à une expression farouche de vengeance et de triomphe. Elle tenait levée au-dessus de moi la main qui porte les marques sanglantes de la barbarie de son époux, et il semblait qu'elle traçât dans l'air le signe de la croix, comme pour me vouer à la mort; en même temps que d'une voix qui n'avait rien de terrestre elle prononçait ces mots:

> « Épouse veuve et fille mariée,
> Fiancée, trompant et trompée. »

En même temps le fantôme se pencha et abaissa ses doigts ensanglantés comme pour me toucher le visage; en ce moment la terreur me donnant la force dont elle m'avait d'abord privée, je poussai un cri perçant; — la fenêtre de la chambre s'ouvrit avec un grand bruit, — et.... Mais à quoi bon vous raconter tout cela, Rose, à vous qui par le mouvement de vos yeux et de vos lèvres montrez si clairement que vous me regardez comme une sotte enfant effrayée d'un rêve puéril?

— Ne vous fâchez pas, ma chère maîtresse, repartit Rose; je crois en effet que vous avez eu affaire à la sorcière que nous appelons *Mara*[1]. Or, vous savez que les médecins ne la regardent pas comme un fantôme réel, mais seulement comme une création de notre imagination dérangée par des causes qui proviennent de quelque indisposition du corps.

— Tu es savante, jeune fille, dit Eveline avec assez d'humeur; mais quand je t'aurai assurée que mon bon ange est venu à mon secours sous forme humaine, — qu'à son apparition le démon s'est évanoui, — et qu'il m'a transportée dans ses bras hors de cette chambre de terreur, je pense qu'en bonne chrétienne tu ajouteras plus de foi à ce que je te dis?

— En vérité, en vérité, ma bonne maîtresse, c'est ce que je ne saurais faire. C'est même cette circonstance de l'ange gardien qui me fait regarder le tout comme un rêve. Une sentinelle normande, que j'avais moi-même appelée de son poste à cette fin, est effectivement venue à votre secours, a pénétré dans votre chambre en brisant la fenêtre, et vous a transportée dans celle où je vous ai moi-même reçue de ses bras privée de connaissance.

— Un soldat normand? — ha! fit Eveline en rougissant; et qui donc, Rose, avez-vous osé charger de pénétrer ainsi dans ma chambre à coucher?

— Vos yeux sont pleins de colère, madame; mais cette colère est-elle raisonnable? — N'entendais-je pas vos cris de détresse, et devais-je en un tel moment rester enchaînée dans le cérémonial? — Pas plus que si le château avait été en feu.

— Je vous demande encore une fois, Rose, à qui vous avez ordonné de pénétrer dans ma chambre? répéta sa maîtresse d'une voix encore agitée, mais avec moins de colère que la première fois.

— En vérité, je n'en sais rien, mylady; car, outre qu'il était enveloppé dans son manteau, il n'y avait guère chance que je connusse ses traits lors même que je les aurais parfaitement vus. Mais je puis découvrir bientôt le cavalier; et c'est ce dont je vais m'occuper, afin de lui donner la récompense que je lui ai promise, et de lui recommander le silence et la discrétion en tout ceci.

— Fais, dit Eveline; et si tu le trouves parmi les soldats qui nous escortent, je serai en effet portée à partager ton opinion, et à croire que l'imagination a eu la plus grande part dans ce que j'ai souffert cette nuit.

Rose donna un coup de houssine à son palefroi, et, accompagnée de

---

[1] Ephialtes, ou le Cauchemar. (W. S.)

sa maîtresse, elle se dirigea vers Philip Guarine, l'écuyer du connétable, qui pour le moment commandait leur petite escorte. — Mon brave Guarine, lui dit-elle, j'ai parlé de ma fenêtre la nuit dernière à une des sentinelles, et elle m'a rendu un service pour lequel je lui ai promis récompense. — Voudriez-vous vous informer qui c'est, que je puisse m'acquitter de ma promesse?

— Vraiment je lui dois aussi une récompense, ma jolie fille, répondit l'écuyer ; car si un de mes hommes s'est assez approché de la maison pour avoir une conversation aux fenêtres, il a manqué aux ordres précis de sa consigne.

— Bah ! il faudra que vous lui pardonniez à cause de moi. Je vous garantis que, vous aurais-je appelé vous-même, rigide Guarine, j'aurais eu assez d'influence pour vous faire venir sous la fenêtre de ma chambre.

Guarine se prit à rire et haussa les épaules. — C'est vrai, dit-il ; quand les femmes sont là la discipline est en danger.

Il s'en fut alors prendre les informations nécessaires parmi les hommes de sa troupe, et il revint avec l'assurance que tous ses soldats sans exception niaient positivement s'être approchés la nuit précédente du château de lady Ermengarde.

— Tu vois, Rose, dit Eveline en jetant un regard expressif à sa suivante.

— Les pauvres diables craignent la sévérité de Guarine, repartit Rose, et ils n'osent pas dire la vérité. Quelqu'un d'eux viendra en particulier me réclamer la récompense.

— Je voudrais en avoir moi-même le privilége, damoiselle, dit Guarine; mais quant à ces drôles-là ils ne sont pas si craintifs que vous le supposez, et ils ne sont même que trop portés à avouer des escapades qui ont de moins bonnes excuses. — Je leur ai d'ailleurs promis l'impunité. — Avez-vous quelques autres ordres?

— Rien, mon brave Guarine, répondit Eveline; seulement cette petite gratification pour procurer du vin à tes soldats, afin qu'ils passent la nuit prochaine plus joyeusement que la dernière. Et maintenant qu'il n'est plus là, — tu dois, je pense, être à présent bien convaincue, Rose, que ce que tu as vu n'était pas un être de ce monde.

— J'en dois croire mes oreilles et mes yeux, madame, répliqua Rose.

— Soit ; — mais accorde-moi le même privilége. Crois-moi quand je je te dirai que mon libérateur (car c'est ainsi que je dois l'appeler) avait les traits de quelqu'un qui n'était ni ne pouvait être au voisinage de Baldringham. — Dis-moi seulement une chose : — que penses-tu de cette prédiction extraordinaire : —

« Epouse veuve et fille mariée,
Fiancée, trompant et trompée ? »

Tu diras que c'est une vaine imagination de mon cerveau? — Mais suppose pour un moment que ce soient les paroles d'un véritable devin : qu'en diras-tu alors?

— Que vous pouvez être trompée, ma chère maîtresse, mais que vous ne pouvez jamais tromper, répondit Rose avec chaleur.

Eveline tendit la main à son amie ; et tout en pressant affectueusement celle que Rose lui donnait en retour, elle lui dit à demi voix et avec énergie : Merci du jugement que tu portes de moi, Rose ; mon cœur le confirme.

Un nuage de poussière annonça en ce moment l'approche du connétable de Chester et de sa suite, grossie de celle de son hôte sir William Herbert et de quelques uns des parents et voisins de ce dernier, qui venaient offrir leurs respects à l'orpheline de Garde-Douloureuse, nom sous lequel Eveline fut désignée pendant son passage sur leur territoire.

Eveline remarqua qu'au moment de leur rencontre de Lacy vit avec un air de surprise et de mécontentement le désordre de ses habits et de son équipage, désordre qu'avait nécessairement occasionné son départ subit de Baldringham ; et elle fut frappée d'une expression de physionomie qui semblait dire : Je ne suis pas de ceux que l'on peut traiter comme une personne ordinaire, ni recevoir impunément avec négligence et légèreté. — Pour la première fois elle pensa que la physionomie du connétable, quoique manquant de grâce et de beauté, n'en était pas moins formée pour exprimer avec force les passions les plus violentes, et que celle qui partagerait son rang et son nom devrait se préparer d'avance à soumettre sa volonté et ses désirs à ceux d'un seigneur et maître des plus arbitraires.

Toutefois, le nuage qui avait obscurci le front du connétable se dissipa bientôt, et dans les entretiens qu'il eut ensuite avec Herbert ainsi qu'avec les autres chevaliers et gentilshommes qui venaient de temps à autre les saluer et les accompagner pendant une partie du chemin, Eveline eut occasion d'admirer sa supériorité, tant dans le fond des choses que dans l'expression, et de remarquer l'attention pleine de déférence avec laquelle ses paroles étaient écoutées par des hommes trop haut placés et trop fiers pour admettre aisément une prééminence qui n'eût pas été basée sur un mérite reconnu. L'estime des femmes est généralement fort influencée par la place qu'un individu occupe dans l'opinion des autres hommes ; et lorsqu'à la fin du voyage Eveline arriva au couvent des Bénédictines de Gloucester, elle ne put penser sans respect au guerrier renommé, à l'homme d'État célèbre, que ses talents reconnus semblaient placer au-dessus de tous ceux qu'elle avait vus l'approcher. Sa femme, pensa Eveline (et elle n'était pas sans ambition), s'il lui fallait renoncer à quelques unes de ces qualités qui dans un jeune époux captivent le plus les imaginations féminines, serait du moins généralement honorée et respectée, et elle aurait le contentement à sa portée, sinon une félicité romanesque.

CHAPITRE XVI

Lady Eveline resta près de quatre mois avec sa tante l'abbesse des Bénédictines, sous les auspices de laquelle le connétable de Chester vit ses projets d'alliance prospérer autant qu'ils l'eussent fait probablement sous ceux de feu Raymond Bérenger, frère de l'abbesse. Il est à croire, toutefois, que sans la vision qu'Eveline croyait avoir eue de la Vierge, et le vœu de gratitude que lui avait arraché cette vision supposée, l'éloignement naturel d'une personne si jeune pour un mariage si mal assorti quant aux années, aurait pu être un puissant obstacle à sa réussite. Eveline, en effet, tout en honorant les vertus du connétable, en rendant justice à l'élévation de son caractère et en admirant ses talents, ne pouvait jamais se défendre complétement de la crainte secrète qu'il lui inspirait, crainte qui ne lui permettait pas de lui exprimer aucune désapprobation directe de ses soins et de sa recherche, mais qui la faisait parfois frissonner, elle savait à peine pourquoi, à l'idée que cette recherche pût réussir.

Ces paroles de sinistre augure — « trompant et trompé » — se représentaient alors à son souvenir; et quand sa tante (le temps du grand deuil écoulé) eut fixé un jour pour les fiançailles, elle en vit l'approche avec un sentiment de terreur dont elle ne pouvait se rendre compte à elle-même, et dont elle fit un secret, aussi bien que des particularités de son rêve, même à son confesseur le père Aldrovand. Ce n'était pas aversion pour le connétable, — encore bien moins une préférence pour quelque autre aspirant : — c'était un de ces mouvements instinctifs, une de ces émotions par lesquelles la nature semble nous avertir de l'approche d'un danger, quoique sans nous en indiquer la nature ni nous suggérer aucun moyen de nous y soustraire.

Telle était par intervalles la force de ces appréhensions, que si comme autrefois elles avaient été secondées par les remontrances de Rose Flammock elles auraient peut-être encore pu conduire Eveline à quelque résolution contraire à la recherche du connétable. Mais encore plus zélée pour l'honneur que pour le bonheur de sa maîtresse, Rose s'était strictement abstenue de tout ce qui aurait pu influencer les intentions d'Eveline, quand une fois celle-ci eut donné formellement son approbation aux projets de de Lacy ; et quelles que pussent être ses pensées et ses prévisions au sujet de ce mariage, elle parut à partir de ce moment le considérer comme une chose qui devait nécessairement avoir lieu.

De Lacy lui-même, à mesure qu'il apprit à mieux connaître la valeur de la récompense à laquelle il aspirait, envisageait cette union avec des sentiments autres que ceux qui l'avaient porté d'abord à proposer la mesure à Raymond Bérenger. Ce n'était alors pour lui qu'un mariage d'intérêt et de convenance, qui s'était offert à l'esprit politique d'un fier seigneur féodal comme le meilleur moyen de consolider le pouvoir de sa famille et de perpétuer sa descendance. L'éclat même de la beauté d'Eveline n'avait pas fait sur de Lacy cette impression qu'elle était de nature à produire sur la chevalerie ardente et passionnée de ce siècle. Il avait passé cette époque de la vie où l'homme sage se laisse captiver par les formes extérieures, et il aurait pu dire avec autant de vérité que de prudence qu'il aurait souhaité dans sa belle fiancée quelques années de plus et quelques charmes de moins, pour rendre ce mariage mieux assorti à son âge à lui et à son caractère. Toutefois, ce stoïcisme s'évanouit quand des entrevues répétées avec celle qui devait être son épouse lui eurent fait trouver en elle une jeune fille sans expérience de la vie, à la vérité, mais disposée à se laisser guider par une sagesse supérieure, et lorsqu'il eut reconnu que, bien que douée d'une haute énergie et d'un heureux caractère qui commençait à recouvrer le ressort de sa gaieté naturelle, elle était douce, docile, et par-dessus tout armée d'une fermeté de principes qui semblait garantir qu'elle marcherait sans faux pas et sans tache dans les sentiers glissants que la jeunesse, le rang et la beauté sont condamnés à parcourir.

A mesure que des sentiments d'une nature plus chaleureuse et plus passionnée se développaient dans le cœur de de Lacy, ses engagements comme croisé devenaient pour lui un fardeau de plus en plus pesant. L'abbesse des Bénédictines, naturellement chargée de veiller au bonheur d'Eveline, ajoutait à cette disposition par ses raisonnements et ses remontrances. Quoique nonne et dévote, elle avait en vénération le saint état de mariage, et elle le comprenait assez pour sentir que son objet important ne pouvait s'accomplir alors que tout le continent européen séparerait les deux époux. Quant à une insinuation du connétable que sa jeune épouse pourrait l'accompagner dans l'enceinte aussi dangereuse que dissolue du camp des croisés, la bonne dame se signa d'horreur à cette proposition, et ne permit jamais qu'elle fût reproduite devant elle.

Il n'était pas rare, au surplus, que des rois, des princes, et d'autres personnes de haute conséquence qui avaient fait vœu de marcher à la délivrance de Jérusalem, obtinssent des délais, et même une remise totale de leur engagement, en s'adressant convenablement à la cour de Rome. Le connétable était assuré d'avoir l'appui de son souverain dans les démarches qu'il pourrait faire pour obtenir la permission de rester en Angleterre; car c'était sur sa valeur et son adroite politique qu'Henri

CHAPITRE XVI.

s'était principalement reposé pour la défense des frontières toujours agitées du pays gallois, et il avait été loin de voir avec plaisir un sujet si utile prendre la croix.

Il fut donc arrêté, dans une conférence particulière entre l'abbesse et le connétable, que celui-ci solliciterait à Rome et près du légat du pape en Angleterre une remise de son vœu pour deux années au moins; faveur qui ne pouvait guère, pensait-il, être refusée à un homme aussi riche qu'influent, alors surtout que sa demande serait appuyée des offres d'assistance les plus libérales pour la rédemption de la Terre-Sainte. Ces offres étaient en effet magnifiques; car il proposait, si on le dispensait de s'y rendre en personne, d'y envoyer cent lances à ses frais, chaque lance accompagnée de deux écuyers, de trois archers et d'un varlet, ce qui doublait le nombre d'hommes qu'il devait y conduire en personne. Il offrait en outre de contribuer pour deux mille besans aux dépenses générales de l'expédition, et d'abandonner à l'armement chrétien les bâtiments qu'il avait fait équiper pour s'y embarquer, lui et sa suite.

Cependant, tout en faisant ces offres magnifiques, le connétable ne pouvait se dissimuler qu'elles ne répondraient pas à l'attente du rigide prélat Baldwin, qui, ayant lui-même prêché la croisade et déterminé le connétable et tant d'autres à participer à ce saint engagement, verrait nécessairement avec déplaisir l'œuvre de son éloquence mise en danger et la réussite de son entreprise favorite compromise par la retraite d'un associé si important. Afin donc d'adoucir son désappointement autant que possible, le connétable offrit à l'archevêque, dans le cas où il obtiendrait la permission de rester en Angleterre, de mettre à la tête de ses forces son neveu Damien Lacy, déjà renommé pour ses hauts faits précoces de chevalerie, et l'espoir actuel de sa maison, dont, à défaut d'héritiers directs, il devait être un jour appelé à devenir le chef et le soutien.

Le connétable prit la voie la plus prudente pour communiquer ces propositions à l'archevêque Baldwin, en choisissant pour intermédiaire un ami commun sur les bonnes dispositions duquel il pouvait compter, et qui passait pour avoir une grande influence sur l'esprit du prélat. Mais nonobstant la splendeur de ces offres l'archevêque les écouta silencieusement et d'un air sombre, et s'en référa pour sa réponse à une conférence personnelle avec le connétable à un jour déterminé, où les affaires de l'Église devaient l'appeler à Gloucester Le rapport que le médiateur fit au connétable porta celui-ci à prévoir une forte opposition de la part du fier et puissant prélat; mais fier et puissant lui-même, et soutenu en outre par la faveur de son souverain, de Lacy compta l'emporter dans la lutte.

La nécessité que ce point fût préalablement réglé, aussi bien que la mort encore récente du père d'Eveline, ne permirent pas au connétable de rendre publiquement ses soins à Eveline Bérenger, et empêchèrent que sa recherche fût signalée par des tournois et des jeux militaires, dans lesquels il aurait voulu sans cela déployer son adresse aux yeux de sa maîtresse. Les règles du couvent interdisaient le divertissement de la danse, celui de la musique, et les autres distractions plus pacifiques; et bien que le connétable témoignât son affection par les plus magnifiques présents à sa future épouse et aux personnes de sa suite, toute l'affaire, selon l'opinion de l'expérimentée dame Gillian, marchait plutôt avec la solennité d'un cortége funéraire que du pas léger d'une noce prochaine.

La future épouse éprouvait elle-même quelque chose de cette impression, et pensait parfois qu'elle aurait pu être allégée par les visites du jeune Damien, dont l'âge en rapport avec le sien pouvait lui promettre quelque diversion aux attentions plus cérémonieuses et plus graves de l'oncle. Mais il ne venait pas; et d'après ce que le connétable disait à son sujet, elle fut amenée à penser que pour un temps du moins l'oncle et le neveu avaient fait échange d'occupations et de caractère. Le premier continuait, à la vérité, pour se conformer à la lettre de son vœu, de demeurer sous un pavillon aux portes de Gloucester; mais rarement il endossait son armure, et substituant à son pourpoint de chamois usé le damas et la soie, il affectait à une époque avancée de sa vie plus de recherche et d'élégance que les seigneurs de son âge ne se souvenaient de lui en avoir vu déployer dans sa première jeunesse. Son neveu, au contraire, résidait presque constamment sur les frontières du Wales, occupé à apaiser par la prudence ou à réduire par la force les troubles de diverse nature dont ces cantons étaient continuellement agités; et Eveline apprit avec surprise que le connétable avait eu beaucoup de peine à déterminer son neveu à venir assister à la cérémonie des fiançailles, selon l'expression introduite par les Normands. Cet engagement, qui précédait plus ou moins, selon les circonstances, le mariage effectif, était habituellement célébré avec une solennité en rapport avec le rang des parties contractantes.

Le connétable ajouta, avec des expressions de regret, que Damien se donnait trop peu de repos, eu égard à son âge; qu'il dormait trop peu et se livrait à de trop grandes fatigues; — que sa santé en souffrait; — et qu'un savant médecin juif, que l'on avait consulté, avait été d'avis que la chaleur d'un climat plus méridional était nécessaire pour rendre à la constitution de Damien sa vigueur naturelle.

Eveline apprit cette nouvelle avec grand regret, car elle se souvenait de Damien comme de l'ange des bonnes nouvelles, qui le premier était venu lui annoncer sa délivrance, alors qu'elle était assiégée par les Gallois; et les occasions où ils s'étaient vus lui avaient laissé, quoique tristes, une impression qui éveillait en elle une sorte de plaisir, si douces avaient été les manières du jeune homme, et si consolantes ses expressions de sympathie! Elle aurait souhaité le voir, afin de juger par elle-même de la nature de sa maladie; car, ainsi que d'autres jeunes filles nobles de ce siècle, elle n'était pas absolument étrangère à la médecine, et avait appris du père Aldrovand, qui lui-même était assez expert en cet art, à extraire des sucs salutaires de plantes et d'herbes cueillies sous l'influence des heures planétaires. Elle pensait que ses talents à cet égard, tout légers qu'ils pussent être, seraient peut-être utiles à celui qui était déjà son ami, son libérateur, et qui bientôt allait devenir son proche parent.

Ce fut donc avec une sensation de plaisir mêlée de quelque confusion (à l'idée, sans doute, de remplir près d'un si jeune malade les fonctions de médecin consultant), qu'un soir que le couvent était assemblé pour une affaire du chapitre elle entendit dame Gillian annoncer qu'un parent du lord connétable désirait lui parler. Elle prit précipitamment le voile qu'elle portait pour se conformer aux usages de la maison, et se hâta de descendre au parloir en ordonnant à Gillian de l'accompagner, ordre auquel celle-ci ne crut pourtant pas devoir obéir.

Quand elle y entra, un homme qu'elle n'avait jamais vu s'avança vers elle, mit un genou à terre, et soulevant l'extrémité de son voile le baisa de l'air du plus profond respect. Surprise et alarmée, elle se recula, quoiqu'il n'y eût rien dans les manières de l'étranger qui fût de nature à justifier son appréhension. Il paraissait avoir trente ans environ; c'était un homme de haute stature, d'un extérieur noble, quoique fatigué, et sur les traits duquel la maladie, ou peut-être des passions précoces, avaient laissé les traces prématurées de la vieillesse. Ses manières semblaient pleines de courtoisie et de respect, et même à un degré qui approchait de l'excès. Il remarqua la surprise d'Eveline, et d'un ton de fierté mêlé d'émotion il lui dit : Je crains d'avoir été abusé, et que ma visite ne soit regardée comme une indiscrétion malvenue.

— Levez-vous, monsieur, repartit Eveline, et faites-moi connaître votre nom et l'affaire qui vous amène. On m'avait annoncé un parent du connétable de Chester.

— Et vous vous attendiez à voir le jeune Damien? Mais le mariage dont l'Angleterre retentit vous fera connaître d'autres membres de la famille outre celui-là, et entre autres l'infortuné Randal de Lacy. Peut-être, continua-t-il, la belle Eveline Bérenger n'a-t-elle même jamais entendu le nom de Randal sortir de la bouche de mon parent plus fortuné, — plus fortuné à tous égards, mais plus qu'en toute autre chose dans sa perspective présente.

Ce compliment fut accompagné d'une profonde salutation, et Eveline resta fort embarrassée de répondre à ses civilités; car bien qu'elle se souvînt maintenant d'avoir entendu le connétable mentionner légèrement ce Randal quand il lui avait parlé de sa famille, c'était en des termes qui n'annonçaient pas que la bonne intelligence régnât entre eux. Elle ne répondit donc à sa courtoisie qu'en le remerciant en termes généraux de l'honneur de sa visite, espérant qu'il allait se retirer; mais telle n'était pas son intention.

— A la froideur avec laquelle lady Eveline Bérenger me reçoit, dit-il, je comprends que ce qu'elle a ouï dire de moi par mon parent (si même il m'a cru digne d'être mentionné devant elle) a été pour le moins défavorable. Et cependant mon nom fut jadis aussi haut placé dans les camps et dans les cours que celui du connétable; s'il est déchu, il le doit à ce qu'on estime souvent la pire des dégradations, — à la pauvreté, qui ne permet plus d'aspirer aux places où l'on acquiert honneur et renom. Si les folies de ma jeunesse ont été nombreuses, je les ai payées de la perte de ma fortune et de celle de mon rang; et c'est en cela que s'il le voulait mon heureux parent pourrait m'être de quelque utilité : — je ne dis pas de sa bourse ou de ses terres, car tout pauvre que je suis je ne voudrais pas vivre d'aumônes arrachées de force à la main d'un parent qui m'est devenu étranger; mais son appui ne le mettrait pas en frais, et c'est en cela que je pourrais attendre de lui quelque faveur.

— C'est ce dont le lord connétable doit être lui-même juge, dit Eveline. Je n'ai — quant à présent, du moins — aucun droit d'intervenir dans ses affaires de famille; et ce droit, si je l'avais jamais, il conviendrait que je fusse circonspecte dans la manière dont j'en userais.

— C'est prudemment répondu, repartit Randal; mais ce que je réclame de vous est simplement que dans votre obligeance vous vouliez bien transmettre à mon cousin une demande que ma langue plus rude se plierait difficilement à articuler avec la soumission convenable. Les usuriers, dont les réclamations ont rongé comme un cancer toute ma fortune, me menacent maintenant de la prison; et c'est une menace qu'ils n'oseraient me faire même du bout des lèvres, et que bien moins encore ils essaieraient d'exécuter, s'ils ne voyaient en moi un homme repoussé par les siens et privé de la protection naturelle du chef de sa famille, et s'ils ne me regardaient comme ils pourraient faire d'un vagabond sans amis, plutôt que comme un descendant de la puissante maison des de Lacy.

— C'est une triste extrémité, monsieur; mais je ne vois pas comment je puis vous y être utile.

— Aisément, madame. Le jour de vos fiançailles est fixé, à ce que j'ai ouï rapporter; et vous avez le droit de choisir tels témoins qu'il vous plaira pour cette solennité, puissent les saints la bénir ! Pour tout autre que pour moi, y assister ou non est chose de pur cérémonial; pour moi il y va presque de la vie ou de la mort. Ma position est telle que la démonstration marquée de dédain ou de mépris qu'impliquerait mon exclusion de cette réunion de famille serait prise pour le signal de mon expulsion définitive de la maison des de Lacy, et que ce signal ferait tomber sur moi sans pitié ni merci toute une meute de limiers, que, couards comme ils sont, la plus légère marque d'intérêt de mon puissant cousin forcerait de s'en tenir aux aboiements. Mais pourquoi abuser si long-temps de votre complaisance à m'écouter ? — Adieu, madame ; — soyez heureuse, — et ne m'en veuillez pas de ce que pendant quelques minutes j'aurai troublé le cours de vos pensées de bonheur en vous obligeant d'écouter le récit de mes infortunes.

— Un moment, monsieur, dit Eveline, touchée du ton et des manières du noble suppliant ; vous n'aurez pas à dire que vous avez exposé votre détresse à Eveline Bérenger sans recevoir d'elle l'aide qu'il est en son pouvoir de donner. Je ferai part de votre requête au connétable de Chester.

— Il vous faut faire plus, madame, si votre intention est réellement de m'être utile ; il vous faut faire de cette requête une affaire qui vous soit propre. — Vous ne savez pas, ajouta-t-il, continuant d'arrêter fixement sur elle un regard expressif, combien il est difficile de faire revenir un de Lacy sur un parti pris : — dans un an d'ici vous connaîtrez probablement mieux la nature inflexible de nos résolutions. Mais en ce moment qui pourrait se refuser à un désir que vous daigneriez exprimer

— Votre demande, monsieur, ne sera pas infructueuse, faute à moi d'y avoir pris intérêt et de l'avoir soutenue ; mais vous devez sentir qu'en ceci le succès ou la non-réussite dépendent du connétable lui-même.

Randal de Lacy prit congé d'elle avec le même air de profond respect qu'il avait montré en l'abordant ; sauf pourtant qu'à son arrivée il s'était borné à baiser le bas du voile d'Eveline, et que maintenant pour lui rendre le même hommage il toucha de ses lèvres la main de sa protectrice. Elle le vit s'éloigner avec un mélange d'émotions où dominait la compassion ; quoique dans les plaintes qu'il lui avait faites de la dureté du connétable à son égard il y eût eu quelque chose d'offensant, et que l'aveu de ses folies et de ses excès eût paru inspiré par l'orgueil blessé plutôt que par un esprit de contrition.

La première fois qu'elle vit le connétable elle lui fit part de la visite de Randal et de sa demande, et observant en même temps avec attention la physionomie du baron, elle vit un éclair de colère briller dans ses yeux à la première mention qu'elle fit du nom du suppliant. Il maîtrisa promptement cette émotion, toutefois ; et les yeux baissés vers la terre il écouta le compte détaillé qu'elle lui rendit de cette visite, et la requête qu'elle lui soumit, en terminant, que Randal fût un des témoins invités à leurs fiançailles.

Le connétable réfléchit un moment, comme s'il eût cherché en lui-même un moyen d'éluder la sollicitation. — Vous ne savez pas pour qui vous demandez cela, répondit-il enfin, sans quoi vous vous en seriez peut-être abstenue; et vous n'en connaissez pas non plus toute l'étendue, quoique mon astucieux cousin sache bien que lui accorder la grâce qu'il sollicite c'est en quelque sorte m'engager de nouveau aux yeux du monde — et ce sera la troisième fois — à intervenir dans ses affaires, et à les remettre sur un pied qui lui donne les moyens de rétablir sa position déchue et de réparer ses nombreuses erreurs.

— Et pourquoi non, mylord? reprit la généreuse Eveline. S'il ne s'est ruiné que par des folies, il est maintenant d'un âge où ce ne sont plus des piéges tentateurs; et si son cœur et son bras sont bons, il peut encore faire honneur à la maison des de Lacy.

Le connétable secoua la tête. — Il a en effet, dit-il, le cœur et le bras prompts à l'action, Dieu le sait, soit en bien, soit en mal. Pourtant il ne sera jamais dit, ma charmante Eveline, que vous aurez fait à Hugh de Lacy une demande qu'il n'aura pas été disposé de toute son âme à vous octroyer. Randal assistera à nos fiançailles; — il y a même pour cela une raison de plus : c'est que j'ai quelque crainte que nous n'y ayons pas mon excellent neveu Damien, dont la maladie s'aggrave plutôt qu'elle ne diminue, et cela, à ce qu'on m'a rapporté, avec d'étranges symptômes d'un trouble d'esprit tout-à-fait inaccoutumé, et d'accès d'emportement auxquels jusque là le jeune homme n'avait jamais été sujet.

CHAPITRE XVII.

> Sonnez les cloches joyeuses, la mariée approche.
> La rougeur qui couvre son front a fait pâlir le soleil matinal, qui ne nous envoie que de faibles rayons. — Faites, ô saints du paradis, que ces nuages ne présagent rien de sinistre !
>
> Ancienne comédie.

Le jour des fiançailles approchait ; et il paraît que les règles de la communauté, ou que du moins la manière dont on les observait, ne furent pas assez rigides pour empêcher l'abbesse de choisir le grand parloir du couvent pour cette sainte cérémonie, bien qu'elle dût nécessairement introduire un grand nombre d'hommes dans cette enceinte virginale, et que la cérémonie elle-même fût le préliminaire d'un état auquel les habitantes du cloître avaient renoncé pour jamais. L'orgueil du sang de l'abbesse normande, et l'intérêt véritable qu'elle prenait à ce brillant établissement de sa nièce, surmontèrent tous les scrupules ; et on aurait pu voir la vénérable mère dans un mouvement inaccoutumé, tantôt donnant au jardinier l'ordre de placer des fleurs dans l'appartement, — tantôt recommandant à la cellerière, à la précentrice et aux sœurs laies de la cuisine de tout préparer pour un banquet splendide, mêlant parfois à ses ordres sur ces objets mondains de pieuses exclamations sur leur vanité et leur peu d'importance réelle, et de temps à autre joignant les mains et changeant le coup d'œil inquiet et affairé qu'elle donnait à ces préparatifs en un regard levé vers le ciel, en femme qui déplorait cette pompe toute terrestre qu'elle prenait tant de peine à surveiller. D'autres fois la digne dame entrait en consultation intime avec le père Aldrovand sur le cérémonial civil et religieux qui devait accompagner une solennité d'une telle conséquence pour sa famille.

Si les rênes de la discipline étaient temporairement relâchées, elles n'étaient cependant pas entièrement abandonnées. La première cour du couvent fut à la vérité ouverte, le jour de la cérémonie, au sexe masculin ; mais les plus jeunes sœurs et les novices de la maison furent soigneusement consignées dans les parties les plus retirées de ce vaste édifice, sous la surveillance immédiate d'une vieille nonne refrognée, ou, comme la désignait la règle du couvent, d'une ancienne triste et vertueuse personne appelée la *maîtresse des novices* ; il ne leur fut pas ainsi permis de polluer leurs regards de la vue des panaches ondoyants et des vêtements de soie. Il est vrai qu'un petit nombre de sœurs de l'âge de l'abbesse restèrent en liberté, étant, pour employer le langage des boutiques, de ces marchandises que l'air ne peut gâter, et que l'on peut par conséquent laisser traîner sur le comptoir. Ces vénérables dames rôdaient çà et là avec une grande affectation d'indifférence et une bonne dose de curiosité réelle, tâchant indirectement d'obtenir des informations sur les noms, les habits et les décorations, sans oser montrer pour ces vanités mondaines l'intérêt que des questions directes sur ce sujet auraient trahi.

Un fort détachement des lanciers du connétable gardait la porte d'entrée du couvent, ne laissant pénétrer dans l'enceinte consacrée que le petit nombre de ceux qui devaient être présents à la cérémonie, avec les principales personnes de leur suite ; et tandis que les premiers étaient conduits avec le cérémonial convenable dans les appartements décorés pour l'occasion, les autres, quoique retenus dans la cour extérieure, étaient abondamment pourvus des rafraîchissements de l'espèce la plus substantielle, et se donnaient l'amusement, si cher aux classes stipendiées, d'examiner et de critiquer leurs maîtres et leurs maîtresses à mesure que ceux-ci passaient vers les appartements intérieurs préparés pour les recevoir.

Au nombre des domestiques ainsi occupés étaient le vieux Raoul le piqueur et sa joyeuse dame ; — lui brillant et glorieux en casaque neuve de velours vert, elle gracieuse et avenante en robe de soie jaune bordée d'une coûteuse garniture de petit-vair, tous deux également affairés à contempler le brillant spectacle. Les guerres les plus acharnées ont parfois leurs moments de trêve ; le plus mauvais temps, les orages les plus violents, ont leurs heures de chaleur et leurs intervalles de calme : il en était ainsi de l'horizon matrimonial de cet aimable couple, horizon habituellement sombre et nuageux, mais en ce moment éclairci pour quelques instants La splendeur de leurs habits neufs et la gaieté du spectacle dont ils étaient entourés, aidés peut-être d'un bol de muscadine avalé par Raoul et d'un verre d'hippocras savouré par sa femme, les avait rendus aux yeux l'un de l'autre un peu plus agréables que de coutume ; car la bonne chère est en de tels cas ce que l'huile est à des gonds rouillés, un moyen de faire tourner doucement et sans bruit deux battants qui sans cela se refuseraient à se mouvoir, ou qui exprimeraient par des grincements et des gémissements leur répugnance à agir de concert. Le couple s'était installé dans une espèce de niche élevée de trois ou quatre degrés au-dessus du sol, et où se trouvait un petit banc de pierre d'où leurs regards curieux pouvaient aisément passer en revue chacun de ceux qui entraient dans la cour.

Ainsi placés, et dans leur état présent d'accord temporaire, Raoul

CHAPITRE XVII.

avec son visage à la glace, offrait une assez bonne image du froid Janvier, le père de l'année ; et bien que dame Gillian eût passé la fleur délicate du jeune Mai, cependant le feu encore vif d'un grand œil noir, et l'incarnat d'une joue parée du coloris de la maturité, faisaient d'elle un type animé du fécond et jovial Août. Dame Gillian avait coutume de se vanter de pouvoir, quand elle le voulait, plaire à tous par son caquetage, depuis Raymond Bérenger jusqu'à Robin le garçon d'écurie ; et de même qu'une bonne ménagère condescendra parfois, pour s'entretenir la main, à préparer un plat délicat pour son mari seul, elle jugea à propos en ce moment d'exercer ses moyens de plaire sur le vieux Raoul, et elle réussit pleinement à vaincre, par ses heureuses saillies de gaieté satirique, non seulement la disposition misanthropique de son époux à l'égard du genre humain, mais sa disposition spéciale et toute particulière à être bourru avec sa moitié. Ses plaisanteries, bonnes ou mauvaises, et la coquetterie dont elle les relevait, eurent sur ce Timon des bois un tel effet, que les ailes de son nez se relevèrent, qu'il montra ce qu'il lui restait de dents comme un roquet qui veut mordre, et qu'il partit d'un éclat de rire bruyant et saccadé semblable aux aboiements de ses chiens : — puis il s'arrêta court au milieu de son explosion, comme s'il se fût soudainement rappelé qu'il sortait de son caractère ; et pourtant, avant de reprendre sa gravité acrimonieuse, il jeta à dame Gillian un regard dont l'expression donnait à sa physionomie, avec ses mâchoires en casse-noisette, ses yeux clignotants et son nez tors, une ressemblance notable avec une de ces figures fantastiques qui décorent l'extrémité supérieure d'une ancienne basse de viole.

— Cela ne vaut-il pas mieux que d'appliquer vos étrivières sur les reins de votre femme qui vous aime, comme si c'était un des braques de votre chenil ? dit Août à Janvier.

— En vérité oui, répondit Janvier d'un ton froid et pincé ; — et cela vaut mieux aussi que de me jouer les tours de braque qui donnent de l'exercice à mes étrivières.

— Hem ! fit dame Gillian du ton d'une femme qui pensait que la proposition avancée par son mari pouvait être matière à discussion ; mais changeant aussitôt de note, elle reprit d'un ton tendrement plaintif : Ah, Raoul ! ne vous souvenez-vous pas comme vous m'avez battue une fois parce que notre défunt lord — Notre-Dame lui fasse miséricorde ! — prenait le nœud cramoisi de mon corset pour une rose pivoine ?

— Oui, oui, repartit le piqueur ; je me souviens que notre vieux maître était sujet à de pareilles méprises, — Notre-Dame lui fasse miséricorde ! comme vous dites. — Le meilleur chien se trompe de piste.

— Et comment pouvez-vous avoir l'idée, mon cher Raoul, de laisser votre bonne petite femme aller si long-temps sans robe neuve ?

— Eh ! tu en as eu une de notre jeune lady qui servirait à une comtesse, dit Raoul, dont la disposition au bon accord fut **rudement** ébranlée par la corde qu'elle venait de toucher. — Combien donc te faudrait-il de robes ?

— Rien que deux, mon bon Raoul; seulement pour que les gens ne puissent pas compter l'âge de leurs enfants par la date de la dernière robe neuve de dame Gillian.

— Bien, bien; — il est dur qu'un homme ne puisse être de bonne humeur par-ci par-là sans qu'on le fasse payer pour ça. Au surplus tu auras une robe neuve à la Saint-Michel, quand j'aurai vendu les peaux de daim de la saison. Les andouillers rendront un bon denier cette année.

— Oui, oui; je t'ai toujours dit, Raoul, que dans un bon marché les cornes rendent autant que le cuir.

Raoul se retourna vivement, comme si une guêpe l'avait piqué; et il serait difficile de dire comment il eût répondu à cette observation aux dehors innocents, si en ce moment un cavalier galamment équipé ne fût entré dans la cour, et mettant pied à terre comme les autres n'eût remis la bride de son cheval à un écuyer dont le costume resplendissait de broderies.

— Par saint Hubert, voilà un beau cavalier! s'écria Raoul; et son destrier serait digne d'un comte. Il porte les livrées [1] du lord connétable; — pourtant je ne connais pas le galant.

— Je le connais, moi, dit dame Gillian; c'est Randal de Lacy, le cousin du connétable, et qui peut aller de pair avec quiconque ait jamais porté le nom de Lacy.

— Oh! oh! Par saint Hubert, j'ai ouï parler de lui! — On dit que c'est un bambocheur [2], un tapageur et un mange-tout.

— Il arrive parfois qu'on ment, dit sèchement dame Gillian.

— Ça arrive aussi aux femmes. — Hé mais! il me semble que tout-à-l'heure il te clignait de l'œil.

— C'est que tu n'y as jamais bien vu de l'œil droit depuis que notre bon lord — sainte Marie l'ait en repos! — te lança un verre de vin à la face pour être entré trop hardiment dans sa chambre.

— Je m'étonne que ce prestolet vienne ici, continua Raoul comme s'il ne l'eût pas entendue. J'ai ouï dire qu'il a été soupçonné d'avoir attenté à la vie du connétable, et qu'ils ne se sont pas parlé depuis cinq ans.

— Il vient sur l'invitation de notre jeune maîtresse, j'en puis parler savamment; et il est probable qu'il fera moins de mal au connétable que le connétable ne pourrait lui en faire, comme il lui en a déjà assez fait, au pauvre gentleman!

[1] On doit savoir que dans l'ancien langage du blason le mot *livrée* avait une signification plus large qu'il ne l'a eue à une époque postérieure, où il a été restreint à la domesticité. (L. V.)

[2] On nous passera le mot, le seul qui dans la bouche de Raoul puisse convenablement rendre l'anglais *reveller*. (L. V.)

CHAPITRE XVII.

— Et qui t'a dit cela? demanda Raoul d'un ton bourru.

— N'importe; c'est quelqu'un qui savait très bien tout ce qui en était, répondit la dame, commençant à craindre qu'en faisant parade et en tirant vanité de l'étendue de ses informations elle n'en eût un peu trop dit.

— Il faut que ce soit le diable ou Randal lui-même, répliqua Raoul, car pas une autre bouche n'est assez grande pour un tel mensonge. — Mais voyez donc, Gillian! qu'est-ce qui vient là après lui, comme un homme qui marche sans voir où il va?

— C'est votre ange sauveur, le jeune squire Damien.

— C'est impossible! — Appelle-moi aveugle si tu veux; — mais je n'ai jamais vu homme tellement changé en quelques semaines, — et ses habits pendant sur lui comme s'il avait autour des épaules une couverture de cheval au lieu de manteau. — Qu'est-ce que le jeune homme peut donc avoir? — il fait une pause à la porte comme s'il voyait sur le seuil quelque chose qui lui barrât l'entrée! — Par saint Hubert! il a l'air d'avoir été frappé par les fées [1].

— Vous le regardiez comme un bijou si rare! Maintenant voyez quelle mine il fait à côté d'un véritable gentilhomme! il a l'air tout ébaubi et tout tremblant, comme s'il était à moitié fou.

— Je vais lui parler, reprit Raoul, oubliant sa jambe boiteuse et sautant de son poste élevé; — je vais lui parler. Et s'il ne se trouve pas bien, j'ai mes lancettes pour saigner un homme aussi bien qu'une bête.

— Bon médecin pour un tel malade, murmura dame Gillian; — médecin de chiens est ce qu'il faut à un songe-creux, qui ne connaît ni sa maladie ni la manière de la guérir.

Cependant le vieux piqueur se dirigeait vers la porte de la cour, devant laquelle Damien restait immobile, paraissant incertain s'il devait entrer ou non, sans songer à la foule environnante dont il attirait l'attention par la singularité de ses manières.

Raoul avait pour Damien une considération toute particulière; considération dont la raison principale était peut-être que depuis quelque temps sa femme était dans l'habitude de parler de lui d'un ton plus irrespectueux qu'elle n'en avait l'habitude à l'égard des jeunes gens de bonne mine. Il savait d'ailleurs que dans les exercices du chasseur le jeune homme était un second sir Tristrem, et il n'en fallait pas plus pour lui enchaîner l'âme de Raoul par des liens d'acier. Aussi vit-il avec grand'peine que la conduite de Damien attirait l'attention générale, et l'exposait même à un certain ridicule.

— Il se tient là devant la porte comme l'âne de Balaam dans le

---

[1] *Elf-stricken;* quelque chose d'analogue, dans les anciennes superstitions populaires du Nord, aux *sorts* que chez nous le peuple attribuait aux gens dont l'état avait quelque chose d'extraordinaire. (L. V.)

mystère, quand l'animal en voit plus que les autres n'en peuvent voir, dit le bouffon de la ville qui s'était mêlé à la foule.

Un coup de lanière dont Raoul lui sangla les épaules récompensa le fou de cette heureuse comparaison, et l'envoya tout hurlant chercher pour ses plaisanteries un auditoire mieux disposé. En même temps Raoul accosta Damien, et d'un ton d'intérêt tout différent de la sécheresse et de la causticité habituelles de ses manières, il le conjura au nom du Ciel de ne pas se donner en spectacle à tout le monde en se tenant là comme si le diable était en travers de la porte, mais d'entrer, ou, ce qui peut-être vaudrait tout autant, d'aller mettre des habits plus convenables pour assister à une cérémonie touchant de si près sa famille.

— Qu'ont donc mes habits, vieillard? dit Damien en se retournant brusquement vers le piqueur, en homme sortant tout-à-coup d'une rêverie qu'un importun vient troubler.

— Seulement, sauf votre respect, qu'on ne porte pas habituellement de vieux manteaux sur des pourpoints neufs; et il me semble, en toute soumission, que le vôtre ne s'accorde pas avec votre costume, et qu'il n'est pas convenable non plus pour paraître dans cette noble assemblée.

— Tu es fou! et tu es aussi jeune d'esprit que vieux d'années. Ne savez-vous pas qu'au temps où nous sommes jeunesse et vieillesse s'unissent ensemble, — font contrat ensemble, — se marient ensemble? et pourquoi mettrions-nous plus d'accord dans nos vêtements que dans nos actions?

— Pour l'amour de Dieu, mylord, ne prononcez pas ces paroles étranges et dangereuses! elles peuvent être entendues d'autres oreilles que des miennes, et interprétées par des gens moins bien disposés. Il peut y avoir ici des gens qui prétendraient trouver du mal dans des paroles légères, comme je suivrais la piste d'un daim à ses traces. Vos joues sont pâles, mylord, et vous avez les yeux rouges; pour l'amour du Ciel, retirez-vous!

— Je ne me retirerai pas avant d'avoir vu lady Eveline, répliqua Damien d'un ton encore plus égaré.

— Au nom de tous les saints, pas en ce moment! — Vous ferez à mylady une injure incroyable en vous montrant devant elle dans l'état où vous êtes

— Le croyez-vous? dit Damien, sur qui la remarque parut opérer comme un calmant qui lui permit de recueillir ses pensées égarées; — le croyez-vous réellement? — Je pensais que de la voir encore une fois... Mais non; — vous avez raison, vieillard.

Il se détourna comme pour s'éloigner; mais il n'avait pas fait deux pas que sa pâleur augmenta, qu'il chancela, et qu'il tomba sur le pavé avant que Raoul eût pu lui prêter un secours qui peut-être se fût trouvé insuffisant. Ceux qui le relevèrent remarquèrent avec surprise que ses vêtements étaient tachés de sang, et que son manteau, objet de la critique de Raoul, avait des taches de même nature. Un personnage à figure grave, enveloppé d'un manteau de couleur sombre, perça la foule et s'approcha.

— Je savais ce qui arriverait, dit-il ; je lui ai ouvert une veine ce matin, et je lui avais recommandé le repos et le sommeil conformément aux aphorismes d'Hippocrate. Mais si les jeunes gens négligent l'ordonnance de leur médecin, la médecine se venge elle-même. Il eût été impossible que les ligatures que j'ai assujetties de mes propres mains se dérangeassent si ce n'eût été pour le punir de ne pas s'être conformé aux préceptes de l'art.

— Que signifie ce bavardage? dit la voix du connétable, à laquelle toutes les autres se turent. On l'avait averti de l'accident arrivé à Damien, juste au moment où la cérémonie des fiançailles se terminait ; et il ordonna sévèrement au médecin de replacer les bandages qui avaient glissé du bras de son neveu, tout en aidant lui-même à soutenir le malade, avec la vive sollicitude et l'intérêt profond d'un homme qui voyait un si proche parent, qu'il aimait et appréciait justement, — jusqu'alors l'héritier de son nom et de sa famille, — étendu devant lui dans un état si inquiétant.

Mais aux chagrins des hommes heureux et puissants se mêle souvent l'impatience de la prospérité interrompue. — Que veut dire ceci? demanda-t-il sévèrement au médecin. Je vous ai envoyé ce matin près de mon neveu à la première nouvelle de son indisposition, et je vous avais ordonné de le prévenir de ne pas chercher à assister à la cérémonie d'aujourd'hui : comment se fait-il que je le trouve ici et en cet état ?

— Sous le bon plaisir de Votre Seigneurie, répondit le médecin d'un ton où perçait le sentiment de son importance, que la présence même du connétable ne put dompter, *curatio est canonica, non coacta ;* ce qui signifie, mylord, que le médecin conduit sa cure par les règles de l'art et de la science, — par avis et par prescriptions, — mais non par force ni par violence employées envers le malade, lequel ne peut tirer avantage de nos secours qu'autant qu'il se soumet volontairement aux ordres de son *medicum*.

— Faites-moi grâce de votre jargon, dit de Lacy. Si mon neveu a eu la tête assez légère pour essayer de venir ici dans le délire d'une fièvre chaude, vous auriez dû avoir le bon sens de l'en empêcher, eût-il fallu employer la force.

Randal de Lacy venait de se joindre à la foule, qui, oubliant la cause qui l'avait amenée là, se pressait en ce moment autour de Damien. — Il se peut, dit-il, que l'aimant qui a attiré ici notre parent ait eu plus de force que tout ce que le médecin aurait pu faire pour l'en éloigner.

Le connétable, encore tout occupé de son neveu, leva les yeux à la voix de Randal. — Ha, beau cousin, lui dit-il d'un ton froidement poli, de quel aimant parlez-vous

— De l'attachement de votre neveu et de sa déférence pour vous, mylord, assurément, répondit Randal ; et ces deux sentiments, sans parler de son respect pour lady Eveline, devaient l'amener ici pour peu que ses jambes fussent en état de le soutenir. — Et voici la fiancée qui vient le remercier de son zèle, par charité, je pense.

— Quel malheur arrive-t-il ? dit lady Eveline qui s'approcha précipitamment, grandement troublée par l'avis qu'on lui avait porté inopinément du danger où se trouvait Damien. N'y a-t-il rien en quoi mes humbles services puissent être utiles ?

— Rien, madame, dit le connétable en se levant d'auprès de son neveu et en prenant la main de sa fiancée ; votre humanité est ici intempestive. Il ne convient pas que vous soyez au milieu de cette assemblée mélangée et de cette confusion malséante.

— A moins que je n'y puisse être utile, mylord, répliqua Eveline avec vivacité. C'est votre neveu qui est en danger, — mon libérateur — un de mes libérateurs, je voulais dire.

— — Il a les soins de son chirurgien, repartit le connétable en ramenant sa fiancée dans l'intérieur du couvent, où elle ne le suivait qu'à contre-cœur, tandis que le médecin s'écriait d'un ton triomphant :

— C'est bien jugé au lord connétable de ne pas laisser sa noble dame se mêler à l'armée d'empiriques en jupons qui, comme autant d'amazones, font irruption et portent le trouble dans le cours régulier de la pratique médicale, avec leurs ridicules pronostics, leurs imprudentes recettes, leurs mithridates, leurs fébrifuges, leurs amulettes et leurs charmes. Le poète païen le disait bien :

« *Non audet, nisi quæ didicit, dare quod medicorum est ;*
Promittunt medici, — tractant fabrilia fabri. »

Tout en débitant ces vers avec une grande emphase, le docteur lâcha le bras du malade afin d'aider à la cadence par le geste. — Voilà ce que pas un de vous ne comprend, ajouta-t-il en s'adressant aux spectateurs ; — non, par saint Luc ! pas même le connétable.

— Mais il sait comment fustiger un chien qui baguenaude quand il devrait être à son affaire, lui dit Raoul ; et le médecin rappelé au silence et à son devoir par cet avis, s'occupa de faire transporter le jeune Damien à un appartement dans la rue voisine, où les symptômes de la maladie semblèrent s'aggraver plutôt que diminuer, et ne tardèrent pas à requérir tout ce que le médecin pouvait donner d'habileté et d'attention.

Le contrat de mariage, ainsi que nous l'avons dit, venait précisément d'être signé quand la nouvelle de l'accident arrivé à Damien se répandit au milieu de la compagnie réunie à cette occasion. Lorsque le connétable reconduisit sa fiancée de l'avant-cour à l'appartement où se tenait la réunion, tous deux paraissaient mal à l'aise et décontenancés ; et cet air d'embarras fut encore accru par la vivacité avec laquelle Eveline retira son bras passé sous celui de son époux en s'apercevant que la manche du connétable était fraîchement tachée de sang, et qu'elle-même en avait des marques. Avec une faible exclamation elle montra ces marques à Rose, et lui dit : — Qu'est ce que cela présage ? — la vengeance du Doigt-Sanglant commence-t-elle déjà ?

— Cela ne présage rien du tout, ma chère maîtresse, dit Rose ; — ce sont nos propres frayeurs qui prophétisent, et non ces bagatelles que nous prenons pour des augures. Au nom du Ciel, parlez à mylord ! Il est surpris de votre agitation.

— Qu'il m'en demande la cause lui-même ; il est plus convenable pour la lui dire d'attendre ses ordres que de le prévenir.

Tandis qu'Eveline échangeait ces paroles avec sa suivante, le connétable s'était aussi aperçu que dans son empressement à secourir son neveu il avait taché de sang les vêtements d'Eveline. Il s'approcha d'elle pour s'excuser de ce qu'en un pareil moment on pouvait presque regarder comme de sinistre augure. — Belle Eveline, lui dit-il, le sang d'un loyal de Lacy ne peut jamais vous présager autre chose que paix et bonheur.

Eveline parut vouloir répondre, mais au premier moment elle ne put trouver de paroles. La fidèle Rose, au risque d'encourir le reproche de présomption, se hâta de répondre pour sa maîtresse : — Toute demoiselle est tenue de croire ce que vous dites, noble lord, sachant combien ce sang a toujours été prêt à couler pour la protection des opprimés, et si récemment encore pour la nôtre.

— C'est bien parlé, petite, repartit le connétable ; et lady Eveline est heureuse de posséder une suivante qui sache parler pour elle quand il lui plaît de garder le silence. — Allons, mylady, ajouta-t-il, espérons que cette mésaventure de mon neveu est seulement une sorte de sacrifice à la fortune, qui ne permet pas à l'heure la plus brillante de passer sans qu'un peu d'ombre ne s'y mêle. Damien, j'aime à le croire, sera promptement rétabli ; et nous devons songer que les gouttes de sang qui vous alarment ont été tirées par un acier ami, et sont des symptômes de guérison plutôt que de maladie. — Allons, ma chère Eveline, votre silence surprend péniblement nos amis, et les fait douter si nous sommes sincères dans l'accueil qui leur est dû. — Permettez-moi d'être votre écuyer, continua-t-il ; et prenant une aiguière d'argent et une serviette sur un buffet chargé de vaisselle plate, il fléchit le genou pour les présenter à sa fiancée.

Eveline fit effort sur elle-même pour secouer l'alarme où l'avait jetée la coïncidence qu'elle avait cru voir entre l'accident actuel et l'apparition de Baldringham, et se prêtant au rôle que son fiancé avait voulu prendre, elle se disposait à le relever de terre, quand elle fut interrompue par l'arrivée d'un messager, qui, entrant dans la chambre à la hâte et sans cérémonie, informa le connétable que son neveu était extrèmement mal, et que s'il voulait le voir encore en vie il fallait qu'il se hâtât de se rendre près de lui.

Le connétable se releva précipitamment et prit congé en peu de mots d'Eveline et des conviés, lesquels, effrayés de ce nouvel et désastreux avis, se disposaient à se retirer; mais au moment où il s'avançait vers la porte, il vit paraître un appariteur de la cour ecclésiastique, à qui son costume d'office avait ouvert sans difficulté l'entrée de l'abbaye.

— *Deus vobiscum!* dit l'appariteur; je désirerais savoir qui, dans cette noble compagnie, est le connétable de Chester?

— C'est moi, répondit de Lacy; mais à moins que ce qui t'amène ne soit des plus pressés, je ne puis te parler en ce moment. — Je suis appelé par une affaire de vie ou de mort.

— Je prends tous les chrétiens à témoin que je me suis acquitté de ma mission, repartit l'appariteur en mettant un parchemin dans les mains du connétable.

— Que signifie ceci, drôle? s'écria le connétable en grande indignation; — pour qui ton maître l'archevêque me prend-il, qu'il agit avec moi de cette façon discourtoise, et me cite à comparoir devant lui plutôt comme un coupable que comme un ami et un noble?

— Sa Grâce le lord archevêque ne doit compte à personne autre qu'à notre saint père le pape de l'usage qu'il fait du pouvoir dont l'ont investi les canons de l'Église, répondit l'officier ecclésiastique avec hauteur. Quelle est la réponse de Votre Seigneurie à ma citation?

— L'archevêque est-il dans cette ville? reprit le connétable après un moment de réflexion; — je ne savais pas qu'il eût dessein de venir ici, et encore bien moins que son intention fût d'exercer son autorité dans cette enceinte.

— Sa Grâce le lord archevêque ne fait que d'arriver dans cette ville, dont il est métropolitain; et de plus, par sa commission apostolique, un légat *à latere* a une juridiction plénière dans toute l'étendue de l'Angleterre, ainsi que l'éprouveraient (quel que fût leur rang) ceux qui oseraient désobéir à sa citation.

— Écoute, drôle, repartit le connétable en regardant l'appariteur d'un air courroucé, n'étaient-ce certaines considérations avec lesquelles je t'assure que ton capuchon râpé n'a pas grand'chose à voir, tu aurais mieux fait d'avaler ta citation, sceau et parchemin, que de me la remettre en termes aussi impertinents. — Allez dire à votre maître que je le verrai d'ici à une heure, temps durant lequel je suis retenu par la nécessité de me rendre près d'un parent malade.

L'appariteur quitta l'appartement avec plus d'humilité dans ses manières qu'il n'en avait montré en arrivant, et laissa les hôtes réunis se regardant entre eux en silence et d'un air d'effroi.

Le lecteur se souviendra sans doute combien le joug de la suprématie romaine pesait lourdement tant sur le clergé que sur les laïques d'Angleterre durant le règne de Henri II. La tentative même que fit ce sage et courageux monarque pour maintenir l'indépendance de son trône dans la mémorable affaire de Thomas Becket eut une issue si malheureuse, que, comme une rébellion comprimée, elle ne fit qu'ajouter une nouvelle force à la domination de l'Église. A partir de la soumission du roi dans cette malheureuse lutte, la voix de Rome eut une double puissance partout où elle se fit entendre, et les pairs les plus hardis d'Angleterre trouvaient plus sage de se soumettre à ses ordres impérieux que de provoquer une censure spirituelle qui avait au temporel tant de conséquences désastreuses. Il en résulta que la hauteur insultante avec laquelle le connétable était traité par le prélat Baldwin frappa d'un étonnement glacial la réunion d'amis que de Lacy avait appelée à ses fiançailles; et lorsqu'il promena autour de lui son regard altier, il vit que nombre de ceux qui l'auraient soutenu à la vie et à la mort dans toute autre querelle, eût-ce même été contre son souverain, pâlissaient à la seule idée d'une collision avec l'Église. Embarrassé et irrité tout à la fois de leur timidité, le connétable se hâta de les congédier, avec l'assurance générale que tout irait bien, — que la maladie de son neveu n'était qu'une indisposition sans gravité exagérée par un médecin qui voulait se faire valoir, et par la négligence du malade, — et que le message de l'archevêque, remis avec si peu de cérémonie, n'était que la conséquence de leur familiarité mutuelle et amicale, qui les portait parfois, par simple plaisanterie, à contrevenir aux formes ordinaires du cérémonial ou à les négliger. — Si j'avais à parler au prélat Baldwin pour affaire pressante, ajouta-t-il, telle est l'humilité de ce digne pilier de l'Église et son indifférence pour les formes, que sans crainte de l'offenser je pourrais envoyer le dernier valet d'écurie de ma troupe lui demander une audience.

Mais tout en parlant ainsi le connétable avait dans la physionomie quelque chose qui démentait ses paroles; — aussi ses amis et parents se retirèrent-ils, après la magnifique et joyeuse cérémonie de ses fiançailles, comme s'ils eussent assisté à un festin funéraire, les yeux baissés et l'esprit rempli d'inquiétude.

Randal fut le seul qui, ayant attentivement suivi toute l'affaire de cette soirée, se hasarda à s'approcher de son cousin au moment où celui-ci quittait la maison, et à lui demander, au nom de leur amitié rétablie, s'il n'avait rien à lui commander, l'assurant en même temps, avec un regard plus expressif que ses paroles, qu'il ne le trouverait pas froid à le servir.

— Je n'ai rien sur quoi votre zèle puisse s'exercer, beau cousin, répondit le connétable de l'air d'un homme qui doute à demi de la sincérité des avances qu'on lui fait; et le salut d'adieu dont il accompagna ces mots ne laissa à Randal aucun prétexte pour le suivre, comme il semblait en avoir eu dessein.

CHAPITRE XVIII.

> Oh ! si je parvenais où aspire mon ambition, ce pied nu se poserait sur le cou des monarques !
> *La Mère mystérieuse.*

Le moment le plus anxieux et le plus malheureux de la vie de Hugo de Lacy avait été, sans nul doute, celui où, célébrant son mariage avec Eveline au milieu de toute la solennité civile et religieuse que l'occasion comportait, il avait paru un moment approcher de ce qu'il avait regardé comme l'objet le plus vif de ses désirs. Il était assuré de la possession d'une femme jeune, belle, aimable, et possédant quant à la fortune des avantages de nature à satisfaire son ambition en même temps que ses affections ; — et cependant, même en cet instant fortuné, l'horizon s'assombrissait autour de lui de manière à ne lui présager qu'orages et calamités. Arrivé au logis de son neveu, il apprit que le pouls du malade s'était élevé, que le délire avait augmenté, et tous ceux qui l'entouraient ne parlaient qu'en termes pleins de doute de ses chances de guérison et de l'espoir qu'il y avait qu'il survécût à une crise qui semblait approcher rapidement. Le connétable s'avança sans bruit jusqu'à la porte de la chambre du malade ; mais il ne put se résoudre à entrer, et il écouta ce que lui faisait dire le délire de la fièvre. Rien ne saurait être plus triste que de voir l'esprit s'abandonner au cours de ses pensées ordinaires quand le corps est retenu par une maladie dangereuse sur un lit de douleur ; le contraste entre l'état de santé habituel, avec ses joies et ses occupations, rend doublement affligeant l'état désespéré du malade abusé par ces visions, et nous ressentons un degré de compassion proportionné pour celui dont les pensées s'égarent si loin de sa véritable situation.

C'est ce que le connétable éprouva d'une manière poignante en l'entendant proférer à diverses reprises le cri de guerre de la famille, et paraissant, aux paroles de commandement et de direction qu'il articulait de temps à autre, activement occupé à conduire ses hommes d'armes contre les Gallois. D'autres fois il murmurait différents termes de manége, de fauconnerie et de chasse ; — et en ces occasions il mentionnait fréquemment le nom de son oncle, comme si l'idée du connétable se fût également liée à celle de ses luttes guerrières et des exercices plus pacifiques où l'on n'avait à combattre que les hôtes des bois et des rivières. Il prononçait encore d'autres mots, mais si bas qu'ils étaient tout-à-fait inintelligibles.

Le cœur encore plus ému des souffrances de son neveu en entendant sur quels sujets son esprit divaguait, le connétable porta deux fois la main au loquet de la porte pour entrer dans la chambre, et deux fois il s'arrêta, craignant de montrer ses larmes à ceux qui entouraient Damien. Renonçant enfin à son dessein, il quitta précipitamment la maison, remonta à cheval, et suivi seulement de quatre de ses gens il se dirigea vers le palais épiscopal, où la rumeur publique lui avait appris que l'archevêque Baldwin avait établi sa résidence temporaire.

La foule de cavaliers et de chevaux de main, de mulets de charge, de domestiques et de suivants, tant laïques qu'ecclésiastiques, qui encombrait l'entrée du palais, outre la multitude béante d'habitants qui s'y était rassemblée, les uns pour contempler le magnifique cortége, d'autres dans l'espoir de recevoir la bénédiction du saint prélat, cette foule était telle, que le connétable n'arriva pas sans peine jusqu'à la porte ; et cet obstacle surmonté, il en trouva un autre dans l'opiniâtreté des gens de l'archevêque, qui ne lui permirent pas, quoiqu'il eût annoncé son nom et son rang, de franchir le seuil du palais jusqu'à ce qu'ils eussent été prendre à cet effet les ordres exprès de leur maître.

Le connétable ressentit vivement cette réception hautaine. Il avait mis pied à terre dans la pleine confiance d'être admis immédiatement au moins dans le palais, sinon en présence du prélat ; en se voyant à pied au milieu des écuyers, des valets et des palefreniers du prélat, il éprouva une telle indignation, que son premier mouvement fut de remonter à cheval et de retourner à son pavillon, dressé temporairement sous les murs de la ville, laissant à l'évêque le soin de l'y venir chercher si réellement il désirait une entrevue. Mais la nécessité de conciliation s'offrit presque aussitôt à son esprit et fit taire la première impulsion hautaine de sa fierté blessée. — Si notre sage roi, se dit-il en lui-même, a tenu l'étrier d'un prélat de Cantorbéry, et s'est soumis devant la châsse du même prélat mort aux observances les plus humiliantes, assurément je n'ai pas à être plus scrupuleux envers le prêtre qui lui a succédé dans cette autorité démesurée. Une autre pensée, qu'il osait à peine s'avouer, lui faisait un devoir de cette humble soumission. Il ne pouvait se dissimuler qu'en cherchant à échapper à son vœu comme croisé, il avait encouru quelque juste censure de l'Église ; et il était assez porté à espérer que la réception froide et mortifiante qu'on lui faisait en ce moment chez Baldwin pourrait bien être une partie de la pénitence à laquelle sa conscience l'avertissait qu'il devait s'attendre.

Après un court intervalle, de Lacy fut à la fin invité à entrer dans le palais de l'évêque de Gloucester, où il devait rencontrer le primat d'Angleterre ; mais il lui fallut encore passer par plus d'une attente dans l'antichambre et dans la salle avant d'être enfin admis en présence de Baldwin.

Le successeur du célèbre Becket n'avait ni les vues étendues ni l'esprit ambitieux de ce personnage redouté; mais d'un autre côté, tout saint qu'était devenu ce dernier, on peut mettre en question si dans ses professions de foi pour le bien de la chrétienté il était à moitié aussi sincère que l'archevêque actuel. Baldwin était véritablement l'homme qu'il fallait pour défendre les pouvoirs acquis de l'Église, quoique peut-être il y eût dans son caractère trop de franchise et de sincérité pour travailler activement à leur extension. L'organisation de la croisade fut la principale affaire de sa vie, de même que sa réussite fut son plus grand orgueil; et si le sentiment intime des pouvoirs d'éloquence et de persuasion dont il était doué, ainsi que de son habileté à plier les esprits à ses desseins, se mêlait en lui au zèle religieux, sa vie tout entière, et plus tard sa mort devant Ptolémaïs, n'en montrèrent pas moins que délivrer le Saint-Sépulcre des mains des Infidèles fut bien l'objet réel de tous ses efforts. Hugo de Lacy le savait bien; et la difficulté de manier un pareil caractère lui parut beaucoup plus grande au moment de l'entrevue où il lui fallait en faire la tentative, qu'il n'aurait voulu le supposer alors que la crise était encore éloignée.

Le prélat, homme de grande taille et d'un aspect majestueux, mais dont les traits étaient trop sévères pour être agréables, reçut le connétable dans toute la pompe de la dignité ecclésiastique. Il était assis sur un fauteuil de chêne orné de riches scupltures gothiques, et placé sur une estrade surmontée d'une sorte de dais de même travail. Il portait la robe épiscopale, ornée de somptueuses broderies et garnie de franges au collet et aux poignets; cette robe s'ouvrait depuis le cou jusqu'à la ceinture, et laissait voir un vêtement de dessous également brodé, entre les plis duquel, comme imparfaitement dissimulé, pointait le cilice de crin que le prélat portait constamment sous ses riches vêtements. Sa mitre était posée près de lui sur une table de chêne de même travail que le fauteuil d'apparat, contre lequel reposait aussi son bâton pastoral, représentant une houlette de berger de la forme la plus simple, et que cependant on avait trouvée plus puissante et plus redoutable que la lance et le cimeterre quand elle était aux mains de Thomas Becket.

Un chapelain en surplis blanc, agenouillé à quelque distance devant un pupitre, lisait dans un volume enluminé quelque partie d'un ouvrage théologique, et Baldwin paraissait prendre à cette lecture un si profond intérêt, qu'il ne sembla pas s'apercevoir de l'entrée du connétable. Celui-ci, de plus en plus mécontent de ce nouveau manque d'égards, se tenait debout à l'entrée de la salle, incertain s'il interromprait la lecture en s'adressant tout d'abord au prélat ou s'il se retirerait sans le saluer. Mais avant qu'il n'eût pris une résolution, le chapelain était arrivé à quelque pause convenable, où le prélat l'arrêta par un *satis est, mi fili*.

CHAPITRE XVIII.

Ce fut en vain que le fier baron séculier s'efforça de cacher l'embarras avec lequel il s'approchait du prélat, dont l'attitude avait évidemment pour objet de le pénétrer d'une respectueuse inquiétude. Il chercha bien à prendre l'air d'aisance que pouvait autoriser leur ancienne amitié, ou du moins à affecter une indifférence annonçant en lui une parfaite tranquillité : mais il n'y put réussir, et sa contenance exprima l'orgueil mortifié mêlé d'un degré d'embarras peu ordinaire. Le génie de l'Église était sûr en de telles occasions de dominer le plus altier des laïques.

— Je m'aperçois, dit de Lacy, cherchant à recueillir ses pensées, et honteux de la peine qu'il avait à y parvenir, — je m'aperçois qu'une ancienne amitié a cessé d'exister ici. Il me semble que Hugh de Lacy aurait pu s'attendre à être appelé par un autre messager à se rendre en votre présence, et qu'un autre accueil aurait dû lui être fait à son arrivée.

L'archevêque se leva lentement de son fauteuil, et s'inclina à demi vers le connétable, lequel, par un désir instinctif de conciliation, rendit le salut en s'inclinant à son tour beaucoup plus bas qu'il n'en avait eu l'intention, et que ne le méritait la courtoisie écourtée du prélat. Celui-ci fit en même temps signe au chapelain, qui se leva pour sortir, et qui, en ayant reçu la permission selon la formule accoutumée — *Do veniam* — se retira révérencieusement, à reculons et sans lever les yeux, les regards fixés sur le plancher et les bras en croix sur la poitrine.

Quand ce muet assistant eut disparu, le front du prélat devint plus ouvert, bien que conservant encore un nuage de gravité mécontente, et il répondit aux paroles que lui avait adressées de Lacy, sans pourtant se lever de son siége. — Il importe peu, mylord, lui dit-il, de parler de ce que le brave connétable de Chester a été pour le pauvre prêtre Baldwin, non plus que de dire avec quel amour et quel orgueil nous l'avons vu prendre le signe révéré du salut, et, pour honorer Celui qui l'a fait ce qu'il est, se vouer à la délivrance de la Terre-Sainte. Si je vois le noble lord qui est devant moi toujours dans cette pieuse résolution, qu'il me fasse connaître l'heureuse vérité, et je mettrai de côté mitre et rochet pour aller prendre soin de son cheval comme le dernier de mes palefreniers, si cet humble service est nécessaire pour lui montrer le respect que je lui porte au fond du cœur.

— Révérend père, répondit de Lacy avec hésitation, j'avais espéré que les propositions qui vous ont été faites de ma part par le doyen d'Hereford auraient paru plus satisfaisantes à vos yeux. — Retrouvant alors la confiance qui lui était naturelle, il poursuivit avec plus d'assurance dans sa parole et dans ses manières, car l'air inflexible et froid de l'archevêque l'irritait : — Si ces propositions sont insuffisantes, mylord, faites-moi savoir en quoi, et s'il est possible je me conformerai à votre bon plaisir, dût-il même se trouver quelque peu déraisonnable. Je voudrais vivre en paix, mylord, avec la sainte Église, et je serais le dernier à mépriser ses ordres. Je l'ai assez fait voir par ma conduite sur les champs de bataille et dans les conseils de l'État; et je ne puis croire que mes services aient mérité de la part du primat d'Angleterre cette froideur de manières et de langage.

— Reprochez-vous à l'Église les services que vous lui avez rendus, homme plein de vanité? dit Baldwin. Je te dis, Hugh de Lacy, que ce que le Ciel a fait par ta main pour l'Église, il pouvait, si tel eût été son divin plaisir, le faire opérer tout aussi aisément par celle du dernier valet d'écurie de ton armée. C'est *toi* qui es honoré d'avoir été l'instrument choisi par lequel de grandes choses ont été faites en Israël. — Ne m'interromps pas. Je te dis, orgueilleux baron, qu'aux yeux du Ciel ta sagesse n'est que folie, — que le courage dont tu tires vanité n'est que la couardise d'une fille de village, — que ta force n'est que faiblesse, — ta lance une branche d'osier, et ton épée un faible jonc.

— Je sais tout cela, bon père, repartit le connétable; c'est ce qu'on a toujours répété quand les humbles services que j'ai pu rendre ont été passés et accomplis. Marry! quand on avait besoin de moi, j'étais l'excellent lord du prêtre et du prélat, et un homme qu'on honorerait et pour lequel on prierait près des patrons et des fondateurs qui reposent dans le chœur et sous le maître-autel. Il n'était question, je crois, ni d'osier ni de jonc quand on me sollicitait de mettre ma lance en arrêt ou de tirer l'épée; c'est seulement quand on n'en a plus besoin qu'on les déprise, elles et leur maître. Hé bien, soit, mon révérend père; — mais si l'Église peut expulser les Sarrasins de la Terre-Sainte avec des valets et des palefreniers, pourquoi prêchez-vous aux chevaliers et aux nobles de quitter leurs foyers et les pays qu'ils sont nés pour protéger et défendre?

— Ce n'est pas, lui répondit l'archevêque en le regardant fixement, ce n'est pas en considération du secours charnel de leur bras que nous troublons vos chevaliers et vos barons dans le cours de leurs plaisirs grossiers et de leurs querelles meurtrières, ce que vous appelez jouir de ses foyers et protéger ses domaines; le Tout-Puissant n'a pas besoin de leur bras charnel pour opérer la grande œuvre de la libération : — c'est pour le salut de leurs âmes immortelles. L'archevêque prononça ces derniers mots avec une emphase toute particulière.

Le connétable parcourut la salle d'un air d'impatience et en se parlant à lui-même : — Voilà donc les soi-disant récompenses pour lesquelles armées sur armées ont été arrachées d'Europe pour aller abreuver de leur sang les sables de la Palestine! — voilà les vaines promesses pour lesquelles nous sommes poussés à troquer notre pays, nos terres et notre vie!

— Est-ce Hugh de Lacy qui parle ainsi? s'écria l'archevêque en se

CHAPITRE XVIII.

levant de son siége, et adoucissant ce ton de censure par un accent de honte et de regret. — Est-ce lui qui déprise le renom d'un chevalier, — la vertu d'un chrétien, — l'extension de son honneur terrestre — l'avantage bien autrement incalculable de son âme immortelle? — Est-ce lui qui désire une récompense solide et substantielle en terres et en trésors, conquise en guerroyant contre ses voisins moins puissants, tandis que son honneur de chevalier et sa foi religieuse, son vœu de chevalerie et son baptême comme chrétien, l'appellent à une lutte entourée de plus de gloire et de dangers? Se peut-il que ce soit Hugo de Lacy, le miroir de la chevalerie anglo-normande, dont l'esprit puisse concevoir et la bouche exprimer de tels sentiments?

— La flatterie et de beaux discours, convenablement entremêlés de railleries et de reproches, peuvent vous réussir avec d'autres, mylord, répliqua le connétable, rougissant et se mordant les lèvres; mais je suis d'une trempe trop solide pour que les cajoleries ou l'aiguillon me poussent malgré moi à des mesures importantes. Dispensez-vous donc de cet air d'étonnement affecté; et croyez bien que, soit qu'il aille à la Croisade, soit qu'il reste chez lui, la réputation d'Hugh de Lacy restera aussi intacte en fait de courage que celle de l'archevêque Baldwin en fait de sainteté.

— Puisse-t-elle s'élever beaucoup plus haut que celle à laquelle il veut bien la comparer! Mais un incendie peut s'éteindre aussi bien qu'une étincelle, et je dis au connétable de Chester que le renom qui s'attache à sa bannière depuis tant d'années peut l'abandonner en un moment pour ne jamais revenir.

— Qui ose dire cela? s'écria le connétable, jaloux au dernier point de l'honneur pour lequel il avait bravé tant de dangers.

— Un ami dont vous devriez recevoir avec reconnaissance les avis sévères. — Vous pensez à un paiement et à des récompenses, sire connétable, comme si vous étiez encore en marché et libre de débattre les conditions de votre service. Je vous dis, moi, que vous n'êtes plus votre maître; — le bienheureux signe que vous avez pris volontairement a fait de vous un soldat de Dieu, et vous ne pouvez abandonner votre étendard sans vous couvrir d'une infamie que des valets et des palefreniers ne voudraient pas encourir.

— Vous agissez trop durement avec nous, mylord, dit Hugo de Lacy, s'arrêtant court au milieu de sa marche agitée. Vous autres lords spirituels vous faites de nous les bêtes de somme de vos intérêts, et vous gravissez où vous appelle votre ambition à l'aide de nos épaules surchargées, à nous autres laïques. Mais tout a ses limites; — Becket les dépassa, et....

Un regard sombre et significatif répondait à l'accent qu'il avait donné à cette phrase interrompue; et le prélat, qui ne fut pas en peine d'en comprendre le sens, reprit d'une voix ferme et d'un ton résolu :

Et il fut *assassiné!* — c'est ce que vous osez me donner à entendre — à moi le successeur de ce glorieux saint — comme un motif de céder à votre désir égoïste et capricieux de retirer votre main de la charrue. Vous ne savez pas à qui vous adressez une telle menace. Il est vrai que de saint militant sur terre Becket est arrivé, par le chemin ensanglanté du martyre, à la dignité de saint du Ciel ; mais il n'est pas moins vrai que pour y obtenir une place à mille degrés au-dessous de celle de son bienheureux prédécesseur, le prêtre indigne Baldwin serait prêt à se soumettre, avec la protection de Notre-Dame, à tout ce que les méchants pourraient infliger de plus cruel à son enveloppe terrestre.

— Cette montre de courage est inutile, révérend père, là où il n'y a, où il ne peut y avoir de danger, répliqua de Lacy d'un ton plus calme. Discutons cette affaire plus posément, je vous prie. Je n'ai jamais eu intention de révoquer mon projet à l'égard de la Terre-Sainte, mais seulement de l'ajourner. Il me semble que les offres que j'ai faites sont belles, et qu'elles devraient m'obtenir ce qui a été accordé à d'autres en pareil cas : — un léger délai pour l'époque de mon départ.

— Un léger délai de la part d'un chef tel que vous, noble de Lacy, serait un coup mortel porté à notre sainte et vaillante entreprise. A des hommes moins éminents nous aurions pu accorder le privilége de songer au mariage, lors même qu'en cela ils auraient fait preuve d'oubli pour les douleurs de Jacob ; mais vous, mylord, vous êtes un des étais principaux de notre entreprise, et cet étai retiré, tout l'édifice peut crouler. Qui donc en Angleterre se croira obligé de presser son départ si Hugo de Lacy recule ? Songez moins, mylord, à la parole que vous avez engagée à votre fiancée, et plus à celle que vous avez engagée à l'Église ; et ne croyez pas qu'une union puisse jamais venir à bien quand elle ébranle votre résolution à l'égard de notre bienheureuse entreprise pour l'honneur de la chrétienté.

Le connétable fut embarrassé par l'opiniâtreté du prélat, et il commença à fléchir devant ses arguments, quoique fort à contre-cœur, et seulement parce que les habitudes et les opinions du temps ne lui laissaient aucun moyen de combattre ces arguments autrement que par des sollicitations. — Je reconnais, dit-il, mes engagements pour la croisade, et je n'ai — je le répète — d'autre désir que ce court délai, qui peut être nécessaire pour mettre en ordre des affaires importantes. En attendant, mes vassaux conduits par mon neveu....

— Ne promets que ce qui est en ton pouvoir, interrompit le prélat. Qui sait si pour te punir de t'être occupé d'autre chose que de Sa sainte cause, ton neveu n'est pas rappelé de ce monde au moment même où nous parlons ?

— A Dieu ne plaise ! s'écria le baron, faisant rapidement quelques pas comme pour courir à l'assistance de son neveu ; puis s'arrêtant tout-à-coup il porta vers le prélat un regard perçant et scrutateur. — Ce n'est pas bien à Votre Révérence, reprit-il, de parler ainsi légèrement des dangers qui menacent ma maison. Damien m'est cher à cause de ses bonnes qualités; — il m'est cher comme fils de mon frère unique. — Dieu nous pardonne à tous les deux ! quand il mourut, nous n'étions pas en bonne intelligence. — Mylord, vos paroles semblent dire que mon bien-aimé neveu souffre et se trouve en danger à cause de mes fautes?

L'archevêque s'aperçut qu'il avait enfin touché la corde dont les vibrations ébranlaient toutes les fibres sensibles du cœur de son pénitent. Il répondit avec circonspection, en homme qui savait bien à qui il avait affaire : Loin de moi la présomption d'interpréter les desseins du Ciel ! mais nous lisons dans l'Écriture que quand les pères mangent des raisins acides les dents des enfants sont agacées. Quoi de plus raisonnable que nous soyons punis de notre orgueil et de notre obstination par un châtiment spécialement propre à humilier et à plier cet esprit de vanité présomptueuse? Vous-même savez mieux que personne si cette maladie de votre neveu date d'une époque antérieure à celle où vous avez médité d'abandonner la bannière de la Croix.

Hugo de Lacy recueillit un moment ses pensées, et reconnut que jusqu'à ce qu'il eût songé à son union avec Eveline, il ne s'était, en effet, montré aucune altération dans la santé de son neveu. Son silence et sa confusion n'échappèrent pas à l'adroit prélat. Il prit la main du guerrier, qui, debout devant lui, se sentait accablé de ce doute pénible que la préférence qu'il avait donnée à la perpétuation de sa maison sur la délivrance du Saint-Sépulcre n'eût été punie par la maladie qui menaçait la vie de son neveu. — Allons, noble de Lacy, lui dit-il, le châtiment provoqué par un moment de présomption peut encore être détourné par la prière et la pénitence. L'heure recula sur le cadran à la prière du bon roi Ézéchias; — à genoux ! à genoux ! et ne doutez pas que la confession, la pénitence et l'absolution ne puissent encore expier l'oubli que vous avez fait de la cause du Ciel !

Dompté par la voix impérieuse de sa religion, et par la crainte que la maladie et le danger de son neveu ne punissent ses retards, le connétable s'agenouilla devant le prélat que tout-à-l'heure il avait presque bravé, confessa, comme un péché dont il avait à se repentir du fond de l'âme, le dessein qu'il avait eu de reculer son départ pour la Palestine, et reçut, sinon bien volontairement, du moins avec résignation, la pénitence que lui infligea l'archevêque, laquelle consistait dans l'injonction de ne pas aller plus loin dans son union avec lady Eveline jusqu'à son retour de la Palestine, où il était tenu par son vœu de séjourner trois ans.

— Et maintenant, noble de Lacy, reprit le prélat, toi encore une fois le plus cher et le plus honoré de mes amis, — ton cœur n'est-il pas plus léger depuis que tu t'es ainsi noblement acquitté de ta dette envers le

Ciel, et que tu as purifié ton courageux esprit de ces taches d'égoïsme mondain qui en ternissaient le brillant?

Le connétable soupira. — Mon plus grand bonheur en ce moment, répondit-il, serait de savoir que la santé de mon neveu est améliorée.

— Ne vous laissez pas aller au découragement au sujet du noble Damien votre neveu, si brave et dont la vie promet tant, dit l'archevêque, car j'espère qu'avant peu vous apprendrez sa guérison; ou s'il plaît à Dieu de l'appeler dans un meilleur monde, le passage lui en sera si facile, et son arrivée à ce port de toute félicité si prompte, que mieux vaudra pour lui être mort que d'avoir vécu.

Le connétable le regarda, comme pour recueillir dans sa physionomie, sur le sort de Damien, plus de certitude que ses paroles ne semblaient en impliquer; et le prélat, pour éviter d'être pressé davantage sur un sujet où peut-être il avait conscience de s'être aventuré trop loin, agita une sonnette d'argent posée devant lui sur la table, et ordonna au chapelain, qui entra à ce signal, d'envoyer un messager exact au logement de Damien de Lacy, s'informer de la situation du malade.

— Un étranger qui arrive à l'instant même de la chambre du noble Damien de Lacy attend ici le moment de pouvoir parler au lord connétable, répondit le chapelain.

— Qu'il entre sur-le-champ, dit l'archevêque; — quelque chose me dit qu'il nous apporte de joyeuses nouvelles. — Je n'ai jamais vu un repentir aussi humble, — une renonciation si volontaire aux affections et aux désirs de la nature humaine pour se donner tout entier au service du Ciel, rester sans récompense temporelle ou spirituelle.

Comme il finissait de parler, un homme singulièrement vêtu entra dans la salle. Ses habits, de diverses couleurs, toutes voyantes, n'étaient ni des plus neufs ni des plus propres, et ne convenaient guère pour se présenter à ceux devant qui il se trouvait.

— Que signifie cela? drôle! dit le prélat; depuis quand des jongleurs et des ménestrels se montrent-ils sans permission devant des personnes telles que nous?

— Sous votre bon plaisir, répondit l'homme, l'affaire pressée qui m'amenait ne regardait pas Votre Révérence, mais mylord le connétable; et j'espère que mes bonnes nouvelles lui feront oublier mes mauvais habits.

— Parle, drôle! dit vivement le connétable; mon neveu vit-il encore?

— Et il est probable qu'il vivra long-temps, mylord; — une crise favorable (comme le médecin l'appelle) a eu lieu dans sa maladie, et on n'a plus aucune appréhension pour sa vie.

— Béni soit Dieu, qui m'a fait une telle grâce! s'écria le connétable.

— *Amen! amen!* repartit l'archevêque d'un ton solennel. — Combien de temps y a-t-il que cet heureux changement a eu lieu?

— Il y a à peine un quart-d'heure, répondit le messager, qu'un som-

...eil calme est descendu sur le jeune malade, comme la rosée sur un ...amp desséché en été; — il respirait librement, — la fièvre était abattue, — et, comme je vous le disais, les médecins ne craignent plus pour sa vie.

— Remarquez-vous l'heure, mylord connétable? reprit l'évêque d'un ton triomphant; — c'était l'instant même où vous vous soumettiez à ces conseils que le Ciel vous envoyait par l'intermédiaire du plus humble de ses serviteurs! Deux mots de repentir, — une courte prière, — quelque saint propice qui a intercédé pour vous, et le Ciel vous a exaucé sur-le-champ. — Noble Hugo, continua-t-il en lui prenant la main avec une sorte d'enthousiasme, assurément Dieu veut opérer de grandes choses par le bras de celui dont les fautes sont si aisément pardonnées, — dont la prière est si promptement entendue. Un *Te Deum* sera chanté dans toutes les églises et dans tous les couvents de Gloucester, avant que le monde soit d'un jour plus vieux.

Le connétable non moins joyeux, quoique peut-être moins apte à voir une faveur spéciale de la Providence dans l'amélioration de l'état de son neveu, témoigna sa gratitude au porteur de l'heureuse nouvelle en lui jetant sa bourse.

— Je vous remercie, noble lord, dit l'homme; mais si je me baisse pour ramasser cette première marque de votre libéralité, c'est seulement pour vous la rendre.

— Comment, sire ménestrel? repartit le connétable; il me semble que ton habit n'a pas l'air si bien doublé, que tu aies à faire fi d'un tel guerdon.

— Celui qui veut prendre des alouettes, mylord, ne doit pas tendre son filet aux moineaux. — J'ai un don plus grand à solliciter de Votre Seigneurie, et c'est pourquoi je refuse votre libéralité actuelle.

— Un don plus grand? ha! — Je ne suis pas un chevalier errant, pour m'engager par la promesse de te l'octroyer, avant de savoir de quoi il est question; mais viens à mon pavillon demain, et tu me trouveras disposé à faire ce qui est raisonnnable.

A ces mots il prit congé du prélat pour retourner à sa tente; mais il ne manqua pas d'entrer en passant au logis de son neveu, où il reçut la confirmation de l'heureuse nouvelle que lui avait apportée le messager au manteau bigarré.

CHAPITRE XIX.

> C'était un ménestrel ; — dans son humeur la sagesse se mêlait à la folie. Compagnon facile avec les gens de bien, violent et emporté avec ceux d'une trempe plus rude, jovial avec les amis de la joie.
> ARCHIBALD ARMSTRONG.

Les événements du jour précédent avaient tellement agité le connétable, et les derniers lui avaient même causé une telle fatigue, qu'il s'était senti épuisé comme après un combat longuement soutenu, et qu'il dormit d'un sommeil profond jusqu'au moment où les premiers rayons du matin pénétrèrent dans sa tente. Ce fut alors qu'avec un sentiment mêlé de peine et de satisfaction il commença à réfléchir au changement qui s'était opéré dans sa situation depuis la matinée précédente. Il s'était levé la veille amant plein d'ardeur, anxieux de trouver faveur aux yeux de sa jolie future, et aussi attentif aux soins de son costume et de sa toilette que s'il eût été aussi jeune d'années que de vœux et d'espérances. Il n'en était plus ainsi maintenant, et il avait devant lui la pénible nécessité de quitter sa fiancée pour plusieurs années, avant même que leur union ne fût devenue indissoluble, et la tâche non moins pénible de réfléchir qu'elle allait être exposée à tous les dangers dont la constance d'une femme est assaillie dans une situation si critique. Maintenant que les vives inquiétudes que lui avait inspirées la santé de son neveu étaient apaisées, il était tenté de penser qu'il avait été un peu prompt à prêter l'oreille aux arguments de l'archevêque, et à croire que la mort ou la guérison de Damien dépendait de l'accomplissement littéral et immédiat de son vœu relatif à la Terre-Sainte. — Combien de princes et de rois, se dit-il en lui-même, après avoir pris la Croix, ont renoncé à leur vœu ou en ont retardé l'exécution, et cependant ont vécu et sont morts riches et honorés sans avoir supporté les châtiments dont Baldwin me menaçait ! Et en quoi méritaient-ils plus d'indulgence que moi ? Mais le sort en est maintenant jeté ; et peu importe de rechercher si mon obéissance aux injonctions de l'Église a sauvé la vie de mon neveu, ou si j'ai eu ici le dessous, comme cela est habituel aux laïques toutes les fois qu'il y a lutte d'esprit entre eux et les lords spirituels. Plût à Dieu qu'il en fût autrement ; car, ceignant l'épée comme champion du Ciel, je n'en aurais que plus de droit d'attendre la protection d'en haut pour celle qu'il me faut malheureusement laisser derrière moi.

Tandis que ces réflexions lui traversaient l'esprit, il entendit les gardes placés à l'entrée de sa tente crier *Qui va là?* à quelqu'un dont les pas se rapprochaient. L'individu ainsi interpellé s'arrêta, et un moment après on entendit les sons d'une *rote,* espèce de luth dont les cordes étaient mises en vibration au moyen d'une petite roue. Après un court prélude, une voix mâle et assez étendue chanta des vers, qui, traduits en langage moderne, pourraient se rendre à peu près ainsi :

>Soldat, éveille-toi! — la lumière est venue;
>Jamais dans le sommeil on n'a conquis l'honneur,
>Ni quand l'astre du jour sur la colline nue
>>Verse sa paisible splendeur.
>>C'est quand l'acier de vos armures
>>Étincelle de ses reflets,
>Que son éclat promet aux époques futures
>D'immortels souvenirs de gloire et de hauts faits.
>>L'écu qui répand l'épouvante
>>Est celui qui toujours en main
>>Dore sa surface brillante
>>Des premiers rayons du matin.

>Soldat, éveille-toi! — la lumière est parue,
>Et l'aube matinale éclaire en se levant
>Le chasseur au taillis, le rustre à sa charrue,
>>Et sur ses bouquins le savant
>>Déchiffrant son poudreux grimoire.
>>Pour toi plus rude est le labeur;
>Soldat, éveille-toi! — ton gibier c'est la gloire,
>Ton étude, la guerre, et ta moisson, l'honneur.
>>L'écu qui répand l'épouvante
>>Est celui qui toujours en main
>>Dore sa surface brillante
>>Des premiers rayons du matin.

>Du pauvre laboureur chétive est la journée,
>Le diligent chasseur n'est pas toujours heureux,
>Et parfois du savant la poursuite obstinée
>>N'aboutit qu'à des rêves creux.
>>Pourtant sans trêve ni relâche
>>Tous sont à l'œuvre avec le jour,
>Moins amis du repos, plus ardents à leur tâche,
>Que celui dont l'honneur est le noble retour.
>>Veux-tu répandre l'épouvante?
>>Que ton écu, toujours en main,
>>Dore sa surface brillante
>>Des premiers rayons du matin.

La chanson terminée, le connétable entendit parler à l'entrée de la tente; et presque aussitôt Philip Guarine entra prévenir son maître qu'un homme qui disait avoir rendez-vous du connétable attendait la permission de lui parler.

— Un rendez-vous de moi? Faites-le entrer sur-le-champ.

Le messager du soir précédent entra dans la tente, tenant d'une main sa toque à plumes et de l'autre la rote dont il venait de jouer. Son costume, éminemment fantastique, se composait de plusieurs pièces de dessous de diverses couleurs, toutes des nuances les plus éclatantes, et disposées de façon à contraster les unes avec les autres; — la pièce de dessus était un manteau normand très court du plus beau vert. Un ceinturon brodé portait, au lieu d'armes offensives, d'un côté un encrier et ses accessoires, de l'autre un couteau pour l'usage de la table. Ses cheveux étaient coupés à l'imitation de la tonsure cléricale, ce qui annonçait qu'il était arrivé à un certain rang dans sa profession; car la *gaie science*, comme on nommait la profession des ménestrels, avait ses divers degrés de même que l'Église et la chevalerie. Les traits et les manières de cet homme semblaient être en opposition avec son état et son costume; car autant celui-ci était éclatant et fantastique, autant sa physionomie, à moins qu'elle ne fût animée de l'enthousiasme poétique et musical, avait une expression grave et presque sévère, qui semblait plutôt indiquer l'habitude de réflexions profondes que la vivacité inconsidérée et la promptitude d'observation qui caractérisaient la plupart de ses confrères. Sans être belle, sa figure avait quelque chose qui frappait et faisait impression, n'eût-ce été que par le contraste qu'elle présentait avec les couleurs bigarrées et la forme bizarre de ses vêtements; et le connétable se sentit porté à la bienveillance. — Bonjour, l'ami, lui dit-il; je te remercie de la chanson dont tu m'as salué ce matin. Elle a été bien chantée et l'intention en était bonne; car lorsque nous invitons quelqu'un à songer avec quelle rapidité le temps passe, c'est que nous lui faisons l'honneur de le supposer capable de bien employer un trésor si fugitif.

L'homme avait écouté en silence; il parut ensuite réfléchir un moment, et sembla faire effort pour répondre. — Du moins mes intentions étaient bonnes, dit-il, quand je me suis hasardé à troubler d'aussi bonne heure le repos de mylord; et je suis charmé d'apprendre qu'elles n'ont pas été prises en mauvaise part.

— Tu avais une faveur à me demander, reprit le connétable. Sois bref, et dis-moi ta requête; — je n'ai guère de loisir.

— La faveur que j'ai à vous demander est la permission de vous suivre à la Terre-Sainte, mylord.

— Tu me demandes là ce qu'il m'est difficile de t'accorder, mon ami. — N'es-tu pas ménestrel?

— Gradué indigne dans la gaie science, mylord; pourtant, qu'il me soit permis de dire que je ne le céderais en rien au roi des ménestrels,

Geoffroy Rudel, quoique le roi d'Angleterre lui ait donné quatre manoirs pour une chanson. Je serais tout prêt à lutter avec lui dans la romance, le lai ou le fabliau, dussé-je avoir pour juge le roi Henri lui-même.

— Tu as bonne opinion de toi, sans doute ; néanmoins, sire ménestrel, tu ne viendras pas avec moi. La croisade n'a déjà été que trop encombrée d'hommes de ta frivole profession ; et si tu en augmentes le nombre, ce ne sera pas sous mon patronage. Je suis trop vieux pour me laisser charmer par ton art, à quelque degré que tu le portes.

— Celui qui est assez jeune pour rechercher et obtenir l'amour de la beauté, repartit le ménestrel, mais d'un ton soumis, comme s'il eût craint que sa liberté n'offensât, celui-là ne devrait pas se dire trop vieux pour être sensible aux charmes de l'art du ménestrel.

Le connétable sourit et ne fut pas insensible à la flatterie qui lui attribuait le caractère d'un vert galant. — Je réponds qu'à tes autres qualités, dit-il, tu joins celle de diseur de bons mots.

— Non, répondit le ménestrel ; c'est une branche de notre profession à laquelle j'ai renoncé depuis quelque temps. — Mes infortunes ne m'ont pas laissé d'humeur à plaisanter.

— Oui-dà, camarade? hé bien ! si tu as été malmené dans le monde, et que tu puisses te plier aux règles d'un intérieur aussi rigide qu'est le mien, il est possible que nous nous agréions mieux que je ne pensais. Quel est ton nom? de quel pays es-tu? Il me semble que ton accent est quelque peu étranger.

— Je suis Armoricain, mylord, et né sur les joyeuses côtes du Morbihan ; de là vient que j'ai gardé dans mon accent quelque chose de la langue de mon pays. Mon nom est Renault Vidal.

— Puisqu'il en est ainsi, Renault, tu me suivras, et je donnerai ordre au maître de ma maison [1] de te faire habiller selon tes fonctions, mais d'une manière moins désordonnée que tu ne l'es maintenant. Sais-tu te servir d'une arme?

— Un peu, mylord ; et en même temps prenant une épée suspendue à un des piliers de la tente, il la tira du fourreau et fit une passe à si peu de distance de la poitrine du connétable, qui était à demi dressé sur sa couche, que celui-ci se recula vivement en s'écriant : Prends donc garde, misérable !

— Hé quoi, noble sire! repartit Vidal tout en baissant avec respect la pointe de son arme. — Je vous ai déjà donné une preuve de prestesse qui a alarmé même votre expérience ; — je pourrais vous en donner cent autres.

— Cela se peut, dit de Lacy, quelque peu honteux de s'être montré ému du geste rapide et inattendu du jongleur; mais je n'aime pas à

---

[1] *Master of the household*, intendant (L. V.).

plaisanter avec les armes affilées, et j'ai trop d'occasions de manier l'épée et d'en échanger des coups sérieux, pour en faire un jouet. Ne recommence donc plus, je te prie, et appelle mon écuyer et mon chambellan, car je vais m'habiller pour aller à la messe.

Les devoirs religieux du matin accomplis, l'intention du connétable était de rendre visite à l'abbesse pour l'informer, avec les précautions et les adoucissements nécessaires, du changement survenu dans ses rapports avec Eveline par suite de la résolution qu'il avait été contraint d'adopter, de partir pour la croisade avant de terminer son mariage aux termes de l'engagement qu'il en avait antérieurement contracté. Il sentait qu'il lui serait difficile de déterminer la bonne abbesse à approuver ce changement de mesures, et il retarda un peu sa visite, afin de se laisser le temps de réfléchir à la meilleure manière de communiquer et d'adoucir la fâcheuse nouvelle. Un certain intervalle s'écoula aussi dans la visite qu'il rendit à son neveu, dont l'état de convalescence continuait d'être aussi favorable, comme si véritablement c'eût été une conséquence miraculeuse de la soumission du connétable aux avis de l'archevêque.

Du logis de Damien, le connétable se rendit au couvent de l'abbesse des Bénédictines. Mais elle avait été déjà informée des circonstances qu'il venait lui communiquer, par une visite encore plus matinale de l'archevêque Baldwin lui-même. Le primat avait cru devoir en cette occasion se charger de l'office de médiateur, sentant bien que le succès qu'il avait remporté la veille devait mettre le connétable dans une situation délicate vis-à-vis des parents de sa fiancée, et voulant tâcher, par son intervention et son autorité, de prévenir les querelles qui pourraient s'ensuivre. Peut-être eût-il mieux fait de laisser à Hugo de Lacy le soin de plaider lui-même sa cause; car, bien que l'abbesse eût reçu la communication avec tout le respect dû au plus haut dignitaire de l'Église l'Angleterre, elle tira du changement de résolution du connétable des conséquences auxquelles le primat ne s'était pas attendu. Elle ne se hasarda pas à susciter le moindre obstacle à ce que de Lacy accomplît son vœu; mais elle argua avec force que le contrat passé avec sa nièce devait être entièrement annulé, et chacune des deux parties laissée libre de faire un nouveau choix.

Ce fut en vain que l'archevêque tâcha d'éblouir l'abbesse par la perspective des honneurs que le connétable allait conquérir dans la Terre-Sainte; honneurs dont l'éclat ne rejaillirait pas seulement sur celle qui deviendrait sa femme, mais aussi sur tout ce qui serait attaché à celle-ci par les liens du sang jusqu'aux degrés les plus éloignés. Son éloquence fut en pure perte, quoiqu'il lui donnât tout son essor dans une cause qu'il affectionnait tant. L'abbesse, à la vérité, resta silencieuse un moment, après qu'il eut épuisé ses arguments; mais c'était seulement pour chercher dans son esprit comment elle pourrait exprimer en termes convenables et révérencieux la difficulté qu'elle avait à faire valoir. Y avait-il, en effet, aucune probabilité qu'on pût s'attendre aux suites naturelles d'une heureuse union, c'est-à dire aux rejetons qui devaient assurer la continuation de la maison des deux époux, si le contrat de fiançailles n'était pas suivi du mariage, et que les deux parties contractantes ne résidassent pas dans le même pays? Elle insista donc sur ce point, que le connétable ayant modifié ses intentions dans leur partie la plus essentielle, les fiançailles devaient être entièrement écartées et annulées; et elle demanda au primat, comme acte de justice, que puisqu'il était intervenu pour détourner le fiancé de l'exécution de son premier dessein, il prêtât maintenant son assistance pour dissoudre un engagement qui avait ainsi complétement changé de caractère.

Le primat sentait bien que si de Lacy contrevenait aux intentions du contrat, c'était a lui, Baldwin, qu'il fallait l'attribuer, et il se crut engagé d'honneur et de réputation à prévenir une conséquence aussi désagréable que le serait pour son ami la rupture d'un engagement qui touchait à la fois à ses intérêts et à ses inclinations. Il réprimanda la dame abbesse du point de vue charnel et mondain sous lequel, elle dignitaire de l'Église, elle envisageait le mariage et les intérêts de sa famille. Il lui reprocha même de préférer, dans des vues d'égoïsme, la continuation de la famille des Bérenger à la délivrance du saint sépulcre, et la menaça de la vengeance du Ciel, qui la punirait de la politique à courte vue et tout humaine qui mettait les intérêts individuels avant ceux de la chrétienté.

Après cette homélie sévère, le prélat prit congé, laissant l'abbesse très courroucée, quoique prudemment elle se fût abstenue de faire aucune réponse irrévérencieuse à l'admonition épiscopale.

Ce fut dans cette humeur que le connétable trouva la vénérable dame, lorsqu'avec un certain embarras il aborda la nécessité où il était de partir immédiatement pour la Palestine.

Elle reçut la communication avec une dignité froide; les plis de son ample robe noire et de son scapulaire semblant en quelque sorte se gonfler avec plus d'orgueil tandis qu'elle écoutait les raisons et les nécessités qui forçaient le connétable de Chester de différer une union qu'il avouait être le vœu le plus cher de son cœur, jusqu'à son retour de la croisade pour laquelle il allait partir.

— Il me semble, répliqua l'abbesse d'un ton très froid, si toutefois cette communication doit être prise au sérieux, — et ce n'est pas un sujet qui comporte la plaisanterie, — non plus que je ne suis une personne avec laquelle on puisse plaisanter, — il me semble, dis-je, que c'est hier que le connétable aurait dû nous faire part de sa résolution, avant que les fiançailles n'eussent uni sa foi à celle d'Eveline Bérenger, dans l'attente d'un résultat très différent de ce qu'il annonce maintenant.

— Sur ma parole de chevalier et de gentilhomme, révérente abbesse, je n'avais pas hier la moindre idée que je dusse me résoudre à une démarche qui m'est aussi pénible qu'elle vous est désagréable, je le vois avec chagrin.

— J'ai peine à concevoir, mylord, quelles peuvent être ces raisons si puissantes qui ont attendu jusqu'à aujourd'hui pour frapper votre esprit, bien qu'elles dussent nécessairement exister aussi hier.

— J'avoue, répondit de Lacy à contre-cœur, que j'avais conçu trop aisément l'espoir d'obtenir d'être relevé de mon vœu, ce que mylord de Canterbury, dans son zèle pour le service du Ciel, a cru devoir me refuser.

— En ce cas, du moins, reprit l'abbesse, continuant de cacher son ressentiment sous les dehors d'une extrême froideur, Votre Seigneurie sera assez juste pour nous replacer dans la situation où nous étions hier matin, et, en se joignant à ma nièce et à ses parents pour solliciter l'annulation d'un mariage contracté dans des vues tout-à fait différentes de celles que vous avez maintenant, rendre à une jeune personne la liberté dont elle se trouve privée par son contrat avec vous.

— Ah, madame! dit le connétable, qu'exigez-vous de moi? et de quel ton froid et indifférent me demandez-vous de renoncer à un espoir, le plus vif que j'ai jamais conçu depuis que j'existe!

— Je suis étrangère à l'expression de tels sentiments, mylord; mais il me semble qu'il ne faudrait qu'un peu — que très peu — d'empire sur soi-même, pour renoncer tout-à-fait à un espoir dont on peut si aisément reculer la réalisation pour des années.

Hugo de Lacy parcourut la chambre d'un air agité, et il ne répondit qu'après une longue pause. — Si votre nièce, madame, dit-il enfin, partage les sentiments que vous m'avez exprimés, je ne puis, en effet, sans injustice pour elle, et peut-être pour moi-même, vouloir conserver les droits que nos fiançailles solennelles m'ont donnés sur elle. Mais il faut que j'apprenne mon sort de sa propre bouche; et s'il est aussi cruel que je puis le craindre d'après vos expressions, je serai, en partant pour la Palestine, un soldat du Ciel d'autant meilleur, qu'il me restera sur terre bien peu de choses auxquelles je puisse prendre intérêt.

L'abbesse ne répondit pas, et appelant sa précentrice, elle la chargea d'aller prévenir sa nièce de se rendre immédiatement près d'elle. La sœur s'inclina respectueusement et sortit.

— Oserai-je vous demander, reprit de Lacy, si lady Eveline a été informée des circonstances qui ont occasionné ce malheureux changement dans mes projets?

— Je lui ai tout communiqué de point en point, répondit l'abbesse, telles que les choses m'ont été expliquées ce matin par mylord de Canterbury (car j'ai déjà eu un entretien avec lui à ce sujet), et que Votre Seigneurie vient de me les confirmer de sa propre bouche.

CHAPITRE XIX.

— Je suis fort peu obligé à l'archevêque de m'avoir devancé dans mes excuses près des personnes qu'il m'importait le plus de voir exactement informées des motifs qui pouvaient me mériter leur indulgence.

— Ceci n'est qu'un article de votre compte avec le prélat, et ne nous regarde nullement.

— Oserai-je espérer, poursuivit de Lacy, sans s'offenser de la sécheresse des manières de l'abbesse, que lady Eveline a appris sans émotion — je veux dire sans déplaisir — ce malheureux changement de circonstances ?

— C'est une fille des Bérenger, mylord, et nous avons pour habitude de punir un manque de foi ou de le mépriser, — jamais de nous en affliger. Ce que ma nièce peut faire en pareil cas, je l'ignore. Je suis une femme de religion séquestrée du monde, et je ne puis que conseiller la paix et le pardon chrétien des injures, joints au sentiment convenable de mépris pour l'indigne traitement dont elle est l'objet. Mais elle a des adhérents, et des vassaux, et des parents, et des conseillers, qui pourront bien, dans leur zèle aveugle pour l'honneur mondain, la pousser à ne pas endurer si aisément cet outrage, et à en appeler au roi, ou aux bras des soldats de son père, à moins que sa liberté ne lui soit rendue par l'annulation d'un engagement qu'on lui a fait contracter par subreption. — Mais la voici qui va répondre pour elle-même.

Eveline entrait en ce moment, appuyée sur le bras de Rose. Elle avait déposé son deuil depuis la cérémonie des fiançailles, et portait sur une robe blanche une seconde robe bleu-pâle. Sa tête était couverte d'un voile de gaze tellement transparent, qu'il rappelait ces vapeurs légères dont les peintres entourent d'ordinaire la figure des séraphins. Mais les traits d'Eveline, quoique dignes par leur beauté d'appartenir à un de ces êtres aériens, étaient loin en ce moment d'offrir la placidité d'expression d'une physionomie d'ange. Ses membres tremblaient, ses joues étaient pâles, et la nuance de rouge qui entourait ses paupières révélait des larmes récentes; et cependant, au milieu de ces indices de douleur et d'incertitude, perçait un air de profonde résignation ; — l'expression solennelle de son regard et de son front annonçait en elle la résolution de faire son devoir quel qu'il pût être, et la montrait préparée à surmonter l'agitation qu'elle ne pouvait entièrement dompter. Et ces signes opposés de timidité et de résignation se mêlaient si heureusement sur sa physionomie, que dans tout l'orgueil de sa beauté Eveline n'avait jamais paru plus séduisante qu'en ce moment. Hugo de Lacy, qui jusqu'alors ne s'était pas montré amant bien passionné, resta immobile devant elle en proie à la plus vive agitation ; il lui sembla en ce moment que toutes les exagérations des romans étaient réalisées, et que sa maîtresse était un être d'une sphère supérieure, dont un mot allait décider du bonheur ou du malheur de sa vie, ou plutôt de sa vie ou de sa mort.

Ce fut sous l'influence de ces sentiments que le guerrier fléchit le genou devant Eveline, s'empara de la main qu'elle lui abandonnait avec une sorte de résignation, la pressa contre ses lèvres avec ferveur, et avant de la quitter la mouilla de quelques larmes, les seules peut-être que jamais on lui eût vu verser. Mais quoique surpris et jeté hors de son caractère par un entraînement subit, il retrouva quelque sang-froid en remarquant que l'abbesse regardait son humiliation (si on peut l'appeler ainsi) d'un air de triomphe, et il entreprit sa défense devant Eveline avec une véhémence qui n'était exempte ni de ferveur ni d'agitation, mais où régnait cependant un ton ferme et fier qui semblait avoir pour objet de répondre à celui de l'abbesse offensée.

— Madame, dit-il, s'adressant à Eveline, vous avez appris de la vénérable abbesse dans quelle position malheureuse la rigueur de l'archevêque m'a placé depuis hier; — peut-être devrais-je plutôt dire sa juste quoique sévère interprétation de mon engagement pour la croisade. — Je ne puis douter que le tout ne vous ait été exposé très exactement par la vénérable dame; mais comme je ne puis plus l'appeler mon amie, il peut m'être permis de douter qu'elle ait été juste à mon égard dans ses réflexions sur la malheureuse nécessité qui m'oblige présentement de quitter mon pays, et avec mon pays d'abandonner — d'ajourner tout au moins — les plus belles espérances que jamais un homme ait pu concevoir. La vénérable dame, en m'accusant d'être moi-même la cause de l'ajournement du contrat d'hier, m'a reproché de tenir cet engagement suspendu sur votre tête pour un nombre d'années indéfini. Personne ne renonce volontiers à des droits tels que ceux qu'hier m'a donnés; et, pardonnez-moi un mouvement de fierté, plutôt que de les céder à homme qui vive, je tiendrais le champ contre tout venant, à fer émoulu et depuis le lever jusqu'au coucher du soleil, pendant trois jours consécutifs. Mais ce que je voudrais conserver au prix de mille vies, je suis prêt à y renoncer s'il doit vous en coûter un seul soupir. Si donc vous pensez ne pouvoir être heureuse comme fiancée de de Lacy, vous pouvez disposer de mon assistance pour faire annuler le contrat, et vous serez libre ensuite d'assurer le bonheur de quelque autre plus fortuné.

Il en aurait dit davantage, mais il sentit qu'il allait être dominé de nouveau par son émotion, émotion si nouvelle pour sa nature rigide qu'il rougissait de s'y abandonner.

Eveline restait silencieuse. L'abbesse prit la parole. — Ma nièce, dit-elle, vous entendez que la générosité du connétable de Chester — ou plutôt sa justice — propose, en conséquence de son départ pour une expédition lointaine et périlleuse, d'annuler un engagement dont la pensée expresse et bien précise était qu'il resterait en Angleterre pour l'accomplissement du contrat. Vous ne pouvez, ce me semble, tout en le remerciant de sa générosité, hésiter à accepter la liberté qu'il vous offre. Pour ma part, je réserve mes remerciements jusqu'au moment où j'aurai vu que sa demande jointe à la vôtre suffira pour gagner à votre dessein Sa Grâce de Cantorbéry, qui peut de nouveau influencer les actions de son ami le lord connétable, sur lequel il a déjà exercé tant d'influence, — pour le bien, sans doute, des intérêts spirituels de mylord.

— S'il faut entendre par vos paroles, vénérable dame, dit le connétable, que j'aie dessein de m'abriter derrière l'autorité du prélat pour éviter l'exécution de ce que j'ai dit être prêt à faire, bien que fort à regret, tout ce que je puis dire c'est que vous êtes la première personne qui ait jamais douté de la foi d'Hugh de Lacy. — Et tout en parlant ainsi à une femme, à une recluse, le fier baron ne pouvait empêcher son regard d'étinceler, et ses joues de se colorer d'une vive rougeur.

— Ma gracieuse et vénérable tante, dit Eveline, appelant à elle toute sa résolution, et vous, mylord, ne vous offensez pas si je vous prie de ne pas accroître par des soupçons mal fondés et des ressentiments précipités les difficultés de votre situation et de la mienne. Mylord, les obligations que je vous ai sont telles, que je ne pourrai jamais m'en acquitter, car elles comprennent fortune, vie et honneur. Sachez que dans mon angoisse d'esprit, au moment où j'étais assiégée par les Gallois dans mon château de Garde-Douloureuse, j'ai fait vœu à la Vierge que (mon honneur sauf) je me mettrais à la disposition de celui dont Notre-Dame ferait son instrument pour me tirer de cette heure d'agonie. En me donnant un libérateur elle m'a donné un maître, et je n'en pouvais désirer un plus noble que Hugo de Lacy.

— Dieu me préserve, madame, repartit vivement le connétable, comme s'il eût craint que sa résolution ne lui faillît avant qu'il n'eût exprimé sa renonciation, Dieu me préserve de profiter d'un tel lien, que vous vous êtes imposé dans l'extrémité de votre détresse, pour vous assujettir à aucune résolution en ma faveur qui pourrait faire violence à vos inclinations !

L'abbesse elle-même ne put s'empêcher d'applaudir au sentiment qu'exprimait le connétable, et de déclarer que c'était parler en noble Normand; mais en même temps ses yeux tournés vers sa nièce semblaient l'exhorter à ne pas profiter de la générosité de de Lacy.

Mais Eveline, les yeux fixés vers la terre, et une légère rougeur répandue sur ses traits, poursuivit l'expression de ses propres sentiments, sans prêter l'oreille à des suggestions étrangères. — J'avouerai, noble lord, dit-elle, que quand votre valeur me sauva d'une destruction prochaine, j'aurais souhaité — vous honorant et vous respectant comme j'honorais et respectais votre défunt ami mon excellent père — que vous eussiez pu accepter de moi des sentiments de tendresse filiale. Je ne prétends pas avoir entièrement surmonté cette impression, quoique je l'aie combattue comme indigne de moi et comme une ingratitude à votre égard. Mais du moment où il vous a plu de m'honorer de la demande de ma main, j'ai soigneusement examiné mes sentiments pour vous, mylord, et je me suis habituée à les faire assez coïncider avec mon devoir pour me regarder comme assurée que de Lacy ne trouvera pas en Eveline Bérengère une épouse indifférente, et bien moins encore une épouse indigne de ce titre. C'est en quoi vous pouvez hardiment vous fier, mylord, que l'union que vous avez recherchée ait lieu immédiatement, ou qu'elle soit ajournée à un autre temps. Il y a plus : je dois reconnaître que l'ajournement de ce mariage me sera plus agréable que son accomplissement immédiat. Je suis à présent bien jeune, et sans aucune expérience. Deux ou trois ans, je l'espère, me rendront encore plus digne de l'estime d'un homme d'honneur.

A cette déclaration en sa faveur, quoique froide et réservée, de Lacy eut autant de peine à réprimer ses transports qu'il en avait eu auparavant à modérer son agitation.

— Ange de bonté et de générosité, dit-il en fléchissant une seconde fois le genou et en s'emparant de nouveau de sa main, peut-être l'honneur me ferait-il un devoir de résigner volontairement ces espérances que vous ne voulez pas m'enlever de force. Mais qui serait capable d'un tel excès de magnanimité ? — Laissez-moi espérer que mon attachement dévoué, — que ce que vous entendrez de moi quand je serai loin de vous, et ce que vous en verrez quand je serai revenu aux lieux où vous êtes, — pourront donner à vos sentiments plus de chaleur et de tendresse que vous n'en exprimez maintenant ; et d'ici là, ne me blâmez pas d'accepter la foi que vous m'engagez de nouveau, sous les conditions que vous y attachez. — Les sentiments que vous m'avez inspirés me sont venus à une époque de la vie trop avancée, je le sens, pour que je puisse m'attendre à ce retour chaleureux propre aux passions de la jeunesse ; — ne me blâmez pas si je me contente de ces sentiments plus calmes qui assurent le bonheur de la vie, quoiqu'ils soient exempts de transports passionnés. Votre main reste dans la mienne, mais ne répond pas à celle qui la presse ; — se pourrait-il qu'elle se refusât à ratifier ce qu'a dit votre bouche ?

— Jamais, noble de Lacy ! dit Eveline avec plus de chaleur qu'elle n'en avait encore manifesté; et il semblerait que le ton dont elle prononça ces mots fut enfin suffisamment encourageant, puisque son fiancé y puisa la hardiesse de prendre les lèvres elles-mêmes à garantie.

Ce fut d'un air de fierté mêlé de respect qu'après avoir reçu ce gage de fidélité il se tourna vers l'abbesse offensée pour chercher à l'apaiser et à se la concilier. — Vénérable mère, dit-il, je me flatte que vous me rendrez votre ancienne bienveillance, qui n'a été interrompue, je le sais, que par votre tendre sollicitude pour les intérêts de celle qui devait nous être si chère à tous les deux. Permettez-moi d'espérer que je puis laisser cette jolie fleur sous la protection d'une honorable parente, heureuse et en sûreté comme elle le sera toujours tant qu'elle écoutera vos conseils et résidera dans l'enceinte sacrée de ces murailles.

Mais le mécontentement de l'abbesse était trop profond pour qu'elle pût se laisser gagner à un compliment qu'il eût peut-être été d'une meilleure politique de remettre à un moment plus calme. — Mylord, dit-elle, et vous, belle nièce, vous devez sentir combien peu mes conseils — que je donne rarement à qui ne les écoute pas volontiers — peuvent être utiles aux gens embarqués dans les affaires du monde. Je suis une femme consacrée à la religion, à la solitude et à la retraite, — en un mot, au service de Notre-Dame et de saint Benoît. J'ai déjà été censurée par mon supérieur de ce que par amour pour vous, belle nièce, je me suis mêlée d'affaires séculières plus qu'il ne convenait à la directrice d'un couvent de recluses ; — je ne m'exposerai pas à un nouveau blâme pour le même objet, vous ne pouvez pas vous y attendre. La fille de mon frère, libre de liens terrestres, avait été la bienvenue à partager mon humble solitude. Mais cette maison est trop modeste pour servir de résidence à la future épouse d'un puissant baron ; et je ne me sens pas non plus, dans mon humilité et mon inexpérience, en état d'exercer sur une femme placée dans une telle situation l'autorité que je dois avoir sur quiconque reçoit la protection de ce toit. — La gravité de nos dévotions, et les contemplations plus calmes auxquelles sont vouées les femmes de cette maison, continua l'abbesse avec une chaleur et une véhémence toujours croissantes, ne doivent pas être troublées, à cause de ma parenté du monde, par l'intrusion d'une personne dont les pensées doivent nécessairement se porter sur les futilités mondaines de l'amour et du mariage.

— Je crois en effet, ma révérente, dit le connétable, donnant issue à son tour à son mécontentement, qu'une jeune fille richement dotée, non mariée et ne paraissant pas devoir l'être jamais, serait pour le couvent une habitante plus convenable et mieux venue, que celle qui ne peut être séparée du monde, et dont la fortune ne paraît pas devoir grossir les revenus de la maison.

Le connétable faisait grande injure à l'abbesse par cette insinuation irréfléchie, et qui ne servit qu'à la confirmer dans son dessein de refuser de se charger de sa nièce durant l'absence du baron. Elle était véritablement aussi désintéressée que hautaine ; et le seul motif de sa colère contre sa nièce était que son avis n'eût pas été adopté par celle-ci sans hésitation, quoique la chose regardât exclusivement le bonheur d'Eveline.

La réflexion intempestive du connétable la confirma donc dans la résolution précipitée qu'elle avait déjà prise. — Le Ciel vous pardonne, sire chevalier, répliqua-t-elle, vos injurieuses pensées à l'égard de Ses servantes ! Il est temps en effet, pour le salut de votre âme, que vous fassiez pénitence dans la Terre-Sainte, ayant à vous repentir de jugements si téméraires. — Quant à vous, ma nièce, vous ne pouvez manquer de l'hospitalité que je ne puis maintenant vous accorder sans justifier, ou paraître justifier, d'injustes soupçons, puisque dans votre tante de Baldringham vous avez une parente séculière qui vous tient par des liens du sang presque d'aussi près que moi, et qui peut vous ouvrir sa porte sans s'exposer à l'indigne reproche de vouloir s'enrichir à vos dépens.

Le connétable vit la pâleur mortelle qui se répandit sur les traits d'Eveline à cette proposition, et sans connaître la cause de sa répugnance il se hâta de la soulager des appréhensions qu'évidemment elle semblait ressentir. — Non, ma révérente, dit-il ; puisque vous rejetez si durement le soin de votre nièce, elle ne sera à charge à aucun de ses autres parents. Tant qu'Hugo de Lacy aura six bons châteaux, outre nombre de manoirs dont le foyer est allumé, sa fiancée n'imposera sa société à personne qui puisse la regarder autrement que comme un grand honneur ; et il me semble que je serais beaucoup plus pauvre que le Ciel ne m'a fait, si je ne pouvais l'entourer d'assez d'amis et de défenseurs pour la servir, lui obéir et la protéger.

— Non, mylord, dit Eveline, se remettant de l'abattement où l'avait jetée la dureté de sa tante ; puisqu'une malheureuse destinée me prive de la protection de la sœur de mon père, à qui j'aurais pu me confier avec tant de sécurité, je ne demanderai d'abri à aucune autre parente plus éloignée, non plus que je n'accepterai celui que vous, mylord, vous m'offrez si généreusement ; car par là je pourrais susciter de durs reproches, reproches non mérités, j'en suis sûre, contre celle qui m'aurait poussée à choisir un lieu de résidence moins convenable. Ma résolution est prise. Il ne me reste qu'une amie, à la vérité ; mais elle est puissante, et en état de me protéger contre le mauvais destin tout particulier qui semble me poursuivre, aussi bien que contre les maux ordinaires de la vie.

— La reine, je suppose ? interrompit l'abbesse d'un ton d'impatience.

— La reine du ciel ! vénérable tante, repartit Eveline ; Notre-Dame-de Garde-Douloureuse, toujours bonne pour notre maison, et qui s'est montrée si récemment d'une manière toute spéciale ma gardienne et ma protectrice. Il me semble que puisque celle qui s'est vouée aux autels de la Vierge me rejette, c'est à la sainte patronne que je dois demander secours.

— Hum ! fit la vénérable dame (prise quelque peu à l'improviste par cette réponse), d'un ton qui eût mieux convenu dans la bouche d'un lollard ou d'un iconoclaste que dans celle d'une abbesse catholique et d'une fille de la maison des Bérenger. La vérité est que la dévotion héréditaire de la dame abbesse pour Notre-Dame de Garde-Douloureuse était fort déchue depuis qu'elle connaissait pleinement les mérites d'une autre image de la Vierge que possédait son couvent.

Se rappelant ce qu'elle se devait à elle-même, cependant, elle garda le silence, tandis que le connétable alléguait la proximité des Gallois comme une circonstance qui pouvait rendre encore le séjour de Garde-Douloureuse aussi dangereux pour sa fiancée qu'il l'avait déjà été une fois. Eveline répondit à cette objection en lui rappelant la force du château, — les différents siéges qu'il avait soutenus, — et cette circonstance importante que le danger qu'elle y avait couru en dernier lieu n'avait été occasionné que parce que son père, pour obéir à un point d'honneur, avait fait une sortie avec la garnison et livré un combat inégal sous les remparts. Elle ajouta qu'il était facile au connétable de choisir parmi ses propres vassaux ou parmi les siens à elle un sénéchal d'une prudence et d'une valeur assez bien établies pour pouvoir assurer la sûreté de la place et de la châtelaine.

Avant que de Lacy pût répondre, l'abbesse se leva, et alléguant son incapacité absolue de donner conseil en affaires séculières, ainsi que les règles de son ordre, qui l'appelaient (ajouta-t-elle les joues ardentes et la voix animée) aux simples et paisibles devoirs de son couvent, elle laissa les deux fiancés dans le parloir, sans autre compagnie que Rose, qui par discrétion se tenait à quelque distance.

Le résultat de leur conférence privée parut être agréable à tous les deux ; et quand Eveline dit à Rose qu'ils allaient retourner sur-le-champ à Garde-Douloureuse sous une escorte suffisante, et qu'elles y demeureraient pendant toute la durée de la croisade, ce fut d'un ton de satisfaction véritable que Rose ne lui avait pas vu depuis long-temps. Elle fit aussi hautement l'éloge de l'empressement avec lequel le connétable avait accédé à ses désirs, et parla de toute sa conduite avec une chaleureuse gratitude qui approchait d'un sentiment plus tendre.

— Et pourtant, ma chère maîtresse, lui dit Rose, si vous voulez parler sans feinte, vous conviendrez, j'en suis convaincue, que vous regardez cet intervalle de quelques années entre votre contrat et votre mariage plutôt comme un répit que comme autre chose.

— J'en conviens, répondit Eveline ; et quelque peu flatteurs que puissent paraître pour mon futur époux mes sentiments à cet égard, je ne les lui ai pas cachés. Mais c'est ma jeunesse, Rose, mon extrême jeunesse, qui me fait redouter les devoirs de l'épouse de de Lacy. Et puis ces mauvais augures s'attachent étrangement après moi. Dévouée au malheur par une parente, presque expulsée du toit d'une autre, en ce moment je me parais à moi-même une créature qui doit porter la détresse avec elle, partout où elle ira. Ces tristes présages, et, ce qui est pis, les appréhensions qu'ils me causent, cèderont au temps. Quand j'aurai atteint vingt ans, Rose, je serai une femme faite, ayant en moi toute la force d'âme d'une Bérengère pour surmonter ces doutes et ces terreurs qui agitent une jeune fille de dix-sept ans.

— Ah! ma bonne maîtresse! s'écria Rose, puisse Dieu et Notre-Dame de Garde-Douloureuse conduire tout pour le mieux! — Seulement je voudrais que ce contrat n'eût pas eu lieu, ou qu'ayant eu lieu il eût été complété par votre union immédiate.

CHAPITRE XX.

> Le roi appela tous ses hommes d'armes, par un, par deux et par trois ; le comte-maréchal était d'habitude le premier, mais cette fois il fut le dernier de tous.
> *Ancienne ballade.*

Si lady Eveline se retira heureuse et satisfaite de son entrevue privée avec de Lacy, chez celui-ci la joie fut portée à un point qu'il n'était dans l'habitude ni de sentir ni d'exprimer. Cette joie fut encore accrue par la visite des médecins qui soignaient son neveu, et qui lui rendirent de son état un compte détaillé et minutieux, en l'assurant d'une prompte guérison.

Le connétable fit distribuer des aumônes aux couvents et aux pauvres, dire des messes et allumer des cierges. Il rendit visite à l'archevêque, et reçut de lui pleine approbation de tout ce qu'il se proposait de faire, avec l'assurance qu'en vertu des pleins pouvoirs qu'il tenait du pape, le prélat était disposé, en considération de son obéissance immédiate, à limiter à trois ans son séjour dans la Terre-Sainte à partir du jour où il quitterait l'Angleterre, et en y comprenant le temps nécessaire pour revenir dans son pays natal. Ayant obtenu le point principal, l'archevêque jugea prudent de céder sur les points de moindre importance à un homme du rang et de la réputation du connétable, dont une démonstration de zèle importait peut-être autant que sa présence personnelle au succès de l'expédition projetée.

Bref, le connétable revint à son pavillon éminemment satisfait de la manière dont il s'était tiré de difficultés qui le matin paraissaient presque insurmontables ; et quand ses officiers se réunirent pour le déshabiller (car les grands seigneurs féodaux avaient leurs levers et leurs couchers, à l'imitation des princes souverains), il leur distribua des largesses, il rit et plaisanta avec eux, et se montra d'humeur beaucoup plus gaie qu'ils ne l'avaient jamais vu jusqu'alors.

— Quant à toi, dit-il en se tournant du côté de Vidal le ménestrel, qui, somptueusement vêtu, se tenait là pour rendre ses respects parmi les autres personnes de la suite, je ne te donne rien maintenant ; mais tu resteras à mon chevet jusqu'à ce que je m'endorme, et je te récompenserai de tes chants demain matin selon que j'en aurai été content.

— Mylord, répondit Vidal, je suis déjà récompensé tant par l'honneur que par ce costume, qui conviendrait mieux à un ménestrel royal qu'à un homme de mon humble renom. Pourtant indiquez-moi un sujet, et je ferai de mon mieux, non pour obtenir de nouvelles largesses, mais par gratitude des faveurs reçues.

— Grand merci, mon garçon, dit le connétable. — Guarine, ajouta-t-il s'adressant à son écuyer, fais poser les gardes et reste dans ma tente; — tu t'étendras sur la peau d'ours, et tu dormiras ou écouteras notre ménestrel, comme il te conviendra. J'ai ouï dire que tu te regardes comme bon juge en ces matières-là.

Il était d'usage, dans ces temps où régnait si peu de sécurité, que quelque fidèle domestique passât la nuit dans la tente de chaque grand baron, afin que s'il survenait un danger, ce dernier ne se trouvât pas sans appui ni protection. Guarine tira donc son épée et s'étendit sur le sol sans la quitter, de manière à ce qu'à la moindre alarme il pût être sur pied l'épée à la main. Ses grands yeux noirs, où le sommeil luttait avec le désir d'écouter la musique, étaient fixés sur Vidal, qui les voyait briller aux reflets d'une lampe d'argent comme ceux d'un dragon ou d'un basilic.

Après avoir tiré de sa rote quelques notes préliminaires, le ménestrel pria de nouveau le connétable de lui indiquer le sujet sur lequel il désirait qu'il s'exerçât.

— La foi d'une femme, dit Hugo de Lacy tout en appuyant la tête sur son oreiller.

Après un court prélude, le ménestrel obéit, et chanta à peu près ce qui suit:

>Écrivez sur la poussière,
>Sur l'eau du torrent qui fuit,
>Sur le rayon de lumière
>Qu'envoie la lune à minuit;
>Et vos lettres fugitives
>Auront, hélas! moins de mobilité
>Que les promesses craintives
>Que vous fait jeune beauté.
>
>La toile de l'araignée
>A moins de fragilité;
>La grève d'eau pénétrée
>A plus de solidité.
>Pourtant ma belle maîtresse
>A beau trahir ses serments et sa foi,
>Un mot d'elle, une promesse,
>Me replacent sous sa loi.

— Comment, sire drôle! dit le connétable en se soulevant sur le coude; quel ivrogne de poëte t'a appris cette sotte satire?

— Une vieille amie en guenilles et à l'humeur quinteuse, qu'on nomme

CHAPITRE XX.

Expérience, répondit Vidal. Fasse le Ciel que ni vous, mylord, ni aucun autre homme de bien, ne receviez jamais ses leçons!

— Fort bien, camarade; tu es, j'en réponds, un de ces niais qui se croient de l'esprit parce qu'ils peuvent plaisanter des choses que les hommes plus sages respectent le plus, — l'honneur des hommes et la foi des femmes. Prends-tu le titre de ménestrel, et n'as-tu pas à chanter une seule histoire de fidélité féminine?

— J'en avais plus d'une, noble sire; mais je les ai mises de côté quand j'ai renoncé à la partie bouffonne de la gaie science. — Si néanmoins il plaît à Votre Honneur d'écouter, je puis lui chanter un lai sur ce sujet.

De Lacy fit un signe d'assentiment, puis il s'étendit comme pour dormir; tandis que Vidal commençait une de ces interminables et presque innombrables aventures relatives à ce modèle des amantes fidèles, la belle Yseult, qui conserva une foi si constante et une affection si soutenue, au milieu de situations difficiles et de nombreux périls, à son amant le brave sir Tristrem, aux dépens de son époux moins favorisé, l'infortuné Mark, roi de Cornouailles, dont, tout le monde le sait, sir Tristrem était le neveu.

Ce n'était pas là le lai d'amour et de fidélité que de Lacy aurait choisi; mais un sentiment qui tenait de la honte ne lui permit pas de l'interrompre, peut-être parce qu'il ne voulait pas céder aux sensations désagréables que cette ballade faisait naître en lui, ni même se les avouer. Il s'endormit bientôt, ou feignit de dormir; et le harpiste, après avoir quelque temps encore poursuivi son chant monotone, finit par éprouver lui-même l'influence du sommeil : ses paroles, et les notes qu'il continuait de tirer de l'instrument, entrecoupées et fréquemment interrompues, semblaient s'échapper avec effort de ses doigts et de ses lèvres. Enfin les sons cessèrent entièrement, et le ménestrel parut plongé dans un profond repos, la tête penchée sur sa poitrine et un bras abandonné à son côté, tandis que l'autre s'appuyait sur la rote. Son sommeil ne fut cependant pas très long; et lorsqu'il rouvrit les yeux, qu'il promena autour de lui comme pour reconnaître, à la lueur de la lampe de nuit, ce qui se trouvait dans la tente, il sentit une main pesante qui s'appuyait sur son épaule et semblait solliciter sans bruit son attention. En même temps la voix du vigilant Philip Guarine lui chuchota à l'oreille : Tes fonctions sont finies pour ce soir; — va-t'en aussi doucement que possible, et regagne tes quartiers.

Le ménestrel s'enveloppa dans son manteau sans répliquer, mais non peut-être sans éprouver quelque ressentiment d'un congé si peu cérémonieux.

CHAPITRE XXI.

> Oh! je vois alors que la reine Mab vous a rendu visite.
> *Roméo et Juliette.*

Il n'est pas rare que le dernier sujet dont l'esprit s'est occupé le soir se représente à notre pensée durant le sommeil, alors que l'imagination, que ne rectifient plus les organes des sens, ourdit son tissu fantastique de n'importe quelles idées qui montent au hasard au cerveau du dormeur. Il n'est donc pas surprenant que de Lacy ait eu dans ses rêves une idée confuse d'être identifié avec l'infortuné Mark de Cornouailles, et qu'après un repos troublé par des visions si désagréables il se soit réveillé le front plus soucieux que lorsqu'il s'était mis au lit la veille au soir. Il restait silencieux, et semblait absorbé dans ses pensées, tandis que son écuyer l'assistait à son lever avec le respect qu'on ne rend aujourd'hui qu'aux souverains. — Guarine, dit-il enfin, connaissez-vous le brave Flamand qu'on dit s'être si bien comporté au siége de Garde-Douloureuse ? — un homme de haute taille et de formes robustes.

— Sûrement, mylord, répondit l'écuyer ; je connais Wilkin Flammock. — Je l'ai vu pas plus tard qu'hier.

— Vraiment ! — Est-ce ici que tu l'as vu ? — dans cette ville de Gloucester ?

— Assurément, mylord. Il est venu ici en partie pour son commerce, et en partie, je crois, pour voir sa fille Rose, qui est au service de la jeune lady Eveline.

— N'est-ce pas un soldat solide ?

— Comme la plupart des gens de sa sorte : — excellent dans un château, rien qui vaille en rase campagne.

— Et fidèle, n'est-ce pas ?

— Fidèle comme la plupart des Flamands, — tant que vous pouvez payer leur fidélité, répondit Guarine, assez étonné de l'intérêt inhabituel que prenait son maître à un homme qu'il estimait d'un ordre inférieur.

Après quelques autres questions, le connétable ordonna qu'on fît venir immédiatement le Flamand devant lui.

D'autres affaires occupaient le connétable (car son prompt départ l'obligeait de prendre à la hâte nombre d'arrangements), et il donnait audience à plusieurs officiers de ses troupes, quand l'épaisse corpulence de Wilkin Flammock se montra à l'entrée du pavillon, en *jerkin* de drap blanc, et n'ayant qu'un simple coutelas à la ceinture.

— Retirez-vous, messieurs, dit de Lacy à ceux qui se trouvaient dans sa tente, mais ne vous éloignez pas ; voici quelqu'un à qui il faut que je parle en particulier.

Les officiers se retirèrent, et le connétable resta seul avec le Flamand.
— Vous êtes Wilkin Flammock, lui dit-il, et c'est vous qui, à Garde-Douloureuse, vous êtes si bien battu contre les Gallois?

— J'ai fait de mon mieux, mylord, répondit Wilkin ; — j'y étais tenu par mon marché, et j'espère faire toujours de même honneur à mes engagements.

— Il me semble que, taillé comme vous l'êtes, et courageux comme j'ai ouï dire que vous l'étiez, vous pourriez élever vos pensées un peu plus haut que votre métier de tisserand.

— Personne ne refuse d'améliorer sa position, mylord ; pourtant je suis si loin de me plaindre de la mienne, que je consentirais volontiers à ce qu'elle ne fût jamais meilleure, à condition qu'on m'assurât qu'elle ne deviendrait jamais pire.

— Cependant, Flammock, j'ai dessein de faire pour toi beaucoup plus que ne le prévoit ta modestie ; — mon intention est de t'investir d'une charge de haute confiance.

— S'il s'agit de balles de draps, mylord, personne ne s'en acquittera mieux.

— Fi donc ! tes pensées restent trop bas. — Que dirais-tu si on t'armait chevalier, comme ta valeur le mérite bien, et si on te laissait à Garde-Douloureuse en qualité de châtelain ?

— Quant à la chevalerie, mylord, je vous prierais de m'en dispenser ; car ça m'irait comme un casque doré à un pourceau. Pour tout le reste, qu'il s'agisse de château ou de cabane, j'espère pouvoir m'acquitter aussi bien qu'un autre de tout ce qu'on me confiera.

— Je crois bien pourtant qu'il faudra d'une façon ou de l'autre t'élever au-dessus de ton rang actuel, repartit le connétable en parcourant de l'œil le costume peu militaire du Flamand ; tu es maintenant de trop basse condition pour convenir aux fonctions de protecteur et de gardien d'une jeune dame de haut rang et de haute naissance.

— Moi, le gardien d'une jeune dame de rang et de naissance ! s'écria Flammock, dont en même temps les larges yeux bleus s'ouvrirent de toute leur grandeur et devinrent plus brillants.

— Toi-même. Lady Eveline se propose d'établir sa résidence dans son château de Garde-Douloureuse. J'ai cherché autour de moi à qui je pourrais confier la garde de sa personne en même temps que de la place. Si je faisais choix de quelque chevalier de renom, comme j'en ai beaucoup dans ma maison, il voudrait se distinguer par des exploits contre les Gallois, et il s'engagerait dans des querelles qui rendraient la sûreté du château précaire ; ou bien il s'absenterait pour des hauts faits de chevalerie, pour des tournois, pour des parties de chasse; ou peut-être voudrait-il avoir des spectacles de cette nature frivole sous les murs ou même dans l'enceinte du château, et il changerait ainsi la demeure tranquille et retirée qui convient à la situation de lady Eveline en un séjour de fêtes déréglées et dissolues ; — au lieu que je puis me fier à toi ; — tu te battras quand ce sera nécessaire, mais tu ne provoqueras pas le danger par amour pour le danger même. — Ta naissance et tes habitudes te porteront à éviter ces divertissements, séduisants pour d'autres, mais qui ne peuvent que te déplaire ; — la manière dont tu gouverneras le château sera aussi régulière que ta situation sera honorable. C'est ce dont je me charge. Comme père de Rose, la favorite de lady Eveline, tu seras peut-être à ses yeux un gouverneur plus agréable que ne le serait quelqu'un de son rang ; — et pour te parler un langage que ta nation flamande comprend aisément, la récompense que tu recevras pour t'être acquitté régulièrement de cette importante mission de confiance dépassera tout ce que tu pourrais espérer.

Le Flamand avait écouté le commencement de ce discours avec une expression de surprise qui peu à peu fit place à un air de réflexion profonde et pleine d'anxiété. Son regard resta fixé sur la terre une minute après que le connétable eut cessé de parler ; puis les levant soudainement, il répondit : — Il est inutile de chercher des détours avec vous, mylord. Ce que vous venez de dire ne peut pas être sérieux ; — mais quand bien même ce serait sérieux, ça ne pourrait pas se faire.

— Comment ! pourquoi cela ? dit le connétable d'un ton surpris et mécontent.

— Un autre pourrait accepter vos offres généreuses, mylord, et laisser au hasard ce que vous auriez à recevoir en échange ; mais moi je trafique loyalement, et je ne veux pas recevoir le paiement de services que je ne peux pas rendre.

— Mais, encore une fois, je te le demande, pourquoi ne peux-tu pas, ou plutôt pourquoi ne veux-tu pas accepter ce que je te propose ? Assurément, quand je me montre disposé à t'accorder une telle marque de confiance, il serait bien à toi d'y répondre.

— C'est vrai, mylord ; mais il me semble que le noble lord de Lacy devrait sentir, que le prudent lord de Lacy devrait prévoir, qu'un tisserand flamand n'est pas un gardien convenable pour sa fiancée. Représentez-vous-la renfermée dans ce château solitaire sous une protection aussi respectable, et réfléchissez combien de temps durera cette solitude-là dans ce pays d'amour et d'aventures ? Nous aurons des ménestrels par douzaines qui viendront chanter sous nos fenêtres, et un tel tintamarre de harpes, que c'en serait assez pour jeter nos murailles à bas, comme les clercs disent que la chose est arrivée aux murs de Jéricho. — Nous aurons autour de nous autant de chevaliers errants que Charlemagne ou le roi Arthur en ont jamais eu. Miséricorde ! pour moins qu'une belle et noble recluse claquemurée — voilà ce qu'ils diront — dans une tour sous la garde d'un vieux tisserand flamand, la moitié de la chevalerie d'Angleterre arriverait autour de nous pour rompre des lances, faire des vœux, porter des livrées d'amour, et faire je ne sais combien d'autres folies. — Pensez-vous que de pareils galants, à qui le sang coule dans les veines comme du vif-argent, m'écouteraient beaucoup quand je leur dirais *décampez ?*

— Mets les verroux, hausse le pont-levis et baisse les herses, dit le connétable avec un sourire contraint.

— Et pensez-vous, mylord, que de pareils galants se mettraient en peine de ces empêchements-là? C'est la quintessence des aventures après lesquelles ils sont en quête. — Le chevalier du Cygne passerait le fossé à la nage ; — le chevalier de l'Aigle prendrait son vol par-dessus les murailles ; et le chevalier du Tonnerre enfoncerait les portes.

— Fais jouer l'arbalète et le mangonneau.

— Et fais-toi assiéger en forme, comme le château de Tintadgel sur les vieilles tapisseries, et tout cela pour l'amour d'une belle dame? — Et ces dames ou damoiselles élégantes qui s'en vont courir l'aventure de château en château, de tournoi en tournoi, la gorge nue, des plumes au vent, un poignard au côté et une javeline à la main, babillant comme des pies, se trémoussant comme des geais, et par ci par là roucoulant comme des tourterelles, — comment les exclurai-je, celles-là, de l'intimité de lady Eveline?

— En tenant les portes fermées, te dis-je, répondit le connétable, toujours du même ton de gaieté forcée ; une barre de bois te garantira des importuns.

— Bien ; mais si le tisserand flamand dit *ferme,* et que la jeune dame normande dise *ouvre,* lequel des deux, croyez-vous, aura le plus de chance d'être obéi? Bref, mylord, quant à ce qui est de servir de gardien et autres choses du même genre, je m'en lave les mains ; — je ne me chargerais pas de garder la chaste Suzanne, fût-elle confinée dans un château enchanté dont âme qui vive ne pourrait approcher.

— Tu parles et tu penses, repartit de Lacy, comme le vulgaire des débauchés, qui ne croient pas à la constance des femmes parce qu'ils n'ont vécu qu'avec l'opprobre du sexe. Tu devrais cependant savoir le contraire, toi qui as, je le sais, une fille des plus vertueuses....

— Et sa mère ne l'était pas moins, interrompit Wilkin avec un peu plus d'émotion qu'il n'en montrait d'habitude. Mais la loi, mylord, me donnait autorité pour gouverner et diriger ma femme, de même que la loi et la nature me donnent pouvoir et charge sur ma fille. Ce que je puis gouverner, j'en puis répondre ; mais quant à exercer aussi bien une autorité déléguée, c'est une autre affaire. — Restez chez vous, mylord, continua l'honnête Flamand, voyant que ce qu'il disait faisait quelque impression sur de Lacy ; que l'avis d'un fou serve une fois à un homme sage, et lui fasse changer un projet formé, permettez-moi de le dire, dans un quart-d'heure où sa sagesse ne le conseillait pas. Restez sur vos terres, — à gouverner vos vassaux, — à protéger votre fiancée. Vous seul pouvez réclamer d'elle amour et prompte obéissance ; et, sans prétendre deviner ce qu'elle pourra faire séparée de vous, je suis bien sûr que sous vos yeux elle remplira les devoirs d'une épouse fidèle et affectionnée.

— Et le Saint-Sépulcre ? dit le connétable avec un soupir, son cœur reconnaissant la sagesse d'un avis que les circonstances ne lui permettaient pas de suivre.

— Que ceux qui ont perdu le Saint-Sépulcre le reprennent, mylord. Si ces Latins et ces Grecs, comme on les appelle, ne valent pas mieux que je ne l'ai ouï dire, il n'importe guère qu'eux ou les païens possèdent le pays qui a coûté à l'Europe tant de sang et de trésors.

— De bonne foi, il y a du sens dans ce que tu dis ; pourtant je te conseille de ne pas le répéter, de peur qu'on ne te prenne pour un hérétique ou pour un Juif. Quant à moi, mon épée et mon serment sont engagés de telle sorte que je ne puis plus les retirer, et il ne me reste plus qu'à voir qui je puis nommer à ce poste important, que ta prudence — non sans quelque ombre de raison — t'empêche d'accepter.

— Il n'y a personne à qui Votre Seigneurie puisse aussi naturellement et honorablement confier une telle charge qu'à votre proche parent, en qui vous avez toute confiance, quoiqu'il valût encore beaucoup mieux que cette confiance-là vous ne la mettiez en personne.

— Si par ce titre de proche parent tu veux désigner Randal de Lacy, peu m'importe que tu saches que je le regarde comme tout-à-fait indigne d'une honorable confiance et ne la méritant aucunement.

— Aussi est-ce d'un autre que je veux parler, d'un autre qui vous tient de plus près par le sang, et, à moins que je ne me trompe grandement, qui vous touche de beaucoup plus près aussi en affection ; — je pensais au neveu de Votre Seigneurie, à Damien de Lacy.

Le connétable tressaillit comme si une guêpe l'eût piqué ; pourtant il répondit aussitôt avec un calme forcé : — Damien devait aller à ma place en Palestine ; — maintenant il semble qu'il va me falloir y aller à la sienne : car depuis cette dernière maladie les médecins ont totalement changé d'avis, et regardent comme dangereuse cette chaleur de climat qu'ils avaient décidé auparavant devoir être salutaire. Mais nos savants docteurs, de même que nos savants prêtres, doivent toujours avoir raison, changeraient-ils dix fois d'opinion ; et nous autres pauvres laïques nous avons toujours tort. Il est vrai que je puis compter sur Damien en toute confiance ; mais il est jeune, Flammock, — il est bien jeune, — et à cet égard il ne ressemble que trop à celle qui sans cela pourrait être remise à sa garde.

CHAPITRE XXI.

— Hé bien, encore une fois, mylord, restez chez vous, et soyez vous-même le protecteur de ce qui naturellement vous est si cher.

— Encore une fois je te répète que je ne le puis, Flammock. Le parti que j'ai pris comme un grand devoir est peut-être une grande erreur ; — tout ce que je sais, c'est qu'il est irrévocable.

— En ce cas fiez-vous à votre neveu, mylord ; — il est honnête et loyal, et mieux vaut se fier à jeune lion qu'à vieux loup. Il peut errer peut-être, mais ce ne sera pas chez lui trahison préméditée.

— Tu as raison, Flammock ; et peut-être devrais-je souhaiter d'avoir pris ton avis plus tôt, tout peu fardé qu'il soit. Mais que ce qui vient de se passer soit un secret entre nous, et cherche quelque chose qui puisse t'être plus avantageux que le privilége de parler de mes affaires.

— C'est un compte qui sera aisément réglé, mylord ; car j'avais dessein de demander à Votre Seigneurie la faveur de certaines extensions de priviléges, dans ce coin de pays sauvage où nous autres Flamands nous sommes confinés.

— Tu les obtiendras, pourvu qu'ils ne soient pas exorbitants, répondit le connétable. Et l'honnête Flamand, qui ne comptait pas au premier rang de ses bonnes qualités une délicatesse scrupuleuse, se hâta de détailler très minutieusement les particularités de sa requête, long-temps suivie en vain, et dont cette entrevue lui offrit les moyens d'assurer le succès.

Impatient d'exécuter la résolution qu'il avait prise, le connétable se hâta de se rendre au logis de Damien de Lacy, et au grand étonnement de son neveu il l'informa de son changement de destination ; alléguant son départ précipité, la maladie récente de Damien et son état de convalescence, et enfin la nécessité d'assurer la protection de lady Eveline, comme autant de raisons pour lesquelles son neveu devait de toute nécessité rester en Angleterre, — le représenter durant son absence, — veiller aux droits et à l'honneur de la maison des Lacy, — et par dessus tout remplir les fonctions de gardien de la jeune et belle fiancée que son oncle et patron était jusqu'à un certain point forcé d'abandonner pour un temps.

Damien était encore au lit quand le connétable lui fit part de ce changement de projets. Peut-être regarda-t-il comme une circonstance heureuse que sa position lui permît de cacher à son oncle les diverses émotions dont il ne pouvait se défendre, tandis que le connétable, avec l'empressement d'un homme qui désire finir au plus tôt ce qu'il a à dire sur un sujet désagréable, se hâtait de le mettre au courant des arrangements qu'il avait faits pour que son neveu pût remplir convenablement les importantes fonctions qui lui étaient confiées.

Damien l'écoutait comme une voix dans un rêve, sans avoir la force de l'interrompre, bien qu'il y eût en lui quelque chose qui lui disait tout bas que la prudence et la loyauté auraient dû lui faire une loi d'adresser quelques remontrances à son oncle sur ce changement de plan. Il voulut, en effet, dire quelques mots, lorsque enfin le connétable cessa de parler; mais ce fut trop faiblement pour que ses observations pussent ébranler une résolution bien arrêtée, quoique prise rapidement, et explicitement annoncée par un homme qui n'était pas dans l'habitude de parler avant que son parti ne fût bien fixé, ni d'en changer lorsqu'une fois il l'avait fait connaître.

Les remontrances de Damien, d'ailleurs, si on peut employer ce terme, furent exposées en termes trop contradictoires pour être intelligibles. Tantôt il exprimait son regret des lauriers qu'il avait espéré cueillir en Palestine, et conjurait son oncle de ne rien changer à ses premiers projets et de lui permettre d'y suivre sa bannière; puis dans la phrase suivante il protestait qu'il était prêt à verser jusqu'à la dernière goutte de son sang pour défendre et protéger lady Eveline. De Lacy ne vit rien qui ne pût s'accorder dans ces sentiments, bien qu'ils parussent se contredire. Il était naturel, pensa-t-il, qu'un jeune chevalier désirât acquérir de l'honneur; — il était naturel aussi qu'il acceptât volontiers une charge aussi honorable et aussi importante que l'était celle dont il lui proposait de l'investir; aussi ne lui parut-il pas étonnant que tout en se chargeant volontiers de ses nouvelles fonctions le jeune homme éprouvât cependant le regret de perdre la perspective d'honorables aventures qu'il lui fallait abandonner. Il se contenta donc de sourire en répondant aux représentations sans suite de son neveu; et lui ayant réitéré ses dernières intentions, il laissa le jeune homme réfléchir à loisir sur le changement de destination qui venait de lui être annoncé, tandis que lui-même, dans une seconde visite à l'abbaye des Bénédictines, allait faire part à l'abbesse et à sa fiancée du parti auquel il s'était arrêté.

L'humeur de l'abbesse ne fut nullement adoucie par cette communication, à laquelle elle affecta même de prendre fort peu d'intérêt. Elle répéta que ses devoirs religieux et son manque de connaissance des affaires séculières devaient la faire excuser si elle se trompait sur les usages du monde; mais cependant, ajouta-t-elle, elle avait toujours cru que pour garder les femmes jeunes et belles on faisait choix des personnes les plus mûres de l'autre sexe.

— Votre manque d'obligeance, madame, repartit le connétable, ne me laisse pas de meilleur choix que celui que j'ai fait. Puisque les proches parents de lady Eveline lui refusent leur toit, à cause des droits dont elle m'a honoré, moi, de mon côté, je serais plus qu'ingrat de ne pas lui assurer la protection de mon plus proche héritier. Damien est jeune, mais il est loyal et plein d'honneur; et dans toute la chevalerie d'Angleterre je ne pourrais faire un meilleur choix.

Eveline parut surprise et même consternée de la résolution que son futur époux leur annonçait si soudainement; et peut-être fut-il heureux que l'observation de la dame abbesse eût nécessité la réponse du connétable, et l'eût empêché de remarquer qu'elle changea plusieurs fois de couleur en un moment.

Rose, qui n'était pas exclue de la conférence, s'approcha de sa maîtresse ; et tout en feignant de rajuster son voile, tandis qu'elle lui pressait la main avec force en signe d'encouragement, elle lui donna le temps de se remettre avant de répondre. Sa réponse fut brève et décisive, et elle l'énonça avec une fermeté qui montrait que son hésitation d'un moment était dissipée ou maîtrisée. — En cas de danger, dit-elle, elle ne manquerait pas de requérir Damien de Lacy de venir à son aide, ainsi qu'il l'avait déjà fait une fois ; mais quant à présent elle n'appréhendait aucun danger dans son bon château de Garde-Douloureuse, où son intention était de rester entourée seulement des gens de sa propre maison. — En considération de la situation particulière où elle se trouvait, continua-t-elle, elle était résolue à y vivre dans la retraite la plus absolue, et elle comptait que cette retraite ne serait pas troublée par le jeune et noble chevalier qui devait lui servir de gardien, à moins que l'appréhension de quelque péril ne rendît sa présence indispensable.

L'abbesse acquiesça, quoique froidement, à des dispositions d'accord avec ses idées de décorum ; et on fit à la hâte tous les préparatifs du retour de lady Eveline au château de son père. Deux entrevues qui eurent lieu avant qu'elle ne quittât le couvent furent d'une nature pénible. La première fut quand le connétable lui présenta formellement Damien comme le délégué à qui il avait confié le soin de ses affaires, et celui beaucoup plus important de protéger la personne et les intérêts de la fiancée qu'il quittait à regret.

Eveline osa à peine lever les yeux sur lui ; mais un seul et rapide regard lui apprit quel ravage la maladie, aidée d'un chagrin secret, avait fait sur le mâle extérieur et sur la belle physionomie du jeune homme. Elle reçut son salut avec autant d'embarras qu'il le lui adressa ; et aux offres de service qu'il lui fit en hésitant elle répondit qu'elle se flattait de n'avoir à le remercier que de sa bonne volonté tout le temps que durerait l'absence de son oncle.

Les adieux du connétable furent la seconde épreuve qu'elle eut à soutenir. Ce moment ne fut pas sans émotion, bien qu'elle conservât son calme modeste, et de Lacy la gravité tranquille de ses manières. La voix faillit cependant lui manquer quand il en vint à annoncer qu'il ne serait pas juste qu'elle fût à jamais enchaînée par l'engagement auquel elle s'était gracieusement soumise. Il en avait limité le terme à trois années, dit-il, espace de temps auquel l'archevêque Baldwin avait consenti à restreindre son absence. — Si je n'ai pas reparu quand ce temps sera écoulé, ajouta le connétable, lady Eveline en pourra conclure que la tombe s'est refermée sur de Lacy, et chercher pour époux quelque autre plus fortuné. Il en est beaucoup de plus dignes d'elle, ajouta-t-il ; mais elle ne trouvera personne qui puisse éprouver pour elle une plus profonde reconnaissance.

Ce fut ainsi qu'ils se séparèrent ; et le connétable, s'embarquant peu de temps après, sillonna l'étroit bras de mer qui sépare l'Angleterre des côtes de la Flandre, où il se proposait d'unir ses forces à celles du comte de ce pays riche et belliqueux, qui avait récemment pris la croix, afin de choisir ensuite pour se rendre à la Terre-Sainte, lieu de leur destination, la route qui serait jugée la plus praticable. Le large pennon aux armes des Lacy flottait à la proue du bâtiment, enflé par une brise favorable, comme pour désigner le point de l'horizon où son renom devait s'accroître ; et, eu égard à la haute réputation du chef, ainsi qu'à la bravoure éprouvée des soldats qui le suivaient, jamais troupe plus valeureuse, en proportion du nombre, n'était allée venger les Latins de la Palestine des maux que leur avaient fait endurer les Sarrasins.

Eveline, cependant, après avoir échangé de froids adieux avec l'abbesse, dont la dignité offensée n'avait pas encore pardonné à sa nièce le peu d'égard que celle-ci avait eu à son opinion, se remit en route pour le château paternel, où sa maison devait être organisée de la manière qu'avait suggérée le connétable, et qu'elle-même avait approuvée.

A tous les lieux de repos, elle retrouvait les mêmes préparatifs qui avaient marqué chacune des haltes de son voyage à Gloucester, et comme alors le pourvoyeur restait invisible, bien qu'elle ne fût pas en peine de deviner son nom. Il semblait cependant que le caractère de ces préparatifs fût modifié jusqu'à un certain point. Partout sur la route elle trouvait l'utile et l'agréable ; rien de ce qui pouvait contribuer à sa sécurité n'était négligé : mais à ces attentions ne se mêlaient plus ces marques de goût et de galanterie délicate indiquant que c'était une femme jeune et jolie qui en était l'objet. On ne choisissait plus pour le repos de midi la source la plus limpide, le bouquet d'arbres le mieux ombragé ; c'était ou la maison de quelque Franklin, ou une petite abbaye, qui lui offrait l'hospitalité nécessaire. Tout semblait ordonné avec la plus stricte attention au rang et au décorum ; on eût pu croire qu'au lieu d'une jeune fille noble et riche, c'était une nonne de quelque ordre rigide qui traversait le pays ; et bien qu'Eveline vît avec satisfaction cette continuité d'attentions délicates qui semblait ainsi respecter sa situation particulière et privée de protection, elle pensait parfois qu'il n'aurait pas été nécessaire de la lui rappeler si souvent d'une manière indirecte.

Elle trouvait étrange aussi que Damien, aux soins de qui elle avait été si solennellement remise, ne vînt pas lui rendre ses devoirs en chemin. Quelque chose lui disait tout bas que des relations intimes et fréquentes auraient pu être malséantes, — dangereuses même ; mais assurément, le devoir le plus ordinaire d'un chevalier et d'un gentilhomme lui prescrivait quelques communications personnelles avec la dame qu'il était chargé d'escorter, n'eût-ce été que pour s'informer si elle était satisfaite des mesures que l'on avait prises pour l'agrément de son voyage, et si elle avait quelque désir spécial qui ne fût pas satisfait. La seule relation, cependant, qui existât entre eux avait lieu par l'intermédiaire d'Amelot, le jeune page de Damien de Lacy, qui matin et soir venait prendre les ordres d'Eveline pour la route et pour les heures de marche et de repos.

Ces formalités rendaient presque insupportable à Eveline la solitude de son retour ; et si elle n'avait pas eu la société de Rose, elle aurait trouvé encore bien plus pénible ce fatigant état de contrainte. Elle hasarda même avec sa suivante quelques remarques sur la singularité de la conduite de de Lacy, qui, malgré les droits que lui donnait sa situation près d'elle, semblait pourtant craindre de l'approcher autant que s'il eût vu en elle un basilic.

Rose laissa passer sans paraître y prendre garde la première observation de ce genre ; mais à la seconde remarque que sa maîtresse fit sur le même sujet, elle répondit, avec la franchise et la liberté de son caractère, quoique peut-être avec moins de circonspection qu'il ne lui était habituel : — Damien de Lacy agit prudemment, noble dame. Celui à qui la garde d'un trésor royal est confié ne doit pas se laisser aller trop souvent à y jeter les yeux.

Eveline rougit, s'enveloppa plus complétement dans son voile, et durant tout le reste de leur trajet elle ne prononça plus le nom de Damien de Lacy.

Quand, le soir du second jour, les tourelles grisâtres de Garde-Douloureuse s'offrirent à sa vue, et qu'elle revit la bannière de son père flotter sur la plus haute tour en honneur de son arrivée, une impression pénible se mêla à ses sensations ; mais au total, elle regarda ce vieux château comme un lieu de refuge où elle pourrait se livrer aux nouvelles pensées que les circonstances faisaient naître en elle, au milieu des scènes où s'étaient écoulées et son enfance et sa première jeunesse.

Elle pressa la marche de son palefroi pour atteindre le vieux portail aussi vite que possible, fit à la hâte une inclination de tête aux figures bien connues qui se montraient de tous côtés, mais sans parler à personne, jusqu'à ce qu'ayant mis pied à terre à la porte de la chapelle, elle eut pénétré jusqu'à la crypte où était placée l'image miraculeuse. Là, prosternée sur la terre, elle implora la direction et l'appui de la Sainte-Vierge au milieu du dédale où elle s'était engagée, pour obéir au vœu que dans son angoisse elle avait fait à cette place-là même. Si la prière était mal dirigée[1], elle partait d'un cœur sincère et vertueux ; et nous ne doutons pas qu'elle n'ait été entendue du Ciel auquel elle était fervemment adressée

[1] On n'oubliera pas que l'auteur est protestant, (L. V.)

CHAPITRE XXII.

> L'image de la Vierge est déchue ; — mais plus d'un genou suppliant, et il faut leur pardonner, fléchit encore devant elle comme devant un pouvoir visible en qui se mêle et se confond l'amour maternel et la pureté virginale, le grand et l'humble, le céleste et le terrestre.
> WORDSWORTH.

QUOIQUE l'état de maison de lady Eveline convînt à son rang actuel et à celui qu'elle devait avoir un jour, tout y avait un caractère de gravité et d'isolement en harmonie avec l'habitation même et avec l'isolement où l'orpheline se trouvait placée par sa situation, sortie comme elle l'était de la classe des jeunes filles non engagées, et n'ayant cependant pas pris place encore dans celle des femmes, à qui leur titre même d'épouse sert de protection. Les femmes attachées à son service personnel, et que le lecteur connaît déjà, formaient presque son unique société. La garnison du château, outre les domestiques, se composait de vieux soldats d'une fidélité éprouvée, et qui avaient servi sous Bérenger et sous le connétable dans mainte campagne sanglante, hommes à qui leurs devoirs militaires étaient devenus comme une seconde nature, et dont le courage, néanmoins, tempéré par l'âge et l'expérience, ne paraissait pas devoir les entraîner dans des aventures ou des querelles téméraires. Ils faisaient constamment une garde vigilante sous les ordres de l'intendant, mais sous les yeux du père Aldrovand, qui, tout en remplissant ses fonctions ecclésiastiques, aimait parfois à montrer quelques étincelles de son ancienne éducation militaire.

En même temps que cette garnison garantissait le château de toute chance de surprise de la part des Gallois, un corps nombreux était campé à quelques milles de Garde-Douloureuse, prêt, à la moindre alarme, à venir défendre la place contre toute troupe plus nombreuse d'ennemis qui serait assez hardie, malgré le sort de Gwenwyn, pour vouloir former un siège régulier. A ces troupes, toujours sous l'œil de Damien de Lacy et constamment prêtes à agir, on pouvait ajouter au besoin toutes les forces régulières des Marches, comprenant de nombreux corps de Flamands et d'autres étrangers à qui leurs établissements avaient été accordés à titre de tenures militaires.

CHAPITRE XXII.

Tandis que la forteresse était ainsi assurée contre toute tentative hostile, la vie de ceux qui l'habitaient était si uniforme et si simple, qu'on aurait pu excuser la jeunesse et la beauté d'y désirer un peu de variété, même au prix de quelque danger. Pour tout soulagement aux travaux de l'aiguille, on avait une promenade sur les remparts, où Eveline recevait le salut militaire de chaque sentinelle à mesure qu'elle passait devant elle donnant le bras à Rose, ou bien dans l'avant-cour, où elle recevait des toques et des bonnets des domestiques la même marque de respect que lui rendaient sur les murailles les piques et les javelines des factionnaires. Si elles désiraient aller respirer hors du château, il ne suffisait pas que les portes s'ouvrissent et que les ponts fussent abaissés; il fallait en outre qu'une escorte prît les armes, et, par mesure de sûreté, accompagnât lady Eveline, à pied ou à cheval, selon les cas. Sans cet accompagnement militaire elles ne pouvaient avec sécurité aller même jusqu'aux moulins, où l'honnête Wilkin Flammock, oubliant ses exploits guerriers, avait repris les travaux de sa profession. Mais si la châtelaine de Garde-Douloureuse projetait une plus longue excursion et se proposait une chasse de quelques heures aux chiens ou au faucon, on ne s'en remettait pas pour sa sûreté à une escorte aussi faible que celle que pouvait fournir la garnison du château. Il fallait que Raoul, par un exprès expédié la veille au soir, annonçât à Damien les intentions de sa maîtresse, afin que ce dernier eût le temps de faire avant le jour une battue générale avec un corps de cavalerie légère dans tout le canton où Eveline se proposait de prendre ce divertissement; et des sentinelles étaient placées sur tous les points suspects jusqu'à ce qu'elle fût rentrée au château. Il est vrai qu'une ou deux fois elle essaya de faire une excursion sans avoir au préalable annoncé ses intentions; mais tous ses projets semblaient, aussitôt que formés, être connus de Damien. A peine était-elle dehors qu'on voyait des détachements d'archers et de lanciers sortir du camp, battre les vallées, et se porter aux passes des montagnes; et le panache de Damien lui-même se distinguait habituellement au loin parmi les soldats.

Ces formalités et ces préparatifs gâtaient tellement le plaisir que la chasse procurait à Eveline, qu'elle recourait rarement à une distraction qui occasionnait tant de dérangement et mettait en mouvement un si grand nombre de personnes.

La journée passée du mieux qu'il avait été possible, le père Aldrovand avait coutume de faire une lecture, soit dans quelque pieuse légende, soit dans les homélies de quelque saint trépassé, où il faisait choix des passages qu'il jugeait propres à être entendus de sa petite congrégation. Quelquefois aussi il lisait et expliquait un chapitre des saintes Écritures; mais en ces occasions l'attention du digne homme se portait si étrangement vers la partie militaire de l'histoire juive, qu'il ne pouvait jamais quitter le livre des Juges ou ceux des Rois, non plus que les triomphes de Judas Machabée; bien que la manière dont il commentait les victoires des enfants d'Israël fût beaucoup plus amusante pour lui qu'édifiante pour son auditoire féminin.

Parfois, mais rarement, Rose obtenait la permission d'admettre au château un ménestrel errant, dont les chants d'amour et de chevalerie aident à faire passer une heure; d'autres fois un pèlerin, arrivant de quelque chasse lointaine, payait par les longs récits des merveilles qu'il avait vues en d'autres pays, l'hospitalité de Garde-Douloureuse. Parfois aussi il arrivait que le crédit et l'intercession de dame Gillian obtenaient l'entrée au château de marchands ambulants ou porte-balles, qui, au risque de leur vie, trouvaient profit à colporter de château en château de riches étoffes et des bijoux de dames.

Les visites habituelles des mendiants, des jongleurs et des bouffons ambulants ne doivent pas être oubliées dans cette liste d'amusements; et le barde gallois lui-même, quoique sa nation le rendît l'objet d'une attention et d'une surveillance particulières, était parfois admis, avec sa grande harpe à cordes de crin, à varier l'uniformité de la vie retirée des habitants du château. Mais sauf ces distractions, et sauf aussi les devoirs religieux régulièrement suivis à la chapelle, il eût été impossible d'imaginer une vie plus ennuyeusement monotone que celle du château de Garde-Douloureuse. Depuis la mort du brave Raymond Bérenger, à qui les fêtes et l'hospitalité semblaient choses aussi naturelles que les pensées d'honneur et les hauts faits de chevalerie, on aurait pu dire que la lourde atmosphère d'un couvent enveloppait l'antique château, n'était-ce que la présence de tant d'hommes armés se promenant à pas mesurés sur les remparts lui donnait plutôt l'aspect d'une prison d'État; aussi le caractère de l'habitation affecta-t-il peu à peu par une sorte de contagion celui des habitants.

L'esprit d'Eveline en particulier éprouvait un abattement auquel la vivacité naturelle de son caractère la rendait tout-à-fait impropre à résister; et à mesure que ses méditations devenaient plus graves, elle prenait ces manières calmes et contemplatives qui s'unissent si fréquemment à un tempérament ardent et enthousiaste. Elle réfléchissait profondément aux circonstances passées de sa vie; aussi ne doit-on pas s'étonner que ses pensées vagabondes se reportassent souvent sur les deux époques différentes où elle avait été ou cru être témoin d'apparitions surnaturelles. Il lui semblait souvent alors qu'un bon et un mauvais génie luttaient entre eux à qui dominerait sur sa destinée.

La solitude est favorable aux sentiments qui portent à l'exaltation personnelle; c'est quand ils sont seuls, et occupés seulement de leurs propres pensées, que les fanatiques ont des visions et que les prétendus saints s'absorbent dans des extases imaginaires. Chez Eveline l'influence de l'enthousiasme n'allait pas jusque là; pourtant il lui semblait parfois, dans le silence et l'obscurité de la nuit, voir Notre-Dame de Garde-Dou-

…oureuse abaisser sur elle des regards de pitié, d'encouragement et de protection ; et d'autres fois elle croyait revoir l'apparition sinistre du château saxon de Baldringham, levant vers elle sa main sanglante en témoignage de la cruauté avec laquelle elle avait été traitée sur terre, et menaçant de sa vengeance la descendante de son meurtrier.

En s'éveillant après de tels rêves Eveline songeait qu'elle était la dernière branche de sa maison, — d'une maison à laquelle s'étaient particulièrement attachées depuis des siècles et la protection tutélaire de la sainte image, et l'influence ennemie de l'implacable Vanda. Il lui semblait être le prix que sa sainte et bonne Protectrice et le démon vindicatif se disputaient dans une dernière lutte.

Dans ces dispositions d'esprit, et à peu près complétement privée de tout ce qui aurait pu, en l'intéressant ou en l'amusant, la détourner de ses réflexions, elle devint pensive et distraite ; elle se plongea de plus en plus dans des habitudes de contemplation qui ne lui permettaient d'entendre rien de ce qui se disait autour d'elle, et elle marchait dans le monde des réalités comme quelqu'un qui rêve encore. Lorsqu'elle pensait à son engagement avec le connétable de Chester, c'était avec résignation, mais sans aucun désir d'être appelée à le remplir, presque sans s'attendre à y être jamais obligée. Elle avait accompli son vœu en acceptant la foi de son libérateur en échange de la sienne à elle ; et bien qu'elle se tînt prête à compléter l'engagement, — et elle se serait difficilement avoué à elle-même la répugnance que cette idée faisait naître en elle, — il est cependant certain qu'elle conservait au fond du cœur, et presque à son insu, l'espérance que Notre-Dame de Garde-Douloureuse n'exigerait pas impitoyablement tout ce qui lui était dû, et que, satisfaite de la bonne volonté qu'avait montrée sa protégée à accomplir son vœu, elle n'insisterait pas sur toute la rigueur de son droit. C'eût été la plus noire ingratitude de souhaiter que son vaillant libérateur, celui pour qui tant de motifs l'obligeaient à prier, éprouverait quelqu'une de ces fatalités qui dans la Terre-Sainte changeaient si souvent les lauriers en cyprès ; mais n'avait-on pas vu survenir, durant de longues absences, bien des circonstances qui souvent avaient changé les projets formés en quittant la patrie ?

Un ménestrel errant, venu à Garde-Douloureuse, y avait chanté, pour l'amusement de la châtelaine et de sa maison, le lai célèbre du comte de Gleichen, qui, déjà marié dans son pays, contracta en Orient tant d'obligations envers une princesse sarrasine, grâce à laquelle il avait recouvré sa liberté, qu'il l'épousa aussi. Le pape et son conclave voulurent bien approuver le double mariage dans un cas aussi extraordinaire ; et le brave comte de Gleichen, après avoir partagé sa couche nuptiale entre deux femmes de rang égal, repose maintenant entre elles sous la même pierre.

Les commentaires des habitants du château sur cette légende avaient été nombreuses et très divers. Le père Aldrovand la regardait comme tout-à-fait fausse, et assurait que c'était une indigne calomnie contre le chef de l'Église d'affirmer que Sa Sainteté avait pu consacrer une telle irrégularité. La vieille Margery, avec la tendresse de cœur d'une ancienne nourrice, pleura de compassion tant que dura la complainte; et sans mettre en question ni le pouvoir du pape ni la convenance de sa décision, elle fut ravie qu'on eût trouvé un moyen de sortir d'une complication de chagrins d'amour qui semblait presque inextricable. Dame Gillian déclara que puisqu'une femme ne pouvait avoir qu'un mari, il n'était pas juste qu'en aucun cas il fût permis à un homme d'avoir deux femmes; tandis que Raoul, tout en lui jetant un regard aigre-doux, prenait en pitié le déplorable idiotisme de l'homme qui aurait pu être assez fou pour profiter d'un tel privilége.

— Paix! dit lady Eveline; taisez-vous tous! Et toi, ma chère Rose, dis-moi ce que tu penses de ce comte de Gleichen et de ses deux femmes.

Rose rougit, et répondit qu'elle n'avait pas beaucoup l'habitude de penser à de telles choses; mais qu'à son idée la femme qui pouvait se contenter de n'être que de moitié dans les affections de son époux n'avait jamais mérité d'y avoir la moindre part.

— Tu as en partie raison, Rose, reprit Eveline; et il me semble que la dame européenne, quand elle se vit éclipsée par la jeune et belle princesse étrangère, aurait mieux consulté sa dignité en résignant la place, et en ne donnant au saint père d'autre peine que celle d'annuler le mariage, comme cela s'est fait dans des cas qui se sont présentés plus souvent.

Elle prononça ces mots d'un air d'indifférence et même de gaieté qui fit voir à sa fidèle suivante avec combien peu d'effort elle-même aurait fait ce sacrifice, et qui donnait la mesure de son affection pour le connétable. Mais il était une autre personne vers laquelle, quoique involontairement, les pensées d'Eveline se tournaient plus fréquemment que peut-être la prudence n'aurait dû le permettre.

Le souvenir de Damien de Lacy ne s'était pas effacé de l'esprit d'Eveline. Il est vrai que ce souvenir était à chaque instant réveillé par le nom du jeune homme sans cesse prononcé devant elle, et par la connaissance qu'elle avait que Damien était presque constamment dans le voisinage, tout occupé du bien-être, des intérêts et de la sécurité de celle qui lui avait été confiée; tandis, d'un autre côté, que loin de lui rendre personnellement des devoirs assidus, il n'avait même jamais cherché à avoir une communication directe avec elle pour la consulter sur ce qu'elle pouvait désirer, ni même sur ce qui la touchait de plus près.

Les messages transmis par le père Aldrovand ou par Rose à Amelot, le page de Damien, en même temps qu'ils donnaient à leurs rapports un air de cérémonie qu'Eveline regardait comme inutile, et même comme déplacé, n'en servaient pas moins à fixer son attention sur les rapports qui existaient entre eux, et à les tenir toujours présents à sa pensée. La remarque par laquelle Rose avait justifié la réserve du jeune gardien de sa maîtresse lui revenait quelquefois en mémoire ; et en même temps que son âme repoussait avec mépris le soupçon qu'en aucun cas la présence de Damien, soit continuelle, soit accidentelle, pût préjudicier aux intérêts de son oncle, elle évoquait divers arguments propres à le rappeler fréquemment à son souvenir. — N'était-ce pas son devoir de penser souvent et affectueusement à Damien, comme au plus proche parent du connétable, à celui qu'il aimait le mieux et en qui il avait le plus de confiance ? — N'avait-il pas été son libérateur, et en ce moment même, n'était-elle pas sous sa protection ? — et ne pouvait-il pas être regardé comme un instrument spécialement employé par sa divine patronne, pour rendre efficace la protection qu'elle lui avait accordée en plus d'un cas ?

L'esprit d'Eveline se révoltait contre les restrictions apportées à leurs rapports mutuels ; elle y voyait quelque chose qui semblait impliquer un soupçon dégradant comme la réclusion forcée à laquelle elle avait ouï dire que les païens de l'Orient condamnaient leurs femmes. Pourquoi ne voir son protecteur que dans ce qu'il faisait pour elle et dans le soin qu'il prenait de sa sûreté ? pourquoi n'entendre l'expression de ses sentiments que par la bouche des autres, comme si l'un d'eux eût été atteint de la peste ou de quelque autre maladie contagieuse, qui pût rendre dangereux pour l'autre les rapports directs qu'ils auraient eus ensemble ? — Et s'ils se voyaient de temps à autre, qu'en pouvait-il résulter, sauf que les soins d'un frère pour une sœur, — d'un bon et fidèle gardien de la fiancée d'un proche parent, d'un patron honoré, pourraient rendre la triste réclusion de Garde-Douloureuse plus facile à supporter par une femme si jeune encore, et, quoique abattue par les circonstances au milieu desquelles elle se trouvait, d'un caractère naturellement si gai ?

Bien que ces raisonnements, quand Eveline s'y livrait solitairement, lui parussent tellement concluants que plusieurs fois elle eût pris la résolution de communiquer à Rose Flammock ses pensées à ce sujet, il se trouva cependant que chaque fois que son regard s'arrêtait sur l'œil bleu si calme et si assuré de la jeune Flamande, et qu'elle songeait qu'à sa fidélité inviolable Rose joignait une sincérité et une droiture à l'épreuve de toute considération, elle craignait de se trouver exposée dans l'opinion de sa suivante à des soupçons dont elle se sentait pure ; et l'esprit de la fière Normande se révoltait à l'idée d'être obligée de se justifier devant une autre, alors qu'elle-même ne se reprochait rien. — Que les choses restent comme elles sont, se disait-elle ; et endurons tout l'ennui d'une vie qu'il serait si facile de rendre plus agréable, plutôt que dans la scrupuleuse délicatesse de ses sentiments en ce qui me regarde, cette amie zélée, mais pointilleuse, ne me croie capable d'encourager des relations qui pourraient faire naître une pensée moins digne de moi dans l'esprit de l'homme le plus scrupuleux, — même de la femme la plus scrupuleuse. Mais cette vacillation même d'opinions et de résolutions tendait à ramener à l'imagination de lady Eveline l'image du jeune et beau Damien, plus fréquemment, peut-être, que le connétable ne l'aurait approuvé s'il eût pu le savoir. Elle ne s'abandonnait cependant jamais long-temps à de telles réflexions, sans que la pensée de la destinée singulière qui jusqu'alors avait été la sienne ne la reportât vers les méditations plus tristes dont la mobilité de sa jeune imagination l'avait un instant détournée.

CHAPITRE XXIII.

> Notre ciel est celui où notre faucon ira poursuivre telle proie que nous voudrons. RANDOLPH.

PAR une belle matinée de septembre, le vieux Raoul était occupé dans le bâtiment destiné à l'éducation des faucons, grommelant entre ses dents tandis qu'il examinait l'état où se trouvait chaque oiseau, et s'en prenant tour à tour au défaut de soin du sous-fauconnier, à la situation du bâtiment, au temps, au vent, à tout ce qui l'entourait, des ravages que le temps et les maladies avaient faits dans la fauconnerie depuis longtemps négligée de Garde-Douloureuse. Au milieu de ces désagréables méditations, il fut surpris d'entendre la voix de sa bien-aimée dame Gillian, qui se levait rarement si matin, et plus rarement encore venait le visiter tandis qu'il était dans sa sphère d'autorité spéciale. — Raoul! Raoul! criait-elle, où es-tu? — Il faut toujours te chercher quand tu pourrais faire quelque chose d'utile pour toi ou pour moi!

— Que veux-tu? répondit Raoul; que signifient de pareils cris, pires que ceux de la mouette avant le gros temps? Peste soit de ta voix! il y a de quoi faire sauver tous les faucons du perchoir.

— Tes faucons! c'est bien le moment de s'occuper de faucons quand il y a ici à vendre une volée des plus beaux gerfauts qui aient jamais pris leur vol le long d'un lac, d'un ruisseau ou d'un pré!

— Des gerfauts? dis des crécerelles comme celle qui en apporte la nouvelle.

— Du tout; ni des hiboux comme celui à qui je l'apporte, repartit dame Gillian. De superbes gerfauts, les narines larges, les serres fortes, le bec court et tirant au bleu...

— Au diable ton jargon! interrompit Raoul, que la nouvelle intéressait, mais qui ne voulait pas que sa femme eût la satisfaction de s'en apercevoir. — D'où viennent-ils, tes gerfauts?

— De l'île de Man.

— En ce cas, ils doivent être bons, quoique ce soit une femme qui les annonce, dit Raoul en riant lui-même de sa pointe [1]. Quittant alors

---

[1] Pointe qui porte sur l'antithèse dont le nom de l'île de Man (*man* signifie homme) lui a fourni le sujet. (L. V.)

la fauconnerie, il demanda où on pouvait trouver ce fameux marchand de faucons?

— Eh! entre les barrières et la seconde porte, là où on reçoit les autres gens qui ont des marchandises à proposer. — Où pourrait-il être?

— Et qui l'a fait entrer? demanda le soupçonneux Raoul.

— Hé bien, monsieur l'intendant, donc, vieux hibou! il est venu tout-à-l'heure à ma chambre et m'a envoyé ici te chercher.

— Oh! l'intendant — l'intendant — j'aurais bien pu le deviner. Et sans doute qu'il est allé à ta chambre parce qu'il ne pouvait pas aussi aisément venir me trouver ici? — n'est-ce pas, mon cher amour?

— Je ne sais pas pourquoi il a mieux aimé venir à moi qu'à vous, Raoul; et si je le savais, peut-être que je ne vous le dirais pas. Au surplus, manquez l'affaire ou faites marché, je ne m'en soucie guère; — l'homme n'attendra pas après vous : — il a de bonnes offres du sénéchal de Malpas et du lord Gallois de Dinevawr.

— J'y vais, — j'y vais, reprit Raoul, qui sentit la nécessité de saisir cette occasion de réparer les pertes de sa fauconnerie; et il courut à la porte d'entrée, où il trouva le marchand accompagné d'un serviteur qui tenait dans des cages séparées les trois faucons qu'il voulait vendre.

Raoul vit du premier coup d'œil que ces faucons étaient de la meilleure race d'Europe, et que si leur éducation y répondait ils seraient dignes d'une fauconnerie royale. Le marchand ne manqua pas de s'étendre sur l'excellence de ses oiseaux, sur leur large développement, la force de leur queue, le feu de leurs larges yeux noirs, la hardiesse avec laquelle ils enduraient l'approche des étrangers, l'ardeur et la vigueur avec lesquelles ils nettoyaient et secouaient leurs plumes, pour *se réveiller,* selon l'expression technique. Il fit valoir les difficultés qu'il avait eues et le danger qu'il avait couru en allant les dénicher dans les rochers de Ramsey, où les faucons qui font leur aire ne le cèdent en rien même à ceux des côtes de la Norvége.

Raoul eut l'air de faire la sourde oreille à tous ces éloges. — Ami, dit-il au marchand, je connais un faucon tout aussi bien que toi, et je ne nierai pas que les tiens ne soient beaux; mais si leur éducation n'a pas été soigneusement faite, j'aimerais autant avoir un épervier sur mon perchoir que le plus beau faucon qui ait jamais étendu l'aile au vent.

— J'en conviens; mais si nous agréons de prix, ce qui est l'affaire principale, tu verras si tu veux les oiseaux au vol, et alors tu les achèteras ou tu ne les achèteras pas, comme tu voudras. Je veux ne pas être un loyal marchand, si tu as jamais vu des oiseaux surpasser ceux-ci, soit en prenant leur volée, soit en fondant sur la proie.

— Voilà qui est parfait, pourvu que le prix soit raisonnable.

— Vous serez aussi satisfait de l'un que de l'autre; car j'avais rapporté six volées de l'île de Man, avec la gracieuse permission du bon roi Reginald, et j'ai tout vendu sauf ceux-ci; si bien qu'ayant vidé mes cages et rempli ma bourse, je désire me débarrasser du reste; et si un bon garçon, et un appréciateur comme tu parais être, trouvait les faucons à son goût après les avoir vus au vol, il en fixerait lui-même le prix.

— Allons, nous ne ferons pas de marché à l'aveuglette; si les faucons sont ce qu'ils doivent être, mylady est plus en état de les payer que toi de les donner. — Un besan sera-t-il un prix raisonnable pour ta volée?

— Un besan, monsieur le fauconnier! — Sur ma foi, vous ne vous compromettez pas. Néanmoins, doublez votre offre, et j'y réfléchirai.

— Si les faucons sont bien dressés, je vous donnerai un besan et demi; mais je veux les voir abattre un héron avant de m'avancer autant avec vous.

— C'est bien, dit le marchand; mieux vaut accepter votre offre que d'en rester plus long-temps embarrassé. Si je les portais dans le Wales, on pourrait bien me les payer en pire monnaie d'un coup de coutelas. — Voulez-vous monter à cheval à présent?

— Assurément, répondit Raoul; et quoique mars soit un meilleur mois pour chasser le héron, nous n'aurons pas couru un mille le long de la rivière que je vous aurai fait voir un de ces pêche-grenouilles.

— C'est bien, sire fauconnier. Mais est-ce que nous allons aller seuls? n'y a-t-il dans le château ni lord ni lady qui aurait plaisir à voir une pièce de gibier galamment abattue? Je ne crains pas de montrer ces faucons-là à une comtesse.

— Mylady aimait assez la chasse autrefois, dit Raoul; mais je ne sais pas pourquoi elle est toujours triste et rêveuse depuis la mort de son père, et elle vit dans son château comme une nonne dans un cloître; sans divertissement ni fête d'aucune espèce. — Pourtant, Gillian, toi qui as un peu d'influence sur elle, va la trouver et fais une bonne action une fois dans ta vie, en la décidant à sortir ce matin pour voir cette chasse. — Le pauvre cher cœur n'a pas eu un seul passe-temps de l'été.

— J'y vais, répondit Gillian; et de plus, je lui ferai voir une nouvelle coiffure de chasse que je défie qu'une femme bien née puisse regarder sans désirer la secouer un peu au vent.

Tandis que dame Gillian parlait ainsi, son mari, toujours tenu en éveil par son cerveau jaloux, crut surprendre entre elle et le marchand un regard d'intelligence que le peu de temps depuis lequel ils se connaissaient ne paraissait pas devoir autoriser, même en faisant la part du caractère extrêmement liant de sa moitié. Il lui sembla aussi, en regardant le marchand avec plus d'attention, que ses traits ne lui étaient pas absolument inconnus; aussi lui dit-il d'un ton sec : Nous

nous sommes déjà rencontrés, l'ami; mais je ne puis me rappeler où.

— C'est assez probable, répliqua le marchand; j'ai souvent parcouru ce pays-ci, et il se peut que j'aie eu de votre argent dans mon commerce. Si j'étais en lieu convenable, je paierais volontiers une mesure de vin pour faire plus ample connaissance.

— Pas si vite, l'ami, reprit le vieux piqueur; avant de boire avec quelqu'un pour faire plus ample connaissance, il faut que ce que je connais déjà de lui me satisfasse. Nous allons voir voler tes faucons, et s'ils sont aussi bien dressés que tu as la langue bien pendue, nous pourrons peut-être trinquer ensemble. — Voici ma foi venir les valets et les écuyers; — mylady aura consenti à sortir.

L'occasion d'assister à ce divertissement était en effet venue s'offrir à Eveline dans un moment où la beauté d'un temps délicieux, la douceur de l'air, et la vue des joyeux travaux de la moisson auxquels on se livrait dans tous les environs rendaient presque irrésistible la tentation de prendre un peu d'exercice.

Comme on ne se proposait pas de dépasser les bords de la rivière voisine, non loin du pont fatal, où se trouvait constamment un petit poste d'infanterie, Eveline ne voulut pas d'escorte, et contre l'habitude du château elle ne prit personne à sa suite que Rose et dame Gillian, avec un ou deux serviteurs qui conduisaient les chiens et portaient ce qu'il fallait pour la chasse. Raoul, le marchand et un écuyer l'accompagnaient, naturellement, chacun d'eux tenant un gerfaut sur le poing, et prenant attentivement leurs mesures pour le moment où ils auraient à les lancer, de manière à s'assurer du mieux possible de ce que les oiseaux savaient faire et de la manière dont ils étaient dressés.

Quand ces dispositions importantes eurent été faites, la petite troupe se trouva au bord de la rivière, dont elle suivit le cours en cherchant attentivement des yeux de tous côtés ce qui devait être l'objet de leur chasse; mais on n'apercevait pas un seul héron dans les endroits habituellement fréquentés par cet oiseau, bien qu'il y eût une héronnière à peu de distance.

Parmi les petits désappointements auxquels on est exposé dans la vie, il en est peu de plus contrariants que celui du chasseur qui ne rencontre pas de gibier, quand il s'est muni de tout ce qu'il faut pour l'abattre; parce qu'avec son équipage de chasse au complet et sa gibecière vide il se croit exposé au sourire moqueur de chaque rustre qu'il rencontre. Ce désappointement, la compagnie de lady Eveline en éprouvait toute l'humiliation.

— Beau pays que celui-ci, dit le marchand, où pendant deux milles de rivière on ne peut trouver un pauvre héron!

— C'est le bruit que ces damnés Flamands font avec leurs moulins à eau et leurs moulins à foulon, repartit Raoul; c'est la mort de la chasse et de la bonne compagnie, partout où ils vont. Mais si milady voulait faire un mille de plus du côté de l'Étang-Rouge, je pourrais vous montrer un camarade à longues pattes qui taillerait assez de besogne à vos faucons pour leur en donner des vertiges.

— L'Étang-Rouge! s'écria Rose; vous savez qu'il est à plus de trois milles de l'autre côté du pont en tirant vers les hauteurs.

— Oui, oui, reprit Raoul; encore une autre frasque flamande pour faire tort à la chasse! Les filles flamandes ne sont pas si rares sur les Marches, pour avoir peur que les Gallois leur donnent la chasse!

— Raoul a raison, Rose, dit Eveline; il est absurde de nous renfermer comme des oiseaux en cage, quand tous les environs sont si parfaitement tranquilles. Je suis résolue à rompre mes lisières pour une fois, et à assister à la chasse comme jadis, sans être entourée d'hommes armés, ni plus ni moins qu'un prisonnier d'État. Nous allons aller gaiement jusqu'à l'Étang-Rouge, ma chère Rose, et nous abattrons un héron comme des filles libres des Marches.

— Du moins permettez-moi seulement de dire à mon père de monter à cheval et de nous suivre, répliqua Rose; — car ils se trouvaient alors près des moulins rétablis du brave Flamand.

— Vas-y si tu veux, Rose, répondit Eveline; mais crois-moi, ma fille, nous serons allés à l'Étang-Rouge et en chemin pour en revenir avant que ton père ait endossé son meilleur justaucorps, ceint son épée à deux mains et équipé son robuste éléphant de cheval flamand, qu'il a judicieusement nommé la Paresse. — Allons, ne fronce pas le sourcil, — et ne perds pas à justifier ton père le temps que tu peux mieux employer à l'aller prévenir.

Rose poussa en effet sa haquenée vers les moulins, et Wilkin Flammock, à l'ordre de sa maîtresse, s'empressa de mettre son armet et son haubert d'acier, en même temps qu'il ordonnait à une demi-douzaine de ses parents et de ses serviteurs de monter à cheval. Rose resta près de lui pour le faire se dépêcher plus qu'il n'était dans la nature de son esprit méthodique; mais en dépit de tous ses efforts pour l'activer, il y avait plus d'une demi-heure que lady Eveline avait passé le pont quand son escorte fut prête à la suivre.

Pendant ce temps, l'esprit exempt de crainte, et légère comme une alouette, Eveline avait continué d'avancer gaiement sur son genet plein de feu, avec la sensation d'un prisonnier échappé; les plumes dont dame Gillian avait orné son bonnet d'amazone ondoyant au vent, et sa suite galopant après elle avec les chiens, les poches, les lignes, et tous les autres accessoires de la royale chasse au vol. Lorsqu'ils eurent passé la rivière, le sentier verdoyant qu'ils suivaient commença à monter en serpentant parmi de petites éminences, tantôt nues et rocheuses, ailleurs couvertes de coudriers, de pruniers sauvages et d'autres arbustes; puis redescendant tout-à-coup, il les amena au bord d'un petit ruisseau d'eau vive, qui, pareil à un agneau bondissant, sautait gaiement de rocher en rocher, et semblait ne pas savoir quelle direction suivre.

— Ce petit filet d'eau a toujours été mon favori, dame Gillian, dit Eveline; et maintenant il me semble que de me revoir le fait sautiller plus légèrement.

— Ah, milady! répondit dame Gillian, dont en de tels cas les facultés pour la conversation n'allaient pas au-delà de quelques phrases de flatterie grossière, que de beaux chevaliers sauteraient de toute leur hauteur pour qu'il leur fût permis de vous regarder aussi librement que le ruisseau peut le faire! en ce moment surtout que vous avez mis ce bonnet, qui, pour l'exquise délicatesse d'invention, me semble d'une portée de flèche au-delà de tout ce que j'avais jamais imaginé. — Qu'en penses-tu, Raoul?

— Je pense, répondit l'excellent mari, que les langues des femmes ont été imaginées pour chasser tout le gibier du pays. — Nous voici arrivés près de l'endroit où nous pouvons espérer de réussir ou jamais; ainsi donc, ma chère maîtresse, silence, je vous prie, et faites taire les gens de votre suite autant que leur nature le permettra, pendant que nous allons nous glisser le long des bords de l'étang, en nous tenant sous le vent, nos faucons décapuchonnés et prêts à prendre leur vol.

Tandis qu'il parlait ils remontaient le ruisseau, et à environ deux cents pas plus haut, le petit vallon où il serpentait en bouillonnant faisant subitement un coude, ils se trouvèrent tout-à-coup en vue de l'Étang-Rouge, dont le trop-plein formait le petit courant d'eau.

Ce lac, ou *tarn*, ainsi qu'on nomme en certaines localités ces sortes de pièces d'eau encaissées, était un bassin profond, oblong plutôt que circulaire, et d'environ un mille de circuit. Du côté le plus rapproché de nos chasseurs s'élevait une rangée de rochers d'un rouge foncé, d'où l'étang avait tiré son nom, cette barrière sombre et massive se réfléchissant dans ses eaux et paraissant leur communiquer sa nuance. Sur le bord opposé était une colline tapissée de bruyère qui n'avait pas encore perdu, pour passer au roux, la couleur empourprée de sa parure d'automne, et dont la surface était variée ici par le vert foncé de la fougère et du genêt épineux, là par des rochers grisâtres ou des pierres détachées de même couleur, contrastant avec la teinte rougeâtre du lac qu'ils encaissaient d'un côté. Dans tout le pourtour, la grève formait un beau chemin naturellement sablé, qui séparait les eaux du lac des rochers à pic et de l'éminence escarpée qui leur servaient d'enceinte; et ce chemin, n'ayant jamais moins de cinq à six yards [1] de large, et en certains endroits en ayant beaucoup plus, offrait dans toute son étendue

---

[1] Il est sans doute à peu près inutile de rappeler au lecteur que le *yard* répond environ à notre mètre. (L. V.)

à un cavalier une occasion séduisante d'exercer sa monture. Les bords de l'étang, du côté des rochers, étaient çà et là parsemés de fragments d'une grosseur considérable qui s'en étaient détachés, mais non pourtant en assez grand nombre pour intercepter le passage sur cette arène agréable. Nombre de ces rocs massifs, ayant roulé jusqu'au-delà des bords de l'eau, s'y trouvaient à demi noyés comme autant de petits îlots ; ce fut au milieu de ce petit archipel que d'un coup d'œil rapide Raoul découvrit le héron qu'ils cherchaient.

Nos chasseurs se consultèrent un moment sur la manière dont ils approcheraient de l'oiseau triste et solitaire, qui, ne se doutant pas qu'il était lui-même l'objet d'une formidable embuscade, se tenait immobile sur une pierre au bord du lac, épiant les petits poissons et les reptiles aquatiques qui viendraient à passer près de la station isolée où il s'était posté. Un court débat eut lieu entre Raoul et le marchand sur le meilleur moyen de faire lever le héron pour ménager le mieux à Eveline et à ceux qui l'accompagnaient la vue de la chasse que lui donneraient les faucons. La facilité de tuer le héron à la *far jetée* ou à la *jetée ferrée*, — c'est-à-dire sur la rive la plus proche ou la plus éloignée de l'étang, — fut vivement débattue à voix basse, comme s'il s'était agi de quelque grande et périlleuse entreprise.

Enfin on se fixa sur les arrangements, et la petite troupe commença à se diriger vers l'ermite aquatique, lequel, s'apercevant alors de l'approche des chasseurs, se dressa de toute sa hauteur, allongea son grand cou maigre, étendit ses larges ailes pareilles à un éventail, proféra son cri aigu, et projetant ses longues pattes en arrière s'éleva sur la petite brise qui soufflait. Ce fut alors qu'avec un cri d'encouragement le marchand lança le noble gerfaut qu'il portait sur le poing, après l'avoir déchaperonné pour lui faire voir sa proie.

Ardent comme une frégate en chasse d'un riche galion, le faucon s'élança vers l'ennemi qu'il avait appris à poursuivre ; en même temps que tout en se préparant à se défendre s'il ne pouvait échapper par la fuite le héron employait toute sa vitesse pour éviter un ennemi si formidable. Déployant la vigueur presque sans égale de ses ailes, il s'élevait de plus en plus dans les airs en décrivant des cercles peu étendus, afin que le faucon ne pût prendre l'avantage pour fondre sur lui ; et le bec aigu qui armait l'extrémité d'un cou assez long pour lui permettre de frapper un objet à trois pieds de distance dans toutes les directions aurait eu pour un assaillant moins intrépide toutes les terreurs d'une javeline mauresque.

Un second faucon fut lâché, et les cris prolongés du fauconnier l'encouragèrent à joindre son compagnon. Tous deux continuèrent de monter, on pourrait presque dire d'escalader les airs, par une succession de petits cercles, s'efforçant d'atteindre une hauteur supérieure à celle que de son côté le héron cherchait à conserver ; et à l'extrême plaisir des spectateurs, la lutte continua jusqu'à ce que tous trois se confondissent presque avec les nuages, d'où se faisait entendre par intervalles le cri rauque et plaintif du héron, en appelant en quelque sorte au ciel, dont il se rapprochait, de la cruauté dont ses persécuteurs se faisaient un jeu.

Enfin un des faucons avait atteint une hauteur d'où il se hasarda à fondre sur le héron ; mais celui-ci se tint assez judicieusement sur la défensive pour recevoir sur son bec le choc que le faucon, descendant à pleine volée, avait dirigé sur son aile droite : de telle sorte qu'un de ses deux ennemis, transpercé par l'impulsion de son propre poids, tomba dans le lac en s'agitant, très près du bord le plus éloigné des chasseurs, et y périt.

— Voilà un brave faucon qui s'en va aux poissons, dit Raoul. Marchand, ton pain est à moitié cuit.

Mais au moment où il parlait le second gerfaut avait vengé la mort de son frère ; car le succès que le héron avait eu d'un côté ne l'empêcha pas d'être assailli sur l'autre aile. Le faucon, fondant sur sa proie avec intrépidité et l'*enserrant*, comme on dit en fauconnerie, c'est-à-dire l'attaquant corps à corps, tous deux tombèrent à la fois de la hauteur où ils étaient dans l'air. Ce fut alors un grand point pour les fauconniers d'arriver aussitôt que possible près des deux oiseaux, de peur que le faucon ne reçût quelque blessure du bec ou des serres du héron ; aussi toute la troupe partit comme le vent, les hommes éperonnant leurs montures et les femmes excitant leurs palefrois de la houssine, tous suivant avec une extrême rapidité la grève unie qui s'étendait entre les rochers et le bord de l'eau.

Lady Eveline, beaucoup mieux montée que personne de sa suite, animée d'ailleurs par l'intérêt de la chasse et par la rapidité même de sa course, arriva bien avant aucun des autres à l'endroit où le faucon et le héron, toujours luttant sur la mousse, se livraient un combat à mort, le dernier ayant eu l'aile cassée par le choc de son ennemi. Le devoir du chasseur dans une telle crise était de courir à l'aide du faucon, en enfonçant dans la terre le bec du héron et en lui rompant les pattes, afin que le premier pût l'achever plus aisément.

Ni le sexe ni le rang de lady Eveline ne l'auraient dispensée de devenir le second du gerfaut de cette manière cruelle ; mais au moment même où elle sautait de sa haquenée à cet effet, elle se sentit saisie subitement par une espèce de sauvage, qui lui cria en gallois qu'il la faisait prisonnière comme waif [a] chassant sur les domaines de Dawfyd le Borgne. En même temps d'autres Gallois, au nombre de plus de vingt, sortirent de derrière les rochers et les broussailles, tous armés de l'espèce de hache qu'on nomme le croc gallois, de longs coutelas, de dards, d'arcs et de flèches.

[a] Vagabond. (L. V.)

CHAPITRE XXIII.

Eveline appela à grands cris à son secours, et en même temps eut recours au peu de gallois qu'elle savait pour exciter ou les craintes ou la compassion des *outlaws* montagnards ; car elle ne douta pas que ceux au pouvoir de qui elle était tombée n'appartinssent à cette classe d'hommes. Lorsqu'elle vit qu'ils ne l'écoutaient pas, et qu'elle s'aperçut que leur dessein était de la retenir prisonnière, elle dédaigna de les prier davantage ; mais elle leur enjoignit à leurs risques et périls de la traiter avec respect, leur promettant qu'en ce cas elle leur paierait une forte rançon, et les menaçant de la vengeance des lords des Marches, notamment de celle de Damien de Lacy, s'ils osaient en user autrement avec elle.

Ces hommes parurent la comprendre, et quoiqu'ils procédassent à lui bander les yeux et à lui attacher les mains avec son propre voile, ils apportaient cependant à ces actes de violence une certaine délicatesse et de certaines attentions qui lui firent espérer que sa requête avait produit quelque effet sur eux. Ils la replacèrent sur la selle de son palefroi, et l'entraînèrent avec eux vers les enfoncements de la montagne ; tandis qu'elle avait le nouveau chagrin d'entendre derrière elle le bruit d'un combat occasionné par les infructueux efforts de sa suite pour venir à son secours.

Les chasseurs étaient d'abord restés interdits de surprise, lorsque d'une certaine distance ils avaient vu leur divertissement interrompu par l'attaque à force ouverte dont leur maîtresse était l'objet. Le vieux Raoul donna courageusement de l'éperon ; et tout en criant aux autres de le suivre à la rescousse, il courut aux bandits de toute la vitesse de sa monture. Mais comme il n'avait d'autres armes qu'un épieu et un coutelas, lui et tous ceux qui le suivirent dans cette tentative méritoire mais inefficace furent aisément maîtrisés et rudement bâtonnés avec leurs propres épieux que les bandits leur brisèrent sur les épaules, bien qu'ils se fussent généreusement abstenus d'employer des armes plus dangereuses. Le reste de la suite, complétement découragé, se dispersa pour donner l'alarme, et le marchand ainsi que dame Gillian restèrent au bord du lac, remplissant inutilement l'air de cris de terreur et de détresse. Pendant ce temps les outlaws s'étaient réunis en un seul corps ; et après avoir tiré quelques flèches aux fugitifs, plutôt pour les effrayer que pour les atteindre, ils s'éloignèrent à leur tour comme pour couvrir la retraite de ceux de leurs compagnons qui avaient pris les devants avec lady Eveline.

CHAPITRE XXIV.

> Quatre bandits me saisirent hier matin, — hélas, fille infortunée ! — Les scélérats étouffèrent mes cris, et me lièrent sur un palefroi blanc.
> COLERIDGE.

Es aventures qui ne se trouvent plus aujourd'hui que dans les ouvrages de pure fiction n'étaient pas rares aux siècles de la féodalité, alors que la force était généralement supérieure au droit ; il en résultait que ceux que leur condition exposait à de fréquentes violences étaient ou plus prompts à les repousser ou plus patients à les endurer que sans cela on ne l'eût attendu de leur sexe ou de leur âge.

Lady Eveline, quand elle se vit prisonnière, ne fut pas sans appréhension sur le but de cette attaque ; mais ni ses alarmes ni la rapidité avec laquelle elle se sentait entraînée, ne purent lui enlever la faculté d'observer et de réfléchir. Au bruit qui bientôt augmenta autour d'elle, elle conclut que la plus grande partie des ruffians qui s'étaient emparés d'elle était remontée à cheval. Elle savait que telle était l'habitude des maraudeurs gallois, dont les chevaux étaient trop légers et de trop petite taille pour être de grand service dans une bataille, mais qui mettait à profit leur vitesse et leur sûreté de pied pour gagner et quitter avec la célérité nécessaire le théâtre de leurs rapines, s'assurant ainsi une approche rapide et inaperçue et une retraite prompte et sûre. Ces animaux parcouraient sans difficulté, chargés d'un pesant soldat, les sentiers presque impraticables dont le pays était coupé, et dans l'un desquels Eveline conclut qu'elle était engagée, à la marche pénible de son palefroi, que deux hommes à pied tenaient à droite et à gauche, et qui tantôt semblait gravir laborieusement quelque côte escarpée, et tantôt descendre avec encore plus de risque la pente opposée.

Dans un de ces moments, une voix qu'elle n'avait pas encore distinguée s'adressa à elle en anglo-normand, et lui demanda avec une apparence d'intérêt si elle se sentait en sûreté sur sa selle, lui offrant en même temps de changer ce qui ne lui serait pas commode.

— N'insultez pas à ma situation en me parlant de sûreté, répondit Eveline ; vous pouvez bien croire que je regarde ma sûreté comme tout-à-fait incompatible avec ces actes de violence. Si moi ou mes vassaux nous avons fait quelque injure à un Cymry [1], dites-le-moi, et elle sera réparée ; — si c'est une rançon que vous voulez, désignez la somme, et j'enverrai un ordre pour qu'elle soit payée ; mais ne me retenez pas prisonnière, car par là vous ne pouvez que me faire injure sans que cela vous profite à rien.

—Lady Eveline s'apercevra bientôt qu'il y a plus de rudesse dans nos actions que dans nos desseins, reprit la même voix, toujours d'un ton de courtoisie qui ne s'accordait guère avec la violence dont elle était l'objet.

— Si vous savez qui je suis, continua Eveline, vous ne pouvez douter que cet attentat ne soit puni ; — vous devez savoir quelle bannière protège maintenant mes terres.

— Celle de de Lacy, dit la voix d'un ton indifférent. Soit ; — les faucons ne craignent pas les faucons.

En ce moment il se fit une halte ; un murmure confus s'éleva parmi ceux qui entouraient la prisonnière et qui jusqu'alors étaient restés silencieux, sauf quelques mots gallois qu'ils avaient échangés de temps à autre aussi laconiquement que possible, soit pour indiquer la route à suivre, soit pour s'exciter à faire diligence.

Ces murmures cessèrent, et il y eut un silence de plusieurs minutes ; à la fin Eveline entendit la voix qui lui avait adressé la parole donner des instructions qu'elle ne put comprendre. Cette voix lui parla ensuite de nouveau. —Vous verrez tout-à-l'heure, lui dit cet homme, si je vous ai trompée en vous disant que je faisais peu de cas des liens qui vous enchaînent. Vous êtes tout à la fois et la cause du combat et le prix de la victoire ; — il faut pourvoir à votre sûreté autant que le moment le permet. Tout étrange que soit le mode de protection auquel nous allons vous confier, j'aime à espérer que celui qui sortira vainqueur de la lutte qui s'approche vous trouvera saine et sauve.

— Pour l'amour de la Sainte-Vierge, qu'il n'y ait ni combat ni sang versé ! s'écria Eveline ; enlevez plutôt le bandeau qui me couvre les yeux, et laissez-moi parler à ceux dont vous craignez l'approche. Si ce sont des amis, comme il me le semblerait, je serai entre vous un intermédiaire de paix.

—Je méprise la paix, répliqua celui qui lui parlait. Je n'ai pas commencé une entreprise si hardie pour l'abandonner comme un enfant fait de son jouet, au premier danger qui se présenterait. Veuillez mettre pied à terre, noble dame ; ou plutôt ne soyez pas offensée que je vous enlève ainsi de selle pour vous placer sur le gazon.

En même temps Eveline se sentit enlevée de son palefroi, et on l'assit doucement et soigneusement à terre. Un moment après, celui qui l'avait ainsi descendue de cheval lui ôta son chapeau, chef-d'œuvre de

---

[1] Cimbres ou Gallois. (W. S.)

dame Gillian, et la mante qu'elle portait sur ses autres vêtements. — Il faut encore que je vous prie de vous glisser sur vos mains et vos genoux par cette étroite ouverture, lui dit le chef des bandits. Croyez que je regrette d'être obligé de vous renfermer pour votre sûreté dans un fort d'une espèce aussi singulière.

Eveline se traîna devant elle comme il lui était indiqué, comprenant que la résistance serait inutile, et pensant qu'en se conformant à ce qu'exigeait d'elle un homme qu'au ton de ses paroles on pouvait reconnaître pour un personnage important, elle s'assurerait peut-être sa protection contre la furie sans frein des Gallois, qui la détestaient comme étant la cause de la mort de Gwenwyn et de la défaite des Bretons sous les murs de Garde-Douloureuse.

Elle pénétra donc en rampant dans un passage étroit et humide formé à droite et à gauche de pierres brutes, et si bas qu'elle n'aurait pu y entrer autrement. Quand elle eut parcouru ainsi une longueur de sept à huit pieds, le passage s'élargit quelque peu en une sorte de caveau irrégulier, assez haut pour qu'elle pût s'y asseoir à l'aise. Elle s'aperçut en ce moment, au bruit qui se faisait derrière elle, que les bandits bouchaient le passage par lequel elle s'était ainsi introduite dans les entrailles de la terre. Elle pouvait entendre distinctement le choc des pierres qu'ils amoncelaient à l'entrée, et elle sentit que le courant d'air frais qui pénétrait d'abord par l'ouverture s'affaiblissait graduellement, et que l'atmosphère de son cachot souterrain devenait encore plus humide, plus terreuse et plus épaisse qu'au premier moment.

Bientôt arriva du dehors un bruit lointain dans lequel Eveline crut distinguer un cliquetis d'armes, un piétinement de chevaux, les jurements, les acclamations et les cris d'hommes qui se battent, mais amortis par les épaisses murailles de sa prison, et ne lui parvenant que comme un murmure sourd et confus pareil à ce que nous pouvons supposer que les morts entendent du monde qu'ils ont quitté.

Sous l'influence du désespoir, au milieu de circonstances si terribles, Eveline fit de tels efforts pour dégager ses bras des liens qui les retenaient qu'elle y réussit en partie. Mais ce premier succès ne fit que la convaincre de l'impossibilité de s'échapper; car arrachant le voile qui lui enveloppait la tête elle se trouva dans une obscurité complète, et se hâtant d'étendre les bras autour d'elle, elle se convainquit qu'elle était renfermée dans une caverne souterraine de dimensions très étroites. Ses mains, qui cherchaient à reconnaître la nature de sa prison, ne rencontrèrent que des fragments d'un métal rongé par la rouille, et — ce qui en tout autre moment l'aurait fait frissonner d'horreur — des os à demi réduits en poussière. En un tel moment, cette découverte elle-même ne pouvait ajouter à ses frayeurs, murée comme elle semblait l'être dans un affreux souterrain et condamnée à y périr d'une mort horrible, tandis que ses amis, ses libérateurs, étaient probablement à quelques pieds d'elle. Elle étendit de nouveau les bras dans une sorte d'égarement pour tâcher de découvrir quelque issue; mais tous les efforts qu'elle pouvait faire pour se tirer de la prison de pierre qui semblait peser sur elle étaient aussi complétement inutiles que s'ils eussent été dirigés contre le dôme d'une cathédrale.

Le bruit dont ses oreilles avaient d'abord été frappées s'augmentait rapidement, et il y eut un moment où il sembla que la voûte de son cachot résonnait sous des coups répétés, ou sous le choc de corps qui y seraient tombés ou y auraient été renversés. Il était impossible qu'un être humain supportât long-temps la commotion de terreurs d'une telle nature; mais heureusement la cause qui les produisait ne fut pas de longue durée. Les sons devinrent plus sourds, puis s'éloignèrent et s'éteignirent graduellement, indiquant ainsi que l'un des deux partis cédait devant l'autre; puis enfin tout rentra dans le silence.

Rien ne troubla alors les douloureuses réflexions qu'inspira à Eveline son horrible situation. Le combat était fini, et, tout semblait l'annoncer, ses amis avaient été les plus forts : car autrement le vainqueur l'aurait tirée de sa prison et l'aurait emmenée captive avec lui, comme ses paroles l'en avaient menacée. Mais en quoi le succès de ses fidèles amis pouvait-il lui être utile? et renfermée dans un souterrain qui devait, quelle qu'en fût la nature, avoir échappé à l'observation des défenseurs d'Eveline, ne restait-elle pas sur le champ de bataille, condamnée à redevenir la proie de ses ravisseurs, s'ils s'aventuraient à revenir, ou à mourir de faim au milieu des ténèbres, mort aussi horrible qu'un tyran ait jamais pu en inventer une et qu'aucun martyr ait pu subir, et à laquelle la malheureuse jeune fille ne pouvait même penser sans prier le Ciel d'abréger au moins son agonie?

En ce moment terrible elle se souvint du poignard qu'elle portait sur elle, et une sombre pensée lui traversa l'esprit : c'est que quand elle aurait perdu tout espoir, une prompte mort était du moins à sa portée. Son âme se souleva à cette horrible alternative, et subitement une autre pensée s'offrit à elle. Au lieu d'abréger ses souffrances, cette arme ne pouvait-elle pas servir à un usage que ne réprouverait pas la religion, en l'aidant à recouvrer sa liberté?

Cet espoir une fois conçu, la fille de Raymond Bérenger se hâta de se mettre à l'œuvre. Après des efforts répétés, elle réussit, non sans peine, à changer de posture de manière à pouvoir reconnaître sur tous les points le pourtour de son cachot, notamment le passage par lequel elle y était entrée et par lequel elle essaya alors de revenir à la lumière du jour. Elle se traîna de nouveau en rampant jusqu'à l'extrémité, qu'elle trouva, comme elle s'y était attendue, complétement obstruée de grosses pierres et de terre, de manière à lui enlever presque tout espoir d'évasion. Ce travail, cependant, avait été fait à la hâte, et la vie ainsi que la liberté sont des prix capables de stimuler l'énergie. Avec son poignard elle détacha la terre qui remplissait les interstices ; — ses mains, peu habituées à un tel travail, écartèrent plusieurs pierres ; — elle parvint enfin à faire pénétrer jusqu'à elle un rayon de lumière, et, ce qui n'était guère moins précieux, un peu d'air pur. Mais en même temps elle s'assura avec douleur que la pierre principale qui fermait l'entrée du passage était d'une taille et d'une pesanteur qui ne lui laissaient guère l'espoir qu'elle parviendrait seule à l'écarter. Néanmoins, sa situation était fort améliorée par l'admission de l'air et du jour, ainsi que par la possibilité où elle était maintenant d'appeler du secours.

Pendant quelque temps, à la vérité, elle appela en vain ; — les morts et les mourants étaient probablement restés seuls sur le champ de bataille, car durant plusieurs minutes des gémissements sourds et inarticulés furent la seule réponse qu'elle obtint. Enfin, comme elle répétait ses exclamations, une voix qu'à sa faiblesse on pouvait prendre pour celle de quelqu'un qui sort d'un évanouissement, prononça des paroles qu'elle put entendre : — Edris d'Earthen-House [1], disait cette voix, est-ce toi qui de ta tombe appelle le malheureux qui touche à la sienne ? — Les liens qui me rattachaient aux vivants sont-ils rompus ? — ou mes oreilles mortelles entendent-elles déjà les accents plaintifs des morts ?

— Ce n'est pas un esprit qui parle, repartit Eveline transportée de joie de voir qu'elle pouvait du moins faire part de son existence à un être vivant ; — ce n'est pas un esprit, mais une malheureuse fille, Eveline Bérenger, murée sous cette voûte obscure, et en danger de périr d'une mort horrible si Dieu ne lui envoie pas du secours !

— Eveline Bérenger ! s'écria avec l'accent de la surprise celui à qui elle s'adressait. C'est impossible ! — j'ai aperçu sa mante verte, — j'ai aperçu les plumes de son chapeau tandis qu'on l'entraînait hors du champ où nous nous battions, et lorsque je ne me sentais plus assez de forces pour aller à son secours. — Et pourtant les forces ne m'ont tout-à-fait manqué que lorsque j'ai cessé de voir flotter sa robe et ses plumes, et que mon cœur a perdu tout espoir de la secourir.

— Fidèle vassal, — loyal ami, — étranger courtois, — quel que soit le titre que je doive te donner, sache que tu as été abusé par l'artifice de ces bandits gallois ; — il est vrai qu'ils ont emporté la mante et le chapeau d'Eveline Bérenger, et ils peuvent s'en être servis pour tromper les loyaux amis qui comme toi sont inquiets de mon sort. Ainsi donc, brave étranger, imagine, si tu le peux, quelque moyen de nous procurer du secours à toi et à moi ; car je crains que quand ils auront échappé à la poursuite ces bandits ne reviennent ici, comme le voleur à la cachette où il a déposé son butin.

— La Vierge soit louée ! s'écria le blessé ; je puis donc honorablement

---

[1] Edris de la Maison de Terre.

CHAPITRE XXIV.

consacrer à votre service le dernier souffle de vie qui me reste ! Je ne voulais pas auparavant sonner de mon bugle, de peur de détourner de la poursuite, pour les appeler à mon aide, à moi indigne, quelques uns de ceux qui auraient pu aller utilement à votre secours ; fasse le Ciel que l'appel soit maintenant entendu, et que mes yeux puissent encore voir lady Eveline libre et en sûreté !

Quoique prononcées d'une voix affaiblie, ces paroles respiraient l'enthousiasme, et elles furent suivies de quelques notes faiblement tirées d'un cor, et auxquelles l'écho de la vallée répondit seul. Un second appel plus fort et plus perçant succéda au premier, mais il s'éteignit si subitement qu'il semblait que cet effort eût épuisé les forces de celui qui l'avait fait. — Une étrange pensée traversa l'esprit d'Eveline, même en ce moment d'incertitude et de terreur. — Cet appel est celui d'un de Lacy, dit-elle ; — sûrement vous ne pouvez être mon noble parent sir Damien !

— Je suis ce misérable, méritant la mort pour le peu de soin que j'ai pris du trésor qui m'était confié. — Qu'avais-je besoin de me reposer sur des rapports et des messagers ? j'aurais dû rendre au saint dépôt commis à ma garde le même culte que l'avarice rend au vil métal qu'elle nomme un trésor ; — j'aurais dû ne prendre de repos qu'à votre porte, plus vigilant que les étoiles les plus brillantes de l'horizon ; sans être connu ni vu, je n'aurais jamais dû m'éloigner de votre voisinage. Alors vous ne vous seriez pas trouvée dans le danger où vous êtes, et — ce qui m'importe bien moins — Damien de Lacy ne serait pas descendu au tombeau vassal parjure et négligent !

— Hélas, noble Damien ! dit Eveline, ne vous brisez pas le cœur en vous blâmant d'une imprudence qui est entièrement de mon fait. J'a toujours trouvé votre aide au moindre désir que j'en ai manifesté, et l pensée que mon imprudence est la cause de ce qui vous arrive ren mon malheur plus amer. Répondez-moi, noble parent, et donnez-moi l'espoir que les blessures que vous avez reçues sont de nature à pouvoir se guérir. — Hélas ! combien j'ai déjà vu couler votre sang ! et quel destin est le mien, qu'il me faille toujours attirer le malheur sur tous ceux pour qui je sacrifierais le plus volontiers mon propre bonheur ! — Mais n'empoisonnons pas par d'inutiles regrets les moments que nous accorde la merci divine ; — arrête du mieux que tu pourras le sang que tu perds, ce sang si cher à l'Angleterre, — à Eveline, — à ton oncle !

Damien ne répondit que par un gémissement ; et presque folle de désespoir à l'idée qu'il pourrait périr faute de secours, Eveline renouvela ses efforts pour se tirer de sa prison et voler à son aide. Tout fut inutile, et il lui fallut enfin renoncer à ses tentatives ; alors, son esprit épouvanté passant d'une terreur à une autre, elle s'assit sur la terre et prêtait une oreille attentive, comme pour recueillir le dernier gémissement de Damien mourant, quand — moment d'extase ! — le sol fut ébranlé par un galop de chevaux avançant rapidement. Pourtant, ces sons qui remplissaient son âme de joie, s'ils apportaient la vie, pouvaient ne pas lui apporter sa liberté; — peut-être étaient-ce les bandits de la montagne revenant chercher leur prisonnière. Mais en ce cas-là même ils lui permettraient sûrement d'examiner et de bander les blessures de Damien de Lacy; car l'avoir captif leur serait bien plus avantageux que ne pourrait leur être sa mort. Un cavalier s'approcha, — Eveline implora son assistance, et le premier mot qu'elle entendit fut une exclamation en flamand que proféra l'honnête Wilkin Flammock, à qui il ne fallait rien moins qu'un spectacle de la nature la moins ordinaire pour le faire sortir de son phlegme habituel.

Sa présence, au surplus, fut singulièrement utile en cette occasion. Car ayant appris de lady Eveline dans quelle situation elle se trouvait, en même temps qu'elle le conjurait de s'occuper d'abord de sir Damien de Lacy, il s'occupa, avec un sang-froid admirable et une certaine habileté, de bander les blessures de l'un, tandis que les gens qui l'accompagnaient ramassaient les leviers laissés par les Gallois au moment de leur retraite, et se mettaient en devoir de travailler à la délivrance d'Eveline. Avec de grandes précautions, et sous la direction expérimentée de Flammock, la pierre fut enfin assez soulevée pour que l'on pût apercevoir lady Eveline, à la grande joie de tous, et surtout de la fidèle Rose, qui, sans prendre garde aux risques personnels qu'elle pouvait courir, s'agitait autour du cachot de sa maîtresse comme un oiseau à qui on a dérobé ses petits autour de la cage où l'enfant qui les lui a pris les a emprisonnés. Une certaine précaution était nécessaire pour déplacer la pierre, de peur que venant à tomber en dedans elle ne blessât lady Eveline.

Enfin le fragment de rocher fut suffisamment écarté pour qu'elle pût sortir; et néanmoins ses libérateurs, comme pour punir cette masse insensible de la détention que leur maîtresse avait subie, continuèrent d'employer contre la pierre la force de leurs leviers, jusqu'à ce que lui faisant perdre son équilibre, elle tomba du haut de la petite plate-forme où elle avait été placée à l'entrée du souterrain. Acquérant plus de force dans sa chute à mesure qu'elle descendait en roulant sur une pente escarpée, la lourde masse se précipita bientôt avec une rapidité toujours croissante, écrasant tout ce qui s'opposait à sa descente, faisant jaillir le feu des rochers, et soulevant des nuages de fumée et de poussière, jusqu'à ce qu'enfin elle fut s'arrêter dans le lit d'un ruisseau où elle se brisa en plusieurs fragments massifs, avec un bruit qu'on aurait pu entendre de plusieurs milles.

Ses vêtements souillés et déchirés, ses cheveux flottants, ses habits en désordre, affaiblie par l'atmosphère suffocante du souterrain, épuisée par les efforts qu'elle avait faits pour sa délivrance, Eveline ne perdit pourtant pas une seule minute à examiner dans quel état elle se

CHAPITRE XXIV.

trouvait; avec l'empressement d'une sœur courant au secours d'un frère unique, elle s'occupa d'examiner les graves blessures de Damien de Lacy, et de recourir aux moyens propres à étancher le sang et à faire sortir le blessé de son évanouissement. Nous avons déjà dit que de même que les autres dames de son temps Eveline n'était pas absolument étrangère à l'art chirurgical, elle déploya en ce moment plus de connaissances qu'on n'en aurait attendu d'elle. Une prévoyance prudente et attentive présidait à toutes les instructions qu'elle donnait; et la douceur de la femme, avec son humanité compatissante, toujours prête à soulager les souffrances humaines, semblait encore rehaussée en elle et entourée de plus de dignité par la sagacité d'un jugement sain et d'une forte intelligence. Après avoir écouté avec étonnement pendant une ou deux minutes les ordres pleins de prudence et de présence d'esprit de sa maîtresse, Rosa parut tout-à-coup se rappeler que le blessé ne devait pas être laissé aux soins exclusifs d'Eveline; se joignant donc à la tâche, elle y aida autant qu'il fut en elle, tandis que les gens arrivés avec son père s'occupaient à former une litière pour transporter le chevalier blessé au château de Garde-Douloureuse

CHAPITRE XXV.

> Joyeux endroit, dit-on, au temps jadis mais quelque chose y va mal aujourd'hui : — la place est maudite. WORDSWORTH.

L'ENDROIT où avait eu lieu le combat et où lady Eveline avait été retrouvée était une petite plaine unie d'un aspect sauvage et singulier, formant une sorte de halte ou de lieu de repos entre deux très rudes sentiers, l'un qui s'y dirigeait en serpentant depuis les bords du ruisseau coulant au-dessous, l'autre qui continuait de monter le long des flancs de la montagne. Entouré de hauteurs et de bois, ce lieu était renommé pour le gibier, et, dans les anciens temps, un prince gallois, fameux par son hospitalité universelle, son amour pour le *cru* et sa passion pour la chasse, y avait fait élever un pavillon où il avait coutume de traiter ses amis et ses suivants avec une profusion sans exemple dans la Cambrie.

L'imagination des bardes, toujours captivée par la magnificence, et qui ne trouvait rien à reprendre à la nature particulière de la libéralité de ce prince, lui donna le surnom d'Edris aux Gobelets; et ils le célébrèrent dans leurs chants en termes aussi pompeux que ceux qui exaltent les héros du fameux Hirlas Horn. L'objet de leurs louanges périt cependant victime de ses penchants, ayant été frappé au cœur d'un coup de poignard dans une de ces scènes de confusion et d'ivresse par lesquelles se terminaient fréquemment ses banquets si renommés. Douloureusement affectés de cette catastrophe, les Bretons assemblés ensevelirent les restes du prince sur le lieu même où il avait été tué, dans l'étroit caveau où on avait enfermé Eveline; et après avoir fermé l'entrée du sépulcre au moyen de fragments de rocher, ils amoncelèrent au-dessus un immense *cairn* ou pile de pierres, sur le sommet duquel ils mirent l'assassin à mort. Le lieu était gardé par la superstition; et durant de longues années ce monument d'Edris ne fut pas violé, quoique le pavillon fût tombé en ruines et qu'il en restât à peine quelques vestiges.

Dans ces dernières années quelques rôdeurs gallois avaient découvert l'entrée secrète, et y avaient pénétré dans l'intention de dépouiller la tombe des armes et des trésors que souvent autrefois on enterrait avec les morts. Ces maraudeurs furent désappointés, et tout ce qu'ils gagnèrent à la violation du tombeau d'Edris fut d'avoir acquis la connaissance d'un endroit secret propre à y déposer leur butin, ou qui même pouvait servir de retraite à quelqu'un d'entre eux dans un cas pressant.

Quand les cinq ou six soldats qui avaient accompagné Damien racontèrent à Wilkin Flammock ce qu'ils avaient fait ce jour-là, il parut qu'après avoir reçu de leur jeune chef l'ordre de monter à cheval au point du jour avec un corps plus considérable, pour agir, à ce qu'ils pensaient, contre un parti de paysans insurgés, Damien avait tout-à-coup changé d'idée, et que partageant ses forces en petits détachements, il les avait envoyés et était venu lui-même reconnaître différents passages dans les montagnes entre le Wales et les Marches d'Angleterre, dans les environs de Garde-Douloureuse.

Cette surveillance lui était si ordinaire, qu'elle ne les surprit nullement. Les belliqueux gardiens de la frontière avaient fréquemment recours à ces manœuvres, à l'effet d'intimider les Gallois en général, et plus spécialement les bandes d'*outlaws* [1], indépendantes de tout gouvernement régulier et qui infestaient ces frontières turbulentes. Il n'échappa pourtant pas à l'attention des soldats de Damien qu'en entreprenant cette ronde en ce moment il semblait abandonner l'idée d'aller disperser les insurgents, ce qu'on avait regardé comme l'objet principal de la journée.

Il était environ midi quand Damien avait heureusement rencontré un des domestiques fugitifs et avait appris de cet homme la violence qui venait d'être commise sur lady Eveline; la parfaite connaissance qu'il avait du pays lui permit de venir couper la retraite aux bandits à ce qu'on nommait la passe d'Édris, que les pillards gallois prenaient d'ordinaire pour regagner leurs retraites à l'intérieur. Les Gallois ignoraient probablement que Damien n'avait avec lui qu'une force si peu considérable, quoique sachant qu'une chaude poursuite était à leurs trousses; circonstance qui détermina leur chef à recourir au singulier expédient de cacher Eveline dans la tombe, tandis qu'un homme de la troupe, couvert de la mante et du chapeau enlevés à la prisonnière, servirait d'appât pour tromper les assaillants et les détourner de l'endroit où elle était réellement cachée, endroit où sans nul doute l'intention des bandits était de revenir dès qu'ils auraient échappé à ceux qui les poursuivaient.

En conséquence, les Gallois s'étaient déjà mis en rang devant la tombe dans l'intention de faire une retraite régulière, jusqu'à ce qu'ils trouvassent quelque endroit convenable soit pour soutenir l'attaque, soit, s'ils n'étaient pas en force, pour échapper à la poursuite de la cavalerie normande en abandonnant leurs chevaux et en se dispersant parmi les rochers. Leur plan avait été déjoué par la rapidité des mouvements de Damien, qui, ayant cru apercevoir à leur arrière-garde le

---

[1] Gens sans frein ni loi. (L. V.)

panache et la mante de lady Eveline, les chargea sans considérer l'inégalité du nombre, non plus que la légèreté de son armure, composée seulement d'un casque et d'un surcot de buffle, et n'offrant par conséquent qu'une résistance insuffisante aux coutelas et aux glaives des Gallois. Aussi fut-il grièvement blessé pendant l'attaque, et aurait-il été tué sans les efforts de sa petite troupe et l'appréhension des Gallois, qui craignaient de voir arriver à l'aide de la troupe de Damien les propres vassaux d'Eveline, qu'ils devaient maintenant supposer tous en armes et en mouvement. Ils firent donc retraite, ou plutôt ils prirent la fuite, et Damien, retenu par ses blessures, dépêcha sa petite troupe à leur poursuite, avec injonction de ne quitter la chasse par nulle considération, que lorsque la châtelaine captive de Garde-Douloureuse serait reprise des mains de ses ravisseurs.

Les *outlaws*, se confiant dans leur parfaite connaissance des chemins et dans la rapidité de leurs petits chevaux gallois, firent leur retraite en bon ordre, n'ayant perdu que deux ou trois des leurs, tués à l'arrière-garde lors de l'attaque furieuse de Damien. Ils décochaient de temps à autre quelques flèches aux hommes d'armes, et riaient des efforts inefficaces que faisaient pour les joindre ces hommes pesamment armés sur leurs chevaux bardés de fer. Mais la scène changea à l'apparition de Wilkin Flammock, monté sur son puissant cheval de guerre, et qui commençait à gravir la passe à la tête d'une troupe d'hommes tant à pied qu'à cheval. La crainte de se voir coupés fit que les *outlaws* recoururent à leur dernier stratagème, et qu'abandonnant leurs petits chevaux gallois ils se réfugièrent dans les rochers, où leur légèreté et leur agilité supérieures rendirent inutiles, à peu d'exceptions près, les tentatives des deux troupes lancées à leur poursuite. Tous, pourtant, ne furent pas également heureux, car deux ou trois d'entre eux tombèrent entre les mains des gens de Flammock, entre autres celui qu'on avait affublé de la mante et du chapeau d'Eveline, et qui se trouva être, au grand désappointement de ceux qui s'étaient attachés à sa poursuite, non la dame pour la délivrance de laquelle ils luttaient d'émulation, mais un jeune Gallois à cheveux blonds, dont l'air égaré et les discours incohérents semblaient annoncer un esprit dérangé. Cette circonstance ne l'aurait pas sauvé d'une mort immédiate, sort ordinaire des prisonniers faits dans ces sortes d'escarmouches, si les faibles sons du bugle de Damien n'eussent en ce moment rappelé sa petite troupe, et attiré celle de Wilkin Flammock sur le même point; si bien que dans la confusion produite par la hâte avec laquelle on obéit à ce signal, soit pitié, soit mépris, les gardiens du prisonnier le laissèrent s'échapper. Il est vrai qu'ils avaient peu de chose à apprendre de lui, eût-il même été disposé à leur donner quelques renseignements ou en état de les leur communiquer. Personne ne douta que la jeune châtelaine ne fût tombée dans une embuscade tendue par Dawfyd-le-Borgne, maraudeur re-

CHAPITRE XXV.

douté de l'époque, qui s'était hasardé à cette audacieuse entreprise dans l'espoir d'obtenir une rançon considérable de sa captive; et tous, irrités de son extrême insolence et de son audace, jurèrent que sa tête et ses membres seraient la proie des aigles et des corbeaux.

Telles furent les particularités que les gens de Flammock et ceux de Damien se communiquèrent réciproquement sur les événements de la journée. En repassant près de l'Étang-Rouge ils furent rejoints par dame Gillian, qui, après mainte exclamation de joie de la délivrance inattendue de sa maîtresse, et autant d'exclamations de douleur sur l'état non moins inattendu où se trouvait Damien, se mit à raconter aux hommes d'armes comment le marchand dont les faucons avaient été la cause première de tous ces événements avait été fait prisonnier par deux ou trois Gallois dans leur retraite, et comment elle-même et Raoul, déjà blessé, auraient partagé le même sort s'ils avaient eu un cheval où la placer, et qu'ils n'eussent pas regardé le vieux Raoul comme ne valant ni rançon ni la peine qu'ils auraient eue à le tuer. L'un d'eux, à la vérité, lui avait lancé une pierre tandis qu'il était étendu en travers du sentier qui montait la côte; mais heureusement pour lui, dit sa femme, la pierre n'était pas arrivée jusqu'à lui. — Celui qui l'avait jetée n'était qu'un petit bonhomme, ajouta-t-elle; — il y avait avec eux un homme bien plus gros. Si celui-là eût essayé, il est probable, par la grâce de Notre-Dame, qu'il l'eût jetée un peu plus loin. En prononçant ces derniers mots, la dame se redressa et ajusta ses vêtements pour remonter à cheval.

Le blessé, étendu sur une litière faite à la hâte de branches d'arbre, fut, ainsi que les femmes, placé au centre de la petite troupe, qui s'augmenta bientôt de quelques uns des détachements du jeune chevalier qui rejoignaient successivement sa bannière. On se mit alors en marche dans un ordre militaire et avec les précautions usitées à la guerre, et on traversa les détours sinueux des passes que l'on avait à franchir avec la circonspection d'hommes prêts à recevoir et à repousser l'ennemi.

CHAPITRE XXVI.

> Quoi ! tout à la fois belle, jeune et fidèle ? Si c'est vrai, c'est un miracle. WALLER.

Rose, de sa nature la suivante la plus désintéressée et la plus affectionnée qui ait jamais existé, fut la première qui, réfléchissant à la hâte à la situation toute particulière où sa maîtresse était placée, et au degré bien marqué de contrainte qui jusque là avait caractérisé ses rapports avec son jeune gardien, devint inquiète de savoir ce qu'on allait faire du chevalier blessé ; mais quand elle s'approcha d'Eveline dans le dessein de lui faire cette importante question, la résolution faillit lui manquer.

L'état d'Eveline était tel, en effet, qu'il y aurait eu presque de la cruauté à appeler sa pensée sur tout autre sujet de sérieuse considération que sur celui dont son esprit avait été si récemment assailli et était encore occupé. Ses traits avaient la pâleur de la mort, sauf là où il était tacheté de gouttes de sang ; son voile, froissé et déchiré, était souillé de sang et de poussière ; ses cheveux épars tombaient en désordre sur son front et ses épaules, et une plume salie et brisée, la seule qui restât de sa coiffure, s'était enroulée dans sa chevelure et y restait suspendue, plutôt comme dérision que comme ornement. Ses yeux étaient invariablement fixés sur la litière où Damien était déposé, et elle chevauchait tout auprès sans paraître donner une pensée à nulle autre chose qu'au danger de celui qui était étendu là.

Rose vit clairement que sa maîtresse était dominée par un sentiment de surexcitation qui lui permettrait difficilement d'apprécier sa situation crûment et de sang-froid. Elle chercha à l'y ramener peu à peu.

— Ma chère maîtresse, lui dit-elle, vous plairait-il de prendre ma mante ?

— Ne me tourmente pas, répondit Eveline d'un ton quelque peu vif.

— Véritablement, mylady, dit à son tour dame Gillian, s'approchant avec empressement, en femme qui craignait qu'on n'empiétât sur ses fonctions de maîtresse de la garde-robe, — véritablement, mylady, Rose Flammock a raison ; ni votre jupon ni votre robe ne sont arrangés comme ils devraient être ; et à vrai dire ils ont l'air de n'être sur vous que comme simple affaire de décence. Si donc Rose veut me faire

CHAPITRE XXVI.

place et ranger son cheval hors de mon chemin, je vais remettre vos vêtements en meilleur ordre le temps de piquer une épingle de tête, ce que pas une de leurs Flamandes ne saurait faire en douze heures.

— Peu m'importent mes vêtements, repartit Eveline du même ton qu'auparavant.

— Prenez donc souci de votre honneur, — de votre réputation, dit Rose, se rapprochant de sa maîtresse et se penchant à son oreille; songez, et cela promptement, à ce que vous allez faire de ce jeune homme blessé.

— Je vais le faire conduire au château, répliqua Eveline à voix haute, comme dédaignant toute affectation de mystère; je vais le faire conduire tout droit au château.

— Pourquoi pas plutôt à son camp ou à Malpas? Croyez-moi, ma chère maîtresse, cela vaudra mieux.

— Pourquoi pas? — pourquoi pas? repartit vivement Eveline; — pourquoi ne pas le laisser tout de suite sur le bord du chemin, exposé aux coutelas des Gallois et aux dents des loups? — Une fois, — deux fois, — trois fois il a été mon libérateur. Où j'irai il viendra; je ne songerai pas à ma sûreté un seul instant avant qu'il n'y soit lui-même.

Rose vit qu'elle ne pourrait faire impression sur sa maîtresse, et la réflexion lui dit qu'un transport plus long qu'il n'était absolument nécessaire pourrait mettre en danger la vie du blessé. Il se présenta à son esprit un expédient qu'elle crut propre à obvier à cette difficulté; mais il fallait qu'elle consultât son père. Elle piqua son palefroi de sa houssine, et un moment après la gentille Flamande et son petit genet étaient côte à côte avec le gigantesque Wilkin et son grand cheval noir, enveloppés en quelque sorte dans leur ombre. — Mon bon père, dit Rose, mylady a l'intention de faire transporter sir Damien au château, où il est probable qu'il séjournerait long-temps; — qu'en pensez-vous? — est-ce un parti salutaire?

— Salutaire pour le jeune homme, bien certainement, Roschen, vu qu'il n'en échappera que mieux au risque d'une fièvre, répondit le Flamand.

— C'est vrai; mais est-ce prudent à mylady?

— Assez prudent si elle agit prudemment. Pourquoi douterais-tu d'elle, Roschen?

— Je ne sais, dit Rose, qui ne voulut pas ouvrir la bouche, même à son père, des craintes et des doutes qui la tourmentaient; mais là où il y a de mauvaises langues il peut y avoir de mauvais rapports. Sir Damien et mylady sont tous deux bien jeunes; — il me semble, mon bon père, qu'au lieu de transporter le chevalier blessé jusqu'au château, mieux vaudrait que vous lui offrissiez l'abri de votre toit.

— C'est ce que je ne ferai pas, Roschen, repartit vivement le Flamand; — c'est ce que je ne ferai pas, à moins d'y être forcé. Un Nor--

mand ne passera pas le seuil tranquille de ma maison, ni un Anglais non plus, pour se moquer de mon économie et manger mon bien. Tu ne les connais pas, parce que tu es toujours avec ta maîtresse et que tu as ses bonnes grâces ; mais je les connais bien, moi. Et ce que j'ai de mieux à attendre d'eux, c'est d'être appelé paresseux Flandrin ! goulu de Flandrin ! sot Flandrin ! — Grâce aux saints, ils ne peuvent plus dire lâche Flandrin, depuis l'affaire du Gallois Gwenwyn.

— J'avais toujours cru, mon père, que vous aviez l'esprit trop calme pour faire attention à ces ignobles calomnies. Songez que nous sommes sous la bannière de mylady, qu'elle a toujours été pour moi une bonne maîtresse, et que son père a été un bon seigneur pour vous ; vous avez aussi obligation au connétable de l'extension de vos priviléges. De l'argent peut payer une dette, mais l'affection seule peut reconnaître l'affection ; et je prévois que vous n'aurez jamais pareille occasion de montrer la vôtre aux maisons de Bérenger et de Lacy qu'en ouvrant les portes de votre maison à ce chevalier blessé.

— Les portes de ma maison ! — sais-je seulement combien de temps je pourrai appeler mienne cette maison-là ou toute autre sur terre ? Hélas, ma fille ! nous sommes venus ici pour fuir la rage des éléments ; mais qui sait si avant peu nous ne périrons pas sous la fureur des hommes ?

— Vous parlez étrangement, mon père ; cela ne s'accorde pas avec votre solide raison, d'augurer un pareil mal de l'audacieux coup de main d'un *outlaw* gallois.

— Je ne pense pas au bandit borgne, repartit Wilkin, quoique le nombre et l'audace toujours croissants de bandits tels que ce Dawfyd ne soient pas de bons signes de tranquillité pour un pays. Mais toi qui demeures dans ces murailles là-bas, tu n'entends guère parler de ce qui se passe au-dehors, et tu n'as pas les mêmes inquiétudes ; — je n'avais même pas intention de te rien dire de tout cela, sauf dans le cas où j'aurais jugé nécessaire de quitter ce pays-ci pour un autre

— Nous éloigner d'un pays où votre économie et votre industrie vous ont procuré une honorable existence, mon père?

— Oui, et où des hommes méchants et affamés qui m'envient le produit de mon économie pourront bien m'amener à une mort moins honorable. Dans plus d'un comté il y a eu du tumulte parmi la canaille anglaise, et sa colère est dirigée contre ceux de notre nation, comme si nous étions des Juifs ou des païens, et non pas de meilleurs chrétiens et de meilleures gens qu'eux. A York, à Bristol et ailleurs, ils ont saccagé les maisons des Flamands, pillé leurs marchandises, maltraité, assassiné même leurs familles. — Et pourquoi ? — si ce n'est parce que nous avons apporté chez eux l'habileté et l'industrie qu'ils n'avaient pas, et parce que des richesses que sans cela on n'aurait jamais vues en Angleterre ont été la récompense de notre industrie et de notre travail?

Roschen, ce mauvais esprit gagne de jour en jour. Ici nous sommes plus en sûreté qu'ailleurs, parce que nous formons une colonie assez nombreuse et d'une certaine force. Pourtant je ne me fie pas à nos voisins ; et si tu n'avais pas été en sûreté, Rose, il y a long-temps que j'aurais tout planté là et que j'aurais quitté la Bretagne.

— Tout planté là et quitté la Bretagne ! — ces mots sonnèrent étrangement aux oreilles de Rose Flammock, qui savait mieux que personne quel succès avait couronné l'industrie de son père, et combien peu probable il était qu'un homme de son caractère ferme et posé dût abandonner des avantages connus et actuels par crainte de dangers éloignés et incertains. — Si tel est votre péril, mon père, répliqua-t-elle enfin, il me semble que votre maison et vos marchandises ne peuvent avoir de meilleure protection que la présence de ce noble chevalier. Où est l'homme qui osera tenter quelque violence contre la maison qui abritera Damien de Lacy ?

— Je n'en sais rien, dit le Flamand du même ton calme et résolu, quoique de mauvais augure. — Que le Ciel me pardonne si c'est pécher ! mais je ne vois guère que de la folie dans ces croisades, que les prêtres nous ont si heureusement prêchées. Voici le connétable absent depuis tantôt trois ans, sans que nous ayons de nouvelles certaines s'il vit ou s'il est mort, s'il est victorieux ou battu. Il est parti d'ici comme s'il n'avait pas voulu débrider ni rengaîner avant d'avoir conquis le Saint-Sépulcre sur les Sarrasins, et pourtant nous n'avons pas su avec certitude si on leur a même pris un hameau. En attendant, les gens d'ici deviennent mécontents ; leurs seigneurs, avec la meilleure partie des gens de guerre, sont en Palestine, — morts ou vifs, c'est ce que nous ne savons guère ; le peuple lui-même est opprimé et écorché par les intendants et les gens d'affaires, dont le joug n'est ni aussi aisé ni aussi aisément supporté que celui du seigneur. Les gens du commun, qui naturellement détestent les chevaliers et la noblesse, trouvent le moment convenable pour lever la tête ; — oui, et il y a plus d'un noble qui ne refuserait pas d'être leur chef, afin d'avoir sa part des dépouilles : car les expéditions à l'étranger et les habitudes de dissipation en ont appauvri bon nombre, et celui que la pauvreté talonne tuera son père pour de l'argent. Je déteste les gens pauvres, et je voudrais que le diable emportât tous ceux qui ne peuvent pas gagner leur vie par le travail de leurs mains !

Le Flamand conclut par cette imprécation caractéristique un discours qui donna à Rose une idée plus effrayante de l'Angleterre qu'elle n'avait pu se la former jusque là, renfermée comme elle était dans les murs de Garde-Douloureuse. — Sûrement, dit-elle, — sûrement ces violences dont vous parlez ne sont pas à craindre pour ceux qui vivent sous les bannières de Lacy et de Bérenger ?

— Les Bérenger n'existent plus que de nom, Rose, et Damien, quoique ce soit un brave jeune homme, n'a ni l'ascendant de caractère ni l'autorité de son oncle. Ses soldats se plaignent aussi d'être harassés de service pour garder et protéger un château imprenable par lui-même et qui a une garnison suffisante, et de perdre toutes les occasions d'honorables entreprises, comme ils disent, — c'est-à-dire de se battre et de piller, — dans ce genre de vie inactif et sans gloire. Ils disent que Damien l'Imberbe était un homme, mais que depuis qu'il a des moustaches il ne vaut pas plus qu'une femme ; et que l'âge, qui lui a garni la lèvre, a en même temps affaibli son courage. — Ils disent même encore autre chose qu'il est inutile de rapporter.

— Non, non ; dites-moi leurs propos, — dites-les-moi, au nom du Ciel ! surtout si, comme cela doit être, ils ont rapport à ma chère maîtresse.

— C'est cela même, Roschen. Parmi les hommes d'armes normands, il y en a beaucoup qui racontent après boire comment Damien de Lacy est amoureux de la fiancée de son oncle ; oui, et comment ils correspondent ensemble par art magique.

— Il faut en effet que ce soit par art magique, dit Rose en souriant avec dédain, car ils ne correspondent par aucun moyen terrestre, comme j'en puis témoigner pour ma part.

— Aussi attribuent-ils à l'art magique que dès que mylady passe la porte de son château, de Lacy est en selle avec un détachement de sa cavalerie, bien qu'ils soient positivement certains qu'il n'a reçu ni messager, ni lettre, ni aucun autre avis ordinaire à cet effet ; et jamais, en ces sortes d'occasions, ils n'ont battu bien long-temps les passes avant d'avoir vu lady Eveline ou d'avoir appris qu'elle était dehors.

— Cela ne m'a pas échappé, dit Rose ; et mylady elle-même s'est montrée mécontente de l'exactitude avec laquelle Damien se procurait la connaissance de tous ses mouvements, aussi bien que de la ponctualité officieuse qu'il apportait à veiller sur tous ses pas. L'événement d'aujourd'hui a cependant montré, continua-t-elle, que sa vigilance pouvait avoir son utilité ; et comme jamais en ces occasions ils ne se rencontraient, mais qu'ils se tenaient à une distance l'un de l'autre qui prévenait jusqu'à la possibilité du moindre rapport entre eux, il me semble qu'ils auraient dû échapper à la censure des plus soupçonneux.

— Oui, Roschen ; mais il est possible que la précaution aille assez loin pour exciter le soupçon. Pourquoi, disent les hommes d'armes, cette intelligence si constante et pourtant si réservée entre eux ? pourquoi s'approchent-ils de si près sans pourtant se jamais rencontrer ? S'ils avaient été simplement le neveu et la fiancée de l'oncle, ils se seraient vus franchement et ouvertement ; et d'un autre côté, s'ils s'aiment en secret, il y a tout lieu de croire qu'ils trouvent moyen de se voir seul à seul, quoiqu'ils aient l'adresse de n'en rien laisser découvrir.

— Chacune de vos paroles, mon père, rend plus absolue pour vous la nécessité de recevoir le blessé dans votre maison, reprit la généreuse Rose. Quelque grands que soient les maux que vous craignez, vous pouvez être sûr qu'ils ne peuvent être augmentés parce que vous l'aurez reçu chez vous avec un petit nombre de ses fidèles suivants.

— Pas un de ceux-là, dit vivement Wilkin, pas un de ces coquins de mangeurs de bœuf, à l'exception du page qui est pour le soigner, et du docteur qui essaiera de le guérir.

— Mais je puis du moins offrir à ces trois-là l'abri de votre toit?

— Comme tu voudras, comme tu voudras, dit le faible père. Par ma foi, Roschen, il est heureux que tu aies du bon sens et de la modération dans ce que tu demandes, puisque je suis si follement prompt à accorder. C'est encore une de tes frasques d'honneur et de générosité; — vivent la prudence et la modération! — Ah, Rose! Rose! ceux qui veulent faire mieux que bien, amènent parfois pis que mal. — Au surplus, je crois que j'en serai quitte pour la peur, et que ta maîtresse, qui, sauf respect, tient un peu de la demoiselle errante, ne renoncera pas aisément au privilége chevaleresque de loger son chevalier dans son propre château et de le soigner en personne.

Le Flamand prophétisait juste. Au premier mot de la proposition que Rose fit à sa maîtresse de laisser Damien chez son père pour y être guéri de ses blessures, Eveline répondit par un refus bref et positif. — Il a été mon sauveur, dit-elle, et s'il est quelqu'un pour qui les portes de Garde-Douloureuse doivent s'ouvrir toutes grandes, c'est pour Damien de Lacy. Allons, Rose, ne me regardez pas de cet air soupçonneux et affligé. — Ceux qui sont au-dessus de tout déguisement, ma chère Rose, méprisent le soupçon. C'est à Dieu et à Notre-Dame que j'en dois répondre, et eux lisent au fond de mon cœur!

On continua d'avancer en silence jusqu'à la porte du château, où lady Eveline donna ordre que son gardien, comme elle appelait Damien avec quelque emphase, fût établi dans l'appartement de son père; puis, avec la sagesse d'un âge plus avancé, elle donna les instructions nécessaires pour la réception des gens du jeune chevalier, et pour les arrangements que l'arrivée de ces nouveaux hôtes nécessitait dans la forteresse. Elle apporta dans tous ces ordres et dans toutes ces instructions autant de sang-froid que de présence d'esprit, et elle ne songea même à réparer le désordre de son habillement que lorsqu'elle eut pourvu à toutes les dispositions nécessaires.

Un autre devoir lui restait à remplir. Elle courut à la chapelle de la Vierge; et là, se prosternant devant sa divine protectrice, elle lui adressa ses remerciements de sa seconde délivrance, implora son appui pour se guider et se diriger, et la supplia de lui accorder son intercession près du Tout-Puissant pour qu'il daignât éclairer et régler sa conduite. — Tu sais, dit-elle, que si je me suis jetée dans le danger, ce n'est nullement par confiance dans mes propres forces. Oh! rends-moi forte là où je suis le plus faible ; — fais que ma gratitude et ma compassion ne soient pas un piége pour moi; et tandis que je m'efforce d'accomplir les devoirs que la reconnaissance m'impose, sauve-moi des mauvais propos du monde ; — sauve-moi, oh! sauve-moi surtout des embûches insidieuses de mon propre cœur !

Elle dit ensuite son rosaire avec une dévotion fervente; puis quittant la chapelle pour se retirer dans son appartement, elle appela ses femmes, changea de vêtements, et fit disparaître ainsi les traces extérieures de la violence dont elle venait d'être victime.

CHAPITRE XXVII.

> IULIA.
> Vous êtes notre prisonnier, noble sire; — mais nous vous traiterons de telle sorte, que vous direz que les joies de votre prison peuvent marcher de pair avec tout ce que votre liberté a connu de plaisirs.
>
> RODERICK.
> Non, ma toute belle; il y a trop long-temps que nous badinons ici. En y restant si long-temps à voir vos roses fleurir, je laisserai se flétrir mes lauriers. *Ancienne comédie.*

VÊTUE d'habits de deuil d'une coupe plus sévère peut-être que ne le comportait son âge, — simple à l'extrême, et n'ayant pour tout ornement que son rosaire, — Eveline s'acquitta alors du devoir de rendre visite à son libérateur blessé; devoir que l'étiquette du temps non seulement permettait, mais enjoignait positivement. Elle était accompagnée de Rose et de dame Gillian. Margery, qui dans une chambre de malade était dans son élément, avait été envoyée d'avance à celle du jeune chevalier, pour veiller à ce qu'il ne manquât de rien.

Eveline entra dans la chambre d'un pas léger, comme ne voulant pas troubler le repos du malade. Elle s'arrêta à la porte et jeta un regard autour d'elle. Cette chambre avait été celle de son père, et elle n'y était pas entrée depuis l'événement sanglant qui le lui avait enlevé. Une partie de son armure et de ses armes était suspendue aux murailles, ainsi que des gants de fauconnier, des épieux de chasse et d'autres ustensiles de divertissements champêtres. Ces souvenirs évoquèrent en quelque sorte devant elle une forme vivante : elle crut revoir l'aspect majestueux du vieux sir Raymond. — Ne me regarde pas avec colère, mon père, — telles furent les paroles formées par ses lèvres, quoique sa voix ne les articulât pas, — ne me regarde pas avec colère; — Eveline ne sera jamais indigne de toi.

Le père Aldrovand et Amelot, le page de Damien, étaient assis près du lit. Ils se levèrent quand lady Eveline entra; et le premier, qui se mêlait un peu de médecine, dit à celle-ci que le chevalier dormait depuis quelque temps et qu'il ne tarderait pas à s'éveiller.

Amelot s'approcha en même temps; à voix basse et avec une sorte de précipitation il demanda instamment que le plus grand silence régnât dans la chambre, et que ceux qui s'y trouvaient se retirassent.

— Depuis sa maladie de Gloucester, dit-il, mylord est sujet à prononcer en s'éveillant des mots singuliers, et il serait fâché contre moi si je souffrais que quelqu'un restât près de lui.

Eveline ordonna en conséquence aux femmes et au moine de se retirer dans l'antichambre; elle-même, restée près de la porte par laquelle les deux pièces communiquaient, entendit Damien prononcer son nom en se retournant péniblement sur sa couche. — Est-*elle* sauvée? n'a-t-*elle* aucun mal? telles furent ses premières questions; et ces questions furent faites avec un empressement qui montrait assez combien cette pensée l'emportait en lui sur toutes les autres. Quand Amelot lui eut répondu affirmativement, il soupira comme quelqu'un dont la poitrine est soulagée d'un pesant fardeau, et d'une voix moins animée il demanda au page où il était. — Je ne connais ni cette chambre ni son ameublement, ajouta-t-il.

— Mon cher maître, répondit Amelot, vous êtes trop faible maintenant pour faire des questions et recevoir des explications.

— N'importe où je sois, reprit Damien, comme recueillant ses souvenirs, je ne suis pas où mon devoir m'appelle. Dis à mes trompettes de sonner le boute-selle. — A cheval! et que Ralph Genvil apporte ma bannière. — A cheval! — à cheval! — nous n'avons pas un moment à perdre.

Le blessé fit pour se soulever un effort qu'Amelot, dans l'état de faiblesse où était son maître, n'eut pas de peine à contenir. — Tu as raison, dit Damien en retombant sur son oreiller, — tu as raison, — je suis faible; — mais pourquoi les forces resteraient-elles quand l'honneur est perdu?

Le malheureux jeune homme se couvrit le visage de ses deux mains, et proféra un gémissement qui semblait arraché par les douleurs de l'âme plutôt que par celles du corps. Lady Eveline s'approcha du lit d'un pas mal assuré, ne se rendant pas bien compte de ses craintes, mais voulant témoigner au blessé l'intérêt qu'elle prenait à sa souffrance. Damien leva la tête, l'aperçut, et se cacha de nouveau le visage.

— Que signifie cette étrange affliction, sire chevalier? lui dit Eveline d'une voix d'abord faible et tremblante, mais qui peu à peu devint plus ferme et plus assurée. Devez-vous tant vous chagriner, consacré comme vous l'êtes par votre serment aux devoirs de la chevalerie, de ce que deux fois le Ciel a fait de vous son instrument pour sauver l'infortunée Eveline Bérengère?

— Oh, non! non! s'écria-t-il avec volubilité; puisque vous êtes sauvée, tout est bien. — Mais le temps presse, — il est nécessaire que je

CHAPITRE XXVII.

parte sur-le-champ ; — je ne dois m'arrêter nulle part en ce moment, — dans ce château moins que partout ailleurs. — Encore une fois, Amelot, que mes hommes montent à cheval!

— Du tout, mylord, repartit la jeune châtelaine ; cela ne se peut pas. Comme placée sous votre garde, je ne puis permettre que mon gardien s'éloigne ainsi subitement ; — comme votre médecin, je ne puis consentir à ce que mon malade se tue lui-même. — Il est impossible que vous supportiez la selle.

— Une litière, — un corbillard, — une charrette, pour traîner le chevalier traître et déshonoré! — — Tout serait trop bon pour moi ; — un cercueil serait le meilleur de tout! — Mais veille, Amelot, à ce qu'il soit pareil à celui du dernier paysan. — Pas d'éperons sur le poêle, — pas d'écusson aux anciennes armoiries des de Lacy, — pas de heaume de chevalier pour orner le corbillard de celui dont le nom est déshonoré!

— A-t-il le cerveau dérangé? dit Eveline en portant les yeux avec terreur du blessé au page ; ou bien y a-t-il quelque terrible mystère dans ces mots sans suite? — S'il en est ainsi, dites-le-moi ; et si ma vie ou mes biens peuvent réparer le mal, mon libérateur n'en souffrira pas.

Amelot la regarda d'un air triste et abattu, secoua la tête, et reporta les yeux sur son maître avec une expression de physionomie qui semblait dire que la prudence lui défendait de répondre en présence de sire Damien aux questions qu'elle lui faisait. Lady Eveline comprit ce geste, et revenant vers la première pièce, elle fit signe à Amelot de la suivre. Il obéit après avoir jeté un regard sur son maître, qui restait dans la même attitude de désolation, les deux mains croisées sur ses yeux, en homme qui voulait se cacher la lumière et tout ce que la lumière rendait visible.

Quand Amelot fut dans l'antichambre, Eveline, faisant signe à ceux qui s'y trouvaient de s'éloigner autant que la grandeur de la pièce le permettait, le questionna vivement sur la cause du désespoir de son maître et de cette expression de douleur et de remords. — Tu sais, lui dit-elle, que je suis tenue de secourir ton maître, s'il est en mon pouvoir, — tant par reconnaissance des services qu'il m'a rendus au péril de sa vie, qu'à cause de notre parenté. Dis-moi donc dans quelle situation il se trouve, afin que je l'aide si je puis ; — c'est-à-dire, ajouta-t-elle, une rougeur subite remplaçant la pâleur de ses joues, si la cause de son chagrin est telle que je puisse convenablement l'entendre.

Le page s'inclina profondément, et cependant il y eut d'abord dans ses paroles un tel embarras, que sa confusion se communiqua à lady Eveline. Néanmoins, elle le pressa de nouveau de parler sans scrupule ni délai, — pourvu que ses oreilles pussent entendre ce qu'il avait à dire.

— Croyez, noble dame, répondit Amelot, que je vous aurais déjà obéi, n'était-ce que je crains le mécontentement de mon maître si je parle de ses affaires sans sa permission. Néanmoins, pour obéir à vos ordres, que je sais qu'il respecte plus que toute chose au monde, je vous dirai que si sa vie est sauve des blessures qu'il a reçues, son honneur peut être en grand danger, à moins qu'il ne plaise au Ciel d'envoyer un remède.

— Parlez, Amelot, et soyez certain que vous ne ferez aucun tort à sir Damien de Lacy par la confiance que vous pouvez mettre en moi.

— Je le crois, mylady. Sachez donc, si vous ne le savez déjà, que les paysans et la canaille qui ont pris les armes contre les nobles dans l'ouest, prétendent être appuyés dans leur insurrection non seulement par Randal de Lacy, mais par mon maître sir Damien.

— Ils mentent, ceux-là qui osent l'accuser d'une si infâme trahison contre son propre sang aussi bien que contre son souverain! s'écria Eveline.

— Je crois bien qu'ils mentent, madame; mais cela n'empêche pas que leurs faussetés ne soient crues de ceux qui le connaissent moins intimement. Plus d'un déserteur de notre troupe est allé se joindre aux révoltés, et cela donne quelque crédit à la calomnie. Et puis on dit..... on dit.... que.... en un mot, on dit qu'il tarde à mon maître de posséder en propre les terres dont son oncle lui a laissé l'administration, et que si le vieux connétable — je vous demande pardon, madame — revenait de la Palestine, il aurait quelque peine à se remettre en possession de ce qui est à lui.

— Les misérables jugent des autres d'après leur esprit bas et cupide, et regardent comme trop fortes pour des hommes d'honneur des tentations auxquelles ils ont conscience qu'ils seraient incapables de résister. Mais les insurgents sont-ils donc si insolents et si puissants? Nous avons ouï parler de leurs violences, mais seulement comme de quelques tumultes populaires.

— Nous avons eu avis la nuit dernière qu'ils se sont réunis en grande force, et qu'ils ont assiégé ou bloqué Wild Wenlock et ses hommes d'armes dans un village à environ dix milles d'ici. Il a envoyé vers mon maître, comme parent et compagnon d'armes, pour lui demander de venir à son aide. Nous étions à cheval ce matin pour marcher à la rescousse, — quand....

Il s'arrêta, et parut hésiter à continuer. Eveline termina la phrase.
— Quand vous avez appris le danger où j'étais? dit-elle. Je voudrais plutôt que vous eussiez appris ma mort!

— Certainement, noble dame, reprit le page les yeux fixés sur la terre, il ne fallait rien moins qu'un aussi puissant motif pour que mon maître fît faire halte à sa troupe et en portât la meilleure partie vers les montagnes galloises, quand la situation critique de son compatriote et les ordres du lieutenant du roi exigeaient si impérieusement sa présence ailleurs.

—Je le savais, dit-elle, — je savais que j'étais née pour être sa perte! et pourtant il me semble que ceci dépasse tout ce que j'avais rêvé de pis. Je craignais de causer sa mort, mais non la perte de sa réputation. Pour l'amour de Dieu, Amelot, fais ce que tu pourras, et sans perdre une minute! monte à cheval sur-le-champ, et réunis à tes propres hommes autant des miens que tu en pourras rassembler. — Va, — à cheval, mon brave Amelot! — montre la bannière de ton maître, et fais-leur voir que ses forces et son cœur sont avec eux, s'il n'y est pas de sa personne. — Hâte-toi, hâte-toi, car le temps est précieux!

— Mais la sûreté de ce château, madame? — mais votre propre sûreté? Dieu sait combien je voudrais faire quelque chose pour sauver sa réputation! mais je connais l'humeur de mon maître; et si vous aviez à souffrir de ce que j'aurais quitté Garde-Douloureuse, lors même que c'eût été pour sauver ses biens, sa vie et son honneur, il est probable que j'aurais à tâter de son poignard plus qu'à recevoir ses remerciements ou ses libéralités.

— N'en pars pas moins, mon cher Amelot; rassemble autant d'hommes que tu pourras, et pars!

—Vous éperonnez un cheval qui ne demande qu'à marcher, madame; et dans la situation de mon maître, ce que je vois de mieux à faire c'est de déployer sa bannière contre ces rustres-là.

— Aux armes, donc, reprit précipitamment Eveline; aux armes et gagne tes éperons! Rapporte-moi l'assurance que l'honneur de ton maître est sauf, et je te les attacherai moi-même. Tiens, — prends ce rosaire bénit; — suspends-le à ton cimier, et que la pensée de la Vierge de Garde-Douloureuse, qui n'a jamais failli à ceux qui l'ont implorée sincèrement, te fortifie à l'heure du combat!

Elle avait à peine achevé que déjà Amelot était loin. Il réunit autant de cavaliers qu'il lui fut possible, tant de ceux de son maître que de la garnison du château, et bientôt quarante hommes d'armes furent en selle dans l'avant-cour.

Mais quoique jusque là on eût obéi au page, quand cependant les soldats apprirent qu'il s'agissait de partir pour une expédition périlleuse, sans chef plus expérimenté qu'un jeune homme de quinze ans, ils montrèrent une répugnance décidée à quitter le château. Les vieux soldats de de Lacy disaient que Damien lui-même était presque trop jeune pour les commander, et qu'il n'avait pas le droit de déléguer son autorité à un enfant; tandis que les gens de Bérengère ajoutaient que leur maîtresse devait être contente de sa délivrance du matin, sans s'exposer à de nouveaux dangers en diminuant la garnison du château. — Les temps étaient orageux, disaient-ils, et le plus sage était de garder un toit pour s'abriter la tête.

Plus les soldats se communiquaient entre eux leurs idées et leurs craintes, moins ils devenaient disposés à hasarder l'entreprise; et quand

Amelot, qui en véritable page était allé veiller lui-même à l'équipement de son cheval, revint dans la cour avec sa monture, il les trouva confusément mêlés, les uns à cheval, les autres à pied, tous parlant haut et dans un état de désordre complet. Ralph Genvil, vieux soldat dont le visage était couturé de nombreuses cicatrices, et qui avait longtemps fait le métier de soldat de fortune, se tenait à l'écart des autres, la bride de son cheval dans une main, et à l'autre la pique autour de laquelle était encore enroulée la bannière des de Lacy.

— Que signifie ceci, Genvil? lui dit le page avec colère. Pourquoi ne montez-vous pas à cheval et ne déployez-vous pas la bannière? D'où vient toute cette confusion?

— Vraiment, sire page, répondit Genvil du plus grand sang-froid, si je ne suis pas en selle, c'est que j'ai quelque amour pour ce vieux chiffon de soie que j'ai porté avec honneur dans mon temps, et que je ne le porterais pas volontiers là où on n'est pas disposé à le suivre et à le défendre.

— Pas de marche, — pas de sortie, — pas de bannière aujourd'hui! crièrent les soldats en manière d'accompagnement au discours du porte-drapeau.

— Comment, lâches! vous révoltez-vous? dit Amelot en portant la main à son épée.

— Ne me menacez pas, monsieur le petit garçon [1], repartit Genvil, et ne brandissez pas votre épée de mon côté. Je vous dirai, Amelot, que si mon épée se croisait avec la vôtre, jamais un fléau n'a fait voler plus de fétus que je ne ferais de morceaux de votre beau casque ciselé et doré. Il y a ici, voyez-vous, des barbes grises qui ne se soucient pas d'être menées à droite et à gauche au bon plaisir d'un enfant. Pour ce qui est de moi, je ne tiens guère à cela; et peu m'importe que ce soit un enfant ou un autre qui me commande. Mais je suis pour le moment au service de de Lacy; et je ne suis pas bien sûr qu'en marchant au secours de ce Wild Wenlock, nous fassions une chose dont de Lacy nous remerciera. Pourquoi ne nous y a-t-il pas conduits ce matin quand il nous a menés dans les montagnes?

— Vous en savez la cause, dit le page.

— Oui, nous en savons la cause; et si nous ne la savions pas, nous pourrions la deviner, repartit le porte-drapeau avec un gros rire auquel plusieurs de ses camarades firent écho.

— Je renfoncerai la calomnie dans la gorge du menteur, Genvil! s'écria le page; et tirant son épée, il se précipita sur le porte-drapeau, sans réfléchir à la disproportion des forces.

Genvil se borna à parer le coup avec le manche de son drapeau, en même temps que d'un simple mouvement de son bras gigan-

---

[1] *Sir Boy.*

tesque, et sans le moindre effort apparent, il repoussait le page de côté.

Il y eut de nouveaux éclats de rire, et Amelot, sentant tous ses efforts inutiles, jeta son épée loin de lui en pleurant de rage et d'humiliation, et courut informer lady Eveline de son mauvais succès. — Tout est perdu, lui dit-il; les misérables lâches se sont mutinés et ne veulent pas marcher. Et le blâme de leur manque de cœur retombera sur mon maître!

— Cela ne sera pas, dit Eveline, dussé-je mourir pour l'empêcher. — Suivez-moi, Amelot.

Elle jeta promptement une écharpe écarlate sur ses vêtements de deuil, et se rendit en toute hâte à la grande cour, suivie de Gillian et de Rose; la première cherchant, chemin faisant, à exprimer par ses attitudes et ses gestes l'étonnement et la pitié; la seconde dissimulant avec soin toute manifestation extérieure des sentiments dont elle était réellement agitée.

Eveline entra dans la cour l'œil étincelant et le front rouge d'indignation, animée qu'elle était en ce moment de toute l'énergie qu'avaient toujours montrée ses ancêtres dans les moments d'extrême danger, alors que leur âme s'armait contre l'orage, et que dans leur regard et dans tous leurs traits se lisaient l'autorité du commandement et le mépris du danger. En ce moment elle paraissait plus grande que sa taille ordinaire; et ce fut d'une voix nette et distincte, quoique toujours empreinte de la douceur de l'organe féminin, qu'elle apostropha les mutins. — Qu'est ceci, mes maîtres? leur dit-elle — et pendant qu'elle parlait, les formes épaisses des soldats armés semblaient se rapprocher et se serrer les unes contre les autres, comme pour échapper à des reproches individuels. C'était comme un groupe de lourds oiseaux aquatiques se pressant ensemble pour éviter l'attaque du noble et léger émerillon, redoutant la supériorité de sa nature sur leur force inerte. — Que signifie ceci? répéta-t-elle; pensez-vous que ce soit le moment de vous mutiner, quand votre lord est absent, et que son neveu et lieutenant est étendu sur un lit de souffrance? — Est-ce ainsi que vous tenez vos serments? — est-ce ainsi que vous méritez la libéralité de votre chef? Honte à vous, chiens sans cœur, qui reculent et tournent le dos dès l'instant que le piqueur n'est plus là!

Il y eut un moment de silence; — les soldats se regardaient entre eux, puis leurs yeux se reportaient sur Eveline, paraissant également honteux de persister dans leur mutinerie, ou de revenir à leur discipline habituelle.

— Mais je vois ce que c'est, mes braves amis, reprit-elle; — vous manquez de chef ici. Que cela ne vous arrête pas; — je vous guiderai moi-même, et, toute femme que je suis, pas un d'entre vous n'a à craindre d'être déshonoré d'obéir à une Bérengère. — Mettez sur mon palefroi une selle d'acier, ajouta-t-elle, et cela sur-le-champ. — Elle prit à terre le léger casque du page, le mit sur sa tête, s'arma également de l'épée nue d'Amelot, et poursuivit : Je vous promets ici de vous soutenir et de vous guider; ce gentleman, ajouta-t-elle en désignant Genvil, suppléera à mon manque d'habileté militaire. Il a l'air d'un homme qui a vu plus d'une bataille, et qui est en état de mettre un jeune chef au courant de son devoir.

— Certes, dit le vieux soldat, souriant en dépit de lui-même et secouant la tête, j'ai vu effectivement bien des batailles, mais jamais sous pareil commandant.

— Néanmoins, reprit Eveline, voyant que tous les yeux se tournaient sur Genvil, vous ne refuserez pas — vous ne pouvez — vous ne voudrez pas refuser de me suivre? Comme soldat, vous ne le refuserez pas, car ma faible voix supplée aux ordres de votre capitaine; — comme gentleman, vous ne pouvez refuser, car c'est une dame, une femme isolée et malheureuse qui vous demande une faveur; — comme Anglais, vous ne voudrez pas refuser, car votre pays requiert votre épée, et vos camarades sont en danger. Ainsi donc, déployez votre bannière, et en marche!

— Je le voudrais de toute mon âme, belle dame, répondit Genvil, faisant un mouvement comme pour dérouler la bannière; — et Amelot pourrait se mettre à notre tête, avec quelques leçons de moi. Mais je ne sais pas si vous nous envoyez sur la bonne route.

— Assurément, assurément, dit Eveline avec chaleur, ce ne peut être que la bonne route celle qui vous conduit au secours de Wenlock et des siens, assiégés par les paysans insurgés.

— Je n'en sais rien, reprit Genvil, toujours hésitant. Notre chef, sir Damien de Lacy, protège les paysans, — on dit qu'il les appuie, — et je sais qu'une fois il a eu querelle avec Wild Wenlock pour je ne sais quelle castille l'autre avait eue avec la femme du meunier de Twyford. Nous serions bien venus, quand notre jeune commandant sera remis sur ses pieds, s'il trouvait que nous nous sommes battus contre le côté qu'il favorise!

— Soyez certains, dit la jeune fille avec anxiété, que plus Damien a protégé les paysans contre l'oppression, plus il sera sévère avec eux alors qu'ils opprimeront les autres. A cheval! — sauvez Wenlock et ses hommes : — chaque moment peut décider de la vie ou de la mort. Je vous garantis sur ma vie et mes terres que quoi que vous fassiez, de Lacy le regardera comme un bon service. — Venez donc, et suivez-moi!

— Personne, assurément, ne peut connaître mieux que vous les intentions de sir Damien, repartit Genvil, et même, là-dessus, vous pouvez le faire changer à volonté. — Ainsi donc, je vais marcher avec notre monde au secours de Wenlock, pourvu que ce soit encore à temps, comme je l'espère ; car le loup n'a pas le poil doux, et s'il se retourne pour mordre, il en coûtera du sang aux paysans avant qu'ils sonnent une mort. Mais vous, belle dame, restez au château, et reposez-vous sur Amelot et sur moi. — Allons, sire page, prenez le commandement, puisqu'il faut que cela soit ; — quoique ce soit ma foi dommage d'enlever le casque de cette jolie tête et l'épée de cette jolie main. — Par saint George ! les voir là est un honneur pour la profession de soldat !

La dame remit en conséquence les armes à Amelot, tout en l'exhortant en peu de mots à oublier l'affront qu'il avait reçu et à faire son devoir en homme. Pendant ce temps, Genvil déroulait lentement le pennon ; — puis l'agitant en l'air, et s'aidant ensuite un peu de la hampe, il sauta en selle sans mettre le pied à l'étrier, tout pesamment armé qu'il était. — Nous voici prêts, mon jeune lieutenant, dit-il alors à Amelot ; et tandis que le page mettait la troupe en ordre, il marmottait à l'oreille de son plus proche camarade : — M'est avis qu'au lieu de cette vieille queue d'hirondelle [1], nous pourrions parfaitement bien nous ranger sous une cotte brodée. — Selon moi, rien n'égale un jupon à falbalas. — Voyez-vous, Stephen Pontoys, je puis maintenant pardonner à Damien d'oublier pour cette donzelle-là son oncle et son propre honneur ; car, sur ma foi, c'est une femme dont j'aurais raffolé à mort. Ah, Stephen ! le diable soit des femmes ! — elles font de nous ce qu'elles veulent, et à tout âge, encore. Quand elles sont jeunes, elles nous gagnent par de doux regards et des paroles sucrées, de doux baisers et des gages d'amour ; plus âgées, elles nous travaillent à leur volonté par des présents et des courtoisies, du vin et de l'or ; et quand elles sont vieilles, nous ne demandons pas mieux que d'aller où elles nous envoient pour nous débarrasser de la vue de leur vieux visage tanné. Hé bien, le vieux de Lacy aurait dû rester chez lui et veiller sur son faucon. Mais cela ne nous regarde pas, Stephen, et nous pourrons faire une bonne journée, car ces paysans ont pillé plus d'un château.

— Oui, oui, repartit Pontoys ; le paysan au butin, et le porte-drapeau au paysan, c'est un proverbe bien vrai. Mais pourriez-vous me dire, je vous prie, pourquoi le petit page ne nous donne pas encore le signal du départ ?

— Baht ! fit Genvil ; la secousse que je lui ai donnée lui a mis la cervelle à l'envers, — ou peut-être qu'il n'a pas encore avalé toutes ses larmes. C'est tout de même un bon coq pour son âge, et qui ne boude pas partout où il y a de l'honneur à gagner. — Voyez, voilà qu'on commence à se remuer. — Parbleu, c'est une singulière chose que le

---

[1] Le pennon d'un chevalier avait la forme d'une longue flamme, fourchue comme une queue d'hirondelle ; la bannière d'un chevalier banneret était carrée, et d'un pennon on faisait une bannière de cette classe en coupant l'extrémité fourchue. Telle fut la cérémonie que fit le Prince-Noir sur le pennon de John Chandos avant la bataille de Nejara. (W. S.)

sang noble, Stephen ! voilà un enfant que je viens de corriger comme un écolier : hé bien! c'est lui qui va nous mener, nous autres barbes-grises, là-où nous nous ferons peut-être casser la tête, et cela au commandement d'une jeune fille.

— Je réponds que sir Damien est le page de la gentille dame, comme ce damoiseau d'Amelot est celui de sir Damien; et nous autres pauvres diables il faut que nous obéissions et que nous restions bouche close.

— Oui, mais les yeux ouverts, Stephen Pontoys; — n'oubliez pas cela.

En ce moment ils laissaient derrière eux les portes du château, et prenaient le chemin conduisant au village où les avis reçus le matin leur avaient appris que Wenlock était bloqué par un corps de paysans insurgés très supérieur en nombre. Amelot chevauchait à la tête de la troupe, encore un peu confus de l'affront qu'il avait reçu en présence des soldats, et cherchant anxieusement dans sa tête comment il allait suppléer à son manque d'expérience, car il aurait rougi de faire le premier pas pour se réconcilier avec le porte-drapeau, qui en d'autres occasions l'avait servi de ses conseils. Mais Genvil, tout grognard qu'il était de sa nature, n'était pas rancunier. Il poussa son cheval jusqu'auprès du page, et après lui avoir fait son salut, il lui demanda respectueusement s'il ne serait pas à propos qu'un ou deux des mieux montés d'entre eux prissent les devants pour s'informer de la situation où se trouvait Wenlock, et savoir s'ils étaient encore à temps pour aller à son secours.

— Il me semble, porte-drapeau, repartit Amelot, que sachant si bien ce qu'on devrait faire, vous devriez prendre le commandement de la troupe. Vous pourriez être d'autant plus propre à commander, que... Mais je ne veux pas vous faire de reproches.

— Que je sais si mal obéir, c'est cela que vous vouliez dire? Ma foi, je ne saurais nier qu'il n'y ait en cela quelque chose de vrai. Mais n'est-ce pas n'écouter que les conseils de son humeur, que de laisser mal aller une bonne expédition à cause d'une sotte parole ou d'un geste un peu vif? — Allons, faisons la paix.

— De tout mon cœur; et je vais envoyer en avant un détachement d'éclaireurs, comme tu me l'as conseillé.

— Envoies-y le vieux Stephen Pontoys avec deux des lances de Chester; — il est rusé comme un vieux renard, et ni espoir ni crainte ne l'entraînera une épaisseur de cheveu plus loin qu'il ne sera prudent d'aller.

Amelot s'empressa de suivre cet avis, et sur son ordre Pontoys et deux lances partirent en avant pour éclairer la route et s'enquérir de la situation de ceux au secours desquels ils marchaient. — Maintenant que nous revoilà bons amis, sire page, dit alors le porte-drapeau, dis-moi donc, si tu le peux : est-ce que cette belle dame là-bas n'est pas amoureuse de notre beau chevalier?

CHAPITRE XXVII.

— C'est une infâme calomnie, répondit Amelot avec indignation ; étant fiancée de l'oncle, je suis convaincu qu'elle mourrait plutôt que d'avoir une telle pensée, et notre maître aussi. J'ai déjà remarqué en toi cette croyance hérétique, Genvil, et je t'ai prié d'en changer. Tu sais bien que la chose ne saurait être, car tu sais que c'est à peine s'ils se sont jamais rencontrés.

— Comment toi et moi saurions-nous cela ? Qu'on les veille d'aussi près qu'on voudra, — il passe plus d'eau sous la roue du moulin que Hob le meunier n'en voit. Tu ne peux du moins nier qu'ils correspondent ensemble.

— C'est ce que je nie, comme je nie tout ce qui pourrait atteindre leur honneur.

— En ce cas, au nom du Ciel, comment se fait-il qu'il soit si parfaitement instruit de tous ses mouvements, comme il l'a montré pas plus tard que ce matin ?

— Comment pourrais-je le dire ? Il est bien certain qu'il existe des saints et des anges ; et si quelqu'un sur terre mérite leur protection, c'est dame Eveline Bérengère.

— Bien dit, monsieur garde-secret, répliqua Genvil en riant ; mais avec un vieux troupier ça aura peine à passer. — Des saints et des anges, dis-tu ! c'est bien là en effet de la besogne de saints, j'en réponds.

Le page irrité allait continuer la justification, quand Stephen Pontoys et ses deux hommes revinrent à franc étrier. — Wenlock tient bravement, cria-t-il, quoiqu'il soit serré de près par ces paysans. Les grandes arbalètes font un bon service, et je ne doute pas qu'il ne se maintienne jusqu'à notre arrivée, s'il vous plaît d'aller bon pas. Ils ont attaqué les barrières et ils en étaient tout près tout-à-l'heure ; mais ils ont été repoussés sans avoir eu grand succès.

La troupe s'avança alors aussi rapidement que le permettait la nécessité d'y conserver l'ordre, et bientôt ils atteignirent le haut d'une petite éminence qui dominait le village où Wenlock se défendait. L'air retentissait des cris et des acclamations des insurgents, qui, aussi nombreux que des abeilles et doués de ce courage opiniâtre qui caractérise si particulièrement les Anglais, se pressaient comme des fourmis aux barrières, et cherchaient à abattre ou à escalader les palissades, en dépit de la pluie de pierres et de flèches partant de l'intérieur et qui leur faisait éprouver de grandes pertes, aussi bien que les épées des hommes d'armes et leurs haches de bataille, partout où on en venait aux mains.

— Nous sommes à temps ! nous sommes à temps ! s'écria Amelot, lâchant les rênes de son cheval et frappant joyeusement des mains. Agite ta bannière, Genvil ; — que Wenlock et ses hommes puissent bien la voir. — Camarades, halte ! — Laissez souffler vos chevaux un moment.

— Ecoute, Genvil. — Si nous descendions par ce large chemin dans la prairie où sont les bestiaux ?...

— Bravo, mon jeune faucon! interrompit Genvil, dont l'ardeur belliqueuse, comme celle du cheval de guerre de Job, s'enflammait à la vue des lances et au son des trompettes ; nous aurons alors un terrain où nous pourrons aisément nous déployer pour charger ces coquins-là.

— Quel épais nuage noir font les misérables! reprit Amelot ; mais nous nous y ferons jour avec nos lances. — Vois, Genvil : les assiégés arborent un signal pour montrer qu'ils nous ont vus.

— Un signal pour nous? exclama Genvil. Par le Ciel! c'est un drapeau blanc, — un signe de reddition!

— De reddition! ils ne peuvent y songer, au moment où nous arrivons à leur secours. Mais au même instant, quelques notes d'un caractère triste que firent entendre les trompettes des assiégés, ainsi qu'un tonnerre d'acclamations tumultueuses parties du sein des assiégeants, mirent le fait hors de doute.

— Voilà le pennon de Wenlock qu'on descend, dit Genvil, et cette canaille qui pénètre dans les barricades sur tous les points. — Il y a eu ici couardise ou trahison. — Que faire?

— Avancer sur eux, répondit Amelot, reprendre la place et délivrer les prisonniers.

— Avancer, vraiment! — pas d'une longueur de cheval, si tu m'en crois, repartit le porte-bannière. — En face d'une telle multitude, chaque clou de nos corselets serait marqué d'une flèche avant que nous fussions au bas de la côte. Et ensuite le village à enlever d'assaut... Ce serait pure folie.

— Viens tout de même un peu avec moi, reprit le page ; peut-être trouverons-nous quelque sentier par où nous pourrons descendre sans être aperçus.

Ils poussèrent en effet quelque peu en avant pour reconnaître la colline, le page insistant toujours sur la possibilité de descendre sans qu'au milieu de la confusion on les aperçût. — Sans qu'on nous aperçoive! répliqua Genvil avec impatience, — vous l'êtes déjà, aperçu. — Voici un drôle qui arrive à nous aussi vite que sa bête peut trotter.

Comme il parlait, le cavalier arriva à eux. C'était un paysan court et trapu, portant le costume ordinaire de sa classe, une jaquette et des hauts-de-chausses de toile de Frise, et la tête coiffée d'un bonnet bleu que semblait repousser une énorme quantité de cheveux rouges. Les mains de cet homme étaient ensanglantées, et il portait au pommeau de sa selle une poche de toile qui était aussi tachée de sang. — N'êtes-vous pas de la compagnie de Damien de Lacy? demanda ce messager de grossière espèce ; et quand on lui eut répondu par l'affirmative, il poursuivit du même ton de politesse brusque : Hob Miller de Twyford fait ses compliments à Damien de Lacy, et connaissant ses intentions d'amender les désordres du pays, Hob Miller lui envoie le droit de mouture du blé qu'il a moulu. Et en même temps, il tira du sac une tête d'homme qu'il présenta à Amelot.

— C'est la tête de Wenlock, dit Genvil. — Comme ses yeux regardent fixement !

Ils ne regarderont plus de filles, à présent, reprit le rustre ; — c'est un matou que j'ai guéri de sa chaleur.

— Toi ! dit Amelot, reculant de dégoût et d'indignation.

— Oui, moi-même ; faute d'un meilleur, c'est moi qui suis grand-justicier des communes.

— Grand bourreau, tu veux dire, repartit Genvil.

— Appelle ça comme tu voudras. Véritablement, il convient que les hommes en place donnent le bon exemple. Je ne dirai à personne de faire ce que je ne serais pas disposé à faire moi-même. Il est aussi aisé de pendre un homme que de dire pendez-le ; nous n'aurons pas d'offices en double dans ce nouveau monde qui s'établit heureusement dans la Vieille Angleterre.

— Misérable ! s'écria Amelot, reporte ton gage sanglant à ceux qui t'envoient ! Si tu n'étais pas venu avec confiance, ma lance t'aurait cloué à terre. Mais sois assuré que votre cruauté sera terriblement punie. — Rejoignons nos hommes, Genvil ; il est inutile de nous arrêter ici plus long-temps.

Le rustre, qui s'était attendu à une réception bien différente, les regarda s'éloigner d'un air ébahi ; puis, remettant dans le sac son sanglant trophée, il retourna vers ceux qui l'avaient envoyé.

— Ceci vient de ce qu'on se mêle des amourettes des autres, dit Genvil ; sire Damien avait bien besoin de se quereller avec Wenlock à propos de son intrigue avec la fille du meunier ! Vous voyez qu'ils le regardent comme favorisant leur entreprise ; ce sera bien du bonheur si d'autres ne prennent pas la même opinion. — Je voudrais nous voir quittes des embarras que de pareils soupçons peuvent nous occasionner, — oui, serait-ce au prix de mon meilleur cheval, — que de toute manière je crains bien de perdre, après le rude service d'aujourd'hui ; et je voudrais que ce fût là le pis qui dût nous en coûter.

La troupe revint, fatiguée et découragée, au château de Garde-Douloureuse, non sans avoir perdu en chemin plusieurs de ceux qui en faisaient partie, les uns forcés de rester en arrière à cause de l'épuisement de leurs chevaux, d'autres profitant de l'occasion pour déserter et se joindre aux bandes d'insurgents et de pillards qui se rassemblaient sur différents points et se recrutaient d'une soldatesque dissolue.

Amelot, à son retour au château, trouva son maître dans un état encore bien précaire ; lady Eveline, quoique très fatiguée, n'était pas encore allée prendre du repos, et attendait son retour avec impatience. Il fut introduit près d'elle, et, le cœur gros, il l'informa de l'inutilité de son expédition.

— Que les saints aient pitié de nous! dit lady Eveline; car il semble qu'une peste s'attache à moi et s'étende à tous ceux qui s'intéressent en ma faveur. Du moment où ils me montrent de l'intérêt, leurs vertus mêmes leur deviennent des piéges; et ce qui en tout autre cas serait compté à honneur, tourne à la perte des amis d'Eveline Bérenger.

— Ne craignez rien, mylady, repartit Amelot; il y a encore assez de troupes dans le camp de mon maître pour mettre à la raison ces perturbateurs de la paix publique. Je ne resterai que le temps de recevoir ses instructions, et dès demain je partirai d'ici et j'irai réunir des forces suffisantes pour rétablir la tranquillité dans cette partie du pays.

— Hélas! vous ne savez pas encore le pis, répliqua Eveline. Depuis votre départ nous avons reçu des avis certains qu'en apprenant l'accident arrivé ce matin à sir Damien, les soldats de son camp, déjà mécontents de la vie inactive qu'ils menaient depuis quelque temps, et tout-à-fait découragés par le bruit que l'on faisait courir de la mort de leur chef, se sont complétement débandés et dispersés. — Ayez pourtant bon courage, Amelot, ajouta-t-elle. Ce château est assez fort pour supporter de plus forts orages qu'aucun de ceux qui le menacent; et si tout le monde abandonne votre maître blessé et affligé, ce n'en est qu'un plus grand devoir pour Eveline Bérenger d'abriter et de protéger son libérateur.

CHAPITRE XXVIII.

> Que les sons menaçants de nos trompettes, présage de mort et de ruine, ébranlent les pierres de leurs murailles!
> OTWAY.

Les mauvaises nouvelles par lesquelles se termine le chapitre précédent furent nécessairement rapportées à Damien de Lacy, comme à celui qu'elles concernaient principalement; et lady Eveline elle-même se chargea de la tâche de les lui communiquer, mêlant ses larmes à ce qu'elle lui disait, ou les interrompant pour lui suggérer des motifs d'espérance et de consolation, dont elle-même aurait eu grand besoin.

Le chevalier blessé, le visage tourné vers elle, écoutait les désastreuses nouvelles de l'air d'un homme qui n'en aurait été affecté qu'en ce qu'elles touchaient celle qui les lui rapportait. Quand elle eut fini de parler, il resta comme plongé dans une profonde rêverie, les yeux si invariablement fixés sur elle, qu'elle se leva pour se soustraire à un regard sous lequel elle se sentait embarrassée. Il se hâta de parler, pour prévenir son départ. — Tout ce que vous m'avez dit, madame, lui dit-il, aurait suffi pour me briser le cœur, si je l'avais entendu d'une autre bouche; car je vois par là que la puissance et l'honneur de ma maison, si solennellement commis à ma garde, ont souffert de mes infortunes. Mais quand je vous regarde, et que j'entends votre voix, j'oublie tout, sauf que vous êtes sauvée et que votre honneur et votre personne sont ici en sûreté. Laissez-moi donc vous prier de me faire transporter hors du château qui vous abrite et de m'envoyer ailleurs. Je ne suis en aucune façon digne de recevoir plus long-temps vos soins, puisque je ne puis plus disposer de l'épée des autres, et que je suis quant à présent absolument hors d'état de tirer la mienne.

— Et si vous êtes assez généreux pour songer à moi au milieu de vos propres infortunes, noble chevalier, pouvez-vous supposer, repartit Eveline, que j'oublie à quelle occasion et à cause de qui vous avez reçu ces blessures? Non, Damien, ne parlez pas de vous éloigner d'ici; — tant qu'il restera debout une tourelle de Garde-Douloureuse, vous trouverez dans cette tourelle abri et protection. Je suis bien sûre que tel serait le bon plaisir de votre oncle s'il était ici en personne.

On eût dit que les blessures de Damien lui faisaient éprouver tout-à-coup une douleur aiguë, car répétant ces mots — Mon oncle! — avec un mouvement convulsif, il détourna son visage d'Eveline; mais se remettant aussitôt, il reprit : Hélas! si mon oncle savait combien j'ai mal obéi à ses instructions, au lieu de me donner abri dans ce château, il ordonnerait de me précipiter du haut des murailles!

— Ne craignez pas son déplaisir, reprit Eveline, se disposant de nouveau à se retirer; mais efforcez-vous d'aider par le calme de votre esprit à la guérison de vos blessures. Alors, je n'en doute pas, vous pourrez rétablir le bon ordre dans la juridiction du connétable longtemps avant son retour.

Elle rougit en prononçant ces derniers mots, et se hâta de quitter l'appartement. Rentrée dans sa chambre, elle renvoya ses autres femmes et ne garda près d'elle que Rose. — Que penses-tu de tout cela, ma sage conseillère? lui dit-elle.

— Je voudrais, répondit Rose, ou que ce jeune chevalier ne fût jamais entré dans ce château, ou que s'y trouvant il fût en état de le quitter sur-le-champ, — ou qu'il pût honorablement y rester pour toujours.

— Qu'entends-tu par rester ici pour toujours? dit vivement Eveline.

— Permettez-moi de répondre à cette question par une autre. — Depuis combien de temps le connétable de Chester est-il absent d'Angleterre?

— Il y aura trois ans à la Saint-Clément. Que s'ensuit-il?

— Oh! rien; seulement....

— Seulement quoi? — Je t'ordonne de t'expliquer.

— Encore quelques semaines, et vous aurez la disposition de votre main.

— Et pensez-vous, Rose, dit Eveline en se levant avec dignité, qu'il n'y ait d'engagements que ceux que trace la plume du scribe? — Nous savons peu de chose des aventures du connétable; mais ce que nous en savons suffit pour montrer que ses hautes espérances ne se sont pas réalisées, et que son épée ni son courage n'ont suffi à changer la fortune du sultan Saladin. Suppose qu'il revienne d'ici à quelque temps, comme nous avons vu tant de croisés revenir chez eux, pauvre et la santé ruinée; — suppose qu'il trouve ses terres dévastées et ses vassaux dispersés, par suite de ce qu'ils ont souffert récemment; que dirait-on s'il trouvait aussi sa fiancée mariée au neveu en qui il avait le plus de confiance, et l'ayant enrichi des biens qu'elle lui aurait apportés? — Penses-tu qu'un tel engagement soit comme l'hypothèque d'un Lombard, qu'il faut racheter à jour fixe, sans quoi il est perdu pour le propriétaire?

— Je ne saurais dire, madame; mais dans mon pays ceux qui tiennent leurs conventions au pied de la lettre ne sont tenus à rien de plus.

— C'est une mode flamande, Rose; mais l'honneur d'un Normand ne se contente pas d'une observance ainsi limitée. Quoi! voudrais-tu que

CHAPITRE XXVIII.

mon honneur, mes affections, mon devoir, tout ce qu'une femme a de plus précieux, dépendissent d'une date du calendrier, comme un usurier guette le moment où il pourra s'approprier un gage non racheté? — Puis-je donc être assimilée à une marchandise, qu'il me faille appartenir à un homme s'il me réclame avant la Saint-Michel, et à un autre si le premier vient trop tard? — Non, Rose; ce n'est pas ainsi que j'interprète mon engagement, sanctionné comme il l'a été par l'intervention spéciale de Notre-Dame de Garde-Douloureuse.

— Ce sentiment est digne de vous, ma chère maîtresse; et cependant vous êtes si jeune, — tellement assiégée de dangers, — exposée à tant de calomnies, — que moi, du moins, quand je porte ma pensée vers le moment où vous pourrez avoir un compagnon et un protecteur légal, j'y vois un moyen de vous tirer de bien des incertitudes et de bien des périls.

— Ne pense pas à cela, Rose; ne mets pas ta maîtresse au même rang que ces dames prévoyantes qui, tandis que leur époux vit encore, mais vieux et de faible santé, s'occupent prudemment de lui chercher à l'avance un successeur.

— Il suffit, ma chère maîtresse. — Mais non; permettez-moi encore un mot. Puisque vous êtes décidée à ne pas profiter de votre liberté, même quand le terme fatal de votre engagement sera expiré, pourquoi souffrir que ce jeune homme partage notre solitude? Il n'est certainement pas assez mal pour qu'on ne puisse le transporter dans quelque autre endroit sûr. Revenons à l'isolement de notre ancien genre de vie, jusqu'à ce que la Providence nous envoie la perspective d'un avenir meilleur et moins incertain.

Eveline soupira, — elle baissa les yeux, — puis les levant au ciel elle ouvrait de nouveau la bouche pour assurer combien elle serait disposée à se conformer à un arrangement si raisonnable sans les blessures récentes de Damien et l'état de déchirement du pays, quand elle fut interrompue par un son aigu de trompettes sonnées devant la porte du château. Un moment après Raoul entra en boitant et l'inquiétude peinte sur le front, pour informer sa maîtresse qu'un chevalier accompagné d'un poursuivant d'armes aux livrées du roi, et suivi d'un fort parti de soldats, était devant le château et demandait à y être admis au nom du roi.

Eveline réfléchit un moment avant de répondre. — Les portes du château de mes ancêtres, dit-elle enfin, ne s'ouvriront pas même à l'ordre du roi, avant que je ne sache bien qui me fait cette demande, et à quelle fin. Nous allons aller nous-même à la porte extérieure nous informer de ce que signifie cette sommation. — Mon voile, Rose, et appelle mes femmes. — Encore cette trompette! Hélas! le son semble un signal de mort et de ruine.

Les appréhensions prophétiques d'Eveline n'étaient pas fausses; car à peine était-elle à la porte de l'appartement qu'elle y fut rencontrée par Amelot, dont toute la physionomie altérée montrait un sentiment de crainte qu'il n'était guère permis à un aspirant en chevalerie de laisser voir en quelque occasion que ce fût. — Madame, dit-il en pliant à la hâte le genou devant Eveline, noble dame, sauvez mon maître! — vous, et vous seule, pouvez le sauver à cette extrémité.

— Moi! dit Eveline étonnée; — moi le sauver? — et de quel danger? Dieu sait combien j'y suis disposée!

Elle s'arrêta court, comme si elle eût craint d'exprimer ce qui lui venait aux lèvres.

— Madame, reprit le page, Guy Monthermer est à la porte avec un poursuivant d'armes et la bannière royale. Ainsi accompagné, l'ennemi héréditaire de la maison de Lacy ne vient ici pour rien de bon. — J'ignore l'étendue du mal, mais c'est pour quelque chose de mal qu'il vient. Mon maître a tué son neveu à la bataille de Malpas, et c'est pourquoi... Ici il fut interrompu par une nouvelle fanfare de trompettes, dont les sons, semblables à des accents d'impatience, retentirent sous les voûtes de l'antique forteresse.

Lady Eveline se rendit en toute hâte à la première porte. Elle y trouva les gardes et d'autres habitants du château qui l'y avaient devancée, se regardant entre eux d'un air d'incertitude et d'alarme. A son arrivée, tous les yeux se tournèrent vers elle, comme pour puiser sur la physionomie de la châtelaine le courage et la tranquillité que les autres ne trouvaient pas en eux. En dehors de la porte, à cheval et complétement armé, était un chevalier âgé, au port majestueux, dont la visière levée et la mentonnière abaissée permettaient d'apercevoir une barbe déjà blanchie. Près de lui, et également à cheval, était le poursuivant d'armes, sur le tabard duquel étaient brodées les armoiries royales, et laissant voir sur ses traits, qu'ombrageait sa barrette à triple plume, le mécontentement d'une importance blessée. Un corps d'une cinquantaine de soldats rangés sous le guidon d'Angleterre leur servait d'escorte.

Quand lady Eveline parut à la barrière, le chevalier, après un léger salut qui semblait accordé au cérémonial et à la courtoisie plutôt qu'inspiré par la bienveillance, demanda si c'était la fille de Raymond Béranger qu'il voyait. Et c'est, continua-t-il après avoir reçu une réponse affirmative, c'est devant le château de ce serviteur favori de la maison d'Anjou que les trompettes du roi Henri ont sonné trois fois avant d'en obtenir l'entrée de ceux qui sont honorés des ordres de leur souverain!

— Ma situation, répondit Éveline, doit faire excuser mes précautions. Je suis une fille isolée, résidant dans une forteresse de la frontière. Je ne puis recevoir personne sans m'enquérir de ce qui l'amène, et sans m'être assurée que sa présence ne peut compromettre ni la sûreté de la place ni mon honneur.

— Puisque vous êtes si pointilleuse, madame, répliqua Monthermer, sachez que dans l'état de désordre actuel du pays, le bon plaisir de Sa Grâce le roi est de placer dans vos murailles un corps d'hommes d'armes suffisant pour garder cet important château, tant contre les paysans insurgés qui mettent tout à feu et à sang, que contre les Gallois, de qui, selon leur habitude en temps de troubles, on doit attendre des incursions sur les frontières. Ouvrez donc vos portes, lady Bérenger, et laissez les troupes de Sa Grâce entrer dans le château.

— Sire chevalier, répondit lady Eveline, ce château, comme toute autre forteresse d'Angleterre, appartient au roi par la loi; mais la loi m'en remet aussi la garde et la défense, et c'est à cette condition que mes ancêtres ont eu l'investiture de ces terres. J'ai assez d'hommes pour maintenir Garde-Douloureuse aujourd'hui, comme mon père, et mon grand-père avant lui, l'ont défendu de leur temps. Je remercie le roi de m'envoyer des secours, mais je n'ai pas besoin de l'aide de troupes soudoyées; et je ne crois pas non plus qu'il soit sûr à moi d'admettre dans mon château des gens qui dans ce temps de désordre pourraient s'y établir pour d'autres que pour sa légitime propriétaire.

— Madame, répliqua le vieux guerrier, Sa Grâce n'ignore pas les motifs d'une rébellion telle que celle-ci. Ce n'est aucunement l'appréhension des forces royales qui vous pousse, vous vassale du roi, à cette conduite réfractaire. Je pourrais, sur votre refus, vous faire proclamer immédiatement traître à la couronne; mais le roi se souvient des services de votre père. Sachez donc que nous n'ignorons pas que Damien de Lacy, accusé d'avoir fomenté et dirigé cette insurrection, d'avoir déserté son devoir sur le champ de bataille et abandonné un noble camarade à l'épée de paysans brutaux, a trouvé abri sous ce toit, ce qui n'est guère à l'honneur de votre loyauté comme vassale, ni de votre conduite comme demoiselle de haute naissance. Livrez-le-nous, et je ferai retirer ces hommes d'armes, et je prendrai aussi sur moi de ne pas faire occuper le château, quoique je ne sache pas si le roi sera satisfait de ce que j'aurai agi ainsi.

— Guy de Monthermer, répondit Eveline, celui qui veut entacher mon nom parle faussement et d'une manière indigne d'un chevalier; quant à Damien de Lacy, il saura bien défendre lui-même son honneur. Qu'il me soit seulement permis de dire que tant qu'il demeurera dans le château de la fiancée de son oncle, elle ne le livrera à personne, et à son ennemi bien connu moins qu'à tout autre. — Gardes, baissez la herse, et qu'elle ne soit relevée que sur mon ordre.

Elle avait à peine achevé de parler, que la herse tomba avec grand bruit, et que Monthermer, avec un dépit impuissant, se vit exclus du château. — Dame indigne... Il avait prononcé ces premiers mots avec colère; mais se maîtrisant aussitôt, il continua d'un ton calme, et dit au poursuivant d'armes : — Vous êtes témoin qu'elle a reconnu que le traître est dans ce château; — vous êtes témoin que légitimement sommée, Eveline Bérenger refuse de le livrer. Faites votre devoir, sire poursuivant, comme il est d'usage en de tels cas.

Le poursuivant s'avança alors, et proclama, en employant le protocole habituel, qu'Eveline Bérenger, légalement sommée, refusant d'admettre les troupes du roi dans son château, et de livrer un traître nommé Damien de Lacy, avait elle-même encouru les pénalités du crime de haute trahison, et avait enveloppé dans la même sentence tous ceux qui la soutenaient, la défendaient, ou l'aidaient à se maintenir dans ledit château, contrairement à leur allégeance à Henri d'Anjou. Les trompettes, dès que la voix du héraut eut cessé de se faire entendre, confirmèrent la sentence qu'il avait prononcée, par une longue et sinistre fanfare dont les sons lugubres firent sortir de leurs nids les hiboux et les corbeaux, qui y répondirent par leur cri de mauvais augure.

Les défenseurs du château se regardèrent l'un l'autre d'un air de tristesse et d'abattement, tandis que Monthermer, levant sa lance et faisant tourner bride à son cheval pour s'éloigner de la porte du château, s'écriait : — Quand je reparaîtrai devant Garde-Douloureuse, ce ne sera plus seulement pour intimer les ordres de mon souverain, ce sera pour les exécuter.

Pendant qu'Eveline s'était arrêtée d'un air pensif à regarder la retraite de Monthermer et de sa troupe, et à réfléchir à ce qu'elle devait faire en de telles circonstances, elle entendit un des Flamands demander à demi-voix à un Anglais qui se trouvait près de lui ce que signifiait le mot traître?

— Un traître est celui trahit la confiance qu'on a mise en lui, répondit l'Anglais.

Cette phrase rappela au souvenir d'Eveline son rêve ou sa vision prophétique de Baldringham. — Hélas! se dit-elle, la vengeance de l'esprit est sur le point de s'accomplir. « Epouse-veuve et fille-mariée, » je suis tout cela depuis long-temps. Fiancée! — malheur à moi! c'est la clef de voûte de ma destinée. On m'accuse maintenant d'avoir trahi, bien que, Dieu merci, je ne sois pas coupable d'un tel crime. Il ne me reste plus qu'à être trahie pour que la sinistre prophétie soit accomplie à la lettre.

CHAPITRE XXIX.

> Maudits hiboux! — rien que des chants de mort?
> *Richard III.*

Plus de trois mois s'étaient écoulés depuis l'événement raconté au dernier chapitre, et il avait été le précurseur d'autres encore plus importants qui se dérouleront dans le cours de notre récit. Mais comme nous ne voulons pas présenter au lecteur un détail précis de circonstances selon leur ordre et leurs dates, mais bien une suite de tableaux où nous tâchons d'offrir les incidents les plus frappants aux yeux ou à l'imagination de ceux que notre narration peut intéresser, nous allons ouvrir une nouvelle scène et amener d'autres acteurs sur le théâtre.

Dans un canton dévasté, éloigné de plus de douze milles de Garde-Douloureuse, par la chaleur de midi d'un jour d'été, qui répandait un éclat brûlant sur la vallée silencieuse et sur les ruines noircies des chaumières qui l'avaient autrefois ornée, deux voyageurs cheminaient lentement. Leurs manteaux et leurs bourdons de pèlerins, leurs chapeaux à grands bords rabattus dont le devant était orné d'une coquille, et plus que tout cela la croix de drap rouge qu'ils portaient sur l'épaule, indiquaient des pèlerins qui avaient accompli leur vœu et qui revenaient de cette fatale contrée, d'où, à cette époque, sur les milliers d'hommes qu'y poussaient l'amour des aventures ou l'ardeur de la dévotion, on en voyait si peu revenir.

Les deux pèlerins avaient traversé ce matin-là une scène de dévastation qui ne le cédait guère à celles que si souvent ils avaient parcourues durant les guerres de la Croix. Ils avaient vu des hameaux qui paraissaient avoir passé par toute la furie des exécutions militaires, et où les maisons étaient brûlées jusqu'au ras du sol; et en maint endroit les cadavres des malheureux habitants, ou plutôt leurs squelettes, étaient suspendus à des gibets temporaires, ou à des arbres qu'on aurait dit n'avoir été laissés sur pied que pour servir à ces horribles exécutions. Ils n'avaient pas vu une seule créature vivante, à l'exception des animaux sauvages, qui semblaient maintenant reprendre silencieusement possession de ce pays dévasté, d'où peut-être la civilisation les avait autrefois expulsés. Leurs oreilles n'étaient pas moins désagréablement affectées que leurs yeux. Nos pensifs voyageurs pouvaient, à la vérité, ouïr les cris du corbeau, qui semblait déplorer la fin du carnage dont on les avait gorgés, et de temps à autre les hurlements plaintifs de quelque chien qui n'avait plus ni maison ni maître; mais aucun son n'annonçait le travail et la vie civilisée.

Les deux figures noires qui s'avançaient d'un pas fatigué à travers ces scènes de désolation et de carnage semblaient par leur extérieur s'harmoniser avec elles. Ces deux hommes ne se parlaient pas, — ils ne se regardaient pas; — mais ils cheminaient lentement, le plus petit des deux tenant un demi-pas d'avance sur son compagnon, pareils à des prêtres revenant du lit de mort d'un pécheur, ou plutôt à des spectres rôdant autour de l'enceinte d'un cimetière.

Ils atteignirent enfin un monticule couvert d'herbe, au sommet duquel était placé un de ces réceptacles funéraires nommés *kist-vaen*, destinés aux anciens chefs bretons d'un rang distingué, et qui se composent de fragments de granit disposés de manière à former un cercueil de pierre ou quelque chose qui y ressemble. Il y avait long-temps que le sépulcre avait été violé par les Saxons victorieux, soit par mépris, soit par une vaine curiosité, soit parce qu'on supposait que des trésors étaient parfois cachés en de tels endroits. La large pierre plate qui avait autrefois recouvert le cercueil, si on peut employer ce terme, gisait rompue en deux morceaux à quelque distance du sépulcre; et l'herbe et la mousse qui tapissaient ces débris montraient clairement que le couvercle avait été jeté là depuis nombre d'années. Un chêne à demi desséché et couvert de gui étendait encore ses branches au-dessus de l'ouverture de ce monument des temps barbares, comme si l'emblème des druides, sillonné et brisé par les orages, se fût courbé pour offrir sa protection aux derniers vestiges de leur culte.

— Voici donc le *kist-vaen*, dit le plus petit des deux pèlerins, et c'est ici qu'il nous faut attendre des nouvelles de celui que nous avons envoyé en avant. Mais comment nous expliquera-t-on, Philip Guarine, la dévastation que nous venons de parcourir?

— Quelque incursion des loups gallois, mylord, répondit Guarine; et, par Notre-Dame! voici un pauvre mouton saxon qu'ils ont enlevé.

Le connétable (car c'était lui qui tout-à-l'heure marchait en avant du second pèlerin) tourna la tête vers l'objet qu'indiquait son écuyer, et vit le corps d'un homme gisant au milieu de l'herbe qui le recouvrait presque, de sorte qu'il était passé à côté sans le remarquer, quoiqu'il n'eût pas échappé à l'écuyer, moins absorbé dans ses réflexions. Le justaucorps de cuir dont le cadavre était couvert le faisait reconnaître pour celui d'un paysan anglais; — le corps était étendu la face contre terre, portant encore à demi enfoncée dans le dos la flèche qui lui avait donné la mort.

Avec la froide indifférence d'un homme accoutumé à la vue de tels objets, Philip Guarine arracha la flèche du corps de cet homme, sans plus d'émotion que s'il l'avait retirée du corps d'un daim. Le connétable, avec non moins d'indifférence, fit signe à son écuyer de lui donner la flèche, et après l'avoir examinée avec une indolente curiosité : Il faut que tu aies oublié ton ancien métier, dit-il à Guarine, pour appeler cela une flèche galloise. Crois-moi, elle est partie d'un arc normand; mais comment se trouve-t-elle dans le corps de ce paysan anglais? c'est ce que je ne puis deviner.

— Quelque serf fugitif, j'en répondrais; — quelque chien de race bâtarde qui s'était joint à la meute galloise.

— Cela peut être; mais j'en augurerais plutôt qu'il y a eu quelque guerre civile entre les lords des frontières. Les Gallois, à la vérité, détruisent les villages et ne laissent après eux que du sang et des cendres; mais nous avons vu même des châteaux qu'on dirait avoir été pris d'assaut. Puisse Dieu nous envoyer de bonnes nouvelles de Garde-Douloureuse!

—Amen! fit l'écuyer; pourtant si c'est Vidal qui nous les apporte, ce sera la première fois qu'il se sera trouvé oiseau de bon augure.

— Philip, reprit le connétable, je t'ai déjà dit que tu es un fou à cervelle jalouse. Combien de fois n'a-t-il pas fait preuve de fidélité dans des cas douteux, — d'adresse dans les difficultés, — de courage dans les combats, — de patience dans les souffrances?

— Tout cela peut être très vrai, mylord; et pourtant.... Mais à quoi bon parler? — J'avoue qu'il vous a rendu parfois de bons services, ce qui n'empêche pas que je répugnerais à voir votre vie ou votre honneur à la merci de Renault Vidal.

— Au nom de tous les saints, fou bourru et soupçonneux, sur quoi peux-tu fonder tes préventions?

— Sur rien autre chose, mylord, qu'une aversion instinctive. L'enfant qui pour la première fois voit un serpent n'en connaît pas la nature dangereuse, et cependant il ne cherche pas à le prendre comme il ferait d'un papillon. Tel est mon éloignement pour Vidal; — je n'y saurais que faire. Je pourrais pardonner à cet homme son air sombre et méchant, et ses regards de côté quand il croit que personne ne l'observe; mais je ne puis lui pardonner son rire sardonique : — c'est comme la bête dont nous avons ouï parler en Judée, qui rit, dit-on, avant de déchirer et de dévorer.

— Philip, repartit de Lacy, je suis fâché pour toi, — fâché du fond de l'âme, — de voir qu'une pareille jalousie sans fondement ni raison domine le cerveau d'un vieux et brave soldat. Ici, lors de notre dernier accident, pour ne pas rappeler de plus anciennes preuves de sa fidélité, pouvait-il nous vouloir autre chose que du bien quand nous nous sommes trouvés jetés par un naufrage sur les côtes du Wales, où nous aurions été condamnés à une mort immédiate si les Cymri avaient reconnu en moi le connétable de Chester, et en toi son écuyer de confiance, l'exécuteur, en tant d'occasions, de ses ordres contre les Gallois ?

— Je conviens que la mort aurait sûrement été notre partage si l'adresse de cet homme ne nous eût fait passer pour des pèlerins, et s'il n'eût rempli pour nous l'office d'interprète ; — mais comme tel il nous a empêchés de prendre directement la moindre information de qui que ce fût sur l'état des choses ici, ce qu'il importait tant à Votre Seigneurie de savoir ; et cela, je dois le dire, me paraît passablement louche et suspect.

— Tu n'en es pas moins un fou, Guarine ; car enfin si Vidal avait eu de mauvaises intentions à notre égard, pourquoi ne nous livrait-il pas aux Gallois, ou ne nous laissait-il pas nous trahir nous-mêmes en montrant ce que toi et moi nous pouvons savoir de leur jargon ?

— Hé bien, mylord, je puis être réduit au silence, mais non satisfait. Avec toutes les belles paroles qu'il sait dire, — avec tous les beaux airs qu'il sait jouer, — Renault Vidal sera toujours à mes yeux un homme impénétrable et suspect, avec des traits toujours prêts à se donner l'expression la plus propre à gagner la confiance ; avec une langue qui des fois peut dire les choses les plus flatteuses et les plus agréables, et d'autres fois jouer la franchise rusée et l'honnête brusquerie ; avec un regard qui contredit toujours, quand il ne se croit pas observé, l'expression que ses traits ont prise, et les mots de courtoisie et de cordialité que sa bouche a prononcés. Mais, je n'en dis pas plus là-dessus ; seulement, je suis un vieux dogue de bonne race, — qui aime son maître et qui ne peut souffrir quelques uns de ceux qui ont ses bonnes grâces. Mais, si je ne me trompe, voici Vidal qui revient nous rendre tel compte que bon lui semblera de notre situation.

Un cavalier avançait en effet d'un bon pas dans le sentier qui conduisait au *kist-vaen*, et son habillement, où quelque chose d'oriental se montrait dans l'arrangement fantastique du costume habituel à la profession de ménestrel, fit connaître au connétable que celui de qui ils parlaient s'approchait d'eux rapidement.

Quoique Hugh de Lacy ne rendît à ce serviteur, en le défendant contre les soupçons qu'avait exprimés Guarine, que la justice qu'il croyait due aux services de Vidal, parfois, cependant, il avait lui-même au fond du cœur partagé ces soupçons ; et souvent il s'était fâché contre lui-même, en homme juste et honnête, de suspecter, sur le léger témoignage d'un regard équivoque ou d'une expression accidentelle, une fidélité qui semblait attestée par maint acte de zèle et d'intégrité.

Au moment où Vidal s'approcha et mit pied à terre pour faire son salut, son maître se hâta de lui adresser des paroles de bienveillance, comme s'il eût eu conscience d'avoir lui-même en partie partagé l'injuste jugement que Guarine avait porté sur lui, par cela seul qu'il l'avait écouté. — Sois le bienvenu, mon fidèle Vidal, lui dit-il ; tu as été le corbeau qui nous a nourris sur les montagnes du Wales ; sois maintenant la colombe qui nous apporte de bonnes nouvelles de la frontière. — Tu restes silencieux? — Que signifient ces regards baissés, — cette attitude embarrassée, — cette toque enfoncée sur tes yeux? — Au nom de Dieu, Vidal, parle donc! — Ne crains rien pour moi ; — je puis supporter pire que langue d'homme ne peut dire. Tu m'as vu dans les guerres de la Palestine, quand mes braves soldats tombaient homme à homme autour de moi, et que je restai presque seul : — ai-je pâli alors? — Tu m'as vu quand la quille du navire s'était engagée dans les rochers, et que les vagues couvraient le tillac d'écume : — ai-je pâli alors? — Non, — non plus que je ne pâlirai maintenant.

— Ne te vante pas, dit le ménestrel en regardant fixement le connétable, tandis que celui-ci prenait l'attitude et l'expression de physionomie d'un homme qui défie les plus rudes coups de la fortune ; — ne te vante pas, de peur que tes liens ne soient renforcés.

Il y eut une pause d'une minute, durant laquelle le groupe offrait un singulier tableau.

Craignant d'interroger, et cependant honteux de *paraître* redouter les mauvaises nouvelles qui le menaçaient, le connétable s'était dressé devant son messager, les bras croisés et le front armé de résolution ; tandis que le ménestrel, entraîné au-delà de sa circonspection et de son apathie habituelles par l'intérêt du moment, attachait sur son maître un regard fixe et pénétrant, comme pour s'assurer si le courage de de Lacy était feint ou réel.

Philip Guarine, de son côté, à qui le Ciel, en lui donnant une rude enveloppe, n'avait refusé ni bon sens ni faculté d'observation, tenait à son tour les yeux invariablement fixés sur Vidal, comme s'il eût cherché à se rendre compte de la nature du vif intérêt qui brillait dans le regard du ménestrel, et qu'il n'eût pu décider si c'était celui d'un serviteur fidèle agité de compassion aux mauvaises nouvelles dont il va affliger son maître, ou celui du bourreau tenant son coutelas suspendu sur sa victime, et retardant le coup jusqu'à ce qu'il eût trouvé la place où il serait le plus sensible. Dans l'opinion de Guarine, influencée peut-être par les préventions qu'il avait conçues, ce dernier sentiment était tellement celui qui dominait, qu'il éprouvait une violente tentation de lever son bâton et de terrasser le serviteur qui semblait ainsi jouir des souffrances prolongées de leur maître commun.

Un mouvement convulsif contracta enfin les sourcils du connétable, et Guarine, voyant un sourire sarcastique pointer sur les lèvres de Vidal, ne put garder le silence plus long-temps. — Vidal, lui dit-il, tu es un...

— Un porteur de mauvaises nouvelles, interrompit Vidal, et à cause de cela exposé aux mésinterprétations du premier fou venu, qui ne sait pas distinguer entre l'auteur du mal et celui qui le rapporte à contre-cœur.

— Pourquoi ce délai? dit le connétable. Allons, sire ménestrel, je vais vous épargner la douleur de l'enfantement. — Eveline m'a manqué de foi et m'a oublié!

Le ménestrel fit un signe affirmatif en s'inclinant profondément.

Hugo de Lacy fit rapidement quelques pas devant le tombeau de pierre, s'efforçant de surmonter la profonde émotion qu'il éprouvait. — Je lui pardonne, dit-il enfin. — Lui pardonner? — hélas! je n'ai rien à pardonner. Elle n'a fait qu'user du droit que je lui avais laissé.—Oui, — le terme de notre engagement était passé; — elle aura ouï parler de mes pertes, — de mes défaites,—de la ruine de mes espérances, — de ma fortune absorbée; et elle a saisi la première opportunité que lui offrait la lettre stricte de nos conventions pour rompre son engagement avec un homme à qui ont failli à la fois richesse et renom. Mainte jeune fille aurait fait de même, — peut-être la prudence commandait-elle de faire — ce qu'elle a fait; — et pourtant parmi ces femmes on n'aurait pas dû compter Eveline Bérengère.

Il s'appuya sur le bras de son écuyer, et pour un instant il appuya aussi sa tête sur son épaule, avec un degré d'émotion que Guarine ne lui avait jamais vu montrer. Dans sa sollicitude affectueuse, mais un peu gauche, tout ce que ce dernier put trouver pour tâcher de consoler son maître, fut de lui dire : Ayez bon courage; — vous n'avez perdu qu'une femme.

— Ce que j'éprouve n'est pas une émotion égoïste, Philip, dit le connétable en reprenant quelque sang-froid. Ce qui me fait peine, c'est moins d'être délaissé que de me voir mal jugé par elle, — d'être traité comme le prêteur sur gage traite un malheureux débiteur, dont le gage est confisqué au moment précis où expire le terme du rachat. A-t-elle donc cru que moi à mon tour j'aurais été un créancier si rigide? — que moi, qui depuis que je l'ai connue me jugeais à peine digne d'elle quand j'avais richesse et renom, j'insisterais pour qu'elle partageât mon sort amoindri et dégradé? Combien elle m'a toujours peu connu, ou combien il faut qu'elle ait supposé que mes malheurs m'avait donné d'égoïsme! Hé bien, soit; — elle est perdue pour moi, et puisse-t-elle être heureuse!—Le trouble qu'elle a jeté dans mon esprit s'en effacera; et je penserai qu'elle a fait ce que moi-même, comme son meilleur ami, aurait dû en honneur lui conseiller de faire.

Tandis qu'il prononçait ces mots, sa physionomie, à la grande surprise de l'écuyer et du ménestrel, reprit son expression habituelle de calme et de fermeté.

— Vous devez être content, dit Guarine à voix basse au ménestrel; vos mauvaises nouvelles l'ont moins profondément blessé que sans doute vous ne le croyiez possible.

—Hélas! répliqua Vidal, j'en ai d'autres encore pires à lui apprendre.

CHAPITRE XXIX.

Cette réponse fut faite d'un ton de voix équivoque répondant à la singularité de ses manières, et analogue à ces dehors d'émotion communs chez les caractères profonds et difficilement pénétrables.

— Eveline Bérenger est donc mariée? dit le connétable; et — que je fasse mes conjectures — elle n'a pas abandonné la famille, bien qu'elle m'ait manqué de foi. — Elle est toujours une Lacy — ha? — Tout buse que tu es, ne me comprends-tu pas? Elle est mariée à Damien de Lacy, — à mon neveu?

L'effort avec lequel le connétable articula cette supposition formait un étrange contraste avec le sourire forcé qu'il avait appelé sur ses lèvres. C'est avec un pareil sourire qu'un homme, sur le point de boire du poison, pourrait proposer une santé en portant à ses lèvres le fatal breuvage.

— Non, mylord, — elle n'est pas *mariée*, répondit le ménestrel en appuyant sur le mot d'une manière que le connétable ne sut comment interpréter.

— Non, non, reprit-il vivement, elle n'est pas mariée, peut-être, mais engagée, — fiancée. Pourquoi non? le terme de son ancien engagement était expiré; pourquoi n'en aurait-elle pas contracté un nouveau?

— Lady Eveline et sir Damien de Lacy ne sont pas fiancés que je sache, repartit le ménestrel.

Cette réplique poussa à bout la patience de de Lacy.

— Chien! s'écria-t-il, te joues-tu de moi? vil pince-corde, tu me mets à la torture! Dis tout d'un coup le pis des choses, ou je vais faire de toi tout-à-l'heure le ménestrel de la maison du diable.

Ce fut avec le plus grand calme et du plus grand sang-froid que le ménestrel répéta : Lady Eveline et sir Damien ne sont ni mariés ni fiancés, mylord. Ils se sont aimés et ont vécu ensemble comme amants.

— Chien et fils de chien, tu mens! exclama de nouveau le connétable; et saisissant le ménestrel par la poitrine, le baron exaspéré le secoua de toutes ses forces. Mais quelle que fût la vigueur de de Lacy, Vidal, lutteur exercé, ne broncha pas d'un pouce et maintint l'attitude ferme qu'il avait prise, de même que la colère de son maître ne put troubler le calme des manières du ménestrel.

— Confesse que tu as menti, reprit le connétable en le lâchant, sans que sa violence eût eu plus d'effet que tous les efforts humains n'en peuvent produire sur les *pierres branlantes* des druides, que l'on peut ébranler, mais non déplacer.

— Quand un mensonge devrait racheter ma propre vie, ou même la vie de tous les frères de ma tribu, répliqua le ménestrel, je ne le ferais pas. Mais la vérité elle-même est toujours qualifiée d'imposture, lorsqu'elle contrarie le cours de nos passions.

— Tu l'entends, Philip Guarine, tu l'entends! s'écria le connétable en se tournant vivement vers son écuyer; il me parle de ma honte, —

du déshonneur de ma maison, — de la dépravation de ceux que j'ai aimés le plus au monde, — il m'en parle d'un air posé, avec un œil calme et d'une voix assurée. — Cela est-il — cela peut-il être naturel? de Lacy est-il tombé si bas qu'un ménestrel errant puisse parler de son déshonneur aussi tranquillement que si c'était un sujet de ballade? Peut-être en veux-tu faire une, ha! ajouta-t-il en lançant un regard furieux au ménestrel.

— Je le pourrais peut-être, mylord, répliqua celui-ci, n'était-ce qu'il me faudrait y consigner aussi le déshonneur de Renault Vidal, qui servait un maître sans patience pour supporter les insultes et les outrages, comme sans énergie pour s'en venger sur les auteurs de sa honte.

— Tu as raison, tu as raison, mon brave camarade, dit le connétable d'une voix précipitée; il ne nous reste plus maintenant que la vengeance. — Et sur qui, pourtant!

Tout en parlant, il marchait çà et là à pas courts et pressés; tout-à-coup il se tut, se tint immobile, et se tordit les mains avec toutes les marques d'une profonde émotion.

— Je te disais bien que je trouverais à la fin la partie sensible, dit le ménestrel à Guarine. Te souviens-tu du combat de taureaux que nous avons vu en Espagne? — mille petits dards tourmentaient et harassaient le noble animal, avant qu'il reçût le coup mortel de la lance du cavalier maure.

— Homme ou démon, quoi que tu sois, répliqua Guarine, toi qui peux ainsi t'abreuver avec plaisir des tourments d'un autre et les contemple d'un œil froid, prends garde à moi! Porte tes froids sarcasmes à quelque autre oreille; car si ma langue n'est pas affilée, je porte une épée qui l'est assez.

— Tu m'as vu au milieu des épées, repartit le ménestrel, et tu sais combien peu de terreur elles ont pour un homme de ma trempe. — Tout en parlant, néanmoins, il s'écarta de l'écuyer. Et de fait, il ne s'était ainsi adressé à lui que dans cette plénitude de cœur qui se serait donné issue en monologue s'il eût été seul, et qui en ce moment s'épanchait sur l'auditeur le plus proche, sans avoir entièrement conscience du sentiment que cette espèce de confidence pouvait exciter.

Peu de minutes s'étaient écoulées que déjà le connétable avait retrouvé le calme extérieur avec lequel, jusqu'au coup terrible qui venait de lui être porté, il avait soutenu tous les revers que lui avait infligés la fortune. Il se tourna vers ses deux compagnons, et adressa la parole au ménestrel du ton de tranquillité qui lui était habituel. — Vidal, lui dit-il, tu as raison en ce que tu viens de me dire, et je te pardonne le sarcasme qui accompagnait ton bon conseil. Explique-toi donc, au nom du Ciel! tu parles à un homme préparé à endurer le mal que Dieu lui envoie. Certes, un bon chevalier se reconnaît dans une bataille, et un chrétien en temps de tribulations et d'adversité.

CHAPITRE XXIX.

L'expression que le connétable avait donnée à ces mots parut produire un effet marqué sur celui à qui il s'adressait. Le ménestrel quitta tout-à-coup le ton d'audace satirique par lequel il avait semblé jusque là se plaire à irriter les passions de son maître ; et ce fut dans un langage simple et respectueux, qui même approchait de la compassion, qu'il lui fit part des mauvaises nouvelles qu'il avait recueillies durant son absence. Elles étaient en effet désastreuses.

Le refus qu'avait fait lady Eveline Bérenger de recevoir dans son château Monthermer et ses troupes, avait naturellement donné plus de crédit et plus d'extension que jamais aux calomnies qui avaient circulé contre elle et Damien de Lacy ; et nombre de personnes, pour différentes causes, avaient intérêt à répandre et à fortifier ces propos mensongers. Des forces considérables avaient été envoyées dans le pays pour soumettre les paysans insurgés ; et les chevaliers et les seigneurs chargés de cette mission ne manquèrent pas de venger cruellement sur les misérables plébéiens le sang noble que ceux-ci avaient versé durant leur court triomphe.

Les soldats du malheureux Wenlock avaient la même persuasion. Généralement blâmés d'avoir lâchement et précipitamment rendu un poste où ils auraient encore pu tenir, ils tâchaient de se justifier en alléguant que les démonstrations hostiles de la cavalerie de de Lacy avait été la seule cause de leur trop prompte reddition.

Ces rumeurs, soutenues ainsi par des témoignages intéressés, se répandirent au loin dans le pays ; et jointes à ce fait incontestable que Damien avait cherché un refuge dans le château-fort de Garde-Douloureuse, qui maintenant se défendait contre les armes royales, elles fournirent un aliment plus actif à la haine des nombreux ennemis de la maison de Lacy, et poussèrent presque au désespoir ses vassaux et ses amis, qui se voyaient réduits ou à désavouer leur allégeance féodale, ou à renoncer à la foi encore plus sacrée qu'il devaient à leur souverain.

En cet instant critique, on reçut avis que le prince actif et habile qui tenait alors le sceptre d'Angleterre était en marche vers cette partie du royaume, à la tête d'un corps d'armée considérable, dans l'intention de presser le siége de Garde-Douloureuse et en même temps d'étouffer d'un seul coup l'insurrection des paysans, tâche que Guy de Monthermer avait déjà presque accomplie.

Dans cette extrémité, et au moment où les amis et dépendants de la maison de Lacy savaient à peine de quel côté se tourner, Randal, le cousin du connétable et son plus proche héritier après Damien, parut tout-à-coup au milieu d'eux, muni d'une commission royale pour lever et commander ceux des vassaux de la famille qui ne voudraient pas être enveloppés dans la trahison supposée de celui à qui le connétable avait délégué ses pouvoirs. Dans les temps de troubles, les vices d'un homme sont oubliés pourvu qu'il montre de l'activité, du courage et de la prudence, vertus les plus nécessaires alors; et l'apparition de Randal, qui ne manquait nullement d'aucune de ces qualités, fut saluée comme un événement d'heureux présage par les vassaux de son cousin. Ils se réunirent promptement autour de lui, livrèrent aux troupes royales les forteresses qu'ils possédaient, et pour se justifier de toute participation aux prétendus crimes de Damien, ils se distinguèrent, sous les ordres de Randal, contre les corps disséminés de paysans qui tenaient encore la campagne ou se cachaient dans les montagnes et les passes; et ils se conduisirent après le succès avec une telle rigueur, que les troupes de Monthermer elles-mêmes parurent douces et clémentes en comparaison de celles de de Lacy. Finalement, à la tête de cinq cents braves combattants réunis sous la bannière déployée de son antique maison, Randal parut devant Garde-Douloureuse et s'y réunit à l'armée de Henry.

Le château était déjà serré de près, et le peu de défenseurs qui lui restaient, épuisés par les blessures, la fatigue et les privations, virent alors avec un nouveau découragement déployée contre eux la seule bannière d'Angleterre sous laquelle ils avaient espéré que des renforts pourraient leur arriver.

Les exhortations d'Eveline, dont l'adversité n'avait pu affaiblir l'énergie, perdirent peu à peu de leur effet sur les défenseurs du château; et des propositions de reddition furent mises en avant et discutées dans un conseil tumultueux, où s'étaient introduits non seulement les officiers inférieurs, mais nombre de simples soldats, car en de tels moments de détresse générale tous les liens de la discipline se relâchent, et laissent à chacun la liberté de parler et d'agir pour lui-même. A leur extrême surprise, au plus chaud de leur discussion, Damien de Lacy, qui venait de quitter le lit de souffrances où il avait été si long-temps retenu, parut au milieu d'eux, pâle, faible, et les traits couverts de cette pâleur cadavérique qu'y laisse une longue maladie; — il s'appuyait sur le bras d'Amelot. — Messieurs, — et vous soldats, dit-il... Mais, puis-je vous nommer ainsi? — Des gentilshommes sont toujours prêts à mourir pour la cause d'une dame; — des soldats méprisent la vie en comparaison de leur honneur.

— A bas! à bas! interrompit un des soldats; il nous verrait tous mourir de la mort des traîtres et pendus dans notre armure au haut des murailles, nous autres qui sommes innocents, plutôt que de se séparer de sa — maîtresse.

— Paix, insolent drôle! s'écria Damien d'une voix de tonnerre, ou un dernier coup déshonorera mon épée en tombant sur un misérable de ton espèce. — Et vous, poursuivit-il en s'adressant aux autres, — vous qui reculez devant les périls de votre profession, parce qu'en continuant de suivre le chemin de l'honneur la mort pourra s'y rencontrer quelques années plus tôt peut-être qu'il ne l'aurait fallu ; — vous qui vous laissez effrayer comme des enfants à la vue d'une tête de mort, ne supposez pas que Damien de Lacy veuille abriter sa vie derrière les vôtres qui vous sont si chères. Faites votre marché avec le roi Henry ; livrez-moi à sa justice ou à sa rigueur ; ou, si vous l'aimez mieux, faites tomber ma tête et lancez-la du haut des murailles comme une offrande de paix. Je laisse à Dieu le soin de justifier mon honneur, quand le temps en sera venu. En un mot, livrez-moi mort ou vif, ou bien ouvrez les portes et laissez-moi me livrer moi-même. Seulement, je vous en adjure comme hommes, puisque c'est le seul titre que je puisse vous donner encore, prenez au moins souci de la sûreté de votre maîtresse ; stipulez des conditions qui puissent assurer *sa* sûreté, et vous sauver du déshonneur d'emporter au tombeau la tache ineffaçable de lâches et de parjures.

— M'est avis que le jeune homme parle bien et raisonnablement, dit Wilkin Flammock. Faisons-nous un mérite de le livrer au roi, et assurons-nous par là telles conditions que nous pourrons pour nous et pour mylady, avant que nous n'ayons vu la dernière bouchée de nos provisions.

— J'aurais eu peine à proposer cette mesure, dit à son tour, ou plutôt balbutia le père Aldrovand, à qui une pierre lancée par une fronde avait récemment enlevé quatre dents de devant ; — néanmoins, puisqu'elle est si généreusement offerte par celui-là même qu'elle concerne principalement, je tiens avec le docte scoliaste que *Volenti non fit injuria*.

— Sire prêtre, et vous sire Flamand, dit le vieux porte-bannière Ralph Genvil, je vois comment le vent vous pousse ; mais vous vous trompez si vous croyez faire de notre jeune maître sir Damien un bouc émissaire pour votre coquette maîtresse. — Ne me regardez pas de cet air colère, sir Damien ; si vous ne savez pas quel est votre plus sûr parti, nous le savons pour vous. — Soldats de de Lacy, montez à cheval, deux hommes par cheval, s'il le faut ; — nous prendrons ce jeune entêté au milieu de nous, et son damoiseau d'écuyer, Amelot, sera prisonnier aussi, s'il ne vient pas de bonne grâce. Alors faisons une vigoureuse sortie sur les assiégeants. Ceux qui pourront se frayer un passage sauront bien se tirer d'affaire ; ceux qui tomberont, on n'aura plus à s'en inquiéter.

Tous les hommes de la troupe de de Lacy approuvèrent cette proposition par de bruyantes acclamations. Tandis que les gens de Bérengère se récriaient hautement et d'un ton irrité, Eveline elle-même, appelée par le tumulte, chercha en vain à l'apaiser ; et la colère aussi bien que les supplications de Damien n'eurent pas plus d'effet sur les siens. A l'un et à l'autre la réponse fut la même :

—N'êtes-vous pas honteux ! s'écriait Genvil en s'adressant à de Lacy ; — parce que vous êtes amoureux, est-il raisonnable de sacrifier votre vie et la nôtre ? — Les vassaux de Raymond Bérenger, dans un langage moins rude, mais avec non moins d'opiniâtreté, se refusaient également en cette occasion à prêter l'oreille aux ordres ou aux prières de sa fille.

Wilkin Flammock s'était retiré du tumulte quand il avait vu quel tour prenaient les choses. Il sortit du château par une poterne dont la clef lui était confiée, et se rendit au camp royal sans empêchement ni observation ; là il demanda à être admis près du roi. Cette demande fut accordée sans peine, et Wilkin se trouva bientôt en présence du roi Henri. Ce prince était dans son pavillon royal, ayant près de lui deux de ses fils, Richard et Jean, qui par la suite portèrent le sceptre d'Angleterre sous des auspices bien différents.

— Qu'y a-t-il? lui demanda le roi ; qui es-tu?

— Un honnête homme qui vient du château de Garde-Douloureuse.

— Il se peut que tu sois honnête, répliqua le souverain ; mais tu sors d'un nid de traîtres.

— Quels qu'ils soient, mylord, mon intention est de les mettre à votre disposition royale ; car ils ne sont plus en état de se gouverner eux-mêmes, et manquent également de prudence pour tenir bon, et de sagesse pour se soumettre. — Mais je voudrais d'abord savoir de Votre Grâce quelles conditions vous feriez aux hommes de la garnison ?

— Les conditions que les rois font aux traîtres, dit Henri d'un ton sévère ; — des coutelas affilés et de bonnes cordes.

— Il faut pourtant, mylord, que Votre Grâce fasse des conditions plus douces que celles-là si elle veut avoir le château par mon moyen ; autrement vos cordes et vos coutelas n'auront à travailler que mon pauvre corps, et vous serez aussi éloigné que jamais d'entrer à Garde-Douloureuse.

Le roi le regarda fixement. — Tu sais quelle est la loi des armes? dit-il. — Grand-prévôt, voici un traître, et voilà un arbre là-bas.

— Et voici ma gorge, ajouta l'intrépide Flamand en déboutonnant le col de son pourpoint.

— Sur mon honneur, reprit le prince Richard[1], voilà un brave et fidèle yeoman ! Mieux vaudrait envoyer leur dîner à de pareils hommes, et puis boxer avec eux à qui aurait le château, que de les affamer comme ces mendiants de Français affament leurs chiens.

— Paix, Richard ! interrompit son père ; ton esprit est encore trop jeune et ton sang trop chaud pour que je te prenne ici pour conseiller.
— Et toi, drôle, propose-nous quelque condition raisonnable, et nous n'userons pas avec toi de la dernière rigueur.

— En premier lieu, donc, je stipule pardon plein et entier, et assurance de la vie, des membres, du corps et des biens, pour moi, Wilkin Flammock, et pour ma fille Rose.

---

[1] Qui plus tard fut surnommé Cœur-de-Lion. (L. V.)

— Voilà qui est d'un vrai Flamand, dit le prince Jean ; s'occuper d'abord de soi.

— Sa demande est raisonnable, dit le roi. — Ensuite

— Sûreté de la vie, de l'honneur et des terres de demoiselle Eveline Bérenger.

— Comment, sire drôle ! dit le roi avec colère, est-ce à tes pareils à imposer des lois à notre justice ou à notre clémence quand il s'agit d'une noble dame normande ? Borne ta médiation à ceux de ta classe, ou plutôt livre-nous ce château sans plus de délai, et sois assuré qu'en agissant ainsi tu serviras mieux les traîtres qui s'y trouvent que ne pourraient le faire des semaines d'une résistance qui doit être et qui sera inutile.

Le Flamand resta silencieux, hésitant à livrer le château sans quelques conditions spéciales, et cependant à demi convaincu, d'après l'état où il avait laissé la garnison de Garde-Douloureuse, qu'y introduire les troupes royales était peut-être ce qu'il pouvait faire de mieux pour lady Eveline.

— Ta fidélité me plaît, drôle, lui dit le roi, dont l'œil pénétrant aperçut la lutte qui avait lieu dans l'esprit du Flamand ; pourtant ne porte pas trop loin l'opiniâtreté. Ne t'avons-nous pas dit que nous serons aussi clément pour ceux qui nous ont offensés que nous le permettront nos devoirs royaux ?

— Et je vous demanderai comme faveur, mon père, dit le prince Jean, de me permettre de prendre le premier possession de Garde-Douloureuse, et de m'accorder la tutelle de la dame châtelaine ou la forfaiture de ses terres.

— Et *moi*, mon père, je vous prie aussi d'accorder la faveur que John vous demande, ajouta Richard d'un ton de moquerie. Songez, mon père, que c'est le premier désir qu'il ait montré d'approcher des barrières du château, quoique nous leur ayons livré au moins quarante attaques. Marry ! les arbalètes et les mangonneaux étaient en jeu les autres fois, et il est vraisemblable que cette fois-ci ils se tairont.

— Silence, Richard, dit le roi ; les traits que tu décoches contre l'honneur de ton frère me percent le cœur ! John, je t'accorde ta demande en ce qui regarde le château ; quant à cette malheureuse jeune dame, nous nous en chargeons nous-même. — Flamand, combien d'hommes te chargeras-tu d'introduire ?

Avant que Flammock eût pu répondre, un écuyer s'approcha du prince Richard et lui parla à l'oreille, assez haut pourtant pour que tous ceux qui se trouvaient là l'entendissent. — Nous nous sommes aperçus, lui dit cet écuyer, que quelque trouble intérieur, ou une autre cause inconnue, a fait abandonner les remparts du château par nombre de soldats, et qu'une attaque soudaine pourrait....

— Entends-tu cela, John ? s'écria Richard. Des échelles, John, — des échelles, et aux murailles ! Que j'aimerais à te voir au dernier échelon, — les genoux tremblants, — les mains convulsivement serrées, comme celles d'un homme pris d'un accès de fièvre; — tout air autour de toi, sauf un ou deux bâtons de bois; — le fossé au-dessous, — ta gorge menacée d'une demi-douzaine de piques...

— Paix, Richard, par pudeur, sinon par charité, répéta le roi d'un ton de colère mêlé d'affliction. — Et toi, John, tiens-toi prêt pour l'assaut.

— Aussitôt que j'aurai mis mon armure, mon père, répondit le prince; et il se retira lentement, la pâleur de ses joues ne présageant pas une grande hâte dans ses préparatifs.

Son frère le regarda s'éloigner en riant, et dit à son écuyer : Ce serait une bonne plaisanterie, Alberick, d'emporter la place avant que John ait pris le temps de changer son pourpoint de soie contre un pourpoint d'acier.

A ces mots il sortit rapidement, et son père s'écria dans son angoisse paternelle : Hélas! il pèche autant par le trop d'ardeur que son frère par le trop peu; mais le défaut de Richard est plus excusable dans un homme. — Gloucester, continua-t-il en s'adressant à ce célèbre comte, prends avec toi des forces suffisantes, et suis le prince Richard pour veiller sur lui et le soutenir. Si quelqu'un peut le gouverner, ce doit être un chevalier d'une réputation aussi bien établie que la tienne. Hélas! hélas! par quel péché ai-je mérité la douloureuse affliction de ces querelles intestines!

— Rassurez-vous, mylord, dit le chancelier, qui se trouvait aussi près du roi.

— Ne parlez pas à un père de se rassurer, quand ses fils sont en discorde, et ne s'accordent que pour lui désobéir!

Ainsi parla Henry II, le monarque le plus sage et on peut dire le plus heureux qui se soit jamais assis sur le trône d'Angleterre, et dont pourtant la vie montre d'une manière frappante combien les dissensions de famille peuvent ternir le sort le plus brillant auquel le Ciel permette à l'humanité d'aspirer et combien peu l'ambition satisfaite, un pouvoir étendu, et le plus haut renom en guerre comme en paix, peuvent guérir les blessures infligées par les afflictions domestiques.

La soudaine et impétueuse attaque de Richard, qui avait couru à l'escalade à la tête d'une vingtaine de soldats réunis au hasard, eut tout l'effet d'une surprise Ayant escaladé les murailles presque avant que la garnison toujours en dissension fût avertie de l'assaut, les assaillants ouvrirent les portes et livrèrent passage à Gloucester, qui s'était hâté de suivre le prince avec un corps nombreux d'hommes d'armes. La garnison, dans l'état de surprise, de désunion et de confusion où elle se trouvait, fit peu de résistance; et elle aurait été passée au fil de l'épée et le château pillé, si Henry n'était venu lui-même interposer son autorité personnelle pour contenir les excès d'une soldatesque effrénée.

CHAPITRE XXIX.

Eu égard à l'époque et à la provocation, le roi se comporta avec une modération louable. Il se contenta de désarmer et de renvoyer les soldats, auxquels il fit même donner quelque argent pour les conduire hors du pays, de peur que le besoin ne les portât à se former en bandes de maraudeurs. Les officiers furent traités plus sévèrement; la plupart d'entre eux furent jetés dans des cachots pour y attendre ce que la loi déciderait d'eux. La prison fut notamment le lot de Damien de Lacy, contre qui Henry était tellement irrité, persuadé qu'il était de la vérité des accusations dont on l'avait chargé, qu'il se proposait de faire de lui un exemple pour tous les chevaliers sans foi et les sujets déloyaux. Lady Eveline Bérenger eut son appartement pour prison, avec Rose et Alice pour la servir, mais surveillée du reste avec la dernière rigueur. Le bruit courait généralement que ses domaines seraient déclarés forfaits à la couronne, et concédés, du moins en partie, à Randal de Lacy, qui avait rendu de bons services pendant la durée du siége. On pensait qu'Eveline elle-même serait envoyée dans quelque cloître éloigné de France, où elle aurait, dans la réclusion, tout le temps de se repentir de ses folies et de sa témérité.

Le père Aldrovand fut livré à la discipline de son couvent, une longue expérience ayant efficacement appris à Henry quelle imprudence c'était d'enfreindre les priviléges de l'Eglise; quoique au premier moment où le roi le vit avec un corselet rouillé par-dessus son froc, ce ne fût pas sans peine qu'il réprima l'envie de le faire accrocher au haut des remparts, pour y prêcher aux corbeaux.

Henry eut de nombreuses conférences avec Wilkin Flammock, particulièrement au sujet des manufactures et du commerce; si le Flamand n'était pas beau parleur, son expérience et son bon sens étaient éminemment propres à éclairer un prince intelligent. — Tes intentions ne seront pas oubliées, mon brave camarade, lui dit le roi, bien qu'elles aient été prévenues par la valeur étourdie de mon fils Richard, qui a coûté la vie de quelques pauvres diables; — Richard n'aime pas à rengaîner une arme qui n'a pas été tachée de sang. Toi et tes compatriotes vous allez retourner à vos moulins là-bas, avec plein pardon pour les offenses passées, pourvu que vous ne vous mêliez plus d'affaires semblables.

— Et nos priviléges et devoirs, sire? Votre Majesté sait que nous sommes vassaux du seigneur de ce château, et que nous sommes obligés de le suivre à la guerre.

— Il n'en sera pas plus long-temps ainsi, repartit Henry; je formerai ici une communauté de Flamands, et toi, Flammock, tu en seras le maire, afin que tu ne puisses pas invoquer l'obéissance féodale comme excuse de nouvelles trahisons.

— De trahisons, sire! dit Flammock, désirant, mais n'osant pas, hasarder un mot en faveur de lady Eveline, pour qui, malgré sa froideur naturelle, il éprouvait réellement un vif intérêt ; — je voudrais que votre grâce sût au juste combien de fils il entre dans cette trame-là.

— Paix, maraud ! — mêle-toi de tes métiers, répliqua Henry ; et si nous daignons nous entretenir avec toi des arts mécaniques dont tu fais profession, ne t'en autorise pas pour te familiariser avec nous plus qu'il ne convient.

Le Flamand se retira, la tête basse et en silence ; et le sort des malheureux prisonniers resta un secret dans le cœur du roi. Henry s'établit à Garde-Douloureuse, comme dans un poste commode pour envoyer de là sur tous les points des détachements destinés à étouffer et à éteindre ce qui restait du feu de la rébellion ; et Randal de Lacy montra en ces occasions tant d'activité, qu'il parut s'élever chaque jour dans les bonnes grâces du roi, et qu'il fut gratifié de dons considérables aux dépens des domaines de Bérenger et de ceux de de Lacy, dont le roi semblait user déjà comme de propriétés confisquées. Beaucoup de gens regardaient cette faveur croissante de Randal comme d'un dangereux présage tant pour la vie du jeune de Lacy que pour le sort de la malheureuse Eveline

CHAPITRE XXX.

> Un vœu, — un vœu, — j'ai fait un vœu au Ciel.
> Chargerai-je mon âme d'un parjure? Non, pour tout Venise !
> *Le Marchand de Venise.*

La fin du dernier chapitre contient les nouvelles dont le ménestrel salua son malheureux maître Hugo de Lacy, non, à la vérité, avec le même détail de circonstances qu'il nous a été permis d'ajouter au récit, mais suffisantes pour mettre hors de doute ces tristes faits généraux que sa fiancée et son neveu bien-aimé en qui il avait mis toute sa confiance s'étaient ligués pour le déshonorer, — qu'ils avaient levé l'étendard de la rébellion contre leur souverain légitime, et qu'ayant failli dans leur audacieuse tentative, ils avaient mis la vie de l'un d'eux au moins dans le plus imminent danger, et gravement compromis jusqu'à l'existence de la maison de Lacy, à moins qu'on ne pût trouver un prompt remède.

Vidal observait, tout en parlant, la physionomie de son maître, avec la même attention que donne le chirurgien à la marche de son scalpel. Il y avait de la douleur dans les traits du connétable, — une douleur profonde, — mais sans cette expression de découragement et d'abattement qui l'accompagne d'ordinaire; il y avait aussi de la colère et de la honte, — mais l'une et l'autre d'un caractère élevé, et paraissant bien plutôt excitées par la pensée que sa fiancée et son neveu avaient violé les lois de l'allégeance, de l'honneur et de la vertu, que par la honte et le dommage que leur crime devait faire rejaillir sur lui.

Le ménestrel fut tellement frappé de ce changement, après l'accès de douleur poignante que le commencement de son récit avait excité chez le connétable, que se reculant de deux pas et regardant son maître avec un étonnement mêlé d'admiration, il s'écria : Nous avons ouï parler de martyrs en Palestine, mais voilà qui les surpasse !

— Ne t'étonne pas tant, mon bon ami, répondit le connétable d'un ton de résignation; c'est le premier coup de lance ou de massue qui produit une douleur aiguë ou qui étourdit : on sent à peine ceux qui suivent [1].

---

[1] Un mot analogue est attribué à Mandrin, le célèbre contrebandier, au moment où on le rompait sur la roue. Cet effroyable supplice consistait à avoir les os des épaules, des bras, des cuisses et des jambes brisés de la main du bourreau avec une barre de

— Songez, mylord, que tout est perdu, — amour, puissance, hautes dignités, brillante renommée : — naguère au premier rang parmi les nobles, — maintenant pauvre pèlerin !

— Voudrais-tu te faire un jeu de mes misères ? dit Hugo d'un ton sévère ; — mais c'est là naturellement ce qu'on dit de moi en arrière : pourquoi n'endurerais-je pas qu'on me le dise en face ? — Sache donc, ménestrel, et mets-le en chanson si tu veux, qu'après avoir perdu tout ce qu'il avait porté en Palestine et tout ce qu'il avait laissé chez lui, Hugo de Lacy n'en est pas moins maître de lui-même, et que l'adversité ne peut pas plus l'ébranler que le vent qui dépouille le chêne de ses feuilles n'est capable de déraciner le tronc.

— Par la tombe de mon père, dit à demi-voix le ménestrel transporté, la noblesse de cet homme l'emporte sur mes résolutions ! et s'approchant précipitamment du connétable, il fléchit un genou devant lui et lui prit la main avec plus de liberté que ne l'autorisait d'habitude l'étiquette imposée par les personnes du rang de de Lacy.

— Ici, dit Vidal, sur cette main, — sur cette noble main, — je renonce....

Mais avant qu'il eût pu proférer un mot de plus, Hugo de Lacy, qui vit peut-être dans la liberté de cette action une sorte d'insulte à sa position déchue, retira vivement sa main d'un air mécontent, et dit au ménestrel de se relever, et de se souvenir que le malheur n'avait pas fait de de Lacy un personnage qu'on pût faire figurer dans une parade.

Renault Vidal se releva sur cette réprimande. — J'avais oublié, dit-il, la distance qui sépare un ménestrel armoricain d'un haut baron normandi. Je pensais que la même douleur ou le même transport de joie nivelaient, du moins pour un moment, ces barrières artificielles qui divisent les hommes. Mais les choses sont bien comme elles sont. Vivez dans les limites de votre rang, mylord, comme autrefois dans l'enceinte de votre donjon et de vos fossés, sans y être troublé par la sympathie d'un homme d'aussi bas degré que moi. Moi aussi j'ai mes devoirs à accomplir.

— Et maintenant, à Garde-Douloureuse ! reprit le baron en se tournant vers Philippe Guarine ; Dieu sait combien le château mérite son nom ! — Allons y apprendre, de nos yeux et de nos oreilles, la vérité de ces nouvelles de malheur. — Mets pied à terre, ménestrel, et donne-moi ton palefroi. — Je voudrais en avoir un pour toi, Guarine. — Quant

---

fer, en alternant de droite à gauche. Le supplice se terminait par un coup en travers de la poitrine appelé le *coup de grâce*, parce qu'il mettait fin à l'agonie du patient. Quand Mandrin reçut le second coup sur l'épaule gauche, il se mit à rire. Son confesseur lui demanda la raison d'une gaieté si peu en rapport avec sa situation. — Je ris seulement de la sottise que j'avais, mon père, répondit Mandrin, de supposer que je continuerais de sentir la douleur après que le premier coup aurait complétement bouleversé le système nerveux. (W. S.)

à Vidal, il est moins nécessaire qu'il me suive. Je ferai face en homme à mes ennemis ou à mes malheurs, — sois-en certain, ménestrel, et n'aie pas cet air en dessous, drôle ! — je n'oublierai pas ceux qui m'ont été attachés.

— Il est un de ceux-là, du moins, qui ne vous oubliera pas, mylord, répliqua le ménestrel du ton et avec le regard équivoques qui lui étaient habituels.

Mais au moment où le connétable allait se remettre en marche, on vit paraître tout-à-coup deux personnes montées sur le même cheval, et qui, cachées par quelques buissons, étaient arrivées très près sans avoir été aperçues. C'était un homme et une femme ; et l'homme, qui était devant, offrait une image de la famine personnifiée telle que les regards de nos trois pèlerins en avaient à peine rencontré une semblable dans les pays dévastés qu'ils avaient parcourus. Ses traits, naturellement maigres et pointus, avaient presque entièrement disparu sous la barbe grise et les touffes de cheveux mal peignés qui retombaient sur son front ; on n'en apercevait plus guère qu'un nez effilé qui semblait aussi tranchant que la lame d'un couteau, et l'éclat amorti de deux yeux gris. Sa jambe, dans la large botte qui la renfermait, donnait l'idée d'un manche à balai oublié dans un seau ; — ses bras étaient de la grosseur d'une houssine, — et les parties de sa personne que ne cachaient pas les lambeaux d'une casaque de piqueur semblaient plutôt appartenir à une momie qu'à un être vivant.

La femme placée en croupe derrière ce spectre offrait aussi quelques symptômes d'exténuation ; mais comme elle était naturellement grasse, la famine n'avait pu la réduire à cet aspect déplorable du squelette auquel elle était accolée. Les joues de dame Gillian (car c'était l'ancienne connaissance du lecteur) avaient à la vérité perdu la teinte rosée de la bonne chère, et l'éclat du teint que l'art et une vie sans fatigue avaient substitué à la fleur plus délicate de la jeunesse ; ses yeux, moins brillants qu'autrefois, avaient beaucoup perdu aussi de leur lustre provoquant : mais ce n'en était pas moins jusqu'à un certain point la dame Gillian d'autrefois, et les vestiges de son ancienne parure, ainsi que le bas écarlate toujours bien tiré, quoique déplorablement terni, montraient encore un reste de prétention coquette.

Dès qu'elle fut arrivée en vue des pèlerins, elle se mit à piquer Raoul du bout de sa houssine. — Essaie ton nouveau métier, Raoul, lui dit-elle, puisque tu n'es bon à aucun autre ; — va à ces braves gens ; — va à eux, — et demande leur la charité.

— Demander à des mendiants ? marmotta Raoul ; — ce serait chasser aux moineaux, femme.

— Ça nous formera tout de même la main, répliqua Gillian ; et prenant un ton dolent : Dieu vous protège, saints hommes, dit-elle aux étrangers, vous qui avez eu la grâce d'aller à la Terre-Sainte, et qui plus est, celle d'en revenir, faites, je vous prie, quelque aumône à mon pauvre vieux mari, qui est dans un misérable état, comme vous voyez, et à une femme qui a la mauvaise chance d'être la sienne, — le Ciel me soit en aide !

— Silence, femme, et écoutez ce que j'ai à dire, répondit le connétable en mettant la main sur la bride du cheval ; — j'ai en ce moment besoin de ce cheval, et....

— Par la corne de chasse de saint Hubert ! tu ne l'auras pourtant pas sans coups, répliqua le vieux piqueur. Joli monde que celui-ci, où des pèlerins se font voleurs de chevaux !

— Paix, drôle ! dit sèchement le connétable ; je te dis que j'ai en ce moment besoin du service de ton cheval. Voici deux besans d'or pour un jour de service de l'animal ; ce serait bien le payer, dût-il ne jamais te revenir.

— Mais le palefroi est une vieille connaissance, maître ; et si par aventure....

— Peste soit de tes *si* et de tes *par aventure !* interrompit la dame en donnant à son mari une telle bourrade qu'elle faillit le mettre hors de selle. Donne le cheval ! et remercie Dieu et ce digne homme du secours qui nous arrive au moment d'un si grand besoin. Qu'importe le palefroi, quand nous n'avons pas de quoi mettre sous la dent ni pour la bête ni pour nous ? Non pas pourtant que ça pût nous aller de manger de l'herbe et de l'avoine avec lui, comme le roi je ne sais qui dont le bon père avait l'habitude de nous lire l'histoire pour nous endormir.

— Trêve à votre bavardage, femme, dit Raoul en lui offrant son assistance pour lui aider à descendre de cheval ; mais elle préféra celle de Guarine, qui conservait, quoique déjà vieux, l'avantage d'un extérieur mâle et encore vigoureux.

— Je vous remercie humblement de votre bonté, dit-elle à l'écuyer, quand celui-ci la posa à terre après lui avoir au préalable appliqué un baiser. — Et, je vous prie, monsieur, arrivez-vous de la Terre-Sainte ? — Y avez-vous eu quelques nouvelles du connétable de Chester ?

De Lacy était occupé à détacher le coussinet de derrière la selle ; à cette question il s'arrêta court. — Ha ! dit-il, auriez-vous quelque chose à lui dire, femme ?

— Bien des choses, bon pèlerin, si je pouvais mettre la main sur lui ; car ses terres et ses offices, tout va être donné, c'est bien probable, à son infâme voleur de parent.

— Quoi ! — à son neveu Damien ? s'écria le connétable d'un ton rauque et précipité.

— Seigneur mon Dieu, comme vous m'avez fait peur, monsieur ! dit Gillian ; puis se tournant vers Philip Guarine, elle ajouta : Votre camarade est un homme un peu prompt, ce me semble.

— C'est la faute du soleil sous lequel il a vécu si long-temps, répondit l'écuyer ; mais voyez à répondre sincèrement à ses questions, et vous vous en trouverez bien avec lui.

— Gillian prit sur-le-champ la balle au bond. — C'était de Damien de Lacy que vous me parliez? — Hélas! pauvre jeune homme! il n'y a pour lui ni offices ni terres ; — il est plutôt probable qu'on lui fera prendre un air de gibet, au pauvre garçon! — et tout cela pour rien, vrai comme je suis une honnête femme. Damien! — non, non, ce n'est ni Damien ni Damon, — c'est Randal de Lacy qui doit manger le rôti, et avoir toutes les terres, bénéfices et seigneuries du vieux connétable.

— Quoi! — avant qu'on sache si le vieux connétable est mort ou non? — Il me semble que ce serait contre la loi et la raison.

— Bon! mais Randal de Lacy est venu à bout de choses moins probables. Voyez-vous, il a juré au roi qu'on avait des nouvelles certaines de la mort du connétable ; — et on pourrait s'en fier à lui du soin de rendre les nouvelles sûres si une fois le connétable était sous sa main.

— En vérité! Mais vous forgez là des histoires sur un noble seigneur. Allons, allons, ma chère dame, vous dites cela parce que vous n'aimez pas Randal de Lacy.

— Je ne l'aime pas? — et par quelle raison l'aimerais-je, s'il vous plaît? Est-ce parce qu'il a trompé ma simplicité, et qu'il m'a fait l'introduire dans le château de Garde-Douloureuse, quand il était déguisé en porte-balle, — oui, plus d'une fois et plus de deux aussi, et qu'il me faisait lui conter tous les secrets de la famille, et comment ce petit Damien et ma jeune maîtresse lady Eveline se mouraient d'amour l'un pour l'autre sans avoir le courage de s'en dire un mot, de crainte du connétable, quoiqu'il fût à un millier de milles de là? — Vous n'avez pas l'air à votre aise, mon digne monsieur ; — puis-je offrir à votre honneur une goutte de ma bouteille, qui est souveraine pour le *tremor cordis* et les accès de spleen?

— Non, non ; — ce n'était que la douleur d'une ancienne blessure. Mais ce Damien et cette Eveline, comme vous les nommez, je garantis qu'avec le temps ils ont fini par devenir meilleurs amis, — amis plus intimes?

— Eux! — vraiment non, les pauvres innocents! Ils auraient eu besoin de quelqu'un de sage qui se mît entre eux et les conseillât ; car voyez-vous, monsieur, si le vieux Hugo est mort, comme c'est très probable, il serait plus naturel que sa fiancée et son neveu héritassent de ses terres, que ce Randal qui n'est qu'un parent éloigné, et un misérable sans foi, par-dessus le marché. — Croiriez-vous cela, révérend pèlerin, après les monts d'or qu'il m'avait promis? — Quand le château a été pris, et qu'il a vu que je ne pouvais plus lui être utile, il m'a appelée vieille sorcière, et m'a parlé du baquet à plongeon. — Oui, révérend pèlerin, vieille sorcière et baquet à plongeon, ç'a été ses meilleures paroles quand il a su que je n'avais personne pour prendre mon parti, sauf le vieux Raoul qui n'est même plus bon à prendre le sien. Mais si le vieux malaisé de Hugh rapporte de Palestine sa carcasse fatiguée, et qu'il soit seulement la moitié aussi diable que quand il fut assez fou pour y aller, sainte Marie! je me charge de servir son cousin auprès de lui.

Il y eut un moment de silence quand elle cessa de parler.

— Tu dis, s'écria enfin le connétable, que Damien de Lacy et Eveline s'aiment, et que cependant ils ne se sont rendus coupables ni de crime, ni de fausseté, ni d'ingratitude envers m... je veux dire envers leur parent de Palestine?

— S'ils s'aiment, monsieur! oui vraiment, ils s'aiment; — mais ils s'aiment comme des anges, — ou comme des agneaux, — ou comme des fous, si vous voulez; car ils ne se seraient tant seulement jamais parlé, sans ce Randal de Lacy.

— Comment! — Randal? — Par quel motif pouvait-il vouloir qu'ils se rencontrassent

— Oh! leur rencontre ne fut pas de son fait; seulement, il avait formé un plan pour enlever lui-même lady Eveline, car c'est un vrai démon que ce Randal. Si bien qu'il vint déguisé en marchand de faucons, et qu'il réussit à nous faire tous sortir du château, mon vieux stupide de Raoul que voilà, et lady Eveline, et nous toutes, comme pour prendre une heure de plaisir à chasser le héron. Mais il avait mis une bande d'éperviers gallois à l'affût pour fondre sur nous, et sans l'arrivée subite de Damien qui vint à notre secours, on ne saurait dire ce qu'il serait advenu de nous. Et Damien ayant été blessé dans l'échauffourée, fut transporté à Garde-Douloureuse par pure nécessité; et si ce n'avait été pour lui sauver la vie, ma croyance est que mylady ne lui aurait jamais dit de traverser le pont-levis, quand bien même il l'aurait demandé.

— Femme, reprit le connétable, songe à ce que tu dis! si tu as eu précédemment quelque chose à te reprocher en tout ceci, comme je le soupçonne d'après ta propre histoire, ne cherche pas à te justifier par un enchaînement de nouvelles impostures, uniquement par dépit de ne pas avoir eu ta récompense.

— Pèlerin, dit à son tour le vieux Raoul d'une voix cassée et tremblotante, j'ai l'habitude de laisser à ma femme Gillian tout ce qui est affaire de caquetage, attendu qu'il n'y a pas dans toute la chrétienté de langue mieux pendue. Mais tu parles en homme qui a en tout ceci quelque intérêt; c'est pourquoi je te dirai tout uniment que quoique cette femme ait publié sa propre honte en avouant ses intelligences avec ce Randal de Lacy, tout ce qu'elle a dit n'en est pas moins vrai comme l'évangile; et quand ce serait ma dernière parole, je dirais que Damien et lady Eveline sont aussi innocents de toute trahison et de tout acte déshonnête que l'enfant qui va naître. — Mais à quoi sert ce que peuvent dire des gens comme nous, qui sont chassés et réduits à mendier leur pain pour vivre, après avoir vécu dans une bonne maison et au service d'un bon maître, — la bénédiction du Ciel soit avec lui !

— Mais, dites-moi : ne reste-t-il pas d'anciens serviteurs de la maison qui puissent rendre le même témoignage que vous?

— Hum! fit le piqueur; — on n'est pas disposé à jaser quand on entend le fouet de Randal de Lacy claquer sur sa tête. Beaucoup ont été tués ou sont morts de faim ; — quelques uns ont été congédiés ; — d'autres ont disparu. Pourtant, il y a le tisserand Flammock et sa fille Rose qui savent de l'affaire autant que nous.

— Quoi ! — Wilkin Flammock, le brave Flamand? lui et sa fille Rose, une bonne fille, quoique un peu brusque? — Je garantirais leur véracité sur ma vie. Où demeurent-ils? — que sont-ils devenus au milieu de ces bouleversements

— Au nom du Ciel, qui donc êtes-vous, *vous* qui nous faites ces questions? dit dame Gillian. Raoul, Raoul, — nous avons été trop libres; il y a dans ce regard et ce ton-là quelque chose dont j'aurais dû me souvenir.

— Oui, regardez-moi mieux en face, repartit le connétable, en rejetant en arrière le capuchon qui jusqu'alors avait en grande partie caché ses traits.

— A genoux, — à genoux, Raoul! s'écria Gillian en se jetant elle-même aux pieds de Hugh de Lacy; c'est le connétable lui-même, et il m'a entendue l'appeler le vieux Hugh !

— C'est du moins tout ce qui reste de celui qui a été le connétable, répliqua de Lacy ; et le vieux Hugh vous pardonne volontiers votre liberté, en considération de vos bonnes nouvelles. Où trouverai-je Flammock et sa fille?

— Rose est avec lady Eveline, répondit dame Gillian; mylady l'a probablement prise pour dame d'atours à ma place, quoique Rose n'ait jamais été en état d'habiller tant seulement une poupée hollandaise.

— La fidèle fille! — Et où est Flammock?

— Oh! quant à lui, il a eu du roi pardon et faveur, répondit Raoul ; et il est chez lui avec sa bande de tisserands, tout près du pont du Combat, comme on appelle maintenant l'endroit où Votre Honneur a frotté les Gallois.

— Je vais donc y aller, reprit le connétable ; et puis nous verrons quel accueil le roi Henry d'Anjou aura pour un vieux serviteur. Il faut que vous m'accompagniez tous les deux.

— Mylord, dit Gillian en hésitant, vous savez que les pauvres gens ne sont guère remerciés de se mêler des affaires des grands. Je compte que Votre Honneur sera en état de nous protéger si nous disons la vérité, et que vous ne me reprocherez pas ce que j'ai fait, ayant agi pour le mieux.

— Paix, femme, et va-t-en au diable! fit Raoul. Ne vas-tu pas t'occuper de ta vieille carcasse pécheresse, quand tu ne devrais penser qu'à sauver ta bonne maîtresse de la honte et de l'oppression? — Et quant à ta mauvaise langue et à ce que tu as pu faire encore de pis, mylord sait que ce sont chez toi défauts de nature.

— Silence, brave homme! dit le connétable; nous ne reviendrons pas sur les fautes de ta femme, et ta fidélité sera récompensée. — Quant à vous, mes fidèles compagnons, continua-t-il en se tournant vers Guarine et Vidal, quand de Lacy aura recouvré ses droits, ce dont il ne doute pas, son premier désir sera de récompenser votre zèle.

— Le mien, quel qu'il soit, a été et sera sa propre récompense, repartit Vidal. Je n'accepterai pas dans sa prospérité de faveurs de celui qui dans l'adversité m'a refusé sa main; — nos comptes sont encore ouverts.

— Allons, tu es fou, mais ta profession a le privilége du fantasque, dit le connétable, dont les traits fatigués et assez peu remarquables paraissaient presque beaux quand ils étaient animés par un sentiment de gratitude envers le Ciel ou de bienveillance envers les hommes. Nous nous retrouverons au pont du Combat une heure avant les vêpres; — d'ici là, j'aurai fait bien des choses.

— L'intervalle est court, dit son écuyer.

— J'ai gagné une bataille en moins de temps.

— Où ont succombé bien des hommes qui se croyaient certains de la vie et de la victoire, ajouta le ménestrel.

— Et c'est ainsi que mon dangereux cousin Randal verra ses plans d'ambition déjoués, repartit le connétable. Et il s'éloigna à cheval, accompagné de Raoul et de sa femme qui étaient remontés sur leur palefroi, tandis que le ménestrel et l'écuyer suivaient à pied, et, naturellement, beaucoup moins vite.

CHAPITRE XXXI.

> Oh ! ne craignez pas, mon bon lord John, — ne craignez pas que je vous trahisse, ni que je demande à être récompensé pour une dette que la nature ne saurait payer.
>
> Soyez témoins, pouvoirs célestes, — lumières qui brillez au firmament, — que cette nuit montrera la force du lien sacré qui engage votre foi à la mienne. *Ancienne ballade écossaise.*

Restes en arrière de leur maître, les deux serviteurs d'Hugh de Lacy marchaient dans un sombre silence, en hommes qui n'avaient l'un pour l'autre ni amitié ni confiance, bien qu'attachés à un service commun, et participant, conséquemment, aux mêmes espérances et aux mêmes craintes. L'aversion, à la vérité, était principalement du côté de Guarine; car rien ne pouvait être plus indifférent à Vidal que ne le lui était son compagnon, sauf qu'ayant conscience que celui-ci ne l'aimait pas, il le regardait comme assez probablement disposé à traverser, autant qu'il serait en son pouvoir, certains plans que lui, Vidal, avait fort à cœur. Il faisait, au surplus, peu d'attention à l'écuyer, et fredonnait à part lui, comme pour s'exercer la mémoire, des romances et des chansons composées pour la plupart en langues que ne comprenait pas Guarine, qui n'avait d'oreilles que pour l'idiome de sa terre natale, le normand.

Depuis près de deux heures ils marchaient dans cette humeur peu sociable, lorsqu'ils firent rencontre d'un domestique à cheval conduisant un second palefroi sellé. — Pèlerins, leur dit cet homme après les avoir regardés avec quelque attention, lequel de vous se nomme Philip Guarine?

— C'est moi qui réponds à ce nom-là, faute d'un meilleur, repartit l'écuyer.

— En ce cas, votre maître vous fait ses compliments, et il vous envoie ce signe auquel vous devrez reconnaître que je suis vraiment son messager.

En même temps, cet homme montra à l'écuyer un chapelet que Philip reconnut sur-le-champ pour celui du connétable.

— Je reconnais le signe, dit-il; quel est le bon plaisir de mon maître?

— Il m'a chargé de vous dire que sa visite réussit aussi bien que possible, et que ce soir même, au coucher du soleil, il sera rentré en possession de ce qui est à lui. C'est pourquoi il demande que vous montiez ce cheval et que vous veniez avec moi à Garde-Douloureuse, attendu qu'on aura besoin que vous y soyez présent.

— C'est bien, et j'obéis, repartit l'écuyer très content de la teneur du message, et n'étant pas fâché de se séparer de son compagnon de route.

— Et de quoi vous a-t-il chargé pour moi? demanda le ménestrel au messager.

— Si, comme je le présume, vous êtes le ménestrel Renault Vidal, vous aurez à attendre votre maître au pont du Combat, comme il vous l'avait recommandé.

— Je m'y trouverai, ainsi que mon devoir m'y oblige, répliqua Vidal; et à peine avait-il articulé cette réponse, que les deux cavaliers, tournant bride et s'éloignant d'un bon pas, étaient déjà presque hors de vue.

Il était alors quatre heures de l'après-midi, et le soleil descendait rapidement; cependant, il restait encore plus de trois heures à s'écouler jusqu'au moment fixé pour le rendez-vous, et le lieu convenu n'était pas à plus de quatre milles. Vidal donc, soit pour se reposer, soit pour rêver à son aise, s'écarta du sentier et entra dans un bouquet d'arbres sur la gauche, d'où sortait un ruisseau alimenté par une petite source qu'on entendait surgir en bouillonnant. Là, le voyageur s'assit à terre, et d'un air distrait qui semblait annoncer que sa pensée était ailleurs, il resta plus d'une demi-heure dans la même attitude, les yeux fixés sur le cristal de la petite fontaine, de manière à ce qu'on eût pu le prendre pour la statue d'une divinité aquatique des temps païens, penchée sur son urne et contemplant les trésors liquides qui s'en épanchaient. A la fin, cependant, il parut sortir de cet état de profonde rêverie; il se redressa, et tira de son sac de pèlerin quelques aliments grossiers, comme s'il se fût souvenu tout-à-coup que la vie ne peut pas se soutenir d'elle-même. Mais il avait probablement à cœur quelque chose qui lui serrait la gorge ou lui coupait l'appétit. Après avoir inutilement essayé d'avaler un morceau, il le rejeta avec dégoût et prit un petit flacon qui contenait du vin ou quelque autre liqueur. Mais ce breuvage ne parut pas lui plaire davantage, car il rejeta la bouteille comme il avait rejeté les aliments, et se penchant sur la source il y but à longues gorgées le pur élément, s'y rafraîchit les mains et le visage, puis se relevant plus dispos en apparence, il se remit lentement en marche, chantant, chemin faisant, mais à voix basse et d'un accent mélancolique, de bizarres fragments d'anciennes poésies, en une langue non moins ancienne.

Cheminant ainsi tristement, il arriva enfin en vue du pont du Combat, non loin duquel s'élevaient avec orgueil les sombres et fortes tours du

CHAPITRE XXXI.

château célèbre de Garde-Douloureuse.—C'est donc ici, se dit-il,—c'est donc ici que je dois attendre l'orgueilleux de Lacy. Hé bien, soit, au nom du Ciel!—avant que nous nous séparions il me connaîtra mieux.

A ces mots, il traversa rapidement le pont d'un pas résolu, et gravissant un monticule qui s'élevait à quelque distance sur l'autre rive, il contempla un moment la scène qui s'étendait à ses pieds,—la rivière, colorée des riches reflets du couchant,—les arbres, déjà atteints de la nuance rougeâtre de l'automne, qui attire l'œil et attriste l'esprit,—les murs noirâtres et les tours du castel féodal, d'où partait par intervalles un éclat de lumière éblouissant, lorsque les armes de quelque sentinelle venaient à recevoir et à réfléchir un rayon passager du soleil couchant.

La physionomie du ménestrel, jusque là sombre et agitée, parut éprouver l'heureuse influence de cette scène paisible. Il desserra et rejeta en arrière sa robe de pèlerin, dont les amples plis retombèrent autour de lui comme ceux d'un manteau, sous lequel paraissait son tabard de ménestrel. Il prit une *rote* suspendue à son côté, et il en tira un air gallois, qu'il interrompait de temps à autre pour chanter un lai dont nous ne pouvons offrir qu'un petit nombre de fragments, littéralement traduits de l'antique langage dans lequel ils étaient composés; et nous ferons remarquer qu'ils sont écrits dans ce style un peu vagabond de poésie symbolique que Taliessin, Llewarch Hen et d'autres bardes avaient peut-être emprunté au temps des druides.

« Qui a rompu tes cordes? demandai-je à ma harpe; et elle répondit : Le doigt crochu dont se sont moqués mes chants. On peut plier une lame d'argent; — une lame d'acier résiste. — La bonté s'efface, mais la vengeance dure long-temps.

» Le goût délicieux de l'hydromel passe des lèvres, mais le suc de l'absinthe y laisse long-temps son amertume. Le mouton se laisse conduire à la boucherie, et le loup parcourt la montagne. — La bonté s'efface, mais la vengeance dure long-temps.

» Je demande au fer rougi que le marteau bat sur l'enclume pourquoi il conserve plus long-temps sa chaleur et son éclat que le morceau de bois allumé au même brasier. — Je sors de la mine obscure, et le bois est né sur la riante pelouse. — La bonté s'efface, mais la vengeance dure long-temps.

» Je demande au chêne languissant pourquoi ses rameaux sont nus et desséchés comme les bois du cerf. Il me fait voir qu'un petit ver a rongé ses racines. L'enfant qui se souvient de la correction qu'il a reçue ouvre à minuit le guichet du château. — La bonté s'efface, mais la vengeance dure long-temps.

» La foudre renverse les temples, quoique leurs clochers percent les nuages; les flottes sont dispersées par la tempête, quoique aux vents elles opposent leurs voiles. L'orgueilleux succombe au sein même de sa gloire, sous l'atteinte de l'ennemi qu'il méprise. — La bonté s'efface, mais la vengeance dure long-temps. »

D'autres images également étranges se pressaient en foule dans le chant du barde, toutes offrant quelque analogie, bien que bizarre et souvent éloignée, avec le thème qui se représentait en refrain à la fin de chaque stance ; de telle sorte que la poésie ressemblait ici à un morceau de musique où l'on revient par intervalles, après s'être égaré dans les fantaisies de variations nombreuses, à la simple mélodie sur laquelle sont brodés les ornements.

Tandis que le ménestrel chantait, son regard restait fixé sur le pont et sur les objets avoisinants ; mais quand vers la fin de son chant il leva les yeux et les porta sur les tours les plus éloignées de Garde-Douloureuse, il vit que les portes en étaient ouvertes et que la garnison du château se déployait hors des barrières, comme si quelque expédition se fût préparée ou qu'un personnage important eût été sur le point de paraître sur la scène. Promenant en même temps les yeux autour de lui, il s'aperçut que la campagne, si solitaire quand il s'était assis sur la pierre grisâtre d'où il la dominait, commençait alors à se remplir de curieux.

Durant sa rêverie, nombre de personnes, isolées ou en groupes, hommes, femmes et enfants, s'étaient assemblées sur les deux rives de la rivière et paraissaient s'y tenir dans l'attente de quelque spectacle. Il y avait aussi un grand mouvement près des moulins des Flamands qu'il lui était aisé aussi de distinguer, bien qu'ils fussent à quelque distance. Il crut voir s'y disposer un cortége, qui bientôt en effet se mit en mouvement, cornemuse et tambour en tête, et au son de divers autres instruments de musique ; et cette espèce de procession se dirigea en bon ordre vers l'endroit où Vidal était assis.

L'affaire dont il s'agissait semblait être d'une nature pacifique ; car les vieillards à barbe grise de la petite colonie, décemment vêtus de leurs casaques brunes, venaient immédiatement après les musiciens, rangés trois par trois, s'appuyant sur leurs bâtons, et réglant sur leur pas lent et mesuré la marche de tout le cortége. Après ces anciens de l'établissement venait Wilkin Flammock, monté sur son vigoureux cheval de guerre et complétement couvert de son armure, sauf la tête qu'il avait nue, comme un vassal se disposant à rendre hommage militaire à son suzerain. Après lui, s'avançait en rang de bataille la fleur de la petite colonie au nombre de trente hommes bien armés et bien équipés, et dont le pas assuré, aussi bien que l'armure brillante de propreté, annonçaient vigueur et discipline, quoiqu'on ne vît en eux ni le regard de feu du soldat français, ni l'air de résolution morose qui caractérisait le soldat anglais, ni l'impétuosité sauvage qui distinguait alors les Gallois. Les matrones et les jeunes filles de la colonie venaient ensuite ; puis les enfants avec leurs joues de chérubins, l'air aussi sérieux et la démarche aussi grave que leurs parents. Enfin, et comme arrière-garde, venaient les jeunes gens de quinze à vingt ans, armés de lances légères, d'arcs et d'armes de même nature assorties à leur âge.

Cette procession fit en partie le tour du monticule sur lequel se trouvait le ménestrel ; puis elle traversa le pont du même pas lent et régulier, et se forma en double ligne se faisant face, comme pour recevoir quelque personnage de conséquence ou être témoin de quelque cérémonie. Flammock se tint à l'extrémité de l'avenue ainsi formée par ses compatriotes, et s'occupa avec zèle, quoique sans sortir de son calme habituel, des arrangements et des préparatifs nécessaires.

Pendant ce temps, des gens venus de tous les points du pays et qui traversaient la campagne dans toutes les directions, commençaient à se réunir, amenés là selon toute apparence par simple curiosité, et formaient un assemblage bigarré à l'extrémité du pont la plus rapprochée du château. Deux paysans anglais passèrent tout près de la pierre qui servait de siége à Vidal. — Veux-tu nous chanter une chanson, ménestrel ? lui dit l'un des deux ; voici un *tester* pour toi. Et en même temps il jetait dans son chapeau une petite pièce de monnaie d'argent.

— Je suis sous un vœu, répondit le ménestrel, et je ne puis pas quant à présent pratiquer la gaie science.

— Ou plutôt tu es trop fier pour jouer pour des paysans anglais, repartit le plus âgé, car ton accent sent le normand.

— Garde tout de même l'argent, reprit le plus jeune. Ce que le ménestrel refuse de gagner sera pour le pèlerin.

— Réservez votre libéralité pour d'autres, mon bon ami, lui dit Vidal ; je n'en ai pas besoin. — Soyez plutôt assez bon pour me dire qu'est-ce qui se prépare ici.

— Eh ! ne savez-vous pas que nous avons retrouvé notre connétable de Lacy, et qu'il va accorder solennellement aux tisserands flamands l'investiture de toutes ces belles choses que Harry d'Anjou a données ? — Si Edouard le Confesseur avait encore été en vie pour donner à ces coquins de Flamands ce qu'ils méritent, ç'aurait été un air de potence. — Mais allons, voisin ; nous n'allons plus rien voir.

A ces mots, ils redescendirent la butte en toute hâte.

Vidal tint les yeux fixés sur les portes du château, et quoiqu'à cette distance il ne pût voir ou entendre qu'imparfaitement, aux ondoiements des bannières et aux mouvements des cavaliers il put juger néanmoins que quelque haut personnage se disposait à sortir du château à la tête d'une nombreuse suite militaire. Des fanfares lointaines de trompettes, dont les sons, quoique affaiblis par la distance, arrivaient cependant distinctement jusqu'à lui, semblaient confirmer cette conjecture. Presque aussitôt il s'aperçut, à la poussière qui commençait à s'élever en colonnes entre le pont et le château, ainsi qu'au son des clairons de plus en plus rapproché, que ce nouveau cortége avançait vers lui.

Vidal, de son côté, paraissait indécis s'il devait conserver la position où il se trouvait, et d'où il dominait, mais à distance, l'ensemble de la scène, ou s'il irait se mêler, pour voir les choses de plus près, quoique partiellement, à la foule qui se pressait en ce moment des deux côtés du pont, sauf dans l'espace que maintenaient libre les deux lignes formées par les Flamands.

Un moine passa en ce moment non loin de Vidal, et sur ce que celui-ci s'enquit comme auparavant de la cause de cette assemblée, il répondit, d'une voix que son capuchon interceptait à demi, que c'était le connétable de Lacy qui, comme premier acte de son autorité, allait remettre aux Flamands une charte royale de leurs immunités.

— Il me semble qu'il a grande hâte de l'exercer, son autorité.

— Celui qui vient de ceindre une épée est impatient de la tirer, repartit le moine; et il ajouta quelques paroles que le ménestrel n'entendit qu'imparfaitement, car le père Aldrovand n'était pas encore remis de ce qu'il avait souffert durant le siége.

Vidal, toutefois, crut comprendre qu'il allait trouver le connétable pour lui demander d'intercéder en sa faveur.

— Je vais le trouver aussi, dit Renault Vidal en se levant tout-à-coup de la pierre qu'il occupait.

— En ce cas, suivez-moi, murmura le prêtre; les Flamands me connaissent et me laisseront avancer.

Mais le père Aldrovand étant en disgrâce, son influence ne fut pas aussi grande qu'il s'en était flatté; lui et le ménestrel, pressés et poussés par la foule, se trouvèrent séparés l'un de l'autre.

Vidal, cependant, fut reconnu par les paysans anglais qui lui avaient précédemment parlé. — Ménestrel, lui dit l'un d'eux, peux-tu faire quelque tour de jongleur? Tu pourrais gagner une belle largesse, car notre maître normand aime la jonglerie.

— Je n'en connais qu'un, répondit Vidal, et je le montrerai si vous voulez me faire un peu de place.

On se pressa pour lui laisser un espace libre, et lui donner le temps de mettre de côté son bonnet et d'ôter les guêtres de cuir qui lui recouvraient les jambes et les genoux, qu'il mit ainsi à nu, ne gardant que ses sandales. Il noua ensuite autour de ses cheveux noirs et de son front brûlé du soleil un mouchoir de couleur; puis, se dépouillant de son vêtement de dessus, il montra ses bras nerveux nus jusqu'à l'épaule.

Mais tandis qu'il amusait par ces préparatifs ceux qui l'entouraient immédiatement, une commotion et un mouvement prolongé qui se firent sentir dans la foule, ainsi que le son rapproché des trompettes, auquel répondirent tous les instruments de la musique flamande, aussi bien que les cris Vive le brave connétable! — Notre-Dame protège le vaillant de Lacy! proférés en normand et en anglais, annoncèrent que le connétable était à peu de distance.

Vidal fit d'incroyables efforts pour approcher du chef du cortége, dont la foule d'officiers et d'hommes armés qui l'entourait ne lui permettait de distinguer que le morion surmonté d'un panache élevé, et le *truncheon* ou bâton de commandement qu'il tenait à la main droite. Enfin il réussit à arriver à cinq ou six pas du connétable, qui se trouvait en ce moment au centre d'un petit cercle qu'on avait réussi, non sans peine, à tenir libre, et où devait avoir lieu la cérémonie. Il tournait le dos au ménestrel, et il s'était penché sur son cheval pour remettre la charte royale à Wilkin Flammock, qui avait mis un genou à terre pour la recevoir plus révérencieusement. Cette position de Wilkin obligeait le connétable de se baisser tellement, que les plumes de son morion semblaient se confondre avec la crinière flottante de son noble coursier.

En ce moment Vidal s'élança, avec une singulière agilité, par-dessus la tête des Flamands qui formaient le cercle; et en un clin d'œil il avait le genou droit sur la croupe du cheval du connétable, — en même temps que de la main gauche il avait saisi le collet de la cotte de buffle de de Lacy; alors, s'attachant à sa victime comme un tigre à la proie sur laquelle il vient de s'élancer, il tira par un mouvement non moins rapide un poignard court et acéré et l'enfonça tout entier derrière le cou, à l'endroit même où l'épine dorsale, qui fut divisée sous la lame, porte au tronc du corps humain les mystérieuses influences du cerveau. Le coup fut porté avec autant de sûreté de coup d'œil que de vigueur de bras. Le malheureux cavalier tomba de cheval, sans gémissement ni lutte, comme un taureau dans l'amphithéâtre sous l'acier du tauréador; et le meurtrier se mit rapidement en selle à sa place, brandissant le poignard ensanglanté et pressant le cheval des talons pour le faire partir à travers la foule.

Il était en effet possible qu'il s'échappât, tant ceux qui l'entouraient étaient restés paralysés au premier moment par l'audace et la soudaineté du forfait; mais la présence d'esprit de Flammock ne l'abandonna pas. — Il saisit le cheval par la bride, et aidé de ceux qui n'avaient besoin que d'un exemple, il s'empara du meurtrier, lui lia les bras, et cria à haute voix qu'il fallait le conduire devant le roi Henry. Cette proposition, mise en avant par Flammock d'un ton ferme et résolu, imposa silence à mille cris sauvages — Au meurtre! à la trahison! — qui s'étaient élevés du sein de la foule, où les races diverses et hostiles qui la composaient se renvoyaient l'une à l'autre cette accusation de trahison.

Les vagues tumultueuses de la foule se réunirent alors en un seul flot, qui se précipita d'un accord unanime dans la direction de Garde-Douloureuse, à l'exception d'un petit nombre de personnes de la suite du seigneur assassiné, qui restèrent près du corps de leur maître pour le faire enlever avec la décente solennité du deuil d'un lieu où il était arrivé avec tant de pompe et au milieu d'un tel triomphe.

A son arrivée à Garde-Douloureuse, Flammock y fut introduit sans difficulté avec son prisonnier et ceux des témoins du crime qu'il avait désignés pour l'accompagner. A la demande qu'il fit d'une audience, on lui répondit que le roi avait défendu que jusqu'à nouvel ordre personne fût introduit près de lui ; mais la nouvelle de l'assassinat du connétable était si singulière, que le capitaine des gardes se hasarda à enfreindre la défense pour faire part à Henry de cet événement ; et il revint avec l'ordre d'introduire immédiatement dans l'appartement royal Flammock et son prisonnier. Ils y trouvèrent Henry en compagnie de plusieurs personnes ; celles-ci se tinrent respectueusement derrière le siége royal, dans une partie obscure de la chambre.

Au moment où Flammock entra, son épaisse corpulence et ses membres massifs formaient un étrange contraste avec ses traits pâles de l'horreur dont l'avait frappé ce dont il venait d'être témoin, et aussi de l'espèce de crainte respectueuse dont il ne put se défendre en se trouvant ainsi en présence de son souverain. Près de lui se tenait son prisonnier, qui n'avait rien perdu de son assurance dans la situation où il était placé. Le sang qui avait jailli de la blessure de sa victime souillait ses membres nus et ses rares vêtements, mais particulièrement son front et le mouchoir qui l'enveloppait.

Henry jeta sur lui un regard menaçant, que non seulement le meurtrier soutint sans effroi, mais auquel il parut même répondre par un regard de défi.

— Personne ne connaît-il ce misérable? demanda Henry en portant les yeux autour de lui.

Il n'y eut pas de réponse immédiate ; mais enfin Philip Guarine, sortant du groupe qui se tenait derrière le fauteuil royal, dit, quoique en hésitant : Plaise à Votre Grâce, mylord, sans l'étrange accoutrement sous lequel il est maintenant déguisé, je dirais que c'est un ménestrel de la maison de mon maître, nommé Renault Vidal.

— Tu te trompes, Normand, répliqua le ménestrel ; mes fonctions domestiques et le nom que j'avais pris étaient un nom et des fonctions d'emprunt. — Je suis Cadwallon le Breton, — Cadwallon des Neuf-Lais, — Cadwallon le premier barde de Gwenwyn de Powys-Land, — et son vengeur!

Au moment où il proférait ce dernier mot, son regard rencontra celui d'un pèlerin qui s'était avancé peu à peu de l'enfoncement où stationnaient les personnes de la suite du roi, et qui maintenant se trouvait vis-à-vis de lui.

Les yeux du Gallois prirent une telle expression d'épouvante qu'on aurait dit qu'ils allaient sortir de leurs orbites, en même temps qu'il s'écriait d'un ton de surprise mêlé d'horreur : Les morts paraissent-ils devant les rois? — ou si tu es vivant, *qui* donc ai-je tué? — Je n'ai sûrement rêvé ni le saut que j'ai fait ni le coup que j'ai porté? — et pourtant ma victime est devant moi! N'ai-je pas tué le connétable de Chester?

— Tu as en effet tué le connétable, répondit le roi ; mais sache, Gallois, que c'était Randal de Lacy, à qui cette charge avait été conférée ce matin, dans la croyance où nous étions que notre loyal et fidèle Hugh de Lacy avait péri à son retour de la Terre-Sainte, ayant su que le bâtiment qu'il montait avait fait naufrage. Tu n'as abrégé que de quelques heures la courte élévation de Randal ; car le soleil en se levant demain l'aurait retrouvé sans terres ni seigneurie.

Le prisonnier pencha la tête sur sa poitrine avec un désespoir évident. — Je pensais, murmura-t-il, qu'il avait fait peau neuve et s'était dépêché de se produire dans toute sa gloire. Puissent me tomber de la tête ces yeux qui se sont laissé tromper par ces hochets, un bonnet panaché et un bâton verni !

— J'aurai soin, Gallois, que tes yeux ne te trompent plus, reprit le roi ; avant que le jour ne soit d'une heure plus avancé, ils seront fermés à toutes les choses de ce monde.

— Puis-je demander à Votre Grâce, dit le connétable, qu'il me soit permis d'adresser quelques questions à ce malheureux?

— Lorsque moi-même je lui aurai demandé, repartit le roi, pourquoi il a trempé ses mains dans le sang d'un noble normand ?

— Parce que celui à qui je destinais mon coup avait versé le sang du descendant de mille rois, répondit le Breton, dont l'œil farouche se portait du roi à de Lacy ; et près de ce sang-là, le sien, et le tien aussi, orgueilleux comte d'Anjou, ne sont que la bourbe du grand chemin comparée à l'eau d'une pure fontaine.

L'œil de Henry menaça l'audacieux Gallois ; mais le roi contint sa colère en voyant le regard suppliant du connétable. — Que veux-tu lui demander? dit-il ; sois bref, car nous avons peu de temps.

— Plaise à Votre Grâce, sire, je ne voulais que lui demander pourquoi il s'est abstenu pendant des années d'attenter à la vie à laquelle il en voulait, alors qu'elle était en son pouvoir, — et même quand je l'aurais perdue sans le dévouement de son apparente fidélité?

— Normand, dit Cadwallon, je vais te répondre. Quand pour la première fois je pris sur moi d'entrer à ton service, c'était bien mon dessein de te tuer dès la première nuit. — Voilà, ajouta-t-il en désignant du doigt Philip Guarine, l'homme à la vigilance de qui tu dus ta sûreté.

— En effet, je me souviens de quelques indices d'un tel dessein ; mais par quelle raison y as-tu renoncé, quand tu as eu par la suite d'autres opportunités?

— Quand le meurtrier de mon souverain fut devenu soldat de Dieu et qu'il servit Sa cause en Palestine, il fut à l'abri de ma vengeance en ce monde.

— Merveilleux scrupule de la part d'un assassin gallois! dit le roi d'un ton de mépris.

— Oui, répliqua Cadwallon, c'est un scrupule auquel auraient eu peine à atteindre certains princes chrétiens qui n'ont jamais négligé la chance de pillage ou de conquête que leur offrait l'absence d'un rival parti pour la sainte croisade.

— Par la sainte Croix!... dit Henry sur le point d'éclater, car l'insulte le touchait particulièrement; mais s'arrêtant subitement, il reprit d'un air de mépris : Que l'on conduise ce misérable au gibet.

— Rien qu'une autre question, Renault, ou n'importe quel que soit ton nom, dit de Lacy. Depuis mon retour tu m'as rendu des services qui ne s'accordent pas avec ton implacable résolution de m'ôter la vie ; — tu m'as aidé lors de mon naufrage, — tu m'as guidé sans encombre pour traverser le Wales, où mon nom seul eût été un arrêt de mort contre moi, et tout cela après que la croisade était terminée?

— Je pourrais résoudre tes doutes, répondit le barde, n'était-ce qu'on pourrait croire que je plaide pour ma vie.

— Que cette considération-là ne t'arrête pas, dit le roi; car notre saint père le pape intercèderait-il pour toi, sa prière serait vaine.

— Hé bien donc, reprit Cadwallon, sachez la vérité. J'étais trop fier pour permettre que rien ou personne au monde, vagues ou Gallois, eussent part à ma vengeance. Sachez aussi ce qui, peut-être, fut une faiblesse chez Cadwallon : — le temps et l'habitude avaient partagé mes sentiments pour de Lacy entre la haine et l'admiration. J'envisageais encore ma vengeance, mais comme quelque chose que jamais je ne pourrais compléter, et qui semblait plutôt une image dans les nuages qu'un objet dont il me faudrait m'approcher un jour. — Et lorsque aujourd'hui même, ajouta-t-il en se tournant vers de Lacy, je t'ai vu si décidé, si fermement décidé à supporter en homme le sort qui te menaçait, — au point que je croyais voir en toi la dernière tour d'un palais en ruines portant encore sa tête vers le ciel au milieu des débris amoncelés de son ancienne splendeur, — puissé-je périr, me suis-je dit secrètement en moi-même, avant que ma main complète sa ruine! Oui, de Lacy, en ce moment, même en ce moment, — il y a seulement quelques heures, — si tu avais accepté la main que je t'offrais, je t'aurais servi comme jamais serviteur n'a servi un maître. Mais tu l'as repoussée avec mépris ; — et pourtant, malgré cette insulte, il a fallu que je te visse — du moins je le croyais — traverser à cheval, dans tout l'orgueil de l'insolence normande, le champ où tu as tué mon maître, pour ranimer ma résolution de porter le coup, coup qui t'était destiné, et qui a du moins immolé un homme de ta race usurpatrice. — Je ne répondrai plus à aucune question ; — conduisez-moi à la hache ou au gibet, — cela est indifférent à Cadwallon. — Mon âme aura bientôt été rejoindre mes libres et nobles ancêtres, mon royal et bien-aimé patron !

— Mon lige et mon prince, dit de Lacy en fléchissant le genou devant Henry, après avoir entendu ce que vient de dire cet homme, pourrez-vous refuser ce que va vous demander votre ancien serviteur ? — Faites grâce à cet homme ! — n'éteignez pas une telle lumière, parce qu'elle erre dans une fausse route.

— Lève-toi, lève-toi, de Lacy, et rougis de ta demande ! répliqua le roi. Le sang de ton parent, — le sang d'un noble normand, est encore sur la main et sur le front du Gallois. Par ma couronne de roi ! il mourra avant que ce sang ait été essuyé. — Holà ! conduisez-le immédiatement à l'exécution.

Cadwallon fut emmené sur-le-champ par des gardes. Le connétable semblait continuer son intercession par son attitude plutôt qu'en paroles.

— Tu es fou, de Lacy, — tu es fou de me presser ainsi, mon vieil et loyal ami, reprit le roi en forçant le connétable à se relever. Ne vois-tu pas qu'en cette affaire c'est de toi que j'ai souci ? — Ce Randal, par largesses et promesses, s'était fait nombre d'amis qu'il ne sera peut-être pas facile de ramener à ton allégeance, revenant, comme tu reviens, moins puissant et moins riche que tu ne l'étais. S'il eût vécu, nous aurions pu avoir fort à faire pour le priver entièrement du pouvoir qu'il avait acquis. Nous avons obligation à l'assassin gallois qui nous en a débarrassé ; mais ses adhérents pousseraient de beaux cris si nous faisions grâce au meurtrier ! Quand le sang aura payé pour le sang, tout sera oublié, et leur fidélité reprendra son cours naturel pour toi qui es leur seigneur légitime.

Hugo de Lacy se releva, et chercha, quoique respectueusement, à combattre les raisons politiques que son rusé souverain, il le voyait clairement, alléguait moins par considération pour lui que dans l'intention prudente d'effectuer le changement d'autorité féodale avec le moins possible de trouble et d'embarras pour le pays et pour l'autorité royale.

Henry écouta patiemment les arguments de de Lacy et y répondit avec calme, jusqu'à ce que le bruit du tambour et les sons de la cloche du château annonçassent que tout était fini. Il conduisit alors de Lacy à la fenêtre, sur laquelle — car la nuit était maintenant fermée — une forte clarté rougeâtre commençait à se refléter du dehors. Un corps d'hommes d'armes, chaque soldat portant une torche allumée, revenait de l'exécution du farouche mais courageux Breton, et longeait la terrasse en proférant les cris de Vive le roi Henry ! ainsi périssent tous les ennemis de la noblesse normande !

CONCLUSION.

> Un soleil s'est couché, — un astre s'est levé, ô
> Géraldine! depuis que tes bras ont servi de prison
> à une aimable dame. COLERIDGE.

C'ÉTAIT à tort qu'après la capture du château d'Eveline Bérenger le bruit populaire avait assigné à la châtelaine dépossédée une détention plus rigoureuse que celle qu'elle pouvait trouver chez sa tante l'abbesse du couvent de Cîteaux. Au surplus, elle l'était assez; car les vieilles tantes encore filles, abbesses ou non, ne sont pas tolérantes pour les fautes de la nature de celle dont on accusait Eveline, et on s'y prit de bien des manières pour faire manger à l'innocente damoiselle le pain de la honte et de l'amertume de cœur. Chaque jour sa détention devenait plus insupportable, par suite des traits plus ou moins directs qui lui étaient continuellement lancés, tantôt sous les dehors de la compassion, tantôt sous forme de consolation ou d'exhortation, mais qui, dépouillés de ces dehors mensongers, n'étaient tous que colère et insulte mal dissimulées. La compagnie de Rose était tout ce qui restait à Eveline pour l'aider à soutenir ces persécutions, et elle finit par lui être retirée le matin même du jour où tant d'événements importants avaient lieu à Gar-Douloureuse.

L'infortunée jeune fille s'enquit en vain, d'une nonne à mine refrognée qui parut en place de Rose pour l'aider à s'habiller, pourquoi sa compagne et amie ne s'était pas rendue près d'elle. La nonne garda à cet égard un silence obstiné, mais elle laissa échapper mainte insinuation sur l'importance que l'on attachait aux vains ornements d'une fragile créature formée d'argile, tout en se plaignant qu'il fût bien dur pour une épouse du Ciel d'être obligée de détourner ses pensées de devoirs bien autrement élevés pour se prêter à attacher des agrafes et à ajuster des voiles.

Après matines, toutefois, l'abbesse dit à sa nièce que ce n'était pas seulement pour un temps limité que sa suivante lui avait été retirée, mais que probablement elle allait être enfermée dans un cloître de l'ordre le plus austère, pour avoir aidé sa maîtresse à recevoir Damien de Lacy dans la chambre à coucher qu'elle occupait au château de Baldringham.

Un soldat de la troupe de de Lacy, qui jusque là avait gardé le secret sur ce qu'il avait vu, se trouvant cette nuit-là hors de son poste, avait pensé, maintenant que Damien était en disgrâce, qu'il pourrait trouver son profit à raconter l'histoire. Ce nouveau coup, si peu attendu et si affligeant, — cette nouvelle accusation, qu'il était si difficile d'expliquer et qu'il était impossible de nier absolument, semblait mettre le sceau à son sort et à celui de Damien ; et la pensée qu'elle avait enveloppé dans sa perte une jeune fille si dévouée, si fidèle et de sentiments si élevés, acheva de jeter Eveline dans un état d'apathie qui approchait du désespoir. — Pensez de moi ce que vous voudrez, dit-elle à sa tante, je ne me défendrai plus ; — dites ce que vous voudrez, je ne répondrai plus ; — emmenez-moi où vous voudrez, je ne résisterai plus. — Dieu fera ressortir mon innocence quand il jugera le moment venu ; — puisse-t-il pardonner à mes persécuteurs !

Après cet entretien, et durant plusieurs heures de cette malheureuse journée, lady Eveline, pâle, froide, silencieuse, alla de la chapelle au réfectoire, puis du réfectoire à la chapelle, au moindre signe de l'abbesse ou des sœurs dignitaires, sans paraître s'apercevoir des diverses privations, pénitences, admonitions et reproches dont ce jour-là il lui fallut subir double part, plus qu'une statue de marbre ne sent l'inclémence de l'air extérieur ou les gouttes de pluie auxquelles elle est exposée, quoique avec le temps elles doivent la gâter et la détruire.

L'abbesse aimait sa nièce, quoique son affection se montrât souvent sous des formes vexatoires. Elle s'alarma enfin ; — elle révoqua l'ordre qu'elle avait donné de placer Eveline dans une cellule basse ; — elle se rendit près d'elle en personne pour la voir mettre au lit (en quoi, comme en toute autre chose, la jeune fille semblait absolument passive), et avec une effusion qui ressemblait à un retour de tendresse elle la baisa au front et lui donna sa bénédiction au moment de quitter la chambre. Toute légère que fût cette marque d'affection, elle était inattendue, et comme la fontaine de Moïse elle ouvrit la source cachée des eaux. Eveline pleura, soulagement qui jusqu'à ce jour lui avait été refusé ; — puis elle pria, — et finalement elle s'endormit tout en sanglotant, ainsi qu'un enfant, l'esprit quelque peu tranquillisé par le cours qu'elle avait donné à ce flot d'émotion naturelle.

Elle s'éveilla plus d'une fois dans la nuit sous la pénible impression de rêves où se mêlaient des cellules et des châteaux, des funérailles et des fiançailles, des couronnettes de comtesse, des instruments de torture et des gibets ; mais vers le matin elle tomba dans un sommeil plus profond que celui dont elle avait joui jusque là, et ses songes se ressentirent du caractère plus calme de ce repos. Au milieu de ces nouvelles visions Notre-Dame de Garde-Douloureuse semblait lui sourire, et promettre protection à sa dévote adoratrice. L'ombre de son père était là aussi ; et avec la hardiesse particulière aux rêves, elle voyait l'image paternelle avec une vénération craintive, mais sans terreur. Les lèvres du chevalier remuaient, et elle entendait des paroles, — des paroles dont elle ne comprenait pas pleinement le sens, sauf qu'elles semblaient annoncer espoir, consolation et bonheur prochain. Là s'offrait aussi, vêtue d'une tunique de soie jaune et d'un manteau bleu de ciel de coupe antique, une forme féminine éblouissante de cette beauté délicate propre aux blondes, et dont les yeux bleus pleins d'éclat se fixaient sur ceux d'Eveline. Elle crut reconnaître la Bretonne Vanda ; mais ses traits n'exprimaient plus la colère ; — ses longs cheveux dorés ne flottaient plus en désordre sur ses épaules, mais étaient mystérieusement entremêlés de rameaux de chêne et de gui : surtout sa main droite était gracieusement placée sous son manteau, et ce fut une main non mutilée, non tachée de sang et d'une perfection remarquable, qui décrivit le signe de la croix au-dessus du front d'Eveline. Néanmoins, malgré ces marques de faveur, un frisson de crainte lui parcourut tous les membres lorsqu'elle entendit l'apparition chanter d'une voix lente et mesurée :

> « Epouse-veuve et fille-mariée,
> Fiancée, trompant et trompée,
> Jusqu'ici tout s'est accompli !
> Vanda se trouve ainsi vengée ; —
> Reçois d'elle pardon, oubli. »

Elle se pencha comme pour embrasser Eveline, qui tressaillit et s'éveilla. Sa main était en effet doucement pressée par une autre main aussi pure et aussi blanche que la sienne. Les yeux bleus, la chevelure blonde et le sein à demi voilé d'une charmante figure de femme cessèrent d'être une vision pour se changer en réalité, et au moment où l'aimable dormeuse s'éveilla, des lèvres s'approchaient des siennes ; mais ce fut dans les bras de Rose qu'elle se trouva pressée ; c'était Rose qui mouillait de ses larmes le visage de sa maîtresse, en même temps que dans un transport d'affection elle la couvrait de baisers.

—Que veut dire ceci, Rose ? demanda Eveline. — Grâce à Dieu, vous m'êtes rendue ; — mais que signifient ces larmes ?

—Laissez-moi pleurer, — laissez-moi pleurer, dit Rose ; il y a long-temps que je n'avais pleuré de joie, et j'espère que de long-temps je ne repleurerai de chagrin... Il nous est arrivé à franc étrier des nouvelles de Garde-Douloureuse ; — c'est Amelot qui les a apportées.—Amelot est libre, — et son maître aussi, et de plus en haute faveur près d'Henry. J'en ai encore à vous dire, mais il ne faut pas vous dire cela trop précipitamment.—Vous pâlissez !

—Non, non ; continue, — continue.—Je crois tout comprendre, — je le crois.

— Ce scélérat de Randal de Lacy, la cause principale de tout nos chagrins, ne nous tourmentera plus ; il a été tué par un honnête Gallois, et je suis peinée qu'on ait pendu le pauvre homme pour sa bonne action.

Et puis, le brave vieux connétable lui-même est revenu de Palestine, aussi digne que quand il partit, et un peu plus sage; car on croit qu'il veut renoncer à son contrat avec vous, mylady.

— Sotte petite fille, dit Eveline, qui en ce moment devint aussi rouge que tout-à-l'heure elle était pâle, ne mêle pas de plaisanteries à un pareil récit. — Mais se peut-il que tout cela soit vrai? — Randal est-il véritablement tué? — et le connétable réellement de retour?

Telles étaient les questions qu'Eveline accumulait à la hâte, tout en les entrecoupant d'interjections de surprise et d'actions de grâce au Ciel et à Notre-Dame, et Rose y répondait avec non moins de précipitation et de désordre. Enfin, les premiers transports de joie se calmèrent, et firent place à une sorte d'étonnement tranquille.

Sur ces entrefaites Damien de Lacy avait aussi des explications à recevoir, et la manière dont elles lui furent apportées eut quelque chose de remarquable. Damien occupait depuis quelque temps ce que de nos jours on appellerait un cachot, mais ce qu'on appelait alors une prison. Nous sommes peut-être blâmables d'accorder au criminel reconnu et condamné une habitation et un régime plus confortables qu'il n'eût pu se les procurer étant libre et s'il eût pourvu à ses besoins par un honnête travail; mais ceci est une faute vénielle comparée à celle de nos ancêtres, qui, regardant l'accusation et la condamnation comme synonymes, traitaient l'accusé avant la sentence d'une façon qui aurait été par elle-même un châtiment sévère après la culpabilité reconnue. Aussi, nonobstant sa haute naissance et son rang distingué, Damien était-il traité dans sa prison comme aurait pu l'être le plus infâme criminel: chargé de fers pesants, nourri des aliments les plus grossiers, et pour tout adoucissement à sa situation ayant eu la permission de se livrer à ses chagrins seul dans une cellule séparée, garnie pour tout ameublement d'un misérable grabat, d'une table boiteuse et d'une chaise. Un cercueil, — sur lequel étaient peintes ses propres armoiries et les initiales de son nom, — était dans un coin pour lui rappeler sa fin prochaine; et dans un autre angle était un crucifix, destiné à le faire souvenir qu'il était un autre monde au-delà de celui qui devait bientôt ne plus exister pour lui. Nul bruit ne pouvait pénétrer dans le silence de plomb de son cachot, — nulle rumeur ni sur son propre sort ni sur celui de ses amis. Accusé d'avoir été pris en révolte ouverte contre le roi, il était passible de la loi militaire, et devait être mis à mort même sans avoir été entendu. Il ne prévoyait pas d'autre fin à sa détention.

Depuis près d'un mois, Damien occupait cette triste demeure, et, tout étrange que cela puisse paraître, sa santé, si fort compromise par les blessures qu'il avait reçues, commençait à s'améliorer peu à peu, soit que la diète forcée à laquelle il avait été réduit lui eût été salutaire, soit parce qu'une certitude, même la plus triste, est un mal que beaucoup de constitutions endurent mieux que le contraste fiévreux de la passion et du devoir. Pourtant le terme de son emprisonnement semblait devoir arriver bientôt ; son geôlier, Saxon refrogné de la plus basse classe, l'avait averti de se préparer à un changement de domicile. C'était la première fois que cet homme lui parlait aussi longuement, et le ton qu'il avait eu convainquit le prisonnier qu'il n'avait pas de temps à perdre. Il demanda un confesseur ; et quoique le geôlier se fût retiré sans répondre, son air semblait dire que la demande serait accordée.

Le lendemain matin, à une heure inaccoutumée, le bruit retentissant des chaînes et des verroux de la porte du cachot vint tirer brusquement Damien d'un repos dont il jouissait à peine depuis deux heures. Ses yeux se portèrent sur la porte qui s'ouvrait lentement, comme s'il se fût attendu à voir paraître le bourreau et ses aides ; mais ce fut un homme en habit de pèlerin et de robuste apparence que le geôlier introduisit.

— Est-ce un prêtre que vous m'amenez, gardien ? demanda le malheureux prisonnier.

— Il peut répondre lui-même à la question mieux que personne, dit le fonctionnaire morose ; et il se retira aussitôt.

Le pèlerin resta debout, le dos tourné à la petite fenêtre, ou plutôt au soupirail par lequel le cachot recevait imparfaitement la lumière, et il regardait attentivement Damien, qui était assis sur le bord du lit. Les joues pâles et les cheveux en désordre du prisonnier s'harmonisaient tristement avec les chaînes pesantes dont ses membres étaient chargés. A son tour, il examina le pèlerin ; mais tout ce que le peu de clarté lui permit de voir, fut que son visiteur était un homme âgé, d'extérieur robuste, qui portait la coquille à son chapeau en signe qu'il avait passé la mer, et qui tenait à la main une branche de palmier pour montrer qu'il avait visité la Terre-Sainte.

— Salut, révérend père, lui dit le malheureux jeune homme ; êtes-vous prêtre, et venez-vous soulager ma conscience ?

— Je ne suis pas prêtre, répondit le pèlerin, je suis un homme qui vous apporte de mauvaises nouvelles.

— Celui à qui vous les apportez est depuis long-temps étranger à des nouvelles d'une autre nature, repartit Damien, et le lieu où nous sommes n'en a peut-être jamais connu de bonnes.

— Je n'en puis qu'être plus hardi dans la communication que j'ai à vous faire ; ceux que de mauvaises nouvelles trouvent dans la douleur les écoutent plus volontiers que ceux qu'elles viennent surprendre en possession du contentement et du bonheur.

— Pourtant la situation du malheureux peut être rendue encore plus pénible par l'attente. Je vous en prie, monsieur, dites-moi sans autre préparation ce que vous avez de pis à me dire. — Si vous venez m'annoncer la condamnation de cette pauvre enveloppe mortelle, puisse Dieu être miséricordieux pour l'âme qui devra s'en séparer violemment !

— Je n'ai pas pareille mission, répliqua le pèlerin. — J'arrive de la Terre-Sainte, et je suis d'autant plus peiné de vous trouver ainsi, que le message que j'ai pour vous s'adressait à un homme libre et riche.

— Ces fers disent quelle est ma liberté, et cet appartement quelle est ma richesse. — Pourtant, apprenez-moi vos nouvelles; — si mon oncle — car je crains que ce que vous avez à me dire ne le concerne — a besoin ou de mon bras ou de ma fortune, ce cachot et ma dégradation auront des douleurs que je n'avais pas encore soupçonnées, puisqu'ils me mettent hors d'état d'aller à son aide.

— Votre oncle, jeune homme, est prisonnier — je devrais dire esclave — du grand soudan; il a été pris dans une bataille où il fit son devoir, quoique n'ayant pu empêcher qu'elle ne se terminât par la défaite des chrétiens. Il fut fait prisonnier tandis qu'il couvrait la retraite, mais non avant d'avoir tué de sa propre main, pour son malheur comme l'événement l'a montré, Hassan-Ali, un favori du soudan. Le cruel païen a fait charger le digne chevalier de fers plus pesants que ceux que vous portez, et auprès du cachot où il est renfermé celui-ci paraîtrait un palais. Le premier mouvement de l'infidèle avait été de faire subir au vaillant connétable la mort la plus cruelle que ses bourreaux pourraient imaginer. Mais le bruit public lui apprit qu'Hugo de Lacy était un homme puissant et riche, et il a demandé une rançon de dix mille besans d'or. Votre oncle a répondu que le paiement d'une telle somme le réduirait complètement à la pauvreté, et l'obligerait d'aliéner la totalité de ses domaines; ajoutant que, même dans ce cas, il lui faudrait du temps pour les convertir en argent. Le soudan répliqua qu'il lui importait peu qu'un chien comme le connétable fût gras ou maigre, et en conséquence, il refusa de rien rabattre de la rançon exigée. Seulement, il consentit à ce qu'elle fût payée en trois termes, à condition qu'en même temps que le premier paiement, le plus proche parent et héritier de de Lacy serait livré entre ses mains comme otage de ce qui resterait dû. A ces conditions, il consentit à ce que votre oncle fût mis en liberté aussitôt votre arrivée en Palestine avec l'argent.

— Ah! c'est bien maintenant en effet que je puis me dire malheureux, de ne pouvoir montrer mon amour et ma reconnaissance au noble Hugh mon oncle, qui a toujours été un père pour moi alors que j'étais orphelin.

— Ce sera sans doute un douloureux désappointement pour le connétable, car il était impatient de revenir dans cet heureux pays réaliser un contrat de mariage convenu entre lui et une dame de grande beauté et de grande fortune.

Tous les muscles de Damien se contractèrent à la fois, et il éprouva un tressaillement que trahit le bruit de ses fers; mais il ne répondit pas.

— Si ce n'était pas votre oncle, poursuivit le pèlerin, et que sa sagesse fût moins connue, je penserais qu'en ceci il n'est pas très prudent.

N'importe ce qu'il était avant de quitter l'Angleterre, deux étés passés dans les guerres de la Palestine, et une autre au milieu des tortures et des privations d'une prison païenne, ont fait de lui un triste marié.

— Silence, pèlerin! dit de Lacy d'une voix impérieuse. Ce n'est pas à vous de blâmer un noble chevalier tel que mon oncle, et il ne convient pas que j'écoute de pareils discours.

— Je vous demande pardon, jeune homme; en vous parlant ainsi, j'avais en vue votre intérêt, qui n'est pas, ce me semble, que votre oncle ait des héritiers directs.

— Tais-toi, homme vil! — Par le Ciel! je suis plus irrité qu'auparavant contre mon cachot, dont les portes peuvent s'ouvrir à un tel conseiller, ainsi que contre mes fers qui m'empêchent de le châtier. — Sors d'ici, je te prie!

— Non pas avant d'avoir eu votre réponse au sujet de votre oncle. Mon âge dédaigne la colère de ta jeunesse, comme le rocher méprise l'écume que le ruisseau fait jaillir contre lui.

— Hé bien, dites à mon oncle que je suis prisonnier, sans quoi j'aurais été à lui; — que la confiscation a fait de moi un mendiant, sans quoi je lui aurais envoyé tout ce que je possédais.

— Il est aisé d'annoncer hardiment d'aussi vertueuses intentions, quand celui qui les met en avant sait qu'il ne peut être appelé à les réaliser, dit le pèlerin. Mais si je pouvais t'annoncer que ta liberté et tes richesses te sont rendues, j'imagine que tu y regarderais à deux fois avant de consommer le sacrifice que dans ta situation présente tu promets si légèrement.

— Laisse-moi, je t'en prie, vieillard, répliqua Damien; ton esprit ne peut comprendre le mien; — retire-toi, et n'ajoute pas à ma détresse des insultes dont il n'est pas en mon pouvoir de me venger.

— Si pourtant j'étais à même de te replacer dans la situation d'un homme libre et riche, te plairait-il *alors* qu'on te rappelât ta promesse actuelle? car, dans le cas contraire, tu peux compter sur ma discrétion, et croire que je ne parlerai jamais de la différence de sentiments entre Damien prisonnier et Damien libre.

— Que veux-tu dire? as-tu quelque intention autre que celle de me tourmenter?

— Assurément, répondit le vieux pèlerin en tirant de son sein un rouleau de parchemin auquel un sceau pesant était attaché. — Sache que ton cousin Randal a été tué d'une manière étrange, et ses trahisons envers le connétable et envers toi non moins étrangement découvertes. Le roi, pour te dédommager de ce que tu as souffert, t'envoie ce plein pardon, et te gratifie du tiers des vastes domaines qui par la mort de Randal reviennent à la couronne.

— Et le roi m'a-t-il rendu aussi la liberté et les droits du sang?

— Tu as l'un et l'autre à partir de ce moment. — Regarde ce parchemin ; — vois la signature et le sceau du roi.

— Il m'en faut une meilleure preuve, répliqua Damien. — Holà ! s'écria-t-il en agitant bruyamment ses fers, holà ! Dogget ! — geôlier ! maudit Saxon ! fils de chien !

Le pèlerin, frappant à la porte, se joignit au prisonnier pour appeler le gardien, qui se présenta aussitôt.

— Gardien, lui dit Damien de Lacy d'un ton irrité, suis-je encore ton prisonnier, ou non ?

Le geôlier consulta le pèlerin d'un regard oblique, puis il répondit à Damien qu'il était libre.

— En ce cas, misérable esclave, pourquoi ces fers chargent-ils les membres libres d'un noble normand ? Chaque instant qu'il les porte vaut toute la vie d'esclavage d'un serf tel que toi !

— Vous en serez bientôt débarrassé, sir Damien, repartit l'homme ; mais ayez un peu de patience, je vous prie, en songeant qu'il y a dix minutes vous n'aviez guère lieu de penser que ces bracelets vous seraient enlevés à une autre fin que pour aller à l'échafaud.

— Paix, chien, et hâte-toi ! dit Damien. — Et toi qui m'as apporté ces bonnes nouvelles, je te pardonne ta manière d'agir ; — tu as pensé sans doute qu'il était prudent de tirer de moi, pendant que j'étais dans les fers, des engagements que, libre, l'honneur m'obligerait de prendre pour règle de conduite. Tes soupçons ont quelque chose d'offensant, mais ton motif était d'assurer la liberté de mon oncle.

— Et c'est réellement votre intention de consacrer à un voyage en Syrie la liberté qui vient de vous être rendue, et d'échanger votre prison anglaise pour le cachot du soudan ?

— Si tu veux toi-même me servir de guide, répondit l'intrépide jeune homme, tu ne pourras pas dire que je me serai amusé en chemin.

— Et la rançon, comment y pourvoir ?

— Comment y pourvoirions-nous, si ce n'est au moyen des domaines qui viennent de m'être nominalement restituées, mais qui de fait et de droit restent ceux de mon oncle, et doivent être appliqués à son usage ? Ou je me trompe fort, ou il n'y a pas de Juif ni de Lombard qui sur un tel gage ne m'avance les sommes nécessaires. — Ainsi donc, chien que tu es, continua-t-il en s'adressant au geôlier, dépêche-toi de dériver ces fers, et ne crains pas de me faire quelque mal, pourvu que tu ne me casses pas de membre, car je ne puis être retardé dans mon voyage.

Le pèlerin le regarda un instant, comme surpris de la détermination de Damien, puis il s'écria : Je ne puis garder plus long-temps le secret du vieillard ; — la générosité d'une âme si élevée ne doit pas être sacrifiée. — Ecoute, brave sir Damien : j'ai encore à te faire part d'un important secret ; et comme ce rustre saxon ne comprend pas le français, l'occasion est convenable pour te faire part de ce qui me reste à te dire. Apprends que ton oncle est aussi changé au moral qu'affaibli et cassé au physique. L'irritabilité et la jalousie se sont emparées d'un cœur autrefois fort et généreux ; sa vie en est maintenant à la lie, et, je regrette de le dire, cette lie est impure et amère.

— Est-ce là ton important secret? repartit Damien. Que les hommes vieillissent, je le sais ; et si l'infirmité du corps amène avec elle l'infirmité du caractère et de l'esprit, ce n'en est qu'un devoir plus impérieux pour ceux qui leur sont liés par le sang et l'affection, de les entourer d'attentions et de respect.

— Oui ; mais l'esprit du connétable a été prévenu contre toi. Des rumeurs venues d'Angleterre, et qui sont arrivées à ses oreilles, lui ont appris qu'il y a eu des pensées d'affection entre toi et sa fiancée Eveline Bérenger. — Ha! ai-je touché juste?

— Nullement, répliqua Damien, s'armant de tout ce que sa vertu lui pouvait donner de résolution ; — c'est seulement ce drôle qui m'a donné un coup de marteau sur la cheville. Continue. Un tel bruit est arrivé jusqu'à mon oncle, et il y a cru?

— Il y a cru ; — je puis bien l'attester, car il n'a pas de pensée cachée pour moi. Mais il m'a instamment prié de te cacher ses soupçons, sans quoi, m'a-t-il dit, le jeune louveteau ne viendrait pas se faire prendre au piège pour en tirer le vieux loup. Si une fois il était dans ma prison, — c'est ainsi que votre oncle continuait de parler de vous, — il pourrait bien y pourrir et y mourir avant que j'envoyasse un penny de rançon pour remettre en liberté l'amant de ma fiancée.

— Se pourrait-il que ce fût réellement là le projet de mon oncle ? dit Damien frappé d'horreur. Se pourrait-il qu'il méditât contre moi une trahison telle que de me laisser dans la captivité où je me serais jeté pour sa rédemption ? — Allons donc! cela ne peut être.

— Ne vous flattez pas de cette vaine pensée, jeune homme ; — si vous allez en Syrie, vous allez à une captivité éternelle, tandis que votre oncle reviendra prendre possession de richesses peu diminuées, — et d'Eveline Bérenger.

— Ha! exclama Damien ; et baissant un instant les yeux, il demanda au pèlerin, d'une voix mal assurée, ce qu'il lui conseillait de faire dans une telle extrémité.

— Dans mon humble jugement, la chose est simple, répondit le pèlerin. Personne n'est tenu de garder sa foi à qui médite de nous en manquer. Prévenez cette trahison de votre oncle, et laissez-le traîner ce qui lui reste de son existence infirme dans le cachot empesté auquel il voudrait condamner votre jeunesse vigoureuse. La munificence royale vous a fait don d'assez de terres pour vous assurer une existence honorable ; et pourquoi n'y joindriez-vous pas celles de Garde-Douloureuse? Ou je me trompe fort, ou Eveline Bérenger ne dira guère non. Il y a plus : — je garantis sur mon âme qu'elle dira oui, car je sais de source certaine quel est son sentiment à cet égard ; et quant à son engagement antérieur, un mot de Henry à Sa Sainteté, en ce moment qu'ils sont dans la chaleur de leur réconciliation, effacera le nom de Hugh du parchemin, et y substituera celui de Damien.

— Sur ma foi, dit Damien en se levant et plaçant le pied sur l'escabeau, pour que le geôlier eût plus de facilité à enlever le dernier anneau qui fixait ses fers à sa jambe, — sur ma foi, j'ai ouï parler de choses pareilles ; — j'ai ouï parler d'êtres qui, sous de faux semblants de gravité dans la parole et dans l'extérieur, mais avec des conseils pernicieux adroitement adaptés à la fragilité de la nature humaine, ont pénétré dans le cachot de prisonniers réduits au désespoir, et leur ont fait mainte belle promesse s'ils voulaient seulement se détourner du droit chemin du salut. De tels hommes sont les plus chers agents du démon, et on a vu le démon lui-même se montrer sous des déguisements de ce genre. Au nom de Dieu, vieillard, si tu appartiens à la nature humaine, va-t'en ! — Ni tes paroles ni ta présence ne me plaisent ; — et je méprise tes conseils. Et prends garde, ajouta-t-il avec un geste menaçant ; — pense à ta sûreté : — je vais être libre !

— Jeune homme, répliqua le pèlerin en croisant les bras sous son manteau d'un air d'indifférence, je méprise tes menaces ; — je ne te quitterai pas avant que nous ne nous connaissions mieux l'un l'autre.

— Moi aussi, repartit Damien, je voudrais bien savoir si tu es homme ou démon ; et c'est ce que je vais éprouver.

Comme il prononçait ces mots, le dernier anneau se détacha de sa jambe, et ses fers tombèrent avec bruit sur la dalle ; en même temps il s'élança sur le pèlerin, le saisit par le milieu du corps, et s'écria à trois reprises, en faisant successivement trois vigoureux efforts pour l'enlever du sol et le renverser : Voilà pour t'apprendre à mal parler d'un homme de sang noble ! — voilà pour t'apprendre à douter de l'honneur d'un chevalier ! — voilà (et il fit une tentative plus désespérée que les deux autres) pour t'apprendre à calomnier une dame !

Il semblait que chaque effort de Damien eût dû suffire pour déraciner un arbre ; le vieillard chancela un moment, mais son pied ne quitta pas le sol. Et profitant lui-même du moment où Damien reprenait haleine, il s'écria à son tour : Tiens, voilà pour t'apprendre à malmener ainsi le frère de ton père !

Et en même temps Damien de Lacy, le meilleur lutteur du comté de Chester, fut jeté assez rudement sur le pavé du cachot. Il se releva lentement et tout étourdi de sa chute ; mais le pèlerin avait alors rejeté en arrière capuchon et dalmatique, et Damien reconnut les traits de son oncle, quoiqu'ils portassent les traces de l'âge et de la chaleur du climat qu'il venait de quitter. — Je crois, Damien, lui dit tranquillement

le connétable, que tu es devenu plus fort, ou moi plus faible, depuis la dernière fois que ma poitrine fut pressée contre la tienne dans le jeu célèbre de notre pays. Tu m'aurais presque renversé au dernier élan, si le vieux de Lacy n'avait connu son croc-en-jambe aussi bien que toi.
— Mais pourquoi fléchir le genou, Damien? Il le releva avec bonté, l'embrassa sur les joues, et continua : Ne pense pas, mon cher neveu, que l'intention de ce déguisement ait été de mettre à l'épreuve ta foi, dont je n'ai jamais douté. Mais les mauvaises langues ont marché, et c'est ce qui m'a décidé à une expérience dont le résultat a été, comme je m'y attendais, tout-à-fait honorable pour toi. Et sache (car ces murailles ont parfois des oreilles, même dans l'acception littérale du mot), sache qu'il y a non loin d'ici des oreilles et des yeux qui ont tout entendu et tout vu. Marry! je voudrais pourtant que ton dernier embrassement eût été moins rude; mes côtes sentent encore l'impression de tes doigts.

— Cher et honoré oncle, excusez...

— Il n'y a rien à excuser. Est-ce la première fois que nous luttons ensemble? — Mais il te reste encore à passer par une épreuve. — Hâte-toi de sortir de ce trou, et mets ton plus beau costume pour m'accompagner à l'église à midi; car il faut, Damien, que tu sois présent au mariage de lady Eveline Bérenger.

Cette annonce subite frappa d'un coup terrible le malheureux jeune homme. — Par pitié, s'écria-t-il, dispensez-m'en, mon gracieux oncle! — J'ai été il y a peu de temps grièvement blessé, et je suis très faible.

— C'est ce dont mes os peuvent témoigner, repartit l'oncle. — Eh, mon cher! tu as la vigueur d'un ours du Nord.

— La colère a pu me donner des forces pour un moment; mais, mon cher oncle, demandez-moi tout, sauf cela. Il me semble que si j'ai été en faute, quelque autre punition pourrait suffire.

— Je te dis que ta présence est nécessaire, — indispensablement nécessaire. Il a couru d'étranges bruits, que ton absence en cette occasion tendrait à confirmer. La réputation d'Eveline et la mienne y sont intéressées.

— S'il en est ainsi, mon oncle, s'il en est réellement ainsi, nulle tâche ne sera trop pénible pour moi. Mais j'ai l'espoir que la cérémonie terminée, vous ne me refuserez pas votre consentement à ce que je prenne la croix, à moins que vous ne préfériez que je me joigne aux troupes qui sont destinées, à ce que j'ai ouï dire, à la conquête de l'Irlande.

— Oui, oui, répondit le connétable; si Eveline t'accorde sa permission, je ne te refuserai pas la mienne.

— Mon oncle, reprit Damien d'un ton sérieux, vous ne connaissez pas les sentimens dont vous vous jouez.

— Eh! je ne te force à rien. Si tu viens à l'église et que le mariage ne soit pas de ton goût, tu peux y mettre empêchement si tu veux ; — la cérémonie ne peut s'accomplir sans l'agrément du marié.

— Je ne vous comprends pas, mon oncle ; vous avez déjà agréé à tout.

— Oui, Damien, j'ai agréé... à retirer mes prétentions, et à y renoncer en ta faveur. Si Eveline Bérenger se marie aujourd'hui, c'est toi qu'elle épouse ! L'église a donné sa sanction, — le roi son approbation, — la dame ne dit pas non, — et la seule question maintenant est de savoir si le futur dira oui

On peut aisément imaginer quelle fut la réponse ; et il n'est pas non plus nécessaire de nous arrêter sur la splendeur de la cérémonie, qu'Henry, en réparation de sa sévérité non méritée, voulut honorer de sa présence. Amelot et Rose furent unis peu de temps après, le vieux Flammock ayant été préalablement créé gentilhomme de cotte-d'armes, afin que le sang d'un noble normand pût se mêler sans déroger au sang de moins haute extraction qui empourprait les joues et circulait en méandres d'azur sur le beau cou et le sein de la jolie Flamande. Rien dans les manières du connétable avec son neveu et sa ci-devant fiancée ne put donner lieu de supposer qu'il éprouvât le moindre regret de la généreuse abnégation dont il avait fait preuve en faveur de l'amour des deux jeunes gens. Seulement, peu de temps après, il accepta un commandement élevé dans les troupes destinées à envahir l'Irlande ; et son nom se trouve parmi les plus illustres dans la liste des chevaliers normands qui réunirent pour la première fois cette belle île à la couronne d'Angleterre.

Eveline, rétablie dans son château et dans ses beaux domaines, ne manqua pas d'assurer le sort de son confesseur, ainsi que celui de ses vieux soldats, de ses serviteurs et de ses adhérents, oubliant leurs erreurs et ne se souvenant que de leur fidélité. Le confesseur fut rappelé à la bonne chère d'Égypte, mieux assortie à ses habitudes que le maigre ordinaire de son couvent. Gillian elle-même eut des moyens de subsistance assurés, car la punir aurait été punir en même temps le fidèle Raoul. Ils se querellèrent à l'avenir dans l'abondance, comme précédemment ils s'étaient querellés dans la misère ; car chien hargneux se bat pour un bon morceau comme pour un os. Raoul mourut le premier, et Gillian ayant perdu la meule où s'aiguisait son humeur, s'aperçut qu'en même temps que ses airs de jeunesse déclinaient, son esprit s'émoussait. Aussi commença-t-elle prudemment à s'adonner à la dévotion, et elle passa de longues heures à faire le panégyrique de son défunt époux.

La seule cause sérieuse de contrariété que j'aie pu découvrir dans la vie d'Eveline provint d'une visite que lui fit sa parente de Baldringham en grand cérémonial, mais malheureusement dans le même temps que l'abbesse avait choisi de son côté pour venir voir sa nièce. La discorde qui s'éleva entre ces deux honorables dames avait un double caractère : l'une était Normande et l'autre Saxonne, et de plus elles différaient d'opinion touchant le temps de la célébration des fêtes de Pâques. Ce ne fut là, toutefois, qu'un léger nuage dans l'existence douce et calme d'Eveline; car son union inespérée avec Damien mit fin aux épreuves et aux douleurs de LA FIANCÉE.

www.ingramcontent.com/pod-product-compliance
Lightning Source LLC
Chambersburg PA
CBHW060513170426
43199CB00011B/1435